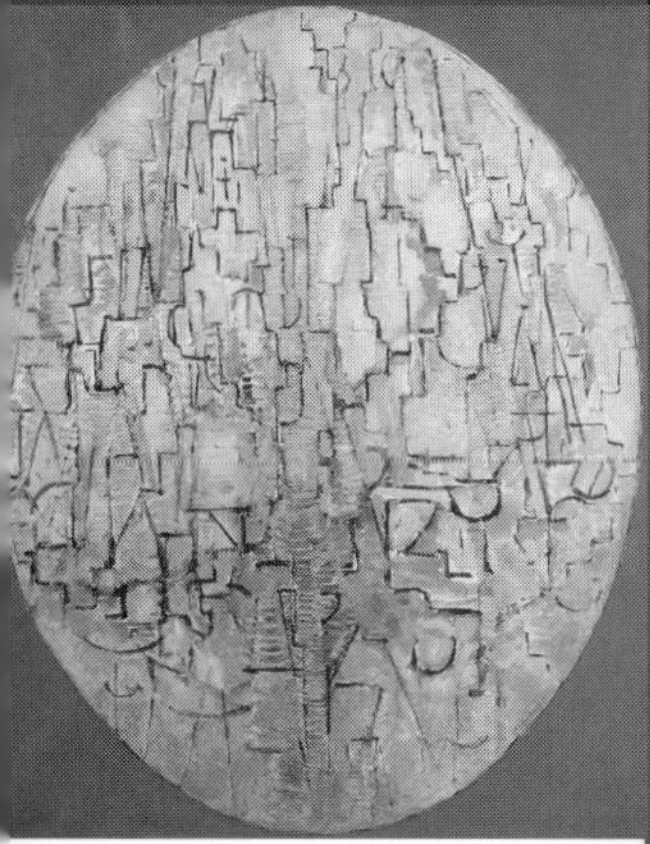

対中借款の政治経済史

「開発」から二十一ヵ条要求へ

久保田裕次 著
Yuji Kubota

名古屋大学出版会

対中借款の政治経済史　目　次

序章　政治経済史から見る対中国借款
——東アジア・ナショナリズム・資源

一　問題の所在

(1) 東アジア・ナショナリズム・資源

本書の目的は、日清戦後から第一次世界大戦期までの日本の対中国借款に注目し、その政策的特質や東アジアの経済的国際関係における意義を明らかにすることである。

現在、借款という言葉は、日本政府の政府開発援助(ODA)に含まれる円借款の存在を通じて、人口に膾炙しているのではないだろうか。「国際協力」の一環として、無償での資金提供ではなく、円建てでの低金利や返済期間の長期設定による有償資金協力のことを、借款という。なかでも、一九七〇年代後半に開始された対中円借款は、総額で三兆三一六四億円という巨額なものになるなど[1]、日中間の経済協力に関して、見逃すことができない存在であった。ただ、対中国借款そのものは、第二次世界大戦後に初めて行われるようになったわけではない。

そもそも近代日本において、借款は、近代国民国家間の金銭貸借のことを示すloanの訳語として定着した[2]。株式の取得や設備投資に代表される直接投資ではなく、利子・手数料収入をともなう債権の購入などの間接投資を指す。

一方、債務者側から借款を見ると、外債発行（資本の輸入）ということになる。外債発行は、欧米各国の経済的利害の対立ともあいまって、すでに幕末維新期の日本で外交・内政問題化していた[3]。早くには、江戸幕府内の親仏派官僚たちが、長州出兵のためにフランスに対する借款要請を議論していた。維新期に入ると、明治天皇は、内政干渉への危機感から外債に消極的な姿勢を示していたという。さらに、明治一四年の政変なども、多額の外債発行を前提とした大隈重信―福沢諭吉ラインの積極的な財政政策に対する反発が、原因の一つとなっていた。富国強兵・殖産興業スローガンのもと、財政路線をめぐる政治対立を惹起するなど、外債発行は政府内での一大政治課題であった。

さらに、水道をはじめとした日本各地のインフラ整備には、多くの外資が導入されていたことも、見過ごされがちな事実である[4]。外債の発行が政治問題化し、中央のみならず、地方レベルで外資を導入していた日本が、一方で他国に対し借款を行うということは、いつ頃、どのような理由でなされたのか、その歴史的経緯が問われなければならない。特に、中国に対する借款は、回数・金額ともに突出した存在であった。

対外投資である以上、借款の開始には、資本の量的蓄積、投資機関やその根拠となる法制度の整備が不可欠である。しかし、こうした経済的・制度的条件が満たされただけでは、直ちに中国への借款が供与されるということにはならない。

一九世紀半ば以降、西欧諸国は、東アジアへの経済進出を進めるなかで、中国を開国させ、東アジアの通商関係に多大な利害関係を持つようになる。そして、開港場を窓口とした貿易とその背後にある広大な経済圏から得られる商業的利益に多大な関心を払うこととなった。北清事変が発生すると、西欧諸国は、その賠償金（団匪賠償金）管理のため、清朝の財政に対する干渉を強めるとともに、中国各地に「勢力圏」を設定する試みを活発化させた。

そのことは、賠償金返済の主体としての清朝に対する欧米各国や日本の支持とも関係していた。[5] 団匪賠償金の返済、もしくは、その約束がなされるなか、関係各国は清朝を支持していたのである。見方を変えれば、各国の既得権益を尊重するとともに、この賠償金の継承を約束することが中国の正統な政府として認められる条件でもあった。北清事変以降、欧米各国や日本は協調路線をとり、清朝の維持を共通の利益とみなしていたのである。

東アジアの国際関係が変化するなか、日本外交も多くの課題に直面していた。近代日本は、幕末に締結された不平等条約の改正を進めるとともに、日英同盟を締結するなど、欧米列強との外交関係の再構築に取り組んだ。その後、日露協約や日仏協約が結ばれ、日本は、英仏露との同盟・協商関係のなかで、対中国外交を展開していくことになる。しかし、日本と西欧諸国は、中国における政治経済的利害を共有していた一方、激しい対立・競争関係にもあったことを見逃してはならない。外交関係の変化は、各国間の経済関係に大きな影響を与えるとともに、逆に経済的利害が外交政策を規定する場合もあった。

こうした外交関係の再編過程と併行して、日本は、中国大陸、朝鮮半島や台湾での経済活動を活発化させた。国内では、日清提携論や華中・華南への経済進出を目指す北守南進論などが主張される。これらには、当時の日本をめぐる国際関係が投影されていたのはもちろんであるが、国内向けの政治的な意図も含まれていた。対外投資や国内での外債発行は、近代国家として日本はどのように発展すべきか、日本の対外関係はどうあるべきかといった、ナショナリズムとの関わり抜きには語ることができない問題であった。特に、三谷博がいうように、日本が近代国家を建設していくなかで、中国は常に意識されるべき存在であった。[6] また、日中間の経済問題に関して、「ナショナリズム」が先鋭化するのは、現在の我々もよく知っているところである。

ところで、近代日本は「資源小国」ではなかった。すでに指摘されている通り、一九五〇年代のエネルギー革命を経験するまでの日本の天然資源自給率は五〇％以上であり、戦前には一〇〇％を超えた時期もあったという。[7] 日本国内には数多くの炭鉱があり、石炭の埋蔵量は豊富であった。また、昭和戦前期まで石油がエネルギーとして本格的に使用され始めることはなかった。

産業革命を達成した後、産業のさらなる「近代化」や軍備拡張が進められていくなかで、慢性的に不足していたのは、鉄であった。そもそも、日本国内での鉄鉱石の採掘はほぼ期待できず、銑鉄・鉄鋼なども海外からの輸入に依存するなど、鉄の海外からの調達は、避けて通ることのできない課題であった。こうした問題を解決するため、鉄鉱石や銑鉄を海外から輸入し、銑鉄・鉄鋼の国産化を進めるという「製鉄国策」が展開されていく。そこで、鉄資源の確保に関する日本の視線は、中国に向かうことになった。日露戦争の勃発直前から、漢陽鉄政局（後の漢冶萍公司）に対する多額の借款が開始された結果、八幡製鉄所が必要とする鉄鉱石全体の六割以上を同局に依存する時期も出現した。[8] 漢冶萍公司は日本の製鉄業に不可欠な存在となるのである。

以上のように、中国をめぐる国際関係、経済問題に関わるナショナリズム、鉄資源の確保は、日本の対中国借款の歴史的展開を大きく方向づけた。近代日本の対中国借款は、こうした問題群の結節点に位置していたのである。

（2）研究史

①資本主義史・帝国主義史

ホブスンやレーニンらによって、一九世紀から二〇世紀初頭までの世界的な政治経済的動向が「帝国主義」という概念によって定義されるなか、資本輸出の一形態である借款は、帝国主義的対外進出の典型的な手段として、検討の対象となってきた。[9] さらに、日本国内でも、戦前の講座派以降、[10]「後発資本主義国日本」の支配・経済構造や近代日本が帝国主義化していく際の段階性の分析のなかで取り上げられ、国家資本による主導性、外資依存という対中国借款の基礎的な性格が明らかにされた。

一九八〇年代に入ると、こうした研究成果を批判し、対中国借款そのものを研究の主題に据えた重要な成果が立て続けに登場した[11]。民間資本による資本輸出を再評価し、国家資本主導といった像を相対化した研究[12]、特殊銀行の対中国投資の特質を分析することを通じて、国家資本主導の内容をより具体化した研究[13]などである。特に、国家資本輸出研究会による『日本の資本輸出』は、国家資本と民間資本との長期的な関係を膨大なデータに基づいて分析することで、対中国借款における民間資本の役割の重要性を実証した。さらに、借款を中心とした対中国投資に関する政策主体相互の関係性や、借款をめぐる国際環境への言及も見られるなど、現在でも近代日本の対中国借款に関する基本的な文献としての位置を占めている。対中国借款に関する研究は大きな進展を見せた一方、『日本の資本輸出』に対しては、「中国および列国との関係の中での、投資主体の直接的利害を超えた「政治的性質」の解明」が、今後の課題であるとの批判もなされた[14]。

このような研究状況と併行して、植民地に対する投資や金融政策に注目した研究が行われていた[15]。特に、波形昭一は、日本帝国主義の特質を追究するにあたり、朝鮮半島の植民地支配を重視する先行研究を批判し、中国の重工業分野に対する金融的支配が日本の軍事力増強に不可欠であったとして、対中国支配こそが植民地政策の基軸であったと主張した[16]。朝鮮半島や台湾での事例を踏まえつつ、中国における日本帝国主義の植民地金融政策を論じた波形は、朝鮮半島、満州、中国大陸に対する日本の経済・金融的進出の実態を、植民地政策や対満政策との関わりのなかで明らかにしており、植民地、特に中国に対する金融政策を帝国主義的な対外政策として本格的に描いたという点が特徴的である。

②政治外交史・国際関係史

一方、資本主義史・帝国主義史的な関心に基づいた研究が本格化する以前から、対中国借款に関する政治外交史研究は行われていた。第二次世界大戦以前、国際法学者であった田村幸策は、「単に余剰資本の投下若くは其の運用と謂ふが如き金融経済上の問題に止らず更に政治上の使命と任務を帯びて居る」ことが中国の外債の大きな特質であると述べるとともに、欧米各国や日本による対中国借款が契約当事者間を超えて、国家間の関係に影響を及ぼす存在であることを指摘した。[17]戦後になると、臼井勝美が、近代日本の対中国外交や近現代日中関係史に関する研究を精力的に進め、対中国外交における借款の役割、対中国借款へのイギリス外交の影響などにいち早く着目した。[18]しかし、臼井の関心が大戦間期へと移行したこともあり、こうした視角は、発展的に継承されることはなかった。[19]

その後、大戦間期の対中国外交に関する研究が数多く登場するなか、対中国借款に関しては、新四国借款団の歴史的意義に関する研究が進んだ。[20]また、日本外交が、ウィルソンが主唱した「新外交」や「勢力圏」の撤廃にどのように対応したのかなど、第一次世界大戦を挟んだ外交政策や外交認識の転換に関する研究も深化した。[21]これらの研究は、第一次世界大戦後を主な検討対象としているとはいえ、東アジア国際秩序の形成や国際借款団との関係のなかで近代日本の対中国借款を考えるという視座に基づく本格的な分析を行ったという点で重要である。

このように、近代日本の対中国借款に関しては、第一次世界大戦以降に関する研究が先行している。[22]第一次世界大戦以前の日本外交を取り上げた研究では、日本外交の基軸であった日英同盟の変質過程や、日英同盟を中心とした二国間・多国間の国際関係の形成やその展開を検討することに問題関心が集まってきたため、[23]対中国借款そのものが本格的な分析の対象となることはなかった。

ただ近年、特に、対華国際借款団（以下、国際借款団と呼ぶ）と日本との関係については、新たな視角に基づいた研究が登場した。従来の対中国外交や大陸政策に関する研究では、辛亥革命期に結成された六国借款団への日本の参加目的は、欧米諸国と同等の「債権者としての地位」、もしくは、在華利権の獲得などであったとされるにとどまり、[24]後に続く研究もこれらの評価を踏襲した。一方、日本外交の国際協調的側面を指摘した櫻井良樹の研究が登場するなど、新たな進展も見られる。櫻井は、北清事変期に構築された、北清地方への共同出兵に関する国際協調の枠組みを「北京議定書体制」とし、[25] そうした評価を中国をめぐる経済的な国際関係に敷衍した。その結果、辛亥革命期の混乱した中国情勢下、日本外交は、国際協調を維持するために国際借款団への参加を選択したとの見通しが示された。[26] 欧米諸国からの孤立化を防ぐ、国際協調という視点から、国際借款団と日本外交との関係が捉えられるようになったのである。

とはいえ、国際借款団が本格的に活動を始めた日露戦後から、その性格が大きく変化した辛亥革命期や第一次世界大戦期までを通して検討した研究は僅少である。また、主に経済史研究が対象としてきた、借款の蓄積による個別の在華利権への金融的支配に関する研究と、国際借款団と日本の関係を考察した政治外交史研究とが関連づけられているとは言い難い。個別利権への借款と国際借款団の双方の動向を視野に入れ、日本の対中国借款の歴史的意義を明らかにした研究は、管見の限りほとんど見当たらないのである。さらに、第一次世界大戦期以前については、政策主体の相互関係やそれらの中国論に関する研究が十分に行われていないのが現状である。

二　課題と方法

(1) 東アジアのなかの対中国借款

本書の第一の課題は、政治借款の実態や日本と国際借款団との関係を検討することである。対中国借款については、行政借款（中央政府や省政府の財政費などに充てられる借款）や実業借款（鉄道敷設や産業振興を目的とした借款）といった使途区分とは別に、経済借款や政治借款という名称が使用されていた。そこでまずは、政治借款の特質を考えるための前提として、日清戦後の中国をめぐる国際関係、そこで共有されていた外交原則・認識を整理しておきたい。

北清事変前後の欧米各国や日本の間では、中国への内政不干渉方針が確認され、各国の「勢力圏」の確保が目指される一方、[27]中国における経済活動への平等な参加を求める機会均等主義が唱えられていた。また、そうした「勢力圏」やすでに獲得していた租借地の存在などを前提としつつも、中国情勢の現状維持を図る領土保全という原則もあった。これらは、いわゆる清国の「独立・領土保全・機会均等」として整理することができ、後に中華民国臨時政府（袁世凱政権）が樹立された後においても、建前上とはいえ、欧米各国や日本など列国間での共通の外交原則となり続けていた。[28]

それでは、領土保全や機会均等に関連する「勢力圏」認識とはどのようなものであったのだろうか。[29]例えば、長江流域は、英独の揚子江協定（一九〇〇年）[30]や同地域での活発な経済活動を通じて、欧米各国や日本の間でイギリスの「勢力圏」と認識されていた。日本の長江流域に対する経済進出は、イギリスの経済・外交的利害を損なわない範囲内で行われなければならなかった。華中・華南への経済進出をめぐっては、日英両国の「勢力圏」認識の違いが如実に表れるとともに、互いの政策が衝突する場でもあった。こうしたなかで、日本政府は、日露戦争で得た権益が存在する満州に関する外交政策と、華中・華南でのそれとの調整を迫られていたのであった。

先に述べたように、「勢力圏」認識は、中国を含む関係各国間での条約や交換公文などによって規定されるものであった。ただ、実際に「勢力圏」を確保・拡大するためには、外交的な取り決めに加えて、その圏内の利権に優越的な影響力を有し、密接な利害関係を構築することが重要であった。借款は、まさにその足がかりを獲得するために実行されたのである。また、「将来其地域ニ主権ヲ設定シ、又ハ保護権ヲ確立セント欲スル希望ヲ有スル土地ノ範囲」が「勢力圏」であるという解釈が存在していたように、[31]同時代の法学者のなかで、「勢力圏」は認識の問題と評価されてもいた。よって、借款交渉や供与に関する動機・目的を正確に捕捉するためには、日本外交の「勢

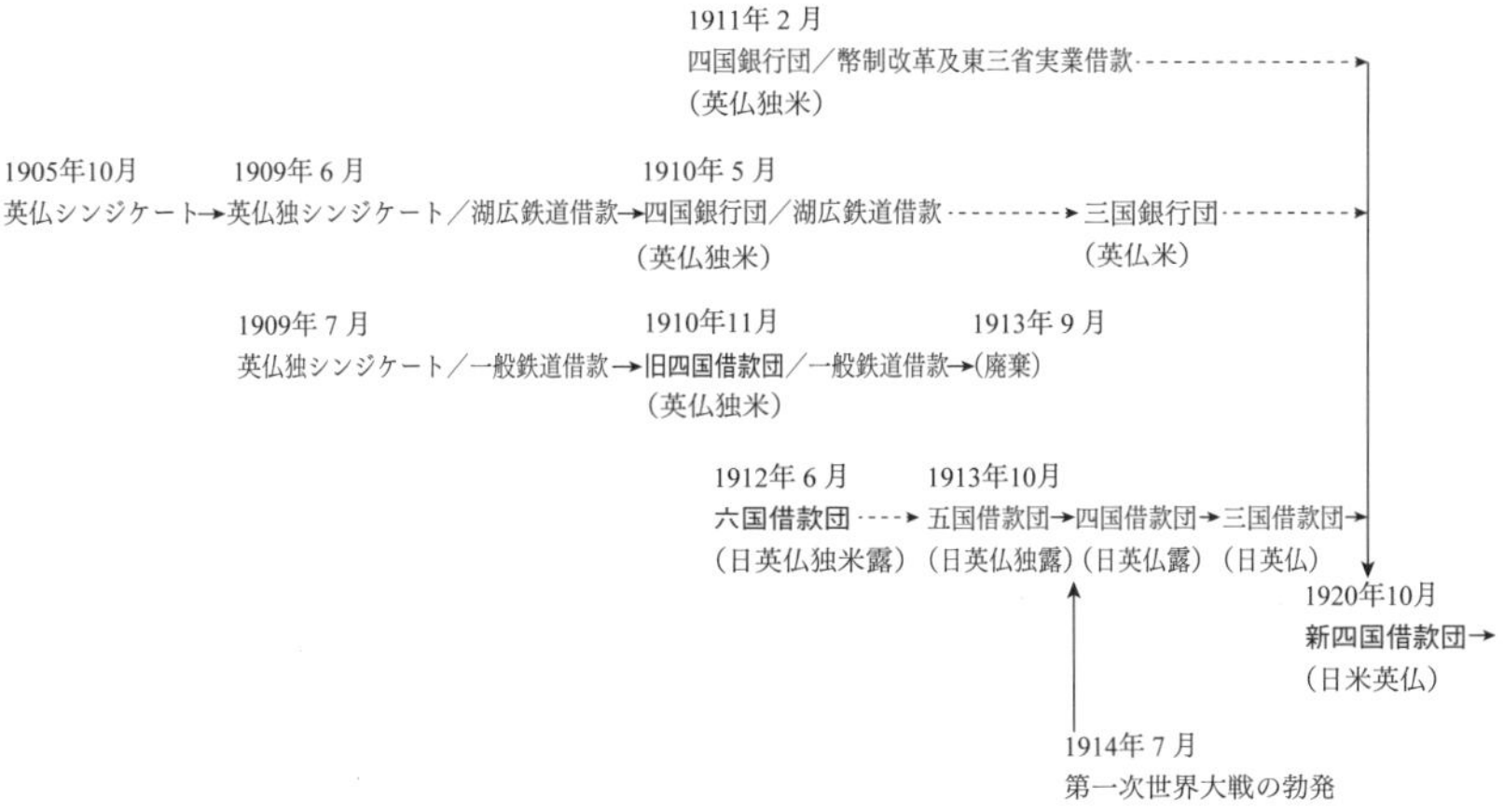

図序-1　主な国際借款団の変遷

出所：根岸佶「支那に於ける国際財団」（望月支那研究基金編『支那研究』岩波書店，1930年），田村幸策『支那外債史論』（外交時報社，1935年）より作成。

力圏」認識を検討しなければならない。そして、そのことは、領土保全や機会均等の内実を示すことにもつながる。借款政策の実態と中国の「独立・領土保全・機会均等」といった外交原則との関係を明らかにすることが重要なのである。

次に、国際借款団と日本との関係性である。図序-1は、欧米各国を中心に結成された国際借款団の変遷を示したものである。国際借款団は、その名前の通り、英米仏独などの資本家を中心に構成されていた借款団のことを指し、鉄道利権に対する借款をめぐって、一九〇五年に結成された英仏シンジケートがその嚆矢とされている[32]。大規模な利権の開発や事業経営、中国政府の財政支援などを目的としていたように、初期の国際借款団は、個別の借款契約にそくした存在であった。しかし、辛亥革命を機に結成された六国借款団は、中国政府の一般財政費を中心とする行政借款を含め、借款供与の対象範囲を大幅に拡大するとともに、英仏米独に日露を加え、参加国も増加した。それまでの借款団と比べ、各国の対中国借款をより包括的に扱うようになったのである。とはいえ、後の新四国借款団に見られるように、行政借款に加え、実業借款までも含めた、広範囲の借款を包含していたわけではなかった。

第一次世界大戦以前の国際借款団に関しては、欧米列強による中国政府の財政管理の枠組みや各国間の利害調整機関といった像が描かれてきた。[33] 一方、前述のように、近年では、日本の国際借款団への参加に関して、日本外交における国際協調的要素を見出す研究も登場してきてはいる。とはいえ、在華利権の獲得を軸に評価する従来の研究に近いスタンスがとられているため、[34] 中国での統一政権の樹立を目的とした国際的な財政支援策への関与としての側面が十分に描かれていない。さらに、国際借款団の結成期から、辛亥革命を経て、その内実が大きく変化する第一次世界大戦期までを考察した研究はほとんど存在しない。

そこで、本書は、日本が国際借款団に参加した経緯、団体内で果たした役割、それらを規定した国際関係などを踏まえ、新四国借款団結成以前の国際借款団と日本との関係を再検討する。そのことは、新四国借款団の歴史的意義を捉え直すとともに、大戦を契機とした、対中国借款やそれをめぐる日中関係・東アジアの国際関係の変化を再検討することにもつながるものと考える。

(2) 政策としての対中国借款

本書の第二の課題は、対中国借款に関する政策的特質の解明である。そこで、以下の三点に注目する。

第一に、どのような経緯で借款が開始されたのかという政策的背景の問題である。借款が本格的に開始された当初、その交渉の窓口となっていたのは、総領事館・領事館など外務省の在外公館や横浜正金銀行の在華（清）支店であった。日本と中国という国家間の交渉であったため、外務省が交渉に参画していたが、返済期間や利率の設定など契約内容に関する実務を担当していたのは正金銀行であった。正金銀行の在華支店は、任地の経済動向の調査、商機の拡大を目的とした地元の政府・企業との関係構築に取り組んでいた。そうした業務の蓄積のうえに、借款交の基盤や前提が準備され、実際の供与が実行に移されるのであった。それでは、外務省や正金銀行は、借款にどのような政策的意義を見出していたのだろうか。この点を深めることで、対中国借款に関する日本国内の政治経済的要請や中国側の事情がより明確となるだろう。

ただ、注意しなければならないのは、外務省や大蔵省にとって、借款は対中・対英外交や国内の経済問題対策の一環であった場合が多く、政策には優先順位が存在していたことである。それは、対中国政策全体を見通した場合の重要度や、借款に対する国内的要請の違いに基づいている。[35] 特に、前者に関しては、イギリスの対中国外交に目配りをするなか、対満政策と対華中・華南政策との整合性が問題化した。いずれにせよ、日本の外交政策や内政のなかに、借款を位置づける作業が必要となる。

第二に、対中国借款をめぐる政策主体の相互関係である。この点に関しては、特に、寺内正毅内閣期に注目した研究が数多く存在している。[36] いわゆる西原借款は、大蔵省、もしくは「朝鮮組」（寺内、勝田主計、西原亀三）主導の政策であり、外務省・正金銀行の一元的な政策決定の逸脱事例と評価される場合が多い。[37] 一方、個別の在華利権に注目した研究でも、政策主体の相互関係への言及がある。例えば、製鉄業史研究において、漢冶萍公司への借款をめぐっては、農商務省―外務省―大蔵省の三位一体の関係が、日露戦前に構築されたとの指摘もある。[38] また、南潯鉄道に対しては、外務省と民間資本である東亜興業株式会社とが相互に補完し合いながら、借款供与を行っていた。[39] このように、個別の在華利権への借款の事例を通じて、外務省が、一貫して対中国借款の主導的な立場にあったわけではなかったことが明らかにされている。[40]

さらに、借款を外交政策として捉えた場合、外務省や大蔵省など関係省庁の相互関係を検討するだけでは、不十分である。他の外交政策と同様、借款は、政府の対中国方針にそくした形で基本的に実行されたが、政治家・実業家個人の思想と行動に影響を受ける場合もあった。よって、対象となる利権の質、それに関わる外交関係に応じて、多様な主体の動向に目配りをしなければならない。

第三に、政策主体の中国論である。日本と中国は地理的に近接するとともに、前述のように、中国という存在が日本のナショナリズム形成そのものに深く関係していた。近代日本の対中国借款が、経済的合理性のみで説明されうるものでないことは容易に想像がつく。それでは、辛亥革命や第一次世界大戦といった中国情勢の激変を受け、中国論はどのように変化を遂げ、対中国借款に影響を与えていたのだろうか[41]。対中国政策と中国論との関係性を検討した研究成果を批判的に継承しつつ[42]、借款政策の決定や実行に関与した主体、主に外交・金融関係者や実業家の「支那保全」論、「日支親善」論の内実を中心に、対中国借款を支えた思想的背景を考察していく。こうした試みは、明治末期から大正期を対象とした、対中国政策に関する日本政治史研究との接合を図ることにもつながるだろう。

本書では、日清戦後から第一次世界大戦期までに焦点を当て、対中国借款には、どのような主体が関与し、その相互関係はどのようなものであったのか、そして、それらの背景には、どのような国内的要請や中国論があったのかを明らかにする。

(3) 方法

第一の課題に関しては、海外に所蔵されている一次史料を積極的に活用する。関係史・外交史を研究する際、ある事案に関する外交交渉を日本側のみならず、交渉の相手側の史料と突き合わせて検討し、両国間におけるコミュニケーションのギャップとその原因（目的・妥協点のずれ、各国の国内事情、政策形成のための情報源や情報操作）を明らかにすることが基礎的な作業となる。こうした、関係各国に所蔵されている史料を駆使して、外交交渉・関係を立体的に描こうとする手法はマルチ・アーカイバル・アプローチと呼ばれている。近年、イギリス・アメリカ・台湾にある史料が積極的に公開され、アクセスも飛躍的に改善されたため、広く用いられるようになった。この手法はすでに入江昭の先駆的な研究で取り入れられていたが[43]、服部龍二の研究以降、日本外交史研究において広く定着したといってよい[44]。

日本の対中国借款には、交渉相手としての中国の存在があり、イギリスを中心に、アメリカ、フランス、ドイツ、ロシアなどが関係している。日本国内に存在する史料はもちろん、これら各国に所蔵されている史料を利用することで、借款交渉に関わる外交関係を複眼的に捉えることが必要であろう。ただ本書では、主として第一次世界大戦期以前を扱うという時期の限定に加え、マルチ・アーカイバル・アプローチに注目が集まっているあまり、かえって中国の動向が見えにくくなっているのではないかという問題意識から、中国、そして、欧米のなかで特に中国と密接な関係にあったイギリスの史料を中心に利用する。

第二の課題に関しては、公文書と私文書とを突き合わせることで、政策決定過程の分析を試みる。対中国借款には数多くの主体が関係していたが、近年これらに関する史料が公開、もしくは、インターネット上で閲覧できるようになった。具体的に言及すれば、外務省（「外務省記録」）、大蔵省・正金銀行（「横濱正金銀行資料」）、農商務省・八幡製鉄所（「製鐵所文書」）などであるが、まずはこれらの史料を用い、それぞれの目標及び相互の関係を浮き彫りにする。

そのうえで、政策を決定・実施する内閣、非制度的存在として関与する元老らの影響力を検討する。当該期に関しては、立憲政友会の有力者であり、内閣を組織した西園寺公望や原敬、井上馨、寺内正毅、牧野伸顕、阪谷芳郎、勝田主計など対中国借款に深く関わった人物の一次史料が豊富に現存しており、政策決定の過程を詳細にうかがい知ることができる。また、実際の閣議決定・政府方針の内容については、「外務省記録」や「横濱正金銀行資料」、内閣に関する公文書（「公文類従」、「公文雑纂」）で確認を行う。本書は、こうした手法を採用し、関係各省庁の間でどのような調整がなされ、最終的に実行された政策としての対中国借款には、どのような利害関係が反映されたのかを明らかにする。[45]

第一・第二の両方の課題を検討するうえで、中国の主体性を組み込んだ立論を行うことが重要であろう。近年、中国における近代化の多様性が提示され、清朝末期から民国初期の中国近代史について、革命勢力と封建勢力との対抗といった固定的な歴史観が相対化された。[46]こうしたいわゆる革命史観に収斂されない、「中国」の主体性と多様性が次々に明らかにされている以上、それに対する日本側の認識と実際の政策との関係性も当然検討されなければならない。例えば、東三省（満州）、華北、長江流域（華中）、福建省・広東省（華南）などの地域性に加え、清朝・袁世凱政権と地方総督・省政府などとの中央—地方関係などである。[47]特に、清末民初にかけて中央政府の統治が十分に浸透していなかった、華中・華南地域に対する日本の経済進出の実態を明らかにするうえで、こうした視点は重要である。近年の中国近代史研究の成果を積極的に取り入れることが求められるのである。

三　本書の構成

本書は、ほぼ時系列にそくした形で、以下のような章構成をとる。

第1章では、近代日本における対中国借款の起源を確認する。鉱山や鉄道などの在華利権、とりわけ、漢陽鉄政局、粤漢・川漢両鉄道（もしくは湖広鉄道）、南潯鉄道への借款問題を取り上げる。同時に、借款交渉に関与した外務省、農商務省、民間資本などの目的や動機を検討する。その際、日清・日露戦争期における対中国借款と、日本政府の対中国方針、日本国内の内政問題、同盟国であったイギリスの対中国外交との関わりに言及する。こうした日本側の動向に加え、外務省や横浜正金銀行と張之洞、盛宣懐、江西省鉄路総公司などとの交渉過程を立体的に描くことを通じて、中国側が日本に借款供与を要請した背景もあわせて考察したい。こうしたことによって、当該期の借款をめぐる日中関係の特質が解明されることになろう。

第2章では、日本の対中国借款政策が、辛亥革命前後の中国情勢の変化のなかで、大きな転機を迎えたことを述べ、日本からの度重なる借款が供与されたことで、漢冶萍公司から日本以外の外資の排除が進展した経緯を跡づける。また、辛亥革命が長江流域で拡大した結果、中国には清朝と中華民国臨時政府（南京政府）が併存することになるが、そうしたなかで、長江流域利権の漢冶萍公司や招商局に対する日本の借款が、どのような外交的意義を有していたのかも明らかにしたい。次いで、日英米仏独露の資本家によって結成された六国借款団内において、日本政府・資本家が果たした役割に注目し、日本と国際借款団との関係を再検討する。そこでは、六国借款団への対応を主導した外交・金融関係者の「支那保全」論が大きな手がかりとなるであろう。

第3章では、日清戦争以降の借款蓄積を通じて、日本が優越的な影響力を確保した漢冶萍公司や南潯鉄道が、外務省による外交一元化の影響を受け、対中国外交のなかに明確に取り込まれていく過程とその政治外交史的意義を論じる。具体的には、対華二十一ヵ条要求第三号や第五号第五条の形成過程、そして、それらに対する中国政府やイギリス政府の反応を分析する。同章は、第三号と第五号第五条を軸に、対中国政策の決定過程や日中英の国際関係を読み解こうとするものでもある。第三号に関しては、外務省、正金銀行、元老井上馨のそれぞれの構想や対応などに注目する。以上を通じて、日清戦後に開始された対中国借款政策の帰結を示す。

第4章では、九州製鋼株式会社の設立問題を取り上げ、漢冶萍公司に対する日本側の政策転換の背景・過程や同公司をめぐる日中関係の変化を論じる。特に、第一次世界大戦を契機に、対漢冶萍公司借款に関する主要な政策主体であった大蔵省や農商務省が、公司をどのような存在として位置づけるようになったのかを考察する。また、九州製鋼会社の設立過程に言及する際、日本側の最大株主であった安川敬一郎の思想と行動に着目することも重要である。安川の「日支親善」論の内実を明らかにすることは、第一次世界大戦期の経済的日中提携論の特質に迫る有効な方法と考える。

第5章では、蔵相であった勝田主計の対中国借款に関する政策論と政策展開に注目し、寺内正毅内閣の対中国借款政策を再検討する。対華二十一ヵ条要求に関する外交交渉の結果として、「南満州及東部内蒙古に関する条約」が締結され、日本の満蒙権益は強化された。そのため、寺内内閣期に入ると、借款の主要な対象は、従来の華中・華南利権から満蒙利権へと転換する。本章では、勝田蔵相を中心に、満蒙権益への借款の背景、対中国投資機関の整備や中国政府への財政支援の経緯、対中国借款政策と日本国内の経済・金融問題との関わりなどを分析することで、「西原借款」に代表されてきた寺内内閣の対中国借款政策の全体像を捉え直す。以上を通じて、寺内内閣の対中国借款政策の特殊性とともに、前後の内閣で行われた対中国政策との類似性も指摘する。

第6章では、阪谷芳郎の中国政府内での幣制改革に関する顧問就任問題という第5章とは別の視点から、寺内内閣の対中国政策の特質を分析するとともに、同内閣の対中国経済外交に関する国内の具体的な動きを析出することを目指す。特に、顧問就任を前提とした阪谷の訪中に対する寺内内閣、東京や大阪など国内の商業会議所の方針とその変化を検討してみたい。第5章の分析結果と対応させることによって、対中国政策に関する寺内内閣の特質、寺内内閣と原敬内閣の連続性と断絶性を明らかにすることができるものと考える。

終章では、序章で提示した課題に答えるために、①国際借款団を中国をめぐる経済的な国際協調の枠組みと位置づけ、それと日本の対中国借款とがどのような相互関係にあったのかを述べ、②そうした対中国借款は、日本国内のいかなる政策的要請や中国論から影響を受けていたのかを明らかにする。最後に、以上の点を踏まえ、第一次世界大戦後における日本の対中国借款の特質、それと新四国借款団との関係に関する見通しを示したい。

第1章　経済的アプローチの模索
――日清・日露戦争と対中国借款の起源

はじめに

日清戦争の講和のために調印された下関条約において、日本政府は、①朝鮮が「独立自主」の国であること、②台湾・澎湖諸島・遼東半島の割譲、③二億両の賠償金（後に遼東半島返還の代価として三〇〇〇万両を追加）、④沙市・重慶・蘇州・杭州の開港を清朝に認めさせた。日清戦後経営のなかで、賠償金の大部分は海軍の軍備拡張費に運用されるが、(1)一部の賠償金は官営八幡製鉄所の設立費用にも充当され、近代日本の重工業化を支える鉄の国産化に寄与することになる。製鉄原料の確保については、当初から海外に求める方針ではなく、安価で良質な鉄鉱石の調査が国内外で行われていたように、文字通り模索段階にあった。一方、台湾の獲得は植民地経営という新たな課題を近代日本に突きつけた。台湾の対岸にある福建省を「勢力圏」として確保する目的から、南進政策、すなわち福建省やそれに隣接する浙江省・江西省（華中）や広東省（華南）への経済進出が積極的に行われていく。

本章の第一節では、対中国借款の起源とその特質を、官営八幡製鉄所と漢陽鉄政局との間で製鉄原料に関する売買契約が締結される過程から読み解くとともに、対中国借款を支える「勢力圏」認識の定着過程を検討する。第二節では、北清事変後の東アジア国際環境の変化、特に、日英同盟の締結が日本の対中国借款に対して持つ意味、そして、日本興業銀行法案の改正問題に着目して、日本から漢陽鉄政局に対して初めて行われた借款が、なぜ日本興業銀行を経由して行われたのか、その理由を明らかにする。

日露戦争の結果、長春～旅順間の鉄道敷設権がロシアから日本に譲渡されることが約束され、一九〇五（明治三八）年一二月の「満州ニ関スル条約」によって清朝はこれを了承した。また周知の通り、ロシアから日本へ賠償金が支払われることはなかった。しかし、日本政府は戦費の総額約二〇億円のうち、一七億円を臨時軍事費から支出し、とりわけその約四割を外債に依存していた。よって、賠償金を得られなかったことは、戦後の日本に内外債償還のため、行財政整理の実行や外債償還基金の設置を迫った。日本政府は輸出拡大のために、国内はもとより、植民地での産業育成や朝鮮半島・中国大陸への経済進出を図っていくことになる。(2) 国産品の生産奨励など輸入代替工業を振興し、正貨の流出を防ぐことがきわめて重要な政策課題となったのである。

日露の外交関係の改善が進む一方で、一九〇七年に策定された「帝国国防方針」において、ロシアが引き続き仮想敵国とされていたことからも分かるように、ロシアの「復讐」への警戒感が存在していた。同時に、満州での諸権益の擁護や新規利権の獲得、対露戦の準備、韓国併合への道筋がつけられていく。よって、安奉鉄道（安東～奉天）や吉長鉄道（吉林～長春）など満州の鉄道利権は、日英同盟の変質過程を分析した研究、(3) 大陸政策をめぐる国内の政策構想や政治対立に言及した研究のなかで取り上げられている。(4) こうして、北進が「主軸」、南進は「副軸」となり、(5) 満州（蒙）権益の確保・拡大が近代日本の対中国政策・大陸政策のなかで中心的な位置を占めるようになるといった歴史像が描かれてきたのである。しかし、仮にそうであったとしても、「中国本土」（China Proper）に対する製鉄原料の確保や鉄道敷設権の獲得を目的とした対中国借款が行われなくなったわけではない。それどころか数多くの借款契約が成立している（表1-1）。厳しい財政状況のなかで、なぜ対中国借款が行われ、どのような論

表 1-1　辛亥革命以前における主な対中国借款契約

契約年月	債 権 者	債 務 者	単位	金　額	償還期間	利　率
1901年12月	台湾銀行	閩淅総督	銀元	1,500,000	15カ年	年6.5%
1904年 1月	日本興業銀行	漢陽鉄政局	円	3,000,000	30カ年	年6%
1906年 1月	横浜正金銀行	直隷総督	銀両	3,000,000	6カ年	年7～12%
1月	三井物産	両広総督	円	1,000,000	1カ年半	年8%
2月	〃	漢陽鉄政局	〃	1,000,000	5(6)カ年	年7.5%
4月	〃	〃	〃	1,500,000	―	年7.5～8.5%
1907年 3月	日本興業銀行	大成公司	両	1,000,000	10カ年	年6%
4月	三菱合資会社	両江総督	円	1,000,000	1カ年	年6.5%
5月	大倉組	萍郷炭鉱	〃	2,000,000	7カ年	年7.5%
9月	横浜正金銀行	湖北官銭局	両	2,000,000	10カ年	年7.5(8)%
1908年 3月	〃	江南裕寧官銀銭局	円	1,000,000	1カ年	年7%
6月	〃	漢冶萍公司	〃	1,500,000	10カ年	年7.5%
7月	〃	江南裕寧官銀銭局	両	1,000,000	2カ年	年8%
8月	〃	湖北善後局	〃	500,000	5カ年	年8%
11月	〃	漢冶萍公司	円	500,000	10カ年	年7.5%
12月	〃　など	清朝郵伝部	両	1,000,000	3カ月	年7‰
1909年 3月	〃	漢冶萍公司	〃	500,000	1909年4月19日より2年半	―
8月	南満州鉄道株式会社	清朝郵伝部	円	2,150,000	25カ年	年5%
10月	横浜正金銀行	湖北省	両	800,000	6カ年	年7.89%
1910年 5月	〃	東三省	銀券	1,500,000	4カ年	年6%
6月	〃	〃	〃	700,000	5カ年	年6.5%
7月	〃	清朝郵伝部	元両	500,000	半年	年7%
8月	〃	清朝	元	2,500,000	10カ年	年7%
8月	〃	交通銀行	円	2,200,000	10カ年半	年7%
9月	〃	漢冶萍公司	〃	1,000,000	2カ年	年7%
10月	〃	清朝郵伝部	〃	1,440,000	半年	年7%
10月	東亜興業株式会社	漢口水電公司	〃	1,200,000	3カ年	年8%
11月	横浜正金銀行	漢冶萍公司	両	1,000,000	1カ年	年7%
12月	三井銀行	〃	円	1,000,000	1カ年	年9%
1911年 1月	横浜正金銀行	湖南官銭局	銀両	500,000	1カ年	年8%
2月	〃	直隷省	両	1,008,000	～1918年	年7～12%
3月	〃	清朝郵伝部	円	10,000,000	25カ年	年5%
3月	〃	漢冶萍公司	〃	6,000,000	15カ年	年6%
5月	三菱合資会社	清朝海軍部	〃	680,000	―	年6.5%
5月	横浜正金銀行	漢冶萍公司	〃	12,000,000	15カ年	年6%
6月	台湾銀行	広東布政使司	〃	600,000	2カ年	年6%
6月	〃	両広総督（広東布政使司？）	〃	1,000,000	3カ年	年6%
9月	横浜正金銀行	清朝郵伝部	〃	2,000,000	1カ年	年7%

（つづく）

契約年月	債権者	債務者	単位	金　額	償還期間	利　率
1912年 2 月	三井物産	漢冶萍公司	円	2,000,000 乃至3,000,000	—	—
2 月	横浜正金銀行	〃	〃	3,000,000	—	年7%
2 月	大倉組	清朝陸軍部	〃	1,821,760	1カ年	年8.5%

出所：「対支借款関係雑件／湖北省之部」（外務省外交史料館所蔵「外務省記録」1.7.1.5-5），「対支借款関係雑件　広東省之部1」（1.7.1.5-8），「対支借款関係雑件／漢口水電公司関係並同公司対東亜興業会社借款」第1巻（1.7.1.5-9），「対支借款関係雑件／江蘇省ノ部4」（1.7.1.5-10），「対支借款関係雑件／奉天省ノ部1」（1.7.1.5-11），「対支借款関係雑件／北京政府之部／郵伝部対正金銀行」第1巻（1.7.1.5-14-1），「漢陽鉄政局及萍郷炭鉱局借款雑件」（1.7.1.7），「漢冶萍煤鉄公司借款関係雑件」（1.7.1.9），『漢冶萍公司関係本邦借款契約彙纂』（製鉄所総務部），「漢冶萍鉄廠契約書」（三井文庫所蔵「三井物産史料文書部保管重要書類」物産2354-3），加藤隆幹『日本対中国借款』（創英社／三省堂書店，2011年），国家資本輸出研究会編『日本の資本輸出』（多賀出版，1986年）付録，馬金華『外債与晩清政局（社会科学文献出版社，2011年）』などより作成。

注：対象時期は日清戦後から北京政府の成立（1912年3月）まで。対象とする借款は50万円（元／両）以上とした。華中・華南に位置する利権には，網掛けをした。ここで挙げた借款契約はすべて実行に移されたわけではない。また，追加契約として締結された契約も少なくない。

理が対中国借款の正当化に作用していたのかを検討することによって、日露戦後における日本の対中国政策の政策目標の重要な側面が明らかになるだろう。

第三節では、①華中・華南の鉄道利権に対する借款の実態と清朝の鉄道政策との関係性[6]、②八幡製鉄所の拡張問題と漢冶萍公司への借款との関係性を検討する。

一　日清戦後の製鉄業・南進政策

(1) 官営八幡製鉄所の設立と漢陽鉄政局

一八九八（明治三一）年六月、第一次大隈重信内閣が誕生した。この内閣は、板垣退助の自由党と大隈の進歩党が合流して結成された憲政党を与党としていた。日本初の「政党内閣」として大いに耳目を集めたが、大臣・参事官人事などをめぐり、閣内や党内で対立が発生し、大隈内閣は半年も政権を維持することができず、崩壊した[7]。

憲政史上で重要な画期とされる大隈内閣は、近代日本の対中国政策にも大きな転機をもたらした。その一つに、日清戦後の台湾領有を背景とした積極的な南進政策の実行がある。また、大隈内閣が直接関与したわけではないが、この時期に伊藤博文前首相が訪中をし、清朝の有力者である張之洞と会談を行った。日清戦後の対中国政策を考えるうえで、第一次大隈内閣期のこれら二つの出来事は記憶にとどめておく必要がある。

大隈内閣では、首相自らが外相を兼任した。大隈兼任外相のもとで、外務次官を務めたのが小村寿太郎であった。小村は対清方針について、「清国の開発をもって我が対清経営の最も急務とし、この主旨で張之洞、劉坤一等有力者を説き、我が国より顧問を聘用せしめ、又清国留学生の日本えの留学を慫慂し、もって日清両国の関係結合を永遠かつ強固の基礎の上に実現せしめるの計画を立てた」[8]といわれている。清国の「開発」、すなわち鉄道敷設や鉱山開発への関与は、日本の対清経営にとって最も急務であり、その具体策として、張之洞らを説得し、日本人顧問の招聘、日本への留学生の派遣を実現させることで[9]、日清関係がさらに強固になると小村は考えたのである。この時期、張之洞は湖広総督、劉坤一は両江総督の地位にあった。特に張之洞は、日本から軍事顧問を招聘するなど、軍事や経済の分野などで日本に接近しており、日清間協力の気運が高まっていた。ここには、利権の獲得・拡大のために、清朝政府のみならず、こうした督撫層に接近するという、日本政府のその後の方向性がすでに見られる。清末、清朝の統治が弛緩し、分権化が進行していた清国の状況を踏まえたうえでの見解であったといえよう。

日本政府の対清経営については、華中・華南における鉄道利権の獲得策などがあるが、この点は後に取り上げるとして、ここではまず鉄資源の確保に注目したい。

大隈内閣のもとで、長江中流域の要衝である漢口に専管居留地が設置された（一八九八年）。すでに、一八八六年に領事館が設置されてはいたが、日清戦後になると日本人居留民が増加し始めていた[10]。居留地が設置される直前の一八九七年六月には、「清国長江中商業の最要地たる漢口」における総領事館の設置に必要な経費が、外務省の明治三一年度の予算要求に盛り込まれており[11]、すでに第二次松方正義内閣期において、長江流域での貿易振興策への積極的意見が存在していた。日清戦後の日本政府は、領事館や総領事館の設置、領事館から総領事館への昇格を世界規模で進めており、[12]漢口での専管居留地の設置はそうした政策の一環でもあった。

日本の長江中流域への経済進出が進むなか、張之洞湖広総督によって漢口に隣接する漢陽に建設されたのが漢陽鉄政局であった。漢陽鉄政局は、張之洞湖広総督が一八九〇年に設立した湖北鉄政局を起源とし、一八九三年には高炉が建設された。日清戦争以前、漢陽鉄政局は、石炭を調達するための市場として、また製造した鉄鋼（レール）の輸出先として、すでに日本に注目していた。[13]

漢陽鉄政局は、設立から間もなく、日本人技師を採用していた。その技師の名前は、大日方一輔といい、武昌近郊にある馬鞍山に炭鉱開発の調査のために派遣された。派遣の背景には、当時上海総領事代理であった小田切万寿之助[14]の働きかけがあったといわれている。[15]また、漢陽鉄政局が所有する鉱山の開発をめぐって、日本人技師とベルギー人技師がともに意見書を作成していたという興味深い事例もある。漢陽鉄政局の取締役は、「ベルギー人には悪意があるが、日本人にはない」との書簡を同局の盛宣懐督弁[16]に送っており、長江流域の鉱山開発をめぐって、日本とベルギーとの間で経済競争が行われていた。盛宣懐がその書簡に「両技師の意見書が提出されてから判断する」との書き込みを行っているように、鉱山開発に関する主導権はあくまでも中国側にあった。[17]

日本と漢陽鉄政局との関係は、技師の派遣や鉄資源の売買などを通じて構築されていたが、借款が開始される最大の契機は、官営八幡製鉄所と漢陽鉄政局とのコークス及び鉄鉱石に関する売買契約の締結である。[18]なぜなら、この契約は、八幡製鉄所の鉄生産、さらには、日本の製鉄業に不可欠な存在となるからである

ここでは、交渉の実務を担当した二人の人物の動向に注目し、契約締結までの経緯を追ってみたい。一人は和田維四郎製鉄所長官であり、もう一人は先ほども登場した小田切である。一八九七年一〇月、製鉄所長官に就任した和田は、直後の一一月、有名な「和田意見書」を金子堅太郎農商務相に提出した。この意見書は、採掘から圧延までの一貫した製鉄所を構想していたように、八幡製鉄所の具体的な建設案を提示するとともに安価な製鉄原料の調

達を課題として挙げており、創立期の八幡製鉄所の基本方針を決定した文書と評価されている。[19] そのため、漢陽鉄政局からの鉄鉱石輸入に関して、第一に、和田長官の役割を強調する見解がある。例えば、後に漢陽鉄政局管理の大冶鉄山に技師として派遣される西澤公雄[20]は、和田が大冶鉄山からの鉄鉱石の輸入を伊藤、井上馨、青木周蔵、曾禰荒助らに外交方針として採用するよう働きかけたと証言している。[21] 第二に、和田長官と小田切との連携を重視する見方もある。八幡製鉄所のある技師は後年になって以下のように回顧している。[22]

> 唯今正金の重役をして居られる所の小田切氏が総領事として上海に在任中、盛宣懐が、どうも支那では此製鉄業に付ての骸炭〔コークス〕が乏しい、それ故に骸炭を日本から得たい、其代りとして大冶の鉄鉱を差し上げたい、即ち盛氏に鉄鉱と骸炭との交換問題の希望ある事を當時の小田切領事《マヽ》は知りまして、其事を詳しく報告をせられた、そこで和田長官も此事に付て非常に考慮を拂はれて、其當時伊藤公爵に詳しく説明をせられて其の御同意を得られた

盛宣懐督弁が、日本からのコークス獲得とそのバーターとして日本への鉄鉱石の輸出を要請し、[23] この情報を受け取った小田切が和田に知らせたところ、和田は「非常に考慮」のうえ、伊藤に説明をし、同意を得たという。さらに、これとほぼ同様の見解は、農商務省の公式記録である『製鉄所対漢冶萍公司関係提要』[24]でも採用されている。[25]

> 明治三十一年夏時ノ上海総領事代理小田切万寿之助偶々公務ヲ帯ビテ武昌ニ赴クヤ、同地ニ在リシ盛宣懐ハ日本ニ於テ欠乏セル鉄鉱ヲ日本ニ供給シ其交換トシテ我邦ヨリ骸炭ヲ得度希望アルコトヲ漏シタリシカバ、小田切領事ハ之ヲ製鉄所長官和田維四郎ニ通信シタリ〔中略〕〔以下、和田の発言〕万一支那地方ニ於テ外国人ガ製鉄所ヲ設立シ盛ンニ製鋼事業ヲ営ムトキハ漸ク萌芽ヲ発セントスル我製鉄事業ニ大障害ヲ来タシ、延ヒテハ我

ガ国防上ニモ影響ヲ及ボスニ至ルベキ恐アリトシ、同長官ハ此機会ニ乗ジ支那鉄鉱ノ購買ヲ約シテ外国人ノ支那ニ於ケル製鉄事業着手ヲ阻止スルノ方法ヲ講ズルヲ以テ得策ナリ

ここでもコークスと鉄鉱石のバーターが盛宣懐の提案であり、それを小田切が和田に伝えたとある。[26] さらに後半部における和田の主張は、中国における外資の製鉄所建設は日本の製鉄業にとって障害となると同時に、国防に大きく影響するため、外資の中国製鉄業への進出を阻止する必要があるというものであった。このように日本側の史料では、盛宣懐による提案という共通のストーリーが語られているのである。また、「盛宣懐の要請」という情報は、これらの史料が示す通り、小田切から和田に伝達されたのであろう。さらに、総領事代理という小田切の外務省内での立場から見れば、小田切から当時外務次官であった小村に報告された可能性もあるし、直接もしくは間接に、八幡製鉄所の設立に大きく関与した井上に伝わったことも想定できる。

以上のような経緯で具体化した売買契約の締結交渉であるが、伊藤前首相の訪中を経て[27]（一八九八年八～一一月）、翌年には和田自身が訪中し（一八九九年三～四月）、契約の締結にこぎつけるのである。[28]

それでは、簡単に契約内容の特徴を確認しておこう。①鉄鉱石について、八幡製鉄所は一五カ年という長期にわたって大冶鉄山から輸入すると同時に、中国に存在する他の鉱山からは輸入しない、②大冶鉄山は中国国内に設立される外国資本の製鉄所に鉄鉱石を供給しない、という点が挙げられる。つまりは、①によって八幡製鉄所は、一五年間の長期間にわたり大冶鉄山から鉄鉱石を安定的に確保できる一方で、他の鉱山からの輸入を自粛するという。その内容からは、中国においてさらなる鉄鉱石を確保する場合、大冶鉄山、もしくは大冶鉄山を傘下に置く漢陽鉄政局が所有する鉱山からの輸入量を増加させる必要があることを示唆している。また②は、大冶産鉄鉱石の調達を想定した外国資本の製鉄所建設を牽制するという意味も含んでいた。この売買契約は、八幡製鉄所と大冶鉄山との

鉄鉱石の輸出入をめぐって、互いを拘束する内容を持つものであった。契約締結の結果、西澤が技師として、大冶鉄山に派遣された。西澤は以後三〇年以上にわたり大冶鉄山に勤務するなど、中国に派遣された日本人技師のなかで先駆的な存在であった。

確かに、八幡製鉄所と漢陽鉄政局とが鉄鉱石とコークスの確保に奔走するなか、この契約は短期的には、八幡製鉄所の稼働開始、漢陽鉄政局による銑鉄の増産につながる。しかし、契約締結直後、一五カ年という契約期間をめぐり、三カ年もしくは五カ年にとどめるべきとする張之洞と一五カ年契約に積極的な盛宣懐との間に契約内容に対する意見の相違が存在していたように[29]、中国側はこの契約を手放しで容認していたわけではなかった。一五カ年という長期契約には、日本側にとって安定的に輸出先を確保することができるなどのメリットがあったが、一方で、中国情勢の激変、製鉄原料の価格変化、漢陽鉄政局の経営悪化への対応を困難にさせたといわざるを得ない。

(2) 漢陽鉄政局による外資導入の動きと日本の対応

次に、漢陽鉄政局が日本に借款供与の要請をするに至った経緯を、先行研究によりながら整理してみたい[30]。日清戦争に敗れた清朝は、日本への賠償金の負担を担税能力に応じて各省に割り当てた。湖北省と湖南省を統治する張之洞湖広総督には、巨額の金額が賦課された[31]。そのため、財政難に悩まされた張之洞は民間資本の導入を図り、官弁（官営）であった漢陽鉄政局の実質的な経営を盛宣懐に委任するとともに、同局への民間資本の導入も決断した。湖広総督が人事権や重要事項に関する監督権を引き続き掌握する一方、資本は民間から調達するという官督商弁と呼ばれる経営体制へと移行したのである（一八九六年）。

以後、一九〇八年に大冶鉄山と萍郷炭鉱を合わせて漢冶萍公司が誕生するまで、漢陽鉄政局はこの体制をとる。経営の実権は湖広総督の監督のもとで盛宣懐や彼がリクルートした人材が握ることとなった[32]。官督商弁初期の漢陽

表 1-2　漢陽鉄政局の初期資本構成

	金額（庫平銀，両）	総額に占める割合（%）
招商局	250, 000	25
電報局	220, 000	22
中国通商銀行	328, 500	32. 85
萍郷炭鉱	100, 000	10
鋼鉄学堂	39, 000	3. 9
南洋公学	6, 000	0. 6
古陵記	36, 500	3. 65
上海広仁堂	20, 000	2
総　計	1, 000, 000	100

出所：胡政主編，張後銓著『招商局与漢冶萍』（社会科学文献出版社，2012 年）74 頁より。

鉄政局の資本構成を示した表1―2から分かるように、盛宣懐が強い影響力を持っていた企業が漢陽鉄政局の株主となることで[33]、盛自身の影響力も強化されていく。

一方、この頃の中国の政治状況も、漢陽鉄政局における盛宣懐の主導権の強化に少なからず作用したといわれている[34]。そもそも李鴻章の幕僚であった盛宣懐は、日清戦争の敗北による李の政治的影響力の低下と無縁ではなかった。しかし、盛宣懐は、李鴻章の後に権力を掌握するようになった王文韶北洋大臣、劉坤一両江総督らから引き続き信任を得ると同時に、張之洞とも協力し、日清戦後の清朝を支える存在となった。こうした政治・経済状況を背景に、漢陽鉄政局の督弁に就任した盛宣懐は経営難から脱却するため、二〇〇万両の借款を日本に要請した。これは一八九八（明治三一）年頃と見られる[35]。

それでは、漢陽鉄政局からの借款要請に日本側はどのように応じたのだろうか。小田切万寿之助総領事代理は、①鉄鉱石・銑鉄は日本から中国に石炭を輸出する商船の帰り荷となるため、輸送費の負担が少ない、②清国に対する日本の勢力扶植の助けとなる、③東洋の製鉄事業を日本が掌握することができる、④総じて、日清両国の関係強化となる、との理由から積極的に借款を供与すべきと主張した[36]。おそらく、こうした小田切の意見が採用された結果、外務・大蔵・農商務の三大臣から総理大臣に対して、漢陽鉄政局への借款供与に関する請議がなされた[37]。しかし、盛宣懐から小田切に対して借款の要請があったにもかかわらず、日本国内には借款に応じる資本家が存在しないのが実情であったという。とはいえ、この借款は、「日清両国ノ関係上此申込ニ応スルヲ以テ政策上利益」があるため、正金銀行による引受の必要性が閣議で確認された。日本政府は、二〇〇万両借款に積極的に応じるべきとの方針を示したのである。

三大臣による閣議決定の要請と併行して、外相と農商務相の連名で、和田維四郎製鉄所長官と小田切総領事代理宛に訓令が出されている。[38]そこには、①貸渡金額は二〇〇万両を超過しないこと、②「資金貸渡ニ対スル担保トシテ鉄政局敷地機械建物等一切及大冶鉄山全部ヲ抵当ト為サシムルコト」、③「正金銀行ハ盛督弁ニ対シ資金調達ノ責任ヲ帯ヒ帝国資本家数名ノ組合ヲシテ其資金ヲ出サシムルヲ以テ鉄政局及大冶鉄山ノ管理ハ右組合ノ代表者ニ於テ之ヲ為サシムルコト」が盛り込まれていた。日本側は、担保とその地方政府や中央政府による保証を求めると同時に、国内では資本家を組織化し、さらに、その組合に借款のための貸金を負担させ、漢陽鉄政局や大冶鉄山の管理を任せることを提案している。②と③の内容を検討すると、日本側は漢陽鉄政局側に対し、かなり多大な担保や保証の要求をしていたことが分かる。なぜなら、ここで要求されている担保は辛亥革命の直前にようやく約束される事項であるからである。ともあれ、日本政府は、以上のような方針に基づいて、借款交渉を行っていく。

一方、実質的な資金負担の可能性がある日本銀行や大蔵省、交渉を担当する横浜正金銀行などとの間で、二〇〇万両借款に関する折衝が行われた。そうしたなかで、第二次山県有朋内閣の松方正義蔵相から正金銀行への訓令案の送付も検討されている。この短い訓令案は、借款の貸渡条件について、「和田製鉄所長官及小田切領事ヘノ訓令ニ従ヒ適当ナル約定ヲ取結フヘシ[39]」と、さきに触れた訓令を支持する内容となっていた。しかし、ここで注目したいのは、この史料の欄外に見られる書き込みである。

三月十四日山本、相馬ヲ大蔵省ニ呼出相談ノ処、故障アルニ付、更ニ大蔵大臣ノ考ノ上、此訓令ハ発セス

この史料が、当時大蔵省主計局長であった阪谷芳郎の手元に保管されていたことを踏まえると、三月一四日、阪

谷が、山本達雄日銀総裁、相馬永胤正金頭取と大蔵省で会談を行ったと推測される。その場で何らかの「故障」が出た結果を受け、松方蔵相の「考」のうえで、この訓令は出されないことになったという。

なぜ、「故障」が出て、松方蔵相はこの訓令を発しないことを決定したのだろうか。その理由を直接示す史料は、管見の限り見当たらない。ただ、ほぼ同時期に進行していた対清投資機関の設立をめぐる議論が参考になるのではないか。松方蔵相が対清投資の拡大に関して、新たな金融機関の設立、もしくは日本興業銀行の業務拡大で対応しようとしていた一方、高橋是清正金銀行副頭取は、政府から正金銀行に対する銀資金の融通を重視していた(40)。つまり、高橋は正金銀行を借款交渉の担当とし、資金融通を大蔵省とする意見であった。その結果、政府は、ほぼ高橋案にそくした形での資金融通を決定し、正金銀行を通じた対中国借款が優先されることになったのである。

こうして、対清投資は正金銀行への資金融通という選択肢がとられたが、結局、漢冶萍公司への二〇〇万両借款は実行されずに終わった。日銀や正金銀行の「故障」の背景には、①この時点において、対中国借款のための態勢に関する議論が十分に尽くされてはいなかったこと、②そもそも日本側が要求したような確実な担保や保証が期待できなかったことなどがあったと、とりあえずは考えられる。

(3) 福建省「勢力圏」化構想

日清戦争以降、日本政府内では台湾の植民地経営が大きな政治課題となるとともに、対岸の福建省への軍事的・経済的進出も実行に移された。ドイツによる膠州湾租借の動きを受け、一八九八(明治三一)年四月、第三次伊藤博文内閣は福建省の不割譲に関する交換公文を清朝政府との間で交わした。ここで日本政府は、膠州湾の例を挙げ、そうした動きが中国全土へと拡大していくことへの危惧を表明したうえで、「清国政府ニ於テ福建省内ノ各地ヲ他国ニ譲与若クハ貸与セラレサルコトヲ声明」するよう清朝政府に要請した(41)。これに対し、清朝政府は、「福建省内及沿海一帯ハ均シク中国ノ要地ニ属スルヲ以テ、何レノ国タルヲ論セス中国ハ断シテ之ヲ譲与又ハ貸与セラル〔ママ〕ヘシ[42]」と、いずれの国に対しても、福建省を割譲しないことを日本政府に伝えた。確かに、清朝に不割譲を認めさせることは、その地域を日本の「勢力圏」として他国に認識させる重要な契機であった。しかし、実際に「勢力圏」化していくためには、官民双方による経済進出や様々な利権の開発への関与を通じて、実体化していく必要があった。

これを受けて、福建省における鉄道敷設権に関しても日清間で交渉が行われ、日本政府は、「清国政府ガ他日福建省内ニ鉄道ヲ布設スルニ当リ他国ノ資本、技師ヲ求ムル場合ニ於テハ必ズ先ツ之ヲ日本政府ニ相談スベシ[43]」と自国の優先権を要求した。当初、日本政府はこの主旨を明文化することを望んだが、清朝の反対により口頭で約束されるにとどまった。福建省における鉄道敷設権の明文化は実現しなかったが、引き続き、福建省の鉄道利権に対する影響力の扶植が試みられていくのである。一方、日本政府は外交・民間の両ルートを用いながら、欧米資本の福建省での経済活動を牽制するような対策をとっていくことになる。

不割譲交渉とは異なり、福建省の鉄道敷設の優先権に関しては、日清間での衝突が目立ったが、日本側においても意見の相違が顕著であった。

矢野文雄駐華公使は、英仏がそれぞれ揚子江や広東省・広西省・雲南省の不割譲に関する公文を交換したいまこそ、日本も福建省に関する同様の条約もしくは公文を締結すべきと主張していた。その理由は、矢野の言葉を借りれば、「風ノ止ミタル後ニ於テ之ヲ提出スル時ハ平地ニ波ヲ起スノ感[44]」があったからである。また、矢野が大隈重信外相に伝えていたように、福建省の不割譲に関する何らかの取り決めの必要性は、日本政府内でも共通認識となっていた。そして、それは先述の交換公文となって実現する。

しかし、交渉が鉄道敷設権に及ぶと、清朝側の態度は硬化し、矢野は「随分面倒」な状況に陥ったと吐露する[45]。

そもそも、矢野は福建省の不割譲に関する交換公文に「尽力」したとの自負を抱いていたが[46]、その成功の理由を、「速ニ落着シタルハ要求ガ極メテ穏当ニシテ過大ナラザリシニ因ラズンバアラズ」[47]と述べていた。一方、鉄道敷設権に関しては、「其〔福建省の不割譲に関する交換公文の交渉〕節同時ニ同省ノ鉄道事件ヲ提出シタランニハ甚ハダ成功シ易キ場合モアリシナラン被考候得共、何ヲ申スモ前日ノ要求ヲ承諾セラレテ間モナク」という状況なので困難であろうと大隈に書き送っている[48]。また、日清交渉の様子を伝える報告のなかで、口頭での契約にとどめた理由を、「此際強テ文書上ノ約束ヲ為サシメント欲スルニハ勢ヒ力ヲ以テスルニアラザレバ行ナハレ難キ有様[49]」であり、この案件に「力」を使うのは不適当であるためと説明している。福建省の不割譲に関する交換公文と同時に鉄道敷設権の提案を行ったところで、果たしてそれが合意に至ったかは疑わしいが、矢野はこうした論法で、鉄道敷設権に関する交渉の継続を希望する本国政府に対処していた。福建省における鉄道敷設権の獲得は、本国政府の方針であったことが、矢野公使と大隈外相との交信からうかがえる。

福建省での鉄道敷設を具体化するために行われたのが、一九〇〇年二月の華中・華南の鉄道利権に関する閣議決定であった。そこでは、福建省の厦門から福州に至り、さらに福州から南昌を経由し、漢口に到達する路線を幹線、福州〜福建省羅源線と南昌〜衢州〜杭州線を支線として位置づけ（図1-1）、それらの敷設権の獲得を目標に定めていた[50]。こうして、福建省内にとどまらず、浙江省・江西省での鉄道敷設とともに、長江流域の中心都市の一つであった漢口までの延伸が政府方針として打ち出された。その後、外務省や民間資本が華中・華南利権に進出を試みる際、この閣議決定に基づいてその必然性が説明されるなど、正当化の論拠として多大な影響を及ぼしていくことになる[51]。

こうしたなか発生したのが、北清事変である。北京駐在の西徳二郎公使は、欧米列強の対中国進出は以前よりも減退しているため、日本政府がそのような閣議決定を拙速に清朝政府に強要することは得策ではないと外務省本省

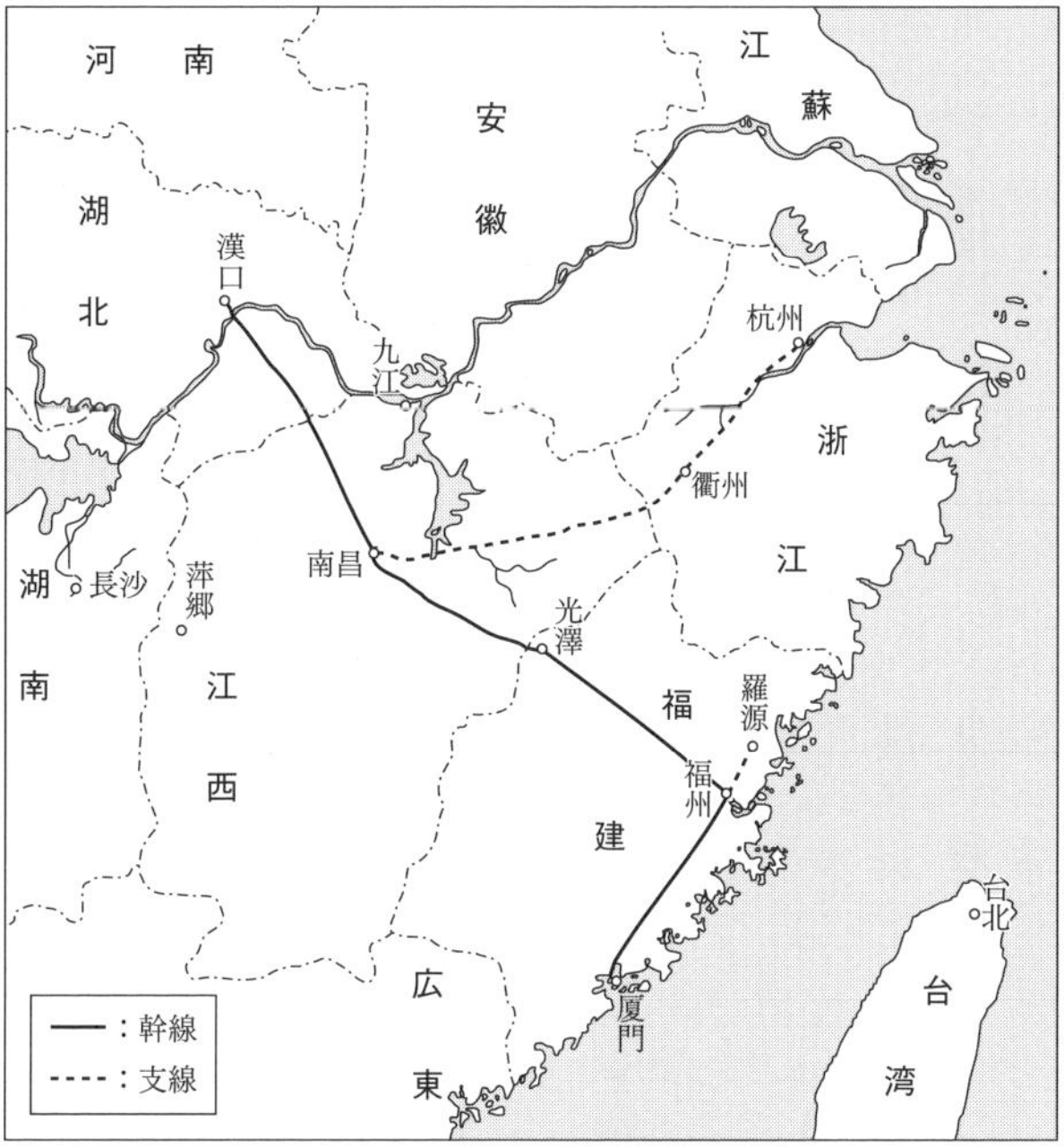

図 1-1　1900年2月の華中・華南の鉄道利権に関する閣議決定関連図

出所：『南支那鉄道関係附図』（外務省外交史料館所蔵「外務省記録」1.7.3.17「南支鉄道関係雑纂」第4巻）をもとに，『日本外交文書』第33巻第3冊（外務省，1956年）261-262頁を参考にして作成。

に伝えた[52]。加えて、鉄道敷設権の獲得に関しては、「中央政府ニ於テ否認スルトキハ其功ナキモノナレトモ」との留保を付しながらも、「地方総督ノ全意ノ有無ハ我ニ於テ最重ノ関係」と述べた[53]。特定の地域や相手が名指しされているわけではないが、北清事変の中心地が首都北京の周辺であった一方、華中・華南地域では、各総督が日本や欧米各国と戦闘を行わないことを約束した「東南互保[54]」という状況にあったことからも、華中・華南での利権獲得にあたり、地方総督との意思の疎通・関係強化が重要であると認識されていたと考えてよいだろう。すなわち、西公使は地方総督主導の「開発」を支援しつつ、西欧諸国との利権獲得競争に乗り遅れまいとしていたのである。

この時期、こうした本国政府を中心とした経済的なアプローチと異なる動きも存在していた。児玉源太郎台湾総督が中心となり、海軍などを巻き込み、台湾の対岸の厦門に軍隊を派遣する事件が発生したのである[55]。厦門事件と呼ばれるこの出兵には、北清事変における清朝の混乱に乗じ、海軍の陸戦隊を厦門に上陸させることで、福建省への影響力扶植の狙いが込められていた。最終的には日本政府からの作戦中止命令が届いたことにより、事態は収拾される。しかし事件の結果、台湾総督府に対する本国政府の統制力の欠如が露見するとともに、[56]政府や台湾総督は軍事的な対岸進出の困難さを認識し、その後は経済的手段を重視するようになっていく。[57]そこで、鉄道利権の獲得、外資の排除について様々な方策が実行に移されていくが、事件後に福州・厦門に派遣された室田義文弁理公使は次のように述べている。[58]

　事態斯クノ如クナレハ、福建省ナリ厦門全島ナリ之ヲ我版図ニ帰セシメントセハ、先ツ其資力ヲ投シ商業及交通ノ上ニ其勢力ヲ樹立シ而シテ後徐ロニ計画スルニアリ、若シ否ラスシテ今日直チニ威嚇的挙動ニ出テ同地方ノ占領ヲ図ルカ如キハ徳義上ハ勿論挙動上ニ於テモ甚タ面白カラサルノミナラス又決シテ策ノ得タルモノニアラス

福建省への利権拡大に関して、厦門事件の教訓から軍事的アプローチではなく、経済的アプローチをとることや、引用にはないが、西公使と同様に、地方総督との協力の重要性も主張している。北京周辺における混乱状態は欧米列国による軍隊の派遣・駐留という事態を招いた。しかし、華中・華南では各地の総督による義和団の掃討は行われたものの、欧米との軍事的な衝突は基本的に発生しなかった。こうしたなかで、地方総督への接近が利権獲得のためには有効であると、特に認識されていたのであった。

厦門事件の後、日本政府は、杭州〜南昌〜武昌線、厦門〜福州〜南昌〜武昌線の両線の敷設権を日本に譲与するように清朝に働きかけた。[59]内田康哉駐清公使は、日本政府への直接譲与を求めるのではなく、一つのシンジケートを組織し、それに対して清朝の認可を求めることが適当であると述べた。[60]それは、他国の政府に対する鉄道敷設権の譲与から生じる中国国内の反発を考慮したものであり、日本政府にとって有効な手段であっただけでなく、清朝

にとっても外国の政府に直接認可するよりも得策であると考えられたからである。以後、日本政府は外国資本の参入を防ぎながら、日本単独で各地の鉄路公司への借款を行う、もしくは日清合弁企業や日清両国の資本家で構成されたシンジケートを設立することで、鉄道利権の借款優先権や敷設権の獲得を目指すことになる。

ところで、北清事変の混乱に乗じ、ロシアは満州に軍隊を進駐させた。事態が収拾されると、ロシア政府は清朝政府との間で撤兵に関して合意に至るが、完全な撤兵を履行しなかった。満州に隣接する朝鮮半島へのロシアの影響力は高まり、日露関係は緊張の度合いを増すことになった。日露戦争の開戦前に閣議決定された「対露交渉決裂ノ際日本ノ採ルヘキ対清韓方針」では、日露の開戦を想定し、華中・華南地域に対する外交方針が次のように述べられている。(61)

一、対外政策ノ大方針ニ関スルコト

東亜大陸ニ関スル我政策ノ主眼トスヘキハ北ハ韓国ノ独立ヲ擁護シテ帝国防衛ノ図ヲ全フシ、南ハ福建ヲ立脚点トシテ南清地方ヲ我利益圏内ニ収ムルニ在リ、而シテ其順序ニ於テハ前者ハ既ニ焦眉ノ急ニ迫レルカ故ニ第一着ニ之カ遂行ヲ図リ尋テ後者ニ及フヘキノ計画ニシテ、右ハ実ニ我対外政策ノ二大政綱ト云フヘク各種ノ経綸籌策モ主トシテ此二大政綱ニ伴ハサルヘカラス

韓国の独立を「擁護」する一方で、福建省を立脚地として南清地方をも「利益圏」として確保していくことが明確にされている。あくまでも韓国の「独立」が最重要課題であり、次いで南清政策を実行していくとの優先順位が示されている。日本政府は対韓方針を考慮に入れながら、経済的アプローチで南清政策を実行していくことになったのである。(62)厦門事件や福建省の鉄道利権に対する経済進出の過程からは、台湾総督府と政府とが別々のチャンネルから対岸進出を試み、軍事と経済の双方のアプローチが同時に行われたことがうかがえる。

二　対漢陽鉄政局借款の開始

(1) 国際的要因――日英同盟締結の影響

八幡製鉄所の製鉄原料の調達に関する当初の計画は大きな変更を強いられていた。当初、鉄鉱石の調達先として、新潟県赤谷鉱山が注目されていた。しかし、この頃になると、赤谷鉱山の産出量や輸送費について、政府内でも弁明がなされるようになり、[63]同鉱山に対する期待は確実に低下していた。一方で、和田維四郎製鉄所長官は、八幡製鉄所が運転を開始しなければ、原料は続々到着するにもかかわらず、生産ができず、財源不足が深刻化すると危機感を顕わにした。このような発言にもかかわらず、第一八帝国議会（一九〇三年五～六月）では製鉄所創立費四八五万五四〇〇円が否決された。[64]製鉄所創立費に関して、政府と議会は引き続き対立していたのである。

製鉄所創立費が議会を通過しないなか、日本興業銀行に関する改正案（日本興業銀行法中改正法律案）が議会に上程されたことは重要である。そもそも日本興業銀行は、日本国内の工業金融や外資導入の円滑化のために設立されたのだが、この時期になると、対外投資機関としての活用に期待が集まるようになっていた。[65]松尾臣善大蔵次官は、興銀と対外投資との関係について、議会で以下のように述べた。[66]

日本興業銀行は外国に於ける公益事業に対し資金の需要ある場合に限り大蔵大臣の認可を得たるときは本法第十二条第十五条及商法第二百条の規定に依らすして債券を発行することを得、前項の「公益事業の種類は勅令を以て之を定む」と云ふ法文も新に設けることに致しました、是は清韓事業に対し、国家に公益あるものに、其資金を供給するの必要があります、元来北清事件の後は、各国とも競ふて清国の経済上に放資して、利益を得んとして居る、我国も成るべく之に従事はして居るけれども、如何せん資金供給の道が乏しい故に、十分なる経済上の働きが出来兼て居ります、而して日英同盟して（マヽ）東洋の平和を護り、此平和の間に清国の経済上の料理をしつゝあるのであります、此経済上の料理をする年限も、左様に長くかゝるものではありますまいから、成るべく速に之に対して利益を収むる途を執らなければならぬ、それ故に此条項を必要とする訳であります

松尾の発言は、日英同盟の締結を対中国進出の好機と判断し、この機に日本興業銀行法案を改正し、より積極的な進出を図るべきというものであった。同案の改正は、対中国投資と明確に関連づけられていたのである。

すでに、一九〇二年一月、日英同盟協約が締結されていた。この協約は以後二回の改訂を経ることになるが、第一回の協約では、①極東の平和維持、②清と韓国の独立と領土保全、③清国と韓国における機会均等主義が唱われていた(67)。小村寿太郎外務次官は、有名な「日英同盟締結に関する小村意見書」で、「近時清国ハ上下挙ツテ我邦ニ親シミ、我邦ニ信頼スルノ風ヲ長シ来レリ」と述べ、日英同盟のメリットとして、朝鮮半島における日本の優越的地位の承認はもちろんであるが、「清国通商上ノ門戸開放」や清での日本の勢力増進にも言及していた(68)。日英同盟締結の背景や経緯は先行研究に譲るが(69)、日英同盟を締結したことで、イギリスが多大な利害関係を持つ長江流域への経済的進出が容易になると考えられた点は注目される。さらに、日英同盟締結後の経済進出の具体化は、次の閣議案においても、具体的な数字に基づきながら、主張されている(70)。

今や戦後の経営も粗ほ完成を告げ北清事件も平和の局を結ひ加ふるに日英同盟の効果は暫く東洋の天地を静謐に帰せしむるものあり、此好機に乗し財政を整理し歳計を適度に緊縮し一は以て民力の休養を計り一は以て経済上必要の設備を完成するは政府の最も務むへき所なりと信ず〔中略〕且つ日英同盟の機会を利用し清韓地方に於ける帝国利益の増進を計るは世界の大勢に鑑み目下極めて必要の事にして朝野の均しく希望する所なり、

是亦数百万円を要し彼此合するときは少なくとも此上約九百万円の経費を要する計算

ここでは、北清事変後におけるロシアとの外交関係の悪化には触れられてはいないが、北清事変後の東アジア情勢の安定化や日英同盟の締結により出現した良好な国際環境下で、民力休養と対外投資機関の整備を両立するとともに、中国大陸や朝鮮半島での「帝国利益の増進」が政府の重要な政策課題とされていた。そうした「帝国利益の増進」が具体的に何を意味しているのか、再び松尾の発言を見てみよう。[71]

外国ニ於ケル公益事業ト云フモノ〔中略〕張之洞ノ持ッテ居ル絹糸ノ器械場トカ、或ハ或鉱山トカト云フヤウナモノデ、国ノ利益ニナッテ、ソレヲ以テ本邦ノ一般ノ利益ニナルト云フモノハ、種々ノモノガアルノデゴザイマス、サウ云フモノニ此法ニ依ッテ、資金ヲ供給シタイト云フノデゴザイマス

さきの議会答弁よりさらに踏み込んだ内容となっている。すなわち、興銀が投資する「外国の公益事業」とは、張之洞が強い影響力を保持する製糸工場や鉱山を指していた。また、具体的な名称には言及されてはいないが、「或鉱山」とは大冶鉄山を想起させる。この意味で、日本興業銀行法の改正と大冶鉄山への借款とは密接に関連づけられていたのである。[72]

また、対中国経済進出の具体策として構想されていた日清銀行法案の策定をめぐっても、日英同盟との関係は同様に位置づけられていた。松尾は、日英同盟によって対中国投資の環境が整いつつあるが、[73]日本の資本が不足していることを理由に、日清銀行という対外投資機関の必要性を説いたのである。[74]

このように、日英同盟の締結による中国への商機拡大熱によって、対中国投資の振興やそれに関する金融機関の整備が図られることになった。それでは次に、どのような経緯で、対漢陽鉄政局借款が実際に開始されることにな

ったのかを考えてみたい。

（2）日本興業銀行法案の改正との関係

まず、第一次桂太郎内閣の外相に就任した小村寿太郎の「内政外交に関する十年計画意見」を見てみよう。[75] これは『小村外交史』に掲載されているように、この時期の小村の政策論のみならず、桂内閣の外交政策を考える際、重要な意見書である。その内容は、①一億円程度を目安とした海軍の大規模な軍備拡張、②海外貿易に関する出先の領事の活用、③海外事業の保護経営である。③については、意見書の内容に沿いながら、補足をする必要があるだろう。第一に、朝鮮半島の既設の鉄道と東清鉄道との連絡が挙げられているが、注目したいのは二つ目以降である。第二に、「蓋し漢口は異日支那大陸中心の大市場たる望みあり、抑此の鉄道事業にして帝国の経営する所とならざれば必ず他国の之に乗ずる所となるべし」とある。漢口が市場として将来大きな発展を遂げると想定し、南清の鉄道、すなわち福建省の福州から江西省南昌を経て、漢口に達する鉄道の敷設を目指しているが、この見解は一九〇〇年の華中・華南の鉄道利権に関する閣議決定の延長線上にあることは間違いない。第三に、日清両国人による共同事業の奨励、第四に、対清経営に関する機関の創立を主張する。最後の点に関しては、自らの対清政策を周囲に説いて回り、日清銀行の設立を推進していた小村の姿と一致する。[76] さきの松尾臣善大蔵次官の議会での答弁を踏まえると、この時期、外務省と大蔵省はともに対外（清）投資機関の設立に積極的であったといえよう。

こうしたなかで、盛宣懐から日本側に再度借款の要請があった。この要請は工場の新設や既存の工場の拡大を目的としており、李維格はこれらを実行するためには総額で五〇〇万両が必要であると見積もっていた。[77] ただ、盛宣懐は、日本からこれらすべてを一度に調達することは資金的に不可能であると、日本の財力が十分でないことも認識していたが、大冶鉄山を担保とした日本からの借款以外の資金調達を上策とは考えていなかったようである。[78]

具体的な日時は特定できないが、一九〇三年一〇月頃には、日本政府内でこの問題に関する議論がすでに行われている。以下、その過程を詳しく見ていこう。

盛宣懐の要請を受けて書かれた「資金調達順序[79]」には、まずは大蔵省が日本銀行や横浜正金銀行を誘うが、以上二行に不都合があれば、大蔵省自らが調達するとある。さらに、「大蔵省カ資金調達ヲナスハ非常ノ決心ニ出ルヲ以テ内閣ニ於テハ現在ノ予算削減ノ問題ト混同セス明白ニ大蔵省ノ苦心ヲ了解アリ度」と、この借款に関して、①大蔵省が資金調達することは非常の決心に基づいていること、②議会で問題となっていた政府提出予算に関する削減と混同しないことへの理解が求められている。

阪谷芳郎大蔵次官は、政府内の調整に重要な役割を果たしていたものと思われる。阪谷が相馬永胤正金銀行頭取と会見したところ、相馬は、「取扱ハ致度、金員ハ他ヨリ融通ヲ乞フ、但責任ハ融通者ニ帰ス」と述べたという[80]。つまり、海外為替を中心的な業務とする正金銀行として、この借款を扱うものの、実際の資金負担は他の金融機関に要請すると同時に、「責任」も実際の資金融通者が負うべきと相馬は阪谷に伝えた。ここでは、正金銀行が交渉を担当するとともに、契約書を取り交わし、大蔵省が実際の資金融通を行う（正金銀行＝交渉担当・契約者、大蔵省＝資金融通）という以後の対中国借款の基本パターンが示されている。しかし、結論を先取りすれば、今回の対漢陽鉄政局借款については、日本興業銀行が日本側の契約者となる。つまり、何らかの事情により、「正金銀行＝交渉担当・契約者、大蔵省＝資金融通」という役割分担が一時的に変更されたといえよう。

ここで、この時期に日本興業銀行法案の改正が議論されていたことを想起したい。実際、対漢陽鉄政局借款と日本興業銀行法案との関係について、添田寿一興銀総裁は阪谷に対し、「本件ノ如キ為国工業事業ニシテ万一弊行ノ手ヨリ離レ候トキハ弊行御設立ノ主意モ空シク相成リ、弊行ノ対面立場ハ地ニ堕チ可申候」と訴えるとともに、「甲〔漢陽鉄政局〕ハ某鉱山ノ所有権其他一切ノ権利ヲ債権元利支払ノ担保トシテ乙〔日本興業銀行〕ニ提供スヘシ[81]」

と借款の具体案にまで言及していた。漢陽鉄政局への借款は、日本の工業に密接に関わる事項であるため、万一興銀が担当できないのであれば、その設立主旨に沿わないことになり、体面が失われてしまう。そこで、興銀は、漢陽鉄政局が鉱山の所有権その他一切の権利を借款の元利支払いのための担保として提供することを具体的な条件として提示し、自行での引受を希望した。漢陽鉄政局への借款が、興銀の存在意義と結びつけられて論じられていたのである。

その後、日銀、正金、勧銀、興銀関係者の間で話し合いが持たれた(82)。

大冶鉄山へ貸付金ノ件ニ付、日本、正金、勧業、興業ノ四銀行ニ内密相談致候処、日本、正金、勧業ノ三行ハ法律上其他ニ差支アル趣キヲ以テ断ハリヲ申出候〔中略〕

左ノ条件御認ノ上ハ進テ御引受申度旨申出候

一、盛氏ノ借用証文ヲ清国国債又ハ地方債券ト見做シ得ルコト

一、興業銀行ノ債券発行ニ付テ政府ノ後援ヲ得ルコト

右ハ両件共差支無之ト存候、第二項ノコトハ償金特別会計ニテ引受ノコトヲ内閣ニテ承知ノ上ハ議会ノ協賛ヲ要セサル儀ニ候、又興業銀行カ愈御引受ニ決定ノ上ハ盛氏トノ交渉ハ興業ト正金ト協議ノ上ニテ正金銀行ノ名ニテ若クハ興業ノ代理トシテ進行スルコトヲ便宜ト存候

会議上、「法律上其他」の理由により、日銀、正金、勧銀が拒絶し、興銀による引受が決定した。また、日本政府による金融的支援も確認された。そして、要請の経緯から盛宣懐との交渉は正金銀行が、正金名義でもしくは興銀の代理として行うという申し合わせがなされた。以上のように、日銀、大蔵省、正金、興銀が引受先として挙がっていたが、大蔵省自らが資金融通に乗り出すことで議会の批判をかわせること、興銀がその存在意義をアピール

するために表に立つという方向で議論がまとまったのである。すなわち、「正金銀行＝交渉担当・契約者、大蔵省＝資金融通」という日本側の方針が一時的に変更され、興銀側の強い要請によって、「正金銀行＝交渉担当、興銀＝契約者、大蔵省＝資金融通」という態勢が構築されたのであった。

伊藤博文がこの借款に積極的であったため、政友会の機密費から原資を支弁するという話もあったが、井上馨や小村の反対に遭い、結局いずれかの銀行から支出することになったといわれている。(83) この回想が正しい経緯を示していると考えることは困難であるが、伊藤が漢陽鉄政局との関係強化に前向きであった一方で、それでも井上や小村が存在感を示していることを確認しておきたい。

こうして、一九〇四年一月一五日、興銀による三〇〇万円の借款契約が締結され、八幡製鉄所が大冶鉄山から毎年購入する鉄鉱石一〇万トンの代価という形で貸し付けることが約束された。漢陽鉄政局側から見れば、いわば、前借である。さらに、「若シ大冶鉱局ニ於テ自由ニ供給スル外尚余力アリテ多ク売却スルヲ得ル時ハ、規定ノ拾万噸以外ニ更ニ弐万噸ヲ売却シ差支無之(84)」とあるように、大冶鉄山に余力がある場合には、さらなる鉄鉱石の輸出も想定されていた。

ところで、三〇〇万円借款の契約締結の直前、大蔵省から農商務省に次のような文書が発出されていた。(85)

東亜ノ時局追々切迫致来候ニ付テハ自然平和ノ破レタル上ハ、中央政府ノ財政ハ勿論北海道府県及地方公共団体ノ財政ニ在テモ非常節約ノ方針ヲ採リ以テ軍国ノ用ヲ補ヒ度、就テハ今日ヨリ予メ其御含ヲ以テ事業費ノ如キハ勿論其他ノ経費トモ其場合ニ臨ミ、成ルヘク多額ノ節約ヲ加ヘ得ルノ余地ヲ存シ候様御注意御経営相成度、又軍国ノ財政ハ正貨準備ノ維持ニ最モ重キヲ置キ候儀ニ付、外国品ノ購入其他外国ニ正貨ノ支払ヲ要スヘキ事項ハ最モ御注意ヲ以テ御処理相成度ロシアとの開戦を目前に控え、正貨準備の維持が最重要の財政課題であった。よって、国産の鉄や鉄製品の増産が求められ、戦時下で、巨額の製鉄所拡張費が議会で承認されることになるのである。翌〇五年には、大規模な戦闘が終結し、講和会議の開催が迫るなか、政府内では、長江流域利権の獲得に関する以下のような方針が策定された。[86]

一、漢口方面ニ於ル帝国ノ利権ヲ確実ニ扶植シ併セテ清国将来ノ形勢ニ対シ備フルカ為メ左ノ手段ヲ取ルコト

一、大冶鉄山及萍郷炭山ノ採掘権ハ全然本邦ノ手ニ掌握スルコト

二、右両山ノ経営漢口〔マヽ〕鉄政局及兵器局ノ経営ニ付テハ本邦ヨリ技師并資金ヲ供給シ其管理ハ本邦ノ手ニ掌握スルコト

二、右手段ノ実行ハ表面商業関係ニ依ルヲ便トスルヲ以テ製鉄所長官ヲ看板トシ漸次ニ蚕食スルコト

但外務省、大蔵省陸軍省農商務省ノ各次官ハ常ニ協議シテ連絡ヲ保チ又北京駐在公使漢口及上海領事トモ連絡ヲ保チテ製鉄所長官ヲ補助スルコト

三、本件ニ付従来関係ヲ有スル日本興業銀行三井物産会社及大倉組ハ将来モ亦相当ニ之ヲ利用スルコト

四、此目的ノ為メ貸付其他使用スヘキ資金ハ約五百万円以内トス

~~五、此目的遂行ノ為スニハ総テ手段ヲ用ヒ清国総督其他官吏ノ更迭モ亦止ムヲ得サルコトアルヘキコト~~

五、英国トノ衝突ハ之ヲ避ケ又独国トノ衝突モナルヘク之ヲ避クルコト之レカ為メ資本ノ共通等ニ付テハ第一ノ目的ヲ失ハサル限リニ於テ多少参酌ヲ要スルコトアルヘキコト

六、製鉄所長官ハ実行手段ノ発案者及当事者トシテ時々状況ヲ外務省ヲ経テ第二ノ関係者ニ通知スルコト

ここでは、六つの方針が掲げられており、一つ目はさらに二つに分けられている。①漢口方面に日本の利権を扶

植し、将来における清国情勢に備えるための具体策として、大冶鉄山や萍郷炭鉱の採掘権の掌握と漢陽鉄政局その他に対する技師の派遣・資金の供給を通じた経営権の掌握が挙げられている。②①を実行するにあたり、「表面商業関係」に依存する必要があるため、八幡製鉄所長官を「看板」とすると同時に、大蔵、陸軍、農商務、外務の各省の次官や出先とが相互に密接な連絡を取る必要性が説かれている。③今後の借款交渉において、すでに実績のある興銀、三井物産や大倉組等を利用する意図が見られる。④借款の限度額が五〇〇万円と定められている。⑤これは、外交関連事項として興味深いが、同盟関係にあるイギリスとの衝突は避けるべきとされ、大冶鉄山をめぐり競合関係にあったドイツ勢力とも「なるべく」衝突しないよう図ることが目標とされている。⑥また、英独との「資本の共通」、つまり、借款供与のためのシンジケートの組織なども考慮に入れられていたようである。最後に削除されている部分に関しては、①の目的を達成するためには、「総テ手段ヲ用ヒ」、「清国総督其他官吏ノ更迭モ亦止ムヲ得」ないと書かれている。この点に関しては、実際にどのような方法が考えられたか不明であるが、字面からは内政干渉とも受け取ることが可能な内容である。外国資本との協力という点では、後に展開される借款政策よりも妥協的な方針が打ち出されているが、全体的な利権獲得の方針・方法については、その後の基礎となるものであったと考えられる。

日露戦争の終結を前に、日本政府は、漢口方面、特に漢陽鉄政局、大冶鉄山、萍郷炭鉱への経済進出を活発化させようとしていたのであった。

三　日露戦後経営と清朝の鉄道政策

(1) 粤漢・川漢両鉄道への経済進出

欧米各国の関心が高かった中国の鉄道利権の一つに、中国を縦断する幹線鉄道である粤漢鉄道があった(図1-2)。一八九八(明治三一)年に清朝とAmerican China Development Companyとの間で鉄道敷設の契約が締結されたことが、粤漢鉄道への外国資本参入の嚆矢である。アメリカ側の資金難を契機に、露仏を後ろ盾とするベルギーのシンジケートが鉄道建設権を一時獲得するものの[87]、ベルギーシンジケートとアメリカ側との交渉の結果、アメリカ側の権利が認められることになった。しかし、このような欧米間における鉄道利権のたらい回しは、粤漢鉄道の敷設と関係する湖北・湖南・江西省の紳商や民衆に大きな不満を与えた[88]。

こうした欧米資本の進出を見た本野一郎駐ベルギー公使は、南清における日本の経済活動にとって、粤漢鉄道への技師の派遣が有益であるとの考えを示した[89]。また、一九〇二年八月に、盛宣懐鉄路督弁が日本人技師と見習い技手の粤漢鉄道での雇用を提案すると、小田切万寿之助上海総領事は鉄道事業へ技師を送り込む端緒を開く好機であると評価した[90]。欧米資本による中国の鉄道利権への進出を受けて、出先の外交官は、外務省の本省に対し、技師派遣を行うよう提案していたのである。

一九〇五年に入ると、張之洞湖広総督は、湖北・湖南・江西省における鉄道利権の回収運動を背景に、アメリカが保有していた鉄道建設権の買収に成功する[91]。しかし、その買収資金はイギリスの香港政庁からの借款に依存しており、鉄道敷設のための借款優先権がイギリスに与えられるなど[92]、結局、利権を回収するためには外国からの借款が必要であるというのが実態であった。そして、同年一〇月には、粤漢鉄道への借款を目的とする英仏シンジケー

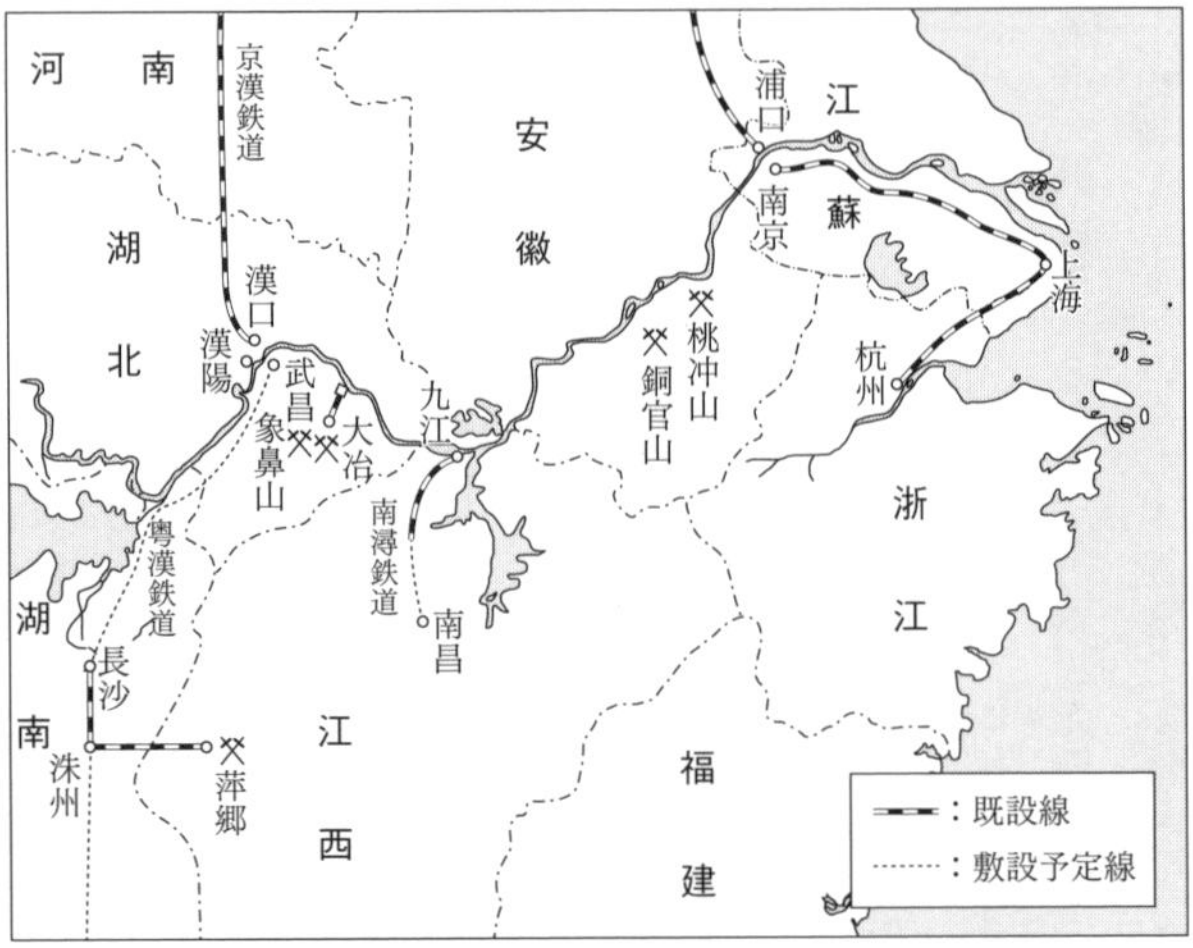

図 1-2　長江流域利権関連図

出所：大蔵省預金部『支那漢冶萍公司借款ニ関スル沿革』（大蔵省預金部，1929年）より抜粋し，「外務省記録」1.7.1.9「漢冶萍煤鉄公司借款関係雑件」，同 F.1.9.2.16「南潯鉄道関係一件」を参考にして作成。

トが結成された。[93] 駐仏公使に転任していた本野はこのシンジケートに参加すべきであると本省に具申した。[94] これに対し、林権助駐清公使は、資本参加の面では英仏と対等にはなれないため、技師の派遣を優先させるべきであるとの意見を述べた。[95] 欧米に対して資本の面で劣位にあった日本が、中国の鉄道利権と関係を築くためには、まずは技師を派遣することが現実的な選択肢として考えられていた。

ただ、日本の英仏シンジケートへの参加は、イギリス外務省から好意的に受け止められていたようである。その理由は、日本の資本家はイギリス資本家の脅威となるほどの資本力を持たないため、イギリス側からあまり警戒されない一方で、日英同盟の改訂が実現される時期であり、イギリス政府は日本との友好関係の強化を図っていたからであった。[96]

清国での鉄道敷設運動の高まりに対応する動きが日本国内でも活発化していた。まず、同年一一月には、清国における鉄道経営のための調査研究と派遣技師の選定を目的として、[97] 帝国鉄道協会内に東亜鉄道研究会が設置された。[98] 設立背景には、回収された利権への進出意欲に加え、同時期に欧米資本が中国の鉄道建設に積極的に進出しており、そのことに対する危機感もあった。[99] 研究会の理事には、後に川漢鉄道（四川～漢口）に技師として派遣され、張之洞の信任を得る原口要がいた[100]。

原口は、日本が川漢鉄道の工事を請け負うためには、「三井、大倉其他対清事業ニ経験アル我実業家並興業銀行等ヲシテ一ノ組合ヲ作ラシメ」ることが肝要であると林公使に提案した。原口の提案に賛同した林公使は、林董外相に組合の設立を勧めるとともに、鉄道材料の供給を三井物産や大倉組、高田商会などに請け負わせるべきであると述べ[101]、技師の派遣にとどまらず、工事請負のための組織結成に積極的な姿勢を見せるようになった。

さらに、林公使は、当初は消極的であった英仏シンジケートへの参加をめぐって、日本における対清シンジケートの組織やその「耳目タリ手足タルノ任務ニ当タル」人物を清に常駐させる必要性を主張するようにもなった[102]。そこでは、小田切横浜正金銀行取締役の名前が挙げられ、実際に小田切は北京駐在取締役となった。このように、政策構想・人事の両面で外務省の役割は大きかったといえよう。

こうした動きを受け、渋沢栄一、近藤廉平、益田孝、大倉喜八郎が発起人となって、一九〇七年四月、清国における鉄道事業の引受を目的に日清起業調査会が結成された。日清汽船の社長であった白岩龍平が幹事に[103]、幹事代理には正金銀行に勤務していた成田錬之助が就任した。特に成田に関しては、「清国ノ事務ニ通シ兼テ英語ヲモ能クシ事務ニ練達ナル人物[104]」の採用が外務省から正金銀行に要請されており、外務省は同調査会の人事にも大きな影響力を持っていた。

この調査会では、英仏シンジケートへの参加、川漢鉄道への技師派遣、枕木などの鉄道敷設材料の供給や土木工事への従事が決定された[105]。しかし、英仏シンジケートへの参加については、高橋是清正金銀行頭取の反対や山座円次郎政務局長が再調査の必要性を主張したことによって、頓挫する[106]。正金銀行重役と駐日イギリス大使との会談のなかで、日本と張之洞との関係が問題となっていたことから考えると、高橋の反対はイギリス側からの反発を考慮した結果であると考えられる[107]。

粤漢鉄道の敷設権が張之洞によって回収され、日本が英仏シンジケートへの参加を本格的に検討し始めていた一九〇五年と比べ、〇七年に入ると、中国現地のイギリス人コミュニティなどから不安の声が出されるようになり、香港上海銀行の北京支店支配人などは当初の好意的な態度を変化させるに至った[108]。日本資本家の英仏シンジケートへの参加に対するイギリス側の態度が転換したのである。さらに、日本の英仏シンジケートへの参加にあたっては、イギリス政府・香港上海銀行の意向も働いていた。

同時に外務省や正金銀行は、粤漢鉄道の湖北省部分の敷設を目的とした湖北省の公債に応じようともしていた。この公債は、張之洞が粤漢鉄道の促成を企図して、日本に申し込みを行ったものであった[109]。しかし、日本側は、すでに締結されていた粤漢鉄道に関する香港政庁と張之洞との間での契約を考慮し、鉄道公債ではなく、実業公債の引受を主張した。湖北省の利権への関与を目指しながらも、イギリス側に配慮した方針であった。

林外相は、資金調達の容易さから正金銀行と香港上海銀行を中心とした日英での共同引受を検討していた[110]。おそらく、林外相の共同引受構想においては、当初、イギリス側が好意的な態度を示していた[111]ことに呼応するように、英仏シンジケートへの日本の参加は単に対中国経済進出だけでなく、日英同盟・日英関係の強化の文脈のなかで捉えられていたといえよう。粤漢鉄道の日英共同引受には、日本の影響力を扶植すると同時に、中国をめぐる日英経済協力の実例となることが期待されていたのである。日英同盟は、日本にとって、経済的に利用すべきものであり、桎梏とは考えられていなかった。

一方、林公使は、イギリスからの反発を懸念しつつも、湖北省公債の日本の単独引受に積極的であった[112]。しかし、イギリス側は湖北省公債に応じるならば、当時日本がロンドンで募集していた満鉄社債を妨害すると主張し[113]、外務省は日本単独での参加はもちろん、日英共同での引受も見合わせることになった[114]。日本政府は、粤漢鉄道への事業参加よりも、満鉄経営を重視していたのであった。ただ、英仏シンジケートへの参加やイギリス資本家と共同での公債引受が可能な組織の結成が引き続き検討されており、外務省は、各種公債の引受によって、華中・華南に何らかの足がかりを得ようとしていた。

日本は粤漢・川漢両鉄道のみならず、江西省の鉄道利権にも引き続き大きな関心を持っていた。一九〇四年一〇月に江西全省鉄路公司（以下、江西鉄路公司とする）が設立され[115]、翌年四月には、江西省が「江西全省鉄道布設規則」を定め、江西省自らが鉄道経営に乗り出す方針を示した。江西鉄路公司は、南潯線（南昌～九江）を第一期線として建設を開始し、第二期線を南萍線（南昌～萍郷）、第三期線を南贛線（南昌～贛州）、さらに南昌から廣信府を経て浙江省に至る路線、南昌から福建省へ到達する路線などを計画していた[116]。しかし、鉄道建設のための資金調達は不調であった。

こうした状況を見た林外相は、日本の資本家による江西鉄路公司への資金の供給に乗り出す[117]。一九〇七年一月一八日、日本政府は、中国の民族資本である大成公司を通じた、日本興業銀行による江西鉄路公司への借款を閣議決定する。ただ、興銀では資金調達ができず、大蔵省預金部資金を原資とすることが決定し、四月に大成公司を通じ、同社名義で江西鉄路公司に資金が融通された[118]。大成公司の介在という迂遠な方法が採られた背景には、「従来独仏初メ欧米各国人ニ於テ同鉄道敷設権獲得ノ運動[119]」が行われている状況下、中国における利権回収運動の影響を最小限に抑えようとするなど、日本政府内に利権回収運動に対する懸念があった[120]。満州を除きほとんど利権を獲得していなかった日本にとって、鉄道建設などに必要な多額の資金を外資に仰がざるを得ないという矛盾を抱え込んでいた清国の利権回収運動は、新たな利権を獲得する好機であったのである。

またこの時期、中国では江蘇・浙江・福建・江西・安徽省の五省の鉄路公司が連名で、輸入鉄道材料の課税免除を清朝に請願しており、郵伝部はこの請願を容れた[121]。このように華中・華南の鉄道敷設に関して、地方の鉄路公司が外国からの鉄道材料の輸入を独自に行う環境が整いつつあったのである。

その後も外務省では、江西省の鉄道利権への影響力拡大を主張する意見が相次いだ。林外相は、「英国ガ湖南湖北両省内ノ総テノ鉄道ニ対シ優先権ヲ有ストノコトハ一応受取リ難キコトナリ、特ニ福建省ヨリ南昌ヲ経、漢口ニ至ル線路ハ明治三十三年来日本ノ要求ニ係リ我ニ於テ優先ノ権利ヲ有スルモノナリ」[122]としていた。外務省は、福建省の不割譲協定に基づいて、福建省から江西省の南昌を経て漢口に至る路線については、引き続き日本が優先権を持つとの認識であった。

また、高橋橘太郎漢口領事がまとめた「江西鉄道今後ノ方針ニ関シ卑見」では次のようなことが述べられている[123]。すなわち、日本は江西省の鉄道利権の獲得に全力を投入すべきであり、粤漢・川漢両鉄道は政治上・経済上直接の利益が少ないのみならず、両鉄道はイギリスとの関係上、日本が進出する余地は到底ない。一方、「若シ我国ガ福建省ニ対スル優越権ヲ確定セント欲セバ、勢之レヲ揚子江ト連絡スル必要アリ、然シテ江西鉄道ハ福建省ト連絡スル唯一ノ線路ナリ」と福建省における日本の優越権を確保するために、江西省の鉄道利権が重要であると説明している。実現可能性の低い粤漢・川漢両鉄道に対する進出を断念し、その代わりに江西省の鉄道利権に借款を行うための支援をイギリスに期待する意見が存在していたのである。

以上のように、外務省は粤漢・川漢両鉄道に参入しようという意欲を持ちながらも、不十分な資本、満州経営やイギリスとの外交関係への配慮から、断念せざるを得ない状況にあった。しかし、日本が優越権を持つと考えられていた福建省との連絡を目的に、粤漢鉄道に比べイギリス外交との摩擦や競争相手が少ない江西省の鉄道利権への借款が実行されることになったのである[124]。

（2）南潯鉄道借款と福建省の鉄道利権

日清起業調査会の目的の一つであった英仏シンジケートへの参加は、イギリスからの反発が考慮された結果、未遂に終わった。そこで同会は、イギリスのポーリング商会とのシンジケート結成による鉄道建設の工事請負を目指す方針へと転換する。一九〇九（明治四二）年二月二七日の日清起業調査会では、粤漢鉄道をこのシンジケートで建設することの他、枕木の供給などを日本が、機関車の供給などをイギリスが分担して調達することが決定された(125)。

しかし、五月に入ると、ポーリング商会と英仏シンジケートの主要なメンバーである香港上海銀行との関係悪化に関する情報がもたらされ、日本国内では、英仏シンジケートとの関係を勘案し、日清起業調査会とポーリング商会との共同引受に慎重な意見が相次いだ。その結果、「共同組織ヲ止メ互ニ独立資本ニ依ルコト(126)」と共同引受は断念されることになった。ただし、引き続き同会による建設工事の請負は目指されることとなった。六月三日の調査会では、大倉喜八郎を中心に、「東京ニ於ケル有力ナル土木業者ヲ糾合シ工事請負ノ機関組織ニ付協議ヲ試ミルコト(127)」が決議され、工事請負のための組織としての性格をより一層強めた(128)。

この決定に対し、小村寿太郎外相は、そもそも日清起業調査会の目的は事業を経営することではなく、工事の請負にあるため、事業引受を目的とした会社を新たに設立する必要性を説いた(129)。また、日清起業調査会を発展させた形で設立される新会社は、借款供与を目的としたシンジケート結成の一翼を担う機関として、事業の獲得に全力を注ぐべきであるとの主張も外務省の出先には存在していた(130)。具体的には、横浜正金銀行と中国の交通銀行とが協力してシンジケートを結成し、江西鉄路公司に借款を行うという案であった(131)。小村や出先の外交官の目的は、鉄道敷設材料の調達に関与する組織ではなく、借款供与に参画する組織の結成にあったといえよう。

粤漢鉄道の工事請負をめぐって、八月三日、張之洞と小田切万寿之助との間で交渉が行われた(132)。小田切は、日本では著名な実業家を網羅した対中国シンジケートが結成される予定であるため、工事を請け負う環境が整備されつつあると伝えた。これに対し、張之洞は、粤漢鉄道は数カ国に分担して請け負わせる予定であり、「実行ノ場合ニハ日本人側ニモ其機会ヲ与フ」と答えたという。ただ、建設資金は英米仏独のシンジケートから借り入れるため、後日になって、日本人に請け負わせるという話は困難になる可能性があることも同時に示唆した。

張之洞の発言を受け、同年八月二五日に東亜興業株式会社が設立される[133]。東亜興業には、対中国投資機関としての役割が期待されていたが、さしあたって粤漢鉄道の建設工事の請負が目的とされることになったのである。東亜興業の設立・人事には外務省の強い意向が働いていたが、三井物産や大倉組など民間資本の協力も不可欠であった[134]。ただ、建設工事の請負を重視する民間資本、公債引受が可能なシンジケートの組織の結成を目指す外務省という双方の意見の相違が存在していたことも確かであった。

正金銀行の張之洞への接近は、日本国内における江西省の鉄道利権への進出意欲をかき立てたようで、「湖南湖北ノ両省亦日本ニ接近シツ、アレバ、福建両湖〔湖北・湖南〕ニ介立スル江西省ノ鉄路経営ハ日本勢力ヲ普及セシムル第一階級[135]」と位置づけられるようにもなった。

しかし、一〇月四日に張之洞が死去すると、日本の計画は再検討を迫られる。伊集院彦吉駐清公使は、粤漢鉄道の工事請負は張之洞と小田切との個人的な約束であるため、張が死去した以上、履行されないだろうとの認識を示す一方、技師として派遣されていた原口要を郵伝部と接触させることで、請負の実現も試みている[136]。高橋橘太郎領事は、「此際当地漢字新聞中一二ヲ買収シ、右ノ輿論〔粤漢鉄道の外資導入に対する反対〕ヲ助ケテ其継続ヲ謀リ、借款拒絶ヲシテ遂行セシメ、出来得ヘクンハ漸次我資金ヲ注入ノ途ヲ開キタシ[137]」と、漢口の新聞を操縦して、外資反対運動を支援しようと小村外相に提案した。しかし、小村外相は、欧米の技師派遣や工事請負に反対する運動を支援することは、日本の同様の動きにも悪影響を及ぼすとし、反対した[138]。結局、粤漢鉄道の敷設工事に日本の資本家が参加するという話は立ち消えとなった。

外務省本省は、清朝政府への接近を重視する駐清公使館や任地の総督・有力者との関係に重きを置く出先（ここでは漢口領事館）の意見を集約するとともに、イギリスなど借款事業に関係する各国との外交関係を考慮しながら、方針を決定していたのである。

次に、江西省の鉄道利権に目を転じてみよう。三井物産の高木陸郎は上海総領事館を訪れ、江西鉄路公司に社債を発行させ、東亜興業と借款契約を締結させることを提案した[139]。これに対し、松岡洋右上海総領事代理は、福建省を「勢力圏」として確保することに理解を示す一方、江西鉄路公司内で党派対立が存在するなかでの契約はリスクが高く、「須ラク之ヲ伊集院公使ニ諮ラレ、郵伝部トノ問題ト為シ、而シテ当方面ニ於ケル関係者ヲ慰撫沈黙セシムル為メ、数十万金ヲ投セラル、外、他ニ断シテ確実ナル見込ノ立ツヘキ方法ナシト致確信候」と清朝の郵伝部を介在させ、そのうえで直接交渉や追加借款を行うことが必要であるとして高木案に反対した[140]。松岡は、清朝の行政機関を介在させることで、事業経営や債務返済の実効性を確保しようとしていたのであろう[141]。

有吉明上海総領事も、江西鉄路公司の胡捷三協理（副社長）と会談した際、郵伝部の許可を得たうえでの募債を勧めた[142]。これに対し、胡捷三は、郵伝部の許可を得て募債することは、江西省にとどまらず、中国の鉄道利権に対する諸外国間の競争を招いてしまうだろうと有吉に伝えた。また、陳三立総理も引き続き日本からの借款を希望していた。基本的に外務省は清朝政府との関係を重視していた一方、日本側には東亜興業による社債引受への期待があり、江西省鉄路公司の経営陣は郵伝部から募債の許可を得ることに反対であった。郵伝部の関与をめぐって、江西鉄路公司は日本外務省と見解を異にしていたのである。

その後、陳三立総理、盧鴻滄交通銀行漢口支店経理（支配人）、高木、橘三郎（大倉組）らの間で会談が行われ、三〇〇万両分の公債を日本から募集することが一九一〇年一二月二一日に決定された[143]。外務省の方針とは異なり、江西鉄路公司と東亜興業の間で借款が進められることになった。こうして、粤漢鉄道の工事請負を契機に設立された東亜興業は、江西鉄路公司への借款を供与する役割を担うことになっていくのである。

ところで、福建省では福建鉄路事宜が清朝から福建省内の鉄道敷設権を認められており、日本政府はその総理である陳宝琛に接近していた。第一次西園寺公望内閣（一九〇六年一月〜〇八年七月）の加藤高明外相は、清朝に対し南清地方の鉄道敷設権を強行に要求するのは適切ではないため、「暫ク其成行ヲ観ル」[144]ことを主張したものの、中国人独自の敷設はともかく、中国以外の外国勢力の参入は容認することができなかった。加藤外相も、福建省の不割譲協定を認識の前提に、鉄道敷設権を要求した経緯を念頭に置いていたものと思われる。そこで、福建鉄路事宜がフランスから技師を招聘するという話が伝えられると、日本政府は、一八九八年に当時の矢野文雄公使と総理衙門との間で取り交わされた覚書を引き合いに出し、日本の優先権を確認するとともに、清朝に対し福建省の鉄道利権に関する見解を質した。これに対し、清朝はそうした約束の存在を否定した。[145]口頭での約束などは、清朝の意向と鉄道自弁のために福建省に派遣された陳宝琛らによって反故にされる脆弱なものであった。

こうしたなか、日仏協約が一九〇七（明治四〇）年六月に締結された。[146]小村寿太郎駐英大使は、「何等特ニ益スル所ナシト思考」していたが、[147]インドシナ半島に居住する日本人への不当な待遇の改善や福建省における日本の優越権確立への期待から、日本政府は日仏協約に調印した。特に、林董外相は後者に関して、以下のように説明している。[148]

福建省ニ於ケル仏国ノ活動ハ往々ニシテ我利益ト衝突スルノ虞少ナカラス、前ノ福州駐在仏国領事「クレーデル」氏ノ如キハ同省ニ於ケル我鉄道経営及樟脳事業ヲ始メ殆ト凡テノ計画ニ対シ裏面ヨリ反対ヲ試ミタルカ如キ事故アルカ故ニ、此際仏国ヲシテ同省カ我利益範囲ニ属スルコトヲ承認セシムルノ便益ヲ認ム

ここには、福建省に対するフランスの動きを牽制しようとする明確な意図がうかがえる。しかし、フランス外務省は、たとえ秘密約文であっても、「何処迄モ勢力範囲ラシキ嫌アルモノヲ避ケンコトヲ希望シ」[149]、「勢力圏」を設定するような条文には断固として反対であった。その結果、日本政府は日仏協約に関する秘密文書のなかに、「日

本政府及仏蘭西政府ハ福建省カ台湾ニ近迩セルニ依リ、両締約国ニ於テ秩序平和ノ維持ヲ特ニ希望スル清帝国ノ地方[150]」との条文を含めることで妥協した。この文言は、福建省の鉄道利権をめぐるフランス資本の参入を警戒し、「此際何等カノ協定ヲ為シ両国〔日仏〕ヲシテ容喙セサラシムル[151]」ことを主眼としていた。すなわち、日仏協約において、日本は台湾、フランスは仏領インドシナとの関係から福建省に利害関係を持っていることを互いに確認し、商業活動に対する妨害行為などを行わないことを約束したのである。

(3) 官営八幡製鉄所の第二期拡張と漢冶萍公司の設立

日露開戦後の一九〇五（明治三八）年二月、盛宣懐は内田康哉駐清公使に対し、それまでの鉄鉱石に加えて、銑鉄の対日輸出の意向を伝えた[152]。ロシアからの批判を避けるためか、開戦以前の日付での契約を求めていた。この情報は小村寿太郎外相から清浦奎吾農商務相へ、そして農商務大臣官房から中村雄次郎製鉄所長官に伝えられた。中村長官は上京した後に相談する方針であったようだが[153]、八幡製鉄所と漢冶萍公司との間で銑鉄売買に関する契約は結ばれなかった。

ただ、臨時事件費から総額六五九万円が支出されるなど、日露戦争中に八幡製鉄所の施設の整備・拡張は進展していた[154]。戦後、第一次西園寺公望内閣は、①財政・日露戦時外債の整理、②軍備拡張、③鉄道国有や製鉄所の拡張などの産業基盤の育成、④学校教育などを通じた国民の教化、⑤満州・朝鮮・台湾・樺太などの植民地経営を基本方針として掲げた。日露戦争では賠償金が得られなかったため、軍備拡張、満韓の植民地経営、鉄道国有化を進めるには、鉄道敷設材料の国産化、つまり、八幡製鉄所の拡張が必須であった。日本政府は八幡製鉄所の第一期拡張計画を策定するが、財源の調達は困難な状況にあった[155]。

行財政整理が叫ばれるなかで開催された第二二帝国議会（一九〇五年一二月～〇六年三月）における阪谷芳郎蔵相

の発言は、こうした事情を反映していた[156]。

即チ今度ノ予算ノ中ニモ計画シテ居リマスル製鉄所問題ノ如キモ其一デ、成ルベク輸入ヲ防ギ、鉄並ニ鉄ヲ以テ作リタル材料ノ輸入ヲ防ギ、コチラノ生産ヲ殖ヤサウト云フモノ、亦其一ツデアリマスカラ、正貨ノ収支ヲ平均セシムルト云フコトハ重要ナ問題デアリマス

日露戦後に行われた八幡製鉄所の拡張は、ますます高まっていた鉄需要への対策であるとともに、国産鉄の増産によって正貨の流出に歯止めをかけることができると考えられ、軍備拡張とあいまって、その名前の通り製鉄国策と認識された。さらに議会では、「元来正貨ノ輸出ヲ防グトカ或ハ維持吸収等ニ付キ、第一ハ矢張維持シテ置イテ正貨ノ流出ヲ防クコトヲ先ヅ第一ニスルガ順序ト思フ」との発言に対し、阪谷が「満洲ナリ朝鮮ナリノ鉄道ノ経営ニ付キマシテモ、少ナカラザル鉄ノ材料ヲ要スル、之ヲ悉ク外国ニ仰グハ余程国家経済ノ上ニ不利益ヲ感ズル、ソレカラ又鉄ノ原料ヲ供給スル方法ニ付イテモ製鉄所ニ付キマシテ、或ハ之ヲ清国ニ仰グ、或ハ内地ニ仰グト云フコトニ付イテハ、極メテ勉強シテ調査シテ居ルノデアリマス[157]」と答弁する場面も見られた。鉄は日露戦後の朝鮮半島や満州での鉄道経営に不可欠であり、日露戦後に多額の外債償還に迫られているなか、海外からの大量の銑鉄・鉄製品の流入による正貨の流出という事態を防ぐためにも、八幡製鉄所の拡張が必要とされていたのである。よって、財政支出の削減である行財政整理が行われていく一方、八幡製鉄所の拡張は国策として重要な政治課題であり続けた。裏を返せば、日本政府は八幡製鉄所拡張のため、銑鉄・鉄鉱石を安定的に輸入し続ける必要があったということにもなる。

第一期拡張計画は、日露開戦前三カ年の平均鋼鉄輸入高である二二万トンの国産化を目標に、その生産に必要な設備投資費約二〇九四万円を二期に分けて計画されたものの前半期にあたり、明治三九（一九〇六）～四三（一九

一〇）年度の五カ年で実行していこうとするものであった。八幡製鉄所は、この計画に沿いながら、大冶鉄山からの鉄鉱石輸入を計画する。こうして、日露戦前から継続していた「軍器の独立」や国産品の奨励という動機に加え、正貨の蓄積という点からも八幡製鉄所の拡張が必要とされるようになったのである。

一方、清国では、盛宣懐と袁世凱との間で対立が深まっていた。李鴻章の死後、袁世凱は北洋大臣兼直隷総督に就任し、招商局の接収・管理を進めた。盛宣懐との激しい応酬の末、袁世凱は自らに近い楊士琦を招商局の総理に就任させることに成功し、盛宣懐はその職を辞した。招商局は北洋大臣である袁世凱の手に落ちたのである[158]。電報局に対しても、袁世凱の影響力が高まったことで、漢陽鉄政局は招商局や電報局からの貸付を期待できなくなり、資金の調達を外債に頼らざるを得なくなった[159]。

写真1　漢陽鉄廠と技師ウジェーナ・リュペール

こうした状況を受け、盛宣懐は大冶鉄山、漢陽鉄政局、萍郷炭鉱の合併を清朝政府に上奏、それが一九〇八年三月に認可され、漢冶萍公司は設立される。三社を合併し、経営形態を官督商弁から商弁（株式会社）へと転換させた盛宣懐の目的について、李玉勤は、経済、政治、外交の側面が重要であると指摘した。具体的には、①日本によって侵食されつつあった国権の回収、②増資にともなう株式の発行による外債の償還、③製鉄事業の経営上の問題、④張之洞の湖広総督の離任などを挙げ、特に、袁世凱の招商局や電報局への介入に対する抵抗という政治問題のため、盛は漢陽鉄政局、大冶鉄山、萍郷炭鉱への影響力拡大を重視したと

写真 2　訪日時の盛宣懐（1908 年 11 月 1 日）

左から 3 人目が盛宣懐。そこから右へ，ファーガソン，製鉄所長官・中村雄次郎，三井物産理事・山本条太郎。

する。(160)

漢冶萍公司の設立は、日本側に概ね好意的に評価されたようである。その一つの理由は、官営八幡製鉄所がコークス製造のための石炭を、萍郷炭鉱から購入することが容易になることが予想されたからである。高木陸郎は、次のようにいっている。(161)

　萍郷の石炭はコークスには良いが揮発分が少なく、従ってガス発生炉に入れてガスを発生するには不十分な石炭である。しかも漢陽工場は鋼鉄をも製造しているのでどうしても鋼鉄製造には支那炭は不向きであるから、幸いに日本にはコークス用炭が少なく揮発分の多い石炭ばかりという訳で日本から輸入していた。

つまり、萍郷炭は、日本国内でコークスを製造するためには適しているが、製鋼過程で使用するには不適であるという。それまで密接な関係を構築しながらも、別々であった三社の合併は、高木が述べるようなメリットも想定されていたのだろう。(162) そして、これまで以上に、新会社に対して強い権限を有することになった盛宣懐との交渉のなかで、日本は自国の利益の実現を図っていくようになる。

漢冶萍公司の設立直後、一九〇八年九月から一一月にかけて盛宣懐は日本を訪問した。(163) 彼は、①日本における幣制の実態調査、②漢冶萍公司と密接な関係にある八幡製鉄所の視察に取り組んだ。中国における幣制の統一を急務であると考え、[164] 松方正義や日本銀行関係者らと会談を行った。また、中村雄次郎製鉄所長官とは何回も会合をしている。盛宣懐は①中国が鋼一万トンを購入する、②漢陽鉄廠が銑鉄一万トンを売却する、③萍郷炭鉱のコークスを一万トン売却することを中村長官に提案するなど、[165] 漢冶萍公司と八幡製鉄所との関係強化に積極的であった。さらに、桂太郎首相は、清国が国土の広さ、資源の豊かさにおいて世界有数の国家である一方、日本は技術・商業面が発展していると述べ、経済的な日中協力、特に、日中合弁での製鉄業経営を盛宣懐に求めた。[166]

訪日の直前の六月、正金銀行と漢冶萍公司との間で一五〇万円の借款契約が締結されていた。その後、訪日中に行われた盛宣懐と中村製鉄所長官との交渉が奏効し、一一月には正金銀行と漢冶萍公司との間で、五〇万円の借款契約が結ばれるなど、当然ながら、日本と公司との関係強化という目的が、この訪中には存在していたのであった。

盛宣懐が訪日している最中の一九〇八年一一月一四日に光緒帝が、翌一五日西太后が死去した。一九〇九年に入ると、載灃が摂政王に就任したことで、袁世凱は政府の要職を更迭され、天津に隠棲することになった。盛宣懐は清朝内部での地位とともに、袁世凱に侵害された招商局内での実権を回復させていく。盛宣懐は経営の拡大を狙い、張之洞湖広総督に、粤漢・川漢両鉄道の敷設に必要な軌条・建設資材を漢冶萍公司から購入するように働きかけた。また、一九〇九年八月一五日、上海で開催された招商局の株主総会において盛宣懐は董事会主席に選出され、招商局の主導権を奪回するに至った。[167] そして、一九一一年一月には郵伝部尚書に就任し、清朝の鉄道政策を主導するようになるのである。この時期の盛宣懐はまさに「其人生的第一个頂峰」〔人生の頂点〕[168] であった。盛宣懐が政府内で鉄道に関する重要なポストに就任するのにともない、漢冶萍公司も例外的な繁栄期を迎えることになる。[169]

おわりに

本章では、対中国借款の起源について、中国側の事情に留意しながら、検討した。日清戦争の結果、日本政府は製鉄原料の確保のため大冶鉄山からの鉄鉱石輸入を希望し、大冶鉄山を管理する漢陽鉄政局もコークス需要から八幡製鉄所との関係構築を必要としていた。日露戦争の直前になると、日本政府は軍備拡張・産業振興のために八幡製鉄所を拡張する必要に迫られ、鉄鉱石とコークスとの売買契約にとどまらず、漢陽鉄政局への借款の供与に乗り出していくことになる。

同時期の中国では、日清戦争による賠償金支払いのためなどを理由に、張之洞湖広総督を中心に官弁で設立された漢陽鉄政局の督弁に盛宣懐が就任し、いわゆる官督商弁体制へと移行した。そこで、盛宣懐が中心となってその後の経営の立て直し・拡大が図られていくことになる。そして、まさにそのために、盛宣懐は、小田切万寿之助上海領事を通じて、日本側に借款供与を要請した。

しかし、日本政府内では、中国への政府主体での資金貸付に関する経験が浅く、財源や担当機関などに関して議論が尽くされていたわけではなかった。また、日本興業銀行に関する法案改正の時期と重なっており、少しでもその意義をアピールしたい興銀側は漢陽鉄政局への借款を自行の引受とするよう大蔵省に働きかけを行っていた。その結果、日本側の態勢は、「正金銀行＝交渉担当・契約者、大蔵省＝資金融通」という当初の方針から、「正金銀行＝交渉担当、興銀＝契約者、大蔵省＝資金融通」へ変更された。とはいえ、これは興銀側の強い要請によるものであり、当初の方針が採用される可能性は十分にあったといえよう。

日露戦後になると、行財政整理の必要性が高まったため、製鉄原料の確保に加え、正貨の擁護といった目的が対漢冶萍公司借款に与えられた。中国で漢冶萍公司が設立されたことで、日本側は、公司傘下の漢陽鉄廠や大冶鉄山を借款の担保としながら、製鉄原料の確保や正貨の擁護を図っていくことになるのである。

一方、華中・華南の鉄道利権に対しては、台湾の対岸経営や「勢力圏」の確保・拡大も借款政策の根底にあった。特に、厦門事件発生後は、軍事的アプローチではなく、経済的アプローチが模索された。日本政府は清朝政府に福建省の他国への不割譲を認めさせたものの、具体的な利権を獲得するには至らなかった。それは、清朝、福建省の鉄道敷設権を認可されていた福建鉄路事宜、その他フランス資本の動きなどに左右されたためである。

日露戦後に清国で自弁での鉄道敷設熱が高まると、日本国内では外務省や日清起業調査会を中心に、将来の対中国投資の担い手とすべく東亜興業株式会社が設立される。東亜興業は国内の有力な資本家を糾合して設立され、当初は粤漢鉄道の敷設工事を請け負うことが主な目的であったが、次第に投資業務に携わるようになった。具体的には、南潯鉄道に対する借款交渉を担うことになる。

このように日清・日露戦争期における対中国借款は模索段階にあった。すなわち、日清戦後の対漢冶萍公司借款に関しては、八幡製鉄所の拡張のために製鉄原料を輸入していたのはもちろんであるが、まず製鉄原料の輸入に関する借款契約を締結した後、それを拡張計画のなかに位置づけていくという意識があったことは興味深い(170)。また、すでに日露戦争以前には八幡製鉄所と漢冶萍公司との関係を永続的なものにしようとする考えが日本政府内に存在していたが、日本からの借款が漢陽鉄政局（漢冶萍公司）の経営全体を直接左右するまでには至っておらず、外国勢力の存在も大きかった。他方、華中・華南利権に関しては、現地における各鉄路公司の動きを見定めながら、影響力の確保に乗り出すという方針であった。確かに、対中国借款は、製鉄国策や「勢力圏」の確保のために重要な手段と認識されてはいたが、そのものが政策として体系的に実行されてはいなかったのである。

しかし、これらの利権が華中・華南地域に位置していたことや、漢冶萍公司の最高責任者であった盛宣懐が清朝政府の郵伝部大臣となるに及んで、対中国借款は個別の経済的関係の構築という性格を超え、清国そのものの帰趨と密接に関わるようになる。それは、辛亥革命において一つのピークを迎える。

第2章　辛亥革命期の「支那保全」の試み

はじめに

本章では、漢冶萍公司や招商局への借款が日中英の間で外交問題化していく過程を武昌蜂起前後の断絶性・連続性に注目しながら跡づけるとともに、これらの借款が横浜正金銀行の国際借款団への参加問題とどのように関係していたのかを検討する。そこで、キーワードとなるのが外務省や横浜正金銀行など外交、もしくは国際金融関係者の「支那保全」論であり、本章はその内実とを分析する。

辛亥革命期の対中国借款に関しては、数多くの先行研究が存在しているが、その多くは中国情勢の混乱に乗じた日本の利権拡大行為であったと評価している(1)。確かに、日本側にそうした意図があったことは否定できない。

「中国本土」における利権獲得・拡大に関して、第1章で述べたように、日本政府は英仏シンジケートへの参加を望んでおり、武昌蜂起以前から英米仏独で構成されていた四国借款団（新四国借款団と対比され旧四国借款団とも呼ばれる）への加入を目指していた。そして、清朝が崩壊した後、日本政府は正金銀行を、新たに結成される予定であった国際借款団へ参加させることを決定する。その意図に関しては、欧米資本と比較して、金融的に劣位にある日本が鉄道など具体的な中国利権の獲得を企図していたとの見解がある一方、あくまで債権者としての地位の獲得にとどまるものであったとの主張が併存している。(2) 以後、六国借款団と日本との関係を考察した研究は十分に行われず、(3) 日本政府の政策的意図、さらには正金銀行の参加を可能にした中国をめぐる国際関係については深められてこなかった。

また、臼井勝美が先駆的に指摘したように、(4) 長江流域に存在する利権を担保とした借款は、決して日本側の一方的な思惑のみで成立するものではなく、中国側の動向やイギリスの対中国外交の影響を免れることはできなかった。近年の近代日本外交史研究においては、こうした視点が不十分であるために、長江流域利権を担保とした各種借款が挫折したことで、新規利権の獲得のために四国借款団に参加する方針に転換したという評価が踏襲されているのである。(5)

そこで本章の課題は、漢冶萍公司や招商局など長江流域利権及び国際借款団をめぐる日本（外務省、農商務省、正金銀行、民間資本）・中国（孫文・黄興ら革命派、盛宣懐）・イギリス外務省の重層的な関係に注目し、当該期に顕在化した政治借款の内実とはどのようなものであったのかを明らかにすることである。

一　旧四国借款団と日本

（1）漢冶萍公司をめぐる日本と欧米資本との競合

明治四三（一九一〇）年度において製鉄所の第一期拡張計画は終了する予定であったため、第二期拡張計画が続いて問題となった。第二次桂太郎内閣は当初、行財政整理の遂行のため、八幡製鉄所の第二期拡張に消極的であった[6]。ところが、一九〇九年一二月に開会した第二六帝国議会において、念願であった行財政整理が一段落ついたため、桂首相は拡張費の議会通過を推進していくようになる[7]。八幡製鉄所の拡張は漢冶萍公司からの鉄鉱石輸入を刺激し、公司の鉄鉱石の増産や積極的な設備投資につながる。そのために必要な資金が漢冶萍公司から日本側に要請されることになれば、日本と公司との関係は益々密接になり、日本以外の「第三国」の進出も防ぐことができると期待されていた[8]。

一九一〇年一〇月、桂の意を受けた中村雄次郎製鉄所長官は中国を訪問し、日本が八幡製鉄所の第二期拡張を条件として、銑鉄購入代価である六〇〇万円を漢冶萍公司に前貸する契約を仮締結した[9]。第二期拡張に関する予算案が議会を通過した場合に漢冶萍公司と本契約を締結するという内容を持つとともに、外国に輸出する小取引を除き、かつ余裕があり、「本契約ノ満期以前ニ在テ若シ長期年数ヲ以テ多額ノ取引契約」を他の商人とする場合には、八幡製鉄所に「一応御購買ノ有無ヲ御交渉」すると、八幡製鉄所の購買優先権も盛り込まれた[10]。同年一二月に開会した第二七帝国議会において、製鉄所拡張費約一二〇〇万円が可決された。政府原案では四カ年であったものの、五カ年の継続費となった。これを受けて、翌年の三月三一日には六〇〇万円の銑鉄売買契約が正式に締結され、鉄鉱石輸入先としての大冶鉄山に加えて、漢陽鉄廠との関係も強化されることになったのである。

とはいえ、外国資本の動向はいまだ無視し得ない存在であった。中村長官が訪中していた最中の一〇月、漢冶萍公司とイギリスのジャーディン＝マセソン商会との間に借款交渉が行われ、イギリスからの借款によって、日本が公司に供与していた借款が返済される可能性が浮上した。これに対し、横浜正金銀行は「若シ外国側ヨリ大借款ヲセラレ、当行ヨリノ貸付金ハ返済サル、様ニモ相成候テハ甚不面白」[11]との危機感を持った。債券の保有を通じ、漢冶萍公司へ影響力を高めようとしていた最中でのこうした動きは、警戒されるべきものであり、日本は漢冶萍公司への新たな借款を望むようになっていた。また同公司は、アメリカのシアトルにあるウエスタン・スチール会社

(Western Steel corporation) との間で銑鉄の売買契約（一九一〇年三月）を、露亜銀行やインドシナ銀行との間で借款契約（一九一〇年四月）をそれぞれ締結していた。[12] 後者はフランス資本による貸付であり、漢冶萍公司は多方面から資金調達をしていたのである。

さらに翌年三月には、旧四国借款団と漢冶萍公司との間での借款交渉が具体化する。[13] 日本側にとって、こうした欧米資本による漢冶萍公司への進出は見過ごせない状況にあったのである。漢冶萍公司と旧四国借款団との借款交渉は、盛宣懐が英米仏独の資本家に対して、それぞれ五〇〇万両の外債引受を持ちかけたことが発端で、日本は四カ国と同様に五〇〇万両の割当を受けることになっていた。しかし、日本は割当金額が欧米と同額であることに不満を持ち、小田切万寿之助正金銀行取締役と実相寺貞彦同北京支店支配人の働きにより、社債の発行を断念させる。[14] このような動きには、旧四国借款団に対する日本の警戒感と、盛宣懐が日本に対する事前の相談なく借款団との借款交渉を始めたことに対する牽制という二つの動機が存在していたという。[15] 日本側が、漢冶萍公司への外資の参入にいかに神経をとがらせていたのかが分かる。

また小田切は、日本側が八幡製鉄所の銑鉄購入代価として支払う資金を前払いする形で、漢冶萍公司に対し一二〇〇万円程度の借款を行いたいと正金銀行本店に打診しており、[16] 五月一日に「生鉄代価金壱千弐百万円前借第弐契約」（以下「第弐契約」とする）の仮契約が結ばれる。この借款の目的は、「日本ノ資力ト利益ヲ注入シテ永遠ニ経済的連絡ヲ作リ」、漢冶萍公司への欧米資本の参入に対する牽制にあった。[17] 交渉の途中、漢冶萍公司の李維格協理からは、四カ国に日本を含めた五カ国による借款の提案があった。[18] 李維格は、一二〇〇万円という巨額の資金を日本一国から借り入れることに対し、慎重な姿勢であったといえよう。しかし、単独契約を目指していた小田切らの働きが奏功し、日本単独での契約となった。[19] この仮契約では、漢陽鉄廠・大冶鉄山の財産を日本以外の外国資本の担保とすることに制限を設け、担保とする場合にはまず正金銀行に相談すべきことが規定されていた。旧四国借款団の参入を防ぎ、「第弐契約」を締結したことは、漢冶萍公司に対する日本の借款優先権の確立の契機となったのである。

西澤公雄技師は、「第弐契約」の意義について、「列国ノ競争場裡ニ於テ排日熱ニ抗拒シ、遂ニ一大借款ヲ訂決シ此方面ノ利権ヲ弥確保致候[20]」と述べ、日本が欧米との競争に勝利した結果であり、漢冶萍公司の利権確保に成功したと評価した。ここからは、鉄鉱石・銑鉄の売買や借款契約など漢冶萍公司をめぐる欧米資本と日本との経済競争がいかに熾烈であったかを確認することができるのである。実際、盛宣懐は、日本からの借款に過度に依存することを危惧し、日本以外の国からの借款を計画していたものの、漢冶萍公司の取締役会が同意せず、また、清朝の鉄道国有化政策に反対する保路運動の影響で外資への反発という風潮が高まっていたため、実現には至らなかったという[21]。

「第弐契約」の仮契約が調印された直後、正金銀行ロンドン支店は「清国将来形勢考候ハヾ、此際日英協同、漢冶萍公司関係ヲ一層安全ナル基礎ニ置ク方得策ニ有之間敷ヤ[22]」と、日英が協調して漢冶萍公司に対応すべきではないかと本店に具申している。同盟関係にあり、かつ長江流域を「勢力圏」とするイギリスとの協調関係の維持に配慮した提案であった。しかし、高橋是清正金銀行頭取は、日英共同ではなく、日本単独での借款が得策であると述べ、「第弐契約」を締結した理由として、次の二点を挙げている[23]。第一に、「公司ガ其事業資金調達ノ為メ鉄山及鉄廠ヲ他ニ担保トスルコトアラバ、場合ニ依リ右物品供給契約履行不能トナル」危険性の回避である。つまり、漢冶萍公司管理下の鉄山や鉄廠が欧米の担保となると、八幡製鉄所の製鉄原料の輸入が滞る可能性があると見たのであった。第二に、日本の競争相手となる「外国製鉄所ノ創立」の阻止である。確かに、イギリスとの外交関係は重要視されるべきものであったが、鉄鉱石や銑鉄輸入の遅滞という状況はなんとしても避けなければならなかったのである。旧四国借款団による借款供与を断念させた際に見られたように、八幡製鉄所だけでなく、正金銀行内部にも、外資参入の阻止・製鉄原料の確保という政策目標が共有されていたといえよう。さらに、高橋は同じ電報のなかで、漢冶萍公司と中英公司との間で借款契約が締結された場合、中英公司は香港上海銀行、もしくは旧四国借款団に借款引受の依頼・債権の提供をするか質問をしている。外資、特に、イギリス資本や旧四国借款団が漢冶萍公司に進出する可能性を完全には払拭しきれないでいたのである。

ところが、五月に締結された「第弐契約」がいっこうに漢冶萍公司の重役会に提議されないため、一九一一年八月九日から一九日まで実相寺が漢口に出張し、李維格との間で会談を行った[24]。この交渉では、長江下流域、特に上海周辺に工場を新設することが合意され（漢口協商[25]）、「第弐契約」において供与が決定された一二〇〇万円は、長江下流に新設される製鉄工場の建設資金に充てられることになった。「漢口協商」では、日本が漢冶萍公司と共同で新工場の建設を約束したという意味で、日本への銑鉄輸出の増大が想定されていたといえよう。

表 2-1　1908〜12 年の漢冶萍公司損益額

（単位：元）

年　度	利　益	損　益
1908	61883.50	
09	15400.53	
10	64151.71	
11		2301500.85
12		2872075.52

出所：李玉勤『晩清漢冶萍公司体制変遷研究』（中国社会科学出版社，2009 年）191 頁。

この時期、漢冶萍公司は盛宣懐のリーダーシップのもとで、経営を好転させていた（表2-1）[26]。その背景として、日本からの多額の借款による設備拡張があったこと、清朝政府の郵伝部尚書であった盛宣懐が、鉄道敷設の際に必要な材料の提供を漢冶萍公司に担わせていたことが指摘されている[27]。上海に新工場を建設する計画は、日本側にのみ利益をもたらすものではなく、鉄道の建設材料の増産を目的とした漢冶萍公司側の外資導入による公司の設備拡張の一環であった。

（2）幣制改革及東三省実業借款の第一六条問題

次に、話は少しさかのぼるが、漢冶萍公司への参入が取り沙汰されていた旧四国借款団の設立の経緯と日本との関係を見ておきたい。英米仏独の銀行団で構成されていた旧四国借款団は二つの借款契約を起源として成立した。第一に、幣制改革及東三省実業借款である。この借款は元来アメリカ資本家による満州の鉄道中立化構想の延長線上にあり、アメリカ銀行団が載澤度支部尚書と交渉を開始し、一九一〇（明治四三）年一〇月二七日に、予備契約が締結された。中国の幣制改革や東三省（満州）の実業振興が主な使途とされていた。

第二に、一九〇九年六月、湖広鉄道（粤漢・川漢両鉄道の湖北・湖南両省敷設分）借款の引受のために結成された英仏独団体である。アメリカ銀行団はこの三国団体への参入を試みると同時に、すでに清朝と締結していた幣制改革及東三省実業借款を新設される借款団の範囲に含めることを三国団体に提案した。アメリカ銀行団には、多額にのぼる幣制改革及東三省実業借款を供与する際、英仏両国の資本家の協力を得ることができるというメリットがあった。一方、英仏両国の資本家にとっても、清朝政府の財政、ひいては中国経済を大きく左右しかねない幣制改革への発言権の確保につながるとの期待があった。その結果、一九一〇年一一月一〇日に「四国銀行規約」（interbank agreement）が締結されるに至った（表2−2）。

本規約ハ支那帝国政府若クハ支那帝国ノ一部ヲ構成スル各省、又ハ政府各部局及支那帝国若クハ各省政府ノ保証ヲ有スル会社ト締結スルコトアルヘキ一切ノ借款又ハ前貸金ニ之ヲ適用ス[28]

この規約では、清朝政府、各省政府、清朝の各行政機関、それらの保証を得た会社に対する借款もしくは前貸金の共同引受が約束された。英仏独の各団体は湖広鉄道借款契約で得ていた借款優先権を、アメリカ銀行団は同契約で得ていた漢口〜四川間の借款優先権と幣制改革及東三省実業借款に関する錦愛鉄道への借款優先権などを旧四国

表 2-2　四国銀行規約（1910年11月10日調印）構成団体

イギリス	ドイツ	フランス	アメリカ
香港上海銀行	ドイツアジア銀行	インドシナ銀行	J. P. モルガン商会 クーンローブ商会 First National Bank National City Bank

出所：外務省外交史料館所蔵「外務省記録」1. 7. 1. 11-5-4「支那改革借款一件／幣制借款／参考書2　四国銀行規約（千九百十年十一月十日調印）」より作成。

借款団に提供することになった。[29]

第1章で述べたように、日露戦争以降、そもそも日本政府は粤漢鉄道に関する英仏シンジケートへの参加を希望していた。[30] しかし、ドイツ資本家が参加して成立した三国団体にアメリカ銀行団が加入したことで、南満州鉄道の平行線となる錦愛鉄道敷設のための借款が旧四国借款団に均霑されるおそれが生じた。つまり、日本の旧四国借款団への加入は、満鉄と競合する鉄道に関する旧四国借款団の借款優先権、もしくは借款を認めてしまうことにつながり、「中国本土」の鉄道利権への進出が満州権益の確保と矛盾することになったのである。また、引受可能な金額が二〇〇〇万円と見積もられており、[31] このような巨額の借款供与は日本政府には不可能であった。よって、日本政府は「従来ノ行懸リヲ断絶スルコトナクシテ」、加入に関する交渉の中止を決定した。[32] ただ、「之に加入せされは将来清国に於ける我か位地に関し遺憾之事出来すへき」[33]との認識のもと、イギリス政府を通じた加入工作が引き続き模索されていく。

ところが、一九一〇年末から一一年にかけて満州でペストが流行したことで、趙爾巽東三省総督は清朝やアメリカ資本に対し、ペスト防疫費のための借款を要請した。これを受け、日本、清朝、ロシアが共同会議を開催するなど、ペスト対策は三国関係のなかで大きな懸案事項となった。[34] こうして借款全体の目的に大きな変更はなかったものの、幣制改革及東三省実業借款の使途は一部見直され、その前貸についてはペスト防疫を主目的として供与される可能性が高まったのである。

日本の駐清公使館では、清朝がペスト対策のため財政を逼迫させ、巨額の外債に頼らざるを得なくなるのではないかと予測していた。[35] 第二次内閣を組織していた桂太郎首相は、「ペスト蔓延の情況に付費用も此末何程を要するや計りがたく、〔中略〕之を動機として将来の支那問題は如何に発展するか知るべからず、随分面倒の基なり[36]」と、ペストの発生が東三省への外資導入や第三国の干渉を招くのではないかという危機感を抱いていた。

一九一一年四月、旧四国借款団と清朝との間で幣制改革及東三省実業借款が締結された。五月下旬に作成された第一回払込に関する明細書では、総額四〇万ポンドの内、三〇万ポンドがペスト防疫対策に使用される予定となっていた[37]。日本政府は、南満州の鉄道権益の「機会均等」を擁護する目的から旧四国借款団への参加を見合わせつつ[38]、清朝の動向や幣制改革及東三省実業借款の展開を静観する立場をとった[39]。こうした背景には、日本外務省が「帝国政府ノ方針ニ何等ノ変更ナキニ拘ラス、借款問題ハ自然北京ヲ以テ其中心トナスノ姿[40]」になっていると、東三省の借款に関して、総督ではなく、清朝の影響力が強化されていると考えるようになっていたことも関係していよう。

しかし、ここで問題となったのが、幣制改革及東三省実業借款契約の第一六条である。日本政府は、第一六条について、「清朝が東三省開発のために新規借款を行うことを目的に外国の銀行や資本家の参加を求める場合には、まず四国借款団に相談すること[41]」を意味すると解釈した。また、伊集院彦吉駐清公使は、「一種ノ永久独占的支配権力乃至有力ナル関与権ヲ設定シタルニ均シク[42]」と満州への実業借款に関して旧四国借款団に優先権を認めることにつながる重要な問題であると認識していた。そこで日本政府は、①満州の諸税を担保とすることには異議を挟まない、②東三省の実業開発に関しても日露両国の権益を侵害しない範囲で是認する、③しかし、第一六条の修正は是非とも要求し、旧四国借款団による独占権の設定を打破することを目標とした[43]。東三省でペストが流行しているなか、日本政府は有効な対策を打ち出すことはできなかったが、旧四国借款団による満州利権への借款優先権の設定には明確に反対の立場を示した。つまり、日本政府にとって、旧四国借款団への加入よりも第一六条の撤回による満州の「機会均等」が優先されるべき問題であったのである。

ところで、こうした動きと併行して、本野一郎駐露大使や小田切万寿之助横浜正金銀行取締役らを中心に、旧四国借款団とは別の国際借款団を結成しようとする動きも存在していた。小田切は日本の旧四国借款団加入について、次のように述べている。(44)

本邦自身ニ取リ其加入ヲ利トスル乎将タ単独行動ヲ得策トスル乎ハ全ク別問題ニシテ、今日本邦ノ経済的地位ヨリ考案スルニ、仮リニ四国団体ニ加入シ得ルトスルモ、徒ラニ四国団体ノ為メ犬馬ノ労ヲ執ルニ過キスシテ、到底彼等ト同一地位ヲ保ツノ望ナク、随テ加入ノ利益ハ四国ニ多クシテ本邦ハ少カルヘク、之ニ反シテ本邦ハ此四国団体トノ提携ヲ避ケ、今後起ルヘキ借款等ノ問題ニ関シ、単独ノ行動ヲ取ルコトヽセハ或ハ選択ノ自由ヲ有シ利ヲ取リ害ヲ去ルヲ得テ便宜不尠コトヽ存候

北京に駐在する小田切は、資本に乏しい日本の資本家が旧四国借款団に参加することになれば、英仏に利益が大きく、日本の得るものは少ないと考えていた。北清事変後の賠償金問題において、海関税や塩税などが担保とされたものの、それを監督する顧問を日本から一人も送り込むことができず、英仏中心の財政管理が強化されたように、日本と欧米各国の間には中国政府に対する影響力の明確な格差が存在していた。小田切は単独行動、もしくは露仏とのシンジケートの結成を模索しており、(45)旧四国借款団への加入が唯一の方法であるとは考えていなかった。こうした動きは、後の日仏銀行の創立とも密接に関わっているのだろう。

しかし、日露仏共同によるシンジケート設立案は、イギリスとの協調を重視する小村寿太郎外相の受け入れるところとはならなかった。(46)伊集院駐清公使も「関係各国尠クトモ英仏両国トハ互ニ意思ヲ疎通シテ共同歩調ニ出コト」が必要であるとしていた。(47)ロシアとの協調行動や積極的な対中国借款を重視する立場から見れば、ロシアやその背後にあるフランスとのシンジケートの結成は、日露間における満州権益の相互承認が前提とされるであろうから、満州権益の均霑が争点とされることなく、「中国本土」にある利権への借款に関与できるメリットがあったと

いえよう。しかし、こうした意見は対英協調を外交政策の基本とし、日露協約の締結により高まっていた「清国官民ニ昂進セル悪感、疑念」[48]の鎮静化を目標としていた第二次桂内閣に採用されなかった。

ところで、イギリス政府が東アジアにおけるロシアの南下を防ぐために、第一次日英同盟協約を締結したことは周知の通りである。その過程において、日本政府は満州に対するロシアの軍事的・経済的進出を日英両国が支持する中国の「門戸開放及び領土保全」に反する行為と理解し[49]、日英両国は、「該二国〔清国と韓国〕ニ於テ各国ノ商工業ヲシテ均等ノ機会」を与えることで合意に達した。しかし、日露戦争の結果、ロシアの脅威は減少し、かわってドイツ海軍が東アジアでプレゼンスを高めることになった。そこで、イギリス政府は海軍力の勢力均衡のために第二次日英同盟協約の改訂に踏み切り[50]、一九一一年七月に調印された第三次日英同盟協約には引き続き清国での「機会均等主義」が挿入された[51]。

イギリスが日英同盟を改訂した背景には、英米の総括的仲裁裁判条約の締結問題があった一方、前年の七月に締結された第二次日露協約において、すでに日露両国はアメリカの南満州鉄道中立化案を拒否し、満州権益を相互に承認していたことがあった[52]。そうした経緯を前提としたうえで、小村外相が改訂交渉の過程で中国問題をめぐる日英の共同歩調をイギリス政府に伝え[53]、また、同盟締結直後にランボルド（Horace Rumbold）駐日大使館参事官との会談のなかで第一六条問題に言及したように[54]、日本政府は日露協約の締結を背景に自国の満州権益の尊重をイギリス政府に期待していたといえよう。さらに、フランス外務省が第一六条を「満洲ニ於ケル門戸開放主義ニ反シ日露両国ノ異議ヲ招キタルモノ」[55]と述べたことも日本の外務省には伝えられた。幣制改革及東三省実業借款が日本以外の政府・資本家から見ても東アジアの国際関係上の問題を含むとの認識はある程度共有されていたのである。よって、この借款契約が存在していても、外交関係上の観点から、日本にとって都合の良い「機会均等」が維持される可能性が高まったのである。

こうした結果、同年八月、イギリス政府は満州での「機会均等」に反する経済活動を支援しないことを宣言した。[56]しかし、日本政府は依然として「満洲ニ於ケル一切ノ農業及鉱業的企画」に旧四国借款団の影響力が及ぶため、イギリス政府のみならず、清朝や旧四国借款団の総意も必要であるとし、[57]引き続き第一六条の修正・削除を求めていくことになる。日本政府にとって、満州権益は経済問題ではなく、外交問題として扱われるべきものであったのである。

(3) 清朝の鉄道国有化政策の影響

一九〇八（明治四一）年九月、清朝は九年以内の憲法制定、国会の開設を約束した。国会の開設のために鉄道建設が不可欠であることは、当初から指摘されていた。一九一〇年に入ると、盛宣懐郵伝部侍郎のみならず、中国各地の総督（特に東三省の錫良、湖広の瑞澂）が軍事的な観点から鉄道の国有化を強く主張した。こうしたこともあって、清朝は外資導入による鉄道国有化を政策として採用し、[58]郵伝部が旧四国借款団と借款交渉を進めることとなった。ただし、清朝の海軍部が軍備拡張のため資金を要求するなど、[59]郵伝部は度支部から京漢鉄道建設のために借り入れていた銀五〇〇〇万両を返金する必要に迫られていた。よって、郵伝部は鉄道国有化の財源確保のために旧四国借款団との借款契約の締結を目指すと同時に、日本に対しても多額の借款供与を要請したのである。[60]

その窓口となっていたのが、小田切万寿之助横浜正金銀行取締役であった。小田切は一〇〇〇万円にものぼる借款契約案を盛宣懐に提案し、一九一一年三月二四日に正式に締結された。[61]小村寿太郎外相が「一面四国新借款ノ進行ヲ注意」しつつ、清朝に借款を供与する方針に則ったと述べているように、[62]旧四国借款団と清朝政府との借款交渉に配慮しつつ行われた結果、この借款契約に対して、旧四国借款団からの大きな反発は見られなかった。[63]国有化政策のために、日本と欧米とが協調して財政支援を行っていたからである。小村外相は、このような日本を含めた欧米各国による利権獲得の動きについて、以下のように発言している。[64]

二三年以来支那ニ於テハ、利権回収ト云フコトガ全国ノ輿論トナリマシテ此利権回収熱ト云フコトニ官民共ニ熱中致シテ居ル有様デアル、故ニ此利権ノ獲得ト云フコトハ、余程困難ニナッタ、現ニ一昨年支那ト四国間ニ仮契約ガ出来マシタ、粤漢鉄道、漢川《マヽ》鉄道ノ借款ノ如キ、今ニ未ダ纏マラヌノデアリマス、又昨年十月ノ末デゴザイマシタ、支那政府ト米国ノ或銀行組合ノ間ニ成立シマシタ五千万弗借款仮契約ト云フ問題モゴザイマスガ、是亦交渉ガ行悩ンデ居リマシテ、多分成立ハシナカラウト考ヘテ居リマス、併ナガラ支那ニ於テ利権ノ獲得ト云フコトハ、単ニ商業上ノミナラズ、又政治上ニ於テモ頗ル関係ノ大ナルコトデゴザイマスカラ、政府ニ於キマシテハ絶エズ注意ヲ怠ラズニ、列国ニ遅レヲ取ラヌダケノ注意ハ致シテ居ル積リデゴザイマス

近年、中国では利権回収の動きがますます強まっているため、利権の獲得は困難になっている。それは、旧四国借款団と清朝の間で交わされた湖広鉄道に関する借款契約に関しても同様で、正式な契約の成立が厳しい状況であるとの認識であった。とはいえ、一方で、「商業上」だけでなく、「政治上」も重要であるとの理由から、欧米諸国に遅れを取らないよう、利権の獲得を進めようとしていたこともうかがえる。

また、先に述べたように五月一日には、漢冶萍公司と正金銀行との間で、一二〇〇万円にのぼる多額の借款契約が締結されている。日本側の意図は、漢陽鉄廠・大冶鉄山の借款優先権を獲得し、欧米資本の参入を防ぐことにあった。[65] 一方、盛宣懐は鉄道建設を促進するため、レールなどの材料を生産する漢冶萍公司の設備拡張を目的としていた。[66] こうして日本は、盛宣懐、さらには彼が主導していた鉄道国有化政策に対し、欧米各国とともに財政支援を行うことになったのである。

こうした財政的裏づけを得たうえで、清朝政府は、五月九日、鉄道国有化の上諭を発布する。[67] 対象は京漢鉄道、

粤漢鉄道、川漢鉄道などの幹線鉄道に限定されていた。そして、慶親王奕劻内閣は二〇日に湖広鉄道の建設に関する六〇〇万ポンドの借款契約を旧四国借款団と締結することに成功する。東亜興業の白岩龍平は、「清国政府も近来盛宣懐内閣とも可申形勢にて借款鉄道政策、幹線国有政策を決行したるは近来の大出来に有之候。民論の反抗など到底物になり不申」[68]と清朝政府を盛宣懐内閣と見て、鉄道国有化政策を評価した。その一方で、四川省で高まりを見せていた、鉄道国有化に反対する保路運動への視線は冷ややかであった。

こうした、中央の鉄道政策は地方に対しても、少なからぬ影響を及ぼした。一九一一年七月、江西鉄路公司は、資金難から脱却するために郵伝部に南潯鉄道の国有化を請願した[69]。しかし、江西鉄路公司の株主は、国有化に反対の決議を行い、華僑資本の会社に対する借款供与の要請案を可決する[70]。資金難にあった江西鉄路公司は組織の内部で、経営者である劉景煕総理や胡捷三ら経営陣と株主との間に対立があったのである[71]。そのため、南潯鉄道の国有化をめぐっても一致した行動がとれなかった。請願を受けた盛宣懐も、南潯鉄道を国有化すると、他の鉄道からも国有化の請願が相次ぐことを懸念し、消極的な姿勢をとった[72]。清朝は国有化を選択的に行っており、南潯鉄道は国有化の対象外であったのである。よって、江西鉄路公司は、資金の確保を国有化によってではなく、日本からの借款供与によって実現する方針へと転換する[73]。一〇月一〇日に武昌蜂起が発生すると、外務省は南潯鉄道に関する対応について、東亜興業に委任する方針を打ち出し、民間資本を通じた利権の拡大を進めていく[74]。

以上のように、辛亥革命発生以前において、日本政府は、漢冶萍公司や郵伝部に対する巨額の借款契約を締結していた。それらは、盛宣懐が主導していた鉄道国有化政策への経済支援であると同時に、日露戦後にたびたび試みられてきた漢冶萍公司に対する外国資本の参入を牽制する意味合いもあった。盛宣懐という清末政局のキーパーソンを軸に、清朝政府や彼が保持する長江流域利権への影響力の拡大が試みられていたのであった。このように、日本政府は、旧四国借款団による満州への経済進出を防ぎながら、中国側に接近を図っていた。欧米各国との協調関係のなかで、満州権益の絶対的擁護に努めながら、「中国本土」の利権の拡大を目指していたのであった。

二　対南京政府借款をめぐる日中英関係

（1）辛亥革命勃発直後の日本と漢冶萍公司

一九一一（明治四四）年一〇月一〇日、武昌で革命派による武装蜂起が発生した。武昌は各国の居留地がある漢口、鉄廠がある漢陽の対岸に位置し、大冶もさほど遠くない。革命派は、清朝政府を援助しない場合に限り、利権を侵害しないことを欧米各国や日本に対して宣言した。[75] こうした事情から、伊集院彦吉駐清公使は、革命派が漢冶萍公司に対して積極的に破壊行為を加えることはないと判断した一方、むしろ官軍に攻撃され、敗退するときの騒擾のなかで破壊活動を行うのではないかと危惧した。[76] 中村雄次郎製鉄所長官は、「大冶鉄山ニ関シテハ尚一層本邦ノ関係深ク、万一来年度鉱石ノ来ラサルコトアリテハ不容易ノ事有之深ク心痛[77]」しており、蜂起によって大冶鉄山からの鉄鉱石輸入が悪影響を受けるのではないかと懸念していた。

大冶鉄山への対応に関し、伊集院公使は「此際我官民に於て大奮発、大冶等に関する我地歩を固める為めに借款に応するの好機」と考えていた。[78] また、大冶地方の警備にあたっていた海軍は、「大冶ノ治安ハ従来我警備艦ノ力ニ依リ維持[79]」していたとの認識のもと、欧米各国と比較して早い時期から大冶鉄山に借款を行っていたこと、利権の保持や鉄鉱石の確保などを理由に、警備艦千早を派遣した。翌年一月中旬には、大冶に陸戦隊を上陸させている。伊集院、海軍のいずれもが、大冶に対しては、積極的に保護する方針であった。

一方、漢陽鉄廠の保護については、漢口における「各国協同」という観点から、「利権擁護スルハ慎重ナル考量ヲ要スト信ス」との報告が、外務省の出先から本省に対してなされた[80]。また、大冶地方に軍艦を派遣した海軍の内部にも、外交の力によって解決を図ることが重要との考えがあった[81]。鉄鉱山が存在する大冶に対しては積極的な行動がとられていたが、蜂起が発生した武昌の至近にあり、欧米各国の利害関係が錯綜している漢陽に関しては、各国の動向を注視しつつ慎重な方針が検討されていたのである。

武昌蜂起後の第二次西園寺公望内閣の対中国方針について見てみると、一〇月二四日の閣議で、華中・華南への利権拡大を意図した閣議決定が行われた[82]。この閣議決定は、満州に関して、ロシアとの協調関係のもとで現状維持に努め、好機があれば、利権の拡大を行うとした。その一方、華中・華南に対しては、イギリスとの同盟関係を基軸に、米仏との協力関係の構築、優越的な地位の確保が目標とされていた。イギリスとの協調行動と「中国本土」への利権拡大の両立が可能であるとの認識がこの閣議決定には表れている。よって、イギリスを中心とした欧米各国政府からの激しい反発が見られない限り、日本政府は、華中・華南利権獲得のために、日本の民間資本と現地の資本家や革命派との接近を黙認するという選択をし得る。

とはいえ、具体的な方針は未定であった。内田康哉外相は、対中国借款について、旧四国借款団が当面態度を保留するだろうから、「差向キノ処我ニ於テハ暫ラク我態度ヲ確定セスシテ、専ラ時局ノ趨向ニ注目シ、形勢ノ見据略立ツニ至ルヲ俟チテ、徐々最後ノ決定ヲナス方得策[83]」と述べている。内田は静観の立場をとり、中国情勢を見極めて方針を決定するべきであると考えていた。

ところが、盛宣懐が横浜正金銀行に新規借款を要請するなど、漢冶萍公司をめぐる情勢は流動的になっていく。これに対し正金銀行は、次のように具体的な対策を構想していた[84]。

此際￥6,000,000ハ表面上漢冶萍公司使用トナシ、裏面ニ於テハ如何様ニ使用致候トモ当方ニ於テハ一切関係無之態度ヲ取リ、盛宣懐及清国政府ヲシテ我好意ニ対シ感謝セシムルカ又ハ盛宣懐ニシテ借款一部ヲ軍資ニ充ツヘキ目的ナレハ、此際￥1,000,000公司分トシテ、￥5,000,000ハ度支部ニ直接貸与シテ、清国政府ヲシテ我好意ニ対シ感謝セシメ、同様ニ盛宣懐ノ面目ヲ施ス様スルコト亦得策ト存候

一九一一年三月の契約での、前貸し予定金の六〇〇万円について、その一部を漢冶萍公司へ、残りの大半を清朝政府の財政を掌る度支部へ貸与しようというのである。外務省も、盛宣懐の要請の背景には、漢冶萍公司と自身の政治的立場を守ろうとする盛の思惑があると推測しており、表面上では無関係を装いつつも、郵伝部大臣であった盛を通じて清朝政府に資金提供を行い、日本に対して好意を抱かせようと考えるに至った(85)。蜂起直後ということもあり、いまだ盛宣懐の政治的地位の凋落が認識されておらず、正金銀行は日本政府の清朝政府支持の方針と歩調を合わせていたことがうかがえる。さらに、この事例は、漢冶萍公司への借款がすでに政治的な道具として利用されようとしていたことを示しており興味深いが、実行に移された形跡は見られない。

一一月六日には内田外相官邸において、「第弐契約」に関する会議が開催され、上海周辺に新設予定の工場に技師や顧問を雇い入れる際に、日本人の優先的な雇用を要求する項目が決定された(86)。

この決定を受け、一二月一五日から大連において、小田切万寿之助、盛宣懐、李維格との間で会談がもたれた(大連会議(87))。小田切はこの会議で、「正金銀行ノ信用スル日本人ヲ公司ニ常傭シ公司ノ帳簿検査ニ任セシムルコト」、「将来公司ニ於テ借款若クハ金員ヲ要スル場合ニ於テハ先ツ正金銀行ト相談シ、本行ニ於テ其請求ニ應スルコトヲ得サル時ハ他ノ銀行ニ相談スヘキ事」を求め、正金銀行が推薦する会計顧問の雇用と、正金銀行への借款優先権の付与を主張した。鉱山技師ではなく、漢冶萍公司の経営に関与する会計顧問という役職が要求されている点は、注目されるべきである。

李維格からは、漢冶萍公司の外国からの借款総額が一〇〇〇万元以上に達していることにつき、「新タニ日本ヨリ現金三百万円（不得已場合ニハ此内弐百万円ハ壱千弐百万円借款ノ内弐百万円ニテモ可ナリ）ヲ借入レ、別ニ七百万円ノ社債ヲ発行」し、日本からのさらなる借款を利用して外債の借換を行いたいとの提案があった。この背景には、蜂起の影響で漢陽鉄廠の溶鉱炉が稼働停止に追い込まれたため、当面の運転資金を確保し、また、外資を導入することで、革命派の軍事的圧力や漢冶萍公司所有の鉱山の省有化を目指す湖北・江西両省政府の動きから公司を保護する目的があったといえよう。(88) これに対し、小田切は、「正金銀行ニ於テ社債発行ノ事務ヲ取扱フ者トセハ、本行ハ非常ナル危険ヲ負担セサルヘカラサル事トナルヲ以テ、容易ニ御相談ニ応シ難カルヘシト考フル」と、これ以上の正金銀行からの資金融通は困難であるとの認識を示した。その理由は、混乱している中国情勢のなか、担保を確保することが困難であると考えられていたからであろう。

大連会議では、上海に建設予定の新工場についても話し合われ、「新廠ハ日清合弁トナシ、双方資本ノ各一半ヲ供給シ、清国側ノ出資ハ日本ヨリ貸与スル」と規定された。これまでの交渉では、「第弐契約」での契約内容に基づき、日本側は鉄鉱石や新工場が生産した銑鉄を確保することに重点を置いていたが、ここに至って、中国側の出資分を日本が貸与することによる新工場の日中合弁化を取り決めるまでに事態が進展したのである。(89)

すでに盛宣懐は上海から天津へ、そして日本が租借していた大連に逃亡していたが、(90) その傍らには、正金銀行や三井物産関係者の姿があった。ただし、この時点において、漢冶萍公司の日中合弁化は本格的に検討されていたのではなく、むしろ「第弐契約」やその後に取り決められた権利の確保やそれを利用した利権の拡大が焦点であった。しかしこの後、孫文・黄興ら革命派が漢冶萍公司をめぐる日中交渉に新たなプレーヤーとして参加することで、事態は新たな展開を迎えるのである。

（2）漢冶萍公司の日中合弁化問題の発生——政治借款の供与へ

イギリス側は武昌蜂起に対してどのような立場をとっていたのだろうか。ジョーダン（John Newell Jordan）駐清公使は当初中国情勢に不干渉の立場であり[91]、イギリス政府も事態を静観していた。しかし、日本政府が清を立憲君主制国家にしようと策動していたことや、イギリスの金融資本家が財産保護のため中国の安定化を強く望んでいたことを受け、革命派と清朝との南北停戦に関与していく[92]。その際イギリス側は、南北分裂と共和国の成立のうち、より不利益が少ない後者を目指すことを日本側に伝え[93]、立憲君主制にこだわらない姿勢を示した。一九一一（明治四四）年の一一月頃から進んでいたイギリスによる南北停戦交渉が実を結び、一二月末に南北停戦の期間延長が決定された。翌年一月一日には、南京で、清朝の打倒を主張していた革命派の孫文を臨時大総統とする中華民国臨時政府（南京政府）が成立する[94]。こうした中国情勢の流動化を受け、日本政府は、一二月末に「英国が清国共和となるも干渉せざる方針なるにより之に同意する事となし[95]」と、立憲君主制を求める当初の方針から転換する。

三井物産の理事であった山本条太郎によると、一九一一年の大晦日、中村雄次郎製鉄所長官の訪問を受け、大冶鉄山を担保として、革命派に資金を貸し付けるよう依頼されたという[96]。正確な日時は特定できないが、大連会議の前後、三井物産が日本政府と革命派との仲介をするなかで、そうした貸付交渉が行われるようになったものと思われる。翌一二年の一月六日、三井物産の藤瀬政次郎上海支店長は南京へ赴き、孫文や黄興らと会談を行った。三井物産から南京政府への資金貸付に対する報酬や漢冶萍公司の合弁化に関して協議がなされ、大枠の契約が成立した[97]。この契約案の第一条には、「公司ハ資本金ヲ日本金貨参千万円トシ、支那日本両国人共同ノ会社事業トシ経営スル事」とあり、漢冶萍公司自体の合弁化に言

写真3　ジョン・ジョーダン

及されていることが注目される。

武昌蜂起後の漢冶萍公司をめぐる情勢は、一一月時点では、あくまで蜂起前の延長線上にあったが、一二月に入り、「大連会議」において、建設予定であった新工場の合弁化が合意されるに至る。さらに、南京政府の成立前後には、南京での藤瀬と孫文・黄興らとの会談において、漢冶萍公司自体の合弁化が約束されることになった。同公司の合弁化は、軍資不足にあえいでいた革命派が日本から資金を借り入れるための恰好の取引材料となっていたのである。

実際、南京政府は日本に何天炯を派遣し、日本政府と借款供与に関する交渉を進めていた。何天炯は、漢冶萍公司の合弁化を条件に、日本から資金を借り入れるよう孫文に命じられており[98]、一月二一日には、公司に対し、合弁化を認めるよう要求する[99]。南京政府は合弁化交渉の準備を着々と進めていた。こうして、漢冶萍公司への借款は、南京政府に対する軍資提供としての意味を有するようになり、中国の南北関係に何らかの影響を及ぼすという意味で政治借款としての性格を持ち始めるようになったのである。

順調に進んでいたかに見えた三井物産と南京政府との借款交渉は、日本国内から反発を招くこととなった。大冶へ軍艦を派遣していた軍令部は、「我銀行其ノ他ニテ孫又ハ黄ニ対シ大冶鉄山ヲ担保トナシ革命軍ニ金ヲ貸付クルコトヲ運動中ナリ、其ノ真意ハ大冶鉄山ヲ全然我国ノ手ニ入レントスルニ在リト雖モ、其ノ反響ハ却テ革命軍ノ大冶鉄山鉱務局ニ対シ強迫的ノ態度ヲ採ルカ如キ悪結果ヲ来シ好マシカラサルコトナリ[100]」と危惧した。水町袈裟六日銀副総裁も、「南清の形勢果して色めき来りたる様に有之、困まつたものと存候。三井の処置は甚た不穏、山本等の処為往々此類の事有之、此れも亦困まつたものと存候[101]」と述べた。軍令部と水町では批判の理由は異なっていたと考えられるものの、蜂起以後、南京政府に対する支援が試みられ、利権を担保とした種々の借款交渉が行われていることに否定的である点では共通している。さらに、伊集院彦吉駐清公使は、「英国及其の他の国には不尠不快の念を生せしめるもの」と捉え、日本の旧四国借款団への参加に悪影響を及ぼすのではないかとも懸念していた。[102]

こうした日本国内の反対論・慎重論にもかかわらず、一月早々、内田康哉外相は、三井物産関係者と接触するとともに、南京政府への資金援助に舵を切っており、それに対し、原敬内相も外務省が表立って関与することに慎重な意見を述べながらも、貸付自体は容認していた。[103]

さらに注目されるのが、原内相が、革命情勢の進展によっては、大冶鉄山（漢冶萍公司だろうか）が日本と南京政府との間で合弁化されるとの見方を有していたことである。[104] 確かに、原がいうように、政府の外交政策は西園寺公望首相と内田外相によって決定されていたと判断できるが、この時期になると、原を含めた閣僚の多くが南京政府支援という方針で一致していたのである。[105]

その結果、一月一二日の閣議において、原内相が南京政府に対するこれまで以上の援助の必要性を説き、[106] 漢冶萍公司の合弁化案が決定されたのである。[107] この合弁化案は、中村製鉄所長官の依頼で倉知鉄吉政務局長が基礎案を立案し、牧野伸顕農商務相、内田外相、山本達雄蔵相の三者による相談を経て、閣議決定となった。[108] こうした経緯は、漢冶萍公司の日中合弁化案が、単なる一企業の経営体制の変化や日本の影響力の拡大にとどまらず、南京政府への財政支援につながるものであったことを物語っている。また、内容は、合弁会社の資本金を「日清両国人ヨリ各半額ヲ出資スルコト」や、「社長ハ清国人トナシ副社長ハ日本人」を充てることが規定されており、一月末の合弁化交渉の基礎となるものであった。[109]

一月二四日から二九日にかけて、盛宣懐、小田切、山本条太郎、藤瀬が出席して、神戸で合弁化に関する交渉が行われた。二六日の会議で、小田切は武昌蜂起以前、日本では「第弐契約」の趨勢が主な関心事であったものの、蜂起後には日本の資本家の間で合弁化の要求が盛り上がりを見せたと述べている。また、三井物産と南京政府との借款交渉で、孫文が合弁化を認めたことも承知していた。会議の途中、三井物産が南京政府と進めていた大冶鉄山を担保とする借款交渉が奏効し、同政府の全権を三井物産に委任するという電報が黄興から盛宣懐のもとに届いた[110]。合弁化の仮契約の締結は確実な情勢となり、二九日に調印される。この契約では、重役の過半数は中国人で社長も中国人と定められた一方、副社長への日本人の就任や日本人会計顧問の雇用が約束された[111]。合弁化への一定の道筋がつけられたのである。ただ、正式な契約の締結には、漢冶萍公司の株主総会での可決が必要とされていた点には、注意が必要である。

盛宣懐が仮契約を締結した背景については、漢冶萍公司の株主に清朝の有力者であった慶親王奕劻や載洵などが名を連ねていたとともに、南京政府の成立により、盛の政治的立場が低下したことが指摘されている[112]。盛宣懐は漢冶萍公司の合弁化を通じて、公司に対する自らの影響力を維持すると同時に、南京政府への協力姿勢を見せるために、仮契約を締結したのであった[113]。

これを受け二月二日、三井物産と南京政府との間で借款契約が結ばれた。「公司ハ先ツ大冶鉄山ヲ抵当トシテ日本金弐百万円乃至参百万円ヲ借受ケ、是ヲ前期契約書草案中記載ノ公司ヨリ中華民国政府ヘノ貸金五百万円ノ内トシテ中華民国政府ヘ支払[114]」うことが決められた。漢冶萍公司が二〇〇万円もしくは三〇〇万円を三井物産から借り受けたうえで、五〇〇万円を南京政府に貸し付けるというものであった。この契約には、わざわざ漢冶萍公司を経由することにより、南京政府への援助に加え、公司の日中合弁化を推進し、盛宣懐の立場を保護するという狙いも込められていた。

さらに、二月一〇日には横浜正金銀行と漢冶萍公司との間で、三〇〇万円の借款契約が締結された。この契約は、前年の五月に仮契約がなされた「第弐契約」の一部として行われたものであり、前月二九日に仮調印された合弁化案の推進を表明する特別契約が付されていた[115]。日本政府は、政治的な性格を有する南京政府との直接交渉を三井物産に担当させていたが、二月二日に締結された契約で三井物産から漢冶萍公司に供与することに決定した資金には、二月一〇日に正金銀行が公司と結んだ三〇〇万円の借款が充てられた[116]。つまり、三井物産と南京政府との契約は、正金銀行による借款契約によって、はじめて資金的な保証を与えられることとなったのである。

日本政府は対英協調方針であり、中国における露骨な利権拡大や南京政府支援を行うことができなかった。そのため、民間資本である三井物産を介在させることで、政府系金融機関である正金銀行からの借款をカモフラージュしようとしていた[117]。長江流域の漢冶萍公司への影響力をイギリスからの反発を招かずに拡大しようとする日本政府の意図が見て取れよう。また、三井物産にとっても、南京政府に恩を売り、日本が供与した借款を三井物産からの武器購入費に充てさせるなど、経済的な利益が見込まれた[118]。

いくら軍資に窮乏していたとはいえ、南京政府（革命派）が漢冶萍公司の日中合弁化を具体的に申し出たとは考えづらい。仮契約の交渉過程から明らかなように、漢冶萍公司の日中合弁化は、外国からの経済的支援を必要としていた南京政府に対し、製鉄原料の確保や公司への影響力拡大を望んでいた日本側が要求した事項であったのであろう。

ところで、伊集院彦吉駐清公使は、対漢冶萍借款と旧四国借款団との関係について、内田外相に意見を具申している[119]。武昌蜂起後、南京政府は大倉組に対し江蘇省鉄路公司を抵当として三〇〇万円、日本郵船会社に対し招商局を抵当として一〇〇〇万円の借款交渉を行っている最中であり（後述）、三井物産は漢冶萍公司に対する借款を成立させたばかりであった。伊集院は、このような日本の民間資本の動きは欧米各国の猜疑を招き、旧四国借款団への加入において障害となるため抑制されるべきであると考えた。ただし、大冶鉄山の利権については、日本にとって「生存上ノ必要」であり、欧米も「首肯スル外ナキ次第」であると付け加えている。後の対華二十一ヵ条要求の際も問題化するが、漢冶萍公司（特に大冶鉄山）は日本の「生存」のために欠かすことができない存在であり、そのことは外国政府・資本家もある程度認識していた。

さて、南京政府は、新たな統一政府の政体を共和制とすることを強硬に主張していた。これを受け、二月一二日宣統帝は退位し、清朝が倒れた。しかし、漢冶萍公司の日中合弁化問題などをめぐって、南京政府内では対立が生じ、孫文は二月一三日に臨時大総統を辞任する。そこで二月一五日、清朝の内閣総理大臣であった袁世凱が南京の参議院から臨時大総統に選出され、三月一〇日に正式に臨時大総統に就任、南北に分裂していた政府を形式上統一する（北京政府の成立）[120]。

漢冶萍公司の合弁化を進めていた孫文が失脚すると、合弁化の仮契約に対する中国国内の反発は表面化するようになる[121]。特に、漢冶萍公司の所在地であった湖北、江西両省で反対の気運が高まり、黎元洪湖北軍政府都督は漢陽鉄廠が武器を製造していることを理由に反対していた。二月二八日には、参議院が合弁化への反対を表明した。盛宣懐はこのような反発や中国国内の世論に押され、合弁化を断念するようになる[122]。さらに日本側には、日本への批判が高まるなかでの長江流域利権への外国資本の参入や中国における利権回収熱への警戒なども存在していた[123]。

株主総会での合弁化案の否決が濃厚となってきた三月に入り、小田切がまとめたのが、「漢冶萍公司合同問題善後意見」である[124]。この意見書で小田切は、合弁化を「死滅ニ帰セシメス」、「半死ノ情態ニ保留」し、機を待って合弁化を図ることが肝要であり、その手段として、南京政府や漢冶萍公司との既存の契約を北京政府に継承させることが必要であると主張した。

結局、三月二二日、上海において漢冶萍公司の株主総会が開かれ、予想された通り圧倒的な票差で合弁化案は否決された。同日、内田外相は、たとえ合弁化案が否決されたとしても、二月二日に三井物産と南京政府との間で交わされた契約や二月一〇日の三〇〇万円の契約は消滅しないとの認識のもと、「世論ノ鎮静スルヲ待チ、改メテ合弁ガ日清両国、同公司並ニ株主其他ノ関係当事者ヲ利スルノ大ナルヲ説キ、徐ロニ合弁ヲ全フセントノ意」を表明した[125]。内田外相も小田切と同様に、南京政府との契約を北京政府に継承させることが必須であると考えていた[126]。合弁化の否決は予想されるものの、その推進に関する諸契約の実効性を継続させることで、将来の合弁化につなげようとしていたのである。

一方、三月中旬、日本政府は旧四国借款団への加入の意志があることを欧州各国に伝えた[127]。その後、借款団へ要求すべき事項について首相官邸で協議が行われた結果、第二次西園寺内閣は、満州利権を旧四国借款団の借款範囲から除外することを絶対条件として挙げ、「参加セシムルコトニ決定シタルハ支那改革借款並ニ今後問題トナルヘキ同種ノ借款ニ限ル義ニシテ、其他ノ借款ニ至リテハ今回ノ参加問題ト何等関係ナキ」ことが決定された[128]。日本政府は政治借款である政治改革借款（reorganization loan）やそれに続く政治借款に関してのみ日本の資本家を借款団に参加させるのであり、経済借款などその他の利権に関しては、借款団から何ら制限を受けないとの立場をとったのである。したがって、漢冶萍公司への借款については、「今回ノ参加ニ依リ何等ノ拘束ヲモ受ケサルヘキコト」とされた。そして四月下旬には、大蔵省から正金銀行に宛て、先の方針に加え「本件ニ関シテハ当方ヨリ進テ何等言及スルヲ避クルコト、但シ若シ万一先方ヨリ本件ニ言及シタルトキハ、此趣旨ヲ以テ極力主張スルコト[129]」との通達が発せられるのである。日本政府は、漢冶萍公司が国際借款団の範囲外であることを主張する方針をとったのである。

その後、北京政府財政部長熊希齢と小田切は、日本の対漢冶萍借款について会談を行った[130]。熊希齢が「李維格、漢冶萍会社ノ関係ニテ又々日本国ヨリ多少借入ノ計画有ル由ナルカ、右ハ四国借款団ヨリ面倒起ル間敷ヤ」との疑問を呈し、早速漢冶萍公司への借款と旧四国借款団との関係が問題となった。これに対し小田切は、「漢冶萍ハ純然タル商業関係ニシテ、曩ニ某々二国ヨリ質問ヲ受ケタルコトアレドモ右ノ理由ニテ説明シ置キタル次第ナレハ、今後トモ右様ノ懸念ハ無用ナリ」と返答した。李維格が日本に対し新たな借款の申し込みを行うとの計画を聞いた熊希齢は、旧四国借款団との関係を念頭に置き懸念を表明し、これに対し小田切は、この借款が旧四国借款団の範囲内となるような借款ではなく、実業借款であるとの認識を示したのであった。

では、漢冶萍公司の合弁化を目指す日本の動きに対して、イギリスはどのような反応を見せていたのであろうか。前述したように、中国情勢は南北停戦成立後から翌年二月上旬にかけて、宣統帝の退位を条件として、収拾に向かっていた。ジョーダン駐清公使は、革命派が再び各地で活発な動きを見せ始めたことに危機感を抱き(131)、袁世凱による時局の収拾を積極的に働きかけていた(132)。よって、日本政府の三井物産や正金銀行を通じた間接的な南京政府支援を、中国情勢の安定化を妨害するものであると捉えた(133)。そこでグレイ（Edward Grey）外相は、次のような内容を日本政府に対し伝えるよう、マクドナルド（Claude Maxwell MacDonald）駐日大使に要請した(134)。①日本政府に民間資本の対南京政府借款を支援しないことを要求し、②日本の対中国借款が南京政府に流れることは内政不干渉方針に反すると主張するものであった。実際、イギリス政府は漢冶萍公司への借款を中止するように日本の外務省や伊集院駐清公使に働きかけていた(135)。

一方、一九一二年一月に入り、マクドナルド大使は、長江流域が南京政府の完全な管理下にあり、同流域にイギリスのみならず日本も広大な経済権益を有していることを本国に伝えた(136)。また、現在行われている漢冶萍公司と正金銀行との借款交渉は、前年五月の契約を起源とするものであり、八幡製鉄所が事業を継続していくうえで不可欠な契約であることから(137)、日本政府がこの借款交渉を中断させることはないと認識していた(138)。そして、この認識はその後も大きく変化しなかったものと考えられる(139)。

イギリスは日本による漢冶萍公司への借款を、自国の対中国政策を妨害しない経済借款の範囲内で認めていた。よって、三月に袁世凱が臨時大総統に就任し、日本政府が新たな国際借款団への参加を表明することで、日本やロシアを含めた関係各国で袁政権への財政支援が約束されると、イギリスは日本の対漢冶萍借款を表立って非難しなくなるのであった(140)。

(3) 招商局と日本郵船会社

日本政府は、設立後間もない時期から招商局への借款供与を模索していた。一九〇一（明治三四）年五月、招商局の事業や一切の財産がドイツ人に売却されるという話を聞いた際、北京にいた小村寿太郎駐清公使は「之カ売約ヲ妨ケ同時ニ之ヲ日清人ノ共同事業トナシ我国旗ノ保護ノ下ニ営業ヲ継続スルノ方針ニ尽力スヘキ旨」(141)を小田切万寿之助上海総領事代理に伝えたという。また、アメリカのモルガン商会が招商局を買収するという情報に接した際には、日清共同が最も得策で、日本は一〇〇〇万、もしくは二〇〇〇万円の出資が可能であると小田切は盛宣懐に述べた(142)。

その後、横浜正金銀行は、招商局との関係強化を目的とした株式の購入の方針について、大蔵大臣・外務大臣に具申を行った(143)。これに対し、外務省は経済関係の強化には理解を示しながらも、中国における利権回収熱の高まりや成功の見込みがないことなどから、「差当リ之ヲ開始セサル方針」とし(144)、株式の購入に否定的な見解を示した。このように、日本政府は招商局への本格的な経済進出に乗り出してはいなかった。

しかし、こうした事態に変化をもたらしたのが武昌蜂起の発生であった(145)。革命派が南京を攻略し、上海にも大きな影響を及ぼすようになると、招商局内では外債募集の提案がなされるようになる。それは、招商局所有の船舶や土地が革命派から破壊もしくは無断で使用された

写真4　辛亥革命期の招商局（上海）

ことによって、多大な被害を受けていたからであった。よって、財産の保護や革命派による接収を防ぐために、香港上海銀行からの一五〇万両の借款供与が決議された。[146] この借款に関し、有吉明上海総領事は、革命派に流用されるものではなく、「財産保護ノ目的ニシテ革命党直接使用ノ為メニアラス」[147] と見ていた。ただ、このように招商局にイギリス資本が導入されようとしていたことは、イギリスを除く他国からの資本導入を牽制する意味合いをもつものであった。

南京政府は招商局を利用した外資の導入に積極的であった。一月二日の第一回内閣会議では、三つの事項が決定されたが、そのなかには、招商局の財産を担保に日本から一〇〇〇万円の借款を受けることが含まれていた。[148] 南京政府が成立後最初に開いた会議で、招商局に関する借款問題が決定されたことは南京政府がいかに軍資の欠乏に悩まされていたかをうかがわせる。さらに、孫文は自ら次のような書簡を招商局の取締役に送り、[149] 招商局が保有する権利や財産を担保とした外国からの借款に理解を求めている。

政府因于軍需国用孔亟、非得巨款無以解決民国之困難。戦士既不憚犠牲其生命、則我商民亦必各致其力、尽義務于国家。前者提出以招商局局産抵押借款之以、実于貴局之権利利益毫無所損。

[対訳] 軍事費は政府の財源を圧迫している。巨額の資金がないと、民国の困難を解決することは不可能である。戦士たちがその身の犠牲を厭わない以上、われわれ商人も自分の力ある限り、国に対する義務を尽くそう。前者が提出した、招商局の財産を担保に借款をするという案は、実に貴局の利益にとって損のない話である。

招商局への借款は、同じ海運業を経営していたことから、「招商局事業ニ関係シ将来同局事業ヲ掌握セントノ遠謀ヲ抱[150]」いていた日本郵船会社が担当することになった。[151] 日本郵船会社と招商局との借款交渉は進展し、二月六日に仮契約が締結されるに至った。しかし、外務省本省は、「我ヨリ公然革命軍ニ対シ軍資ヲ供給スルカ如キ形跡ヲ避ケ[152]」る方針に基づいて、政府による直接的な支援という立場をとらなかった。また、有吉総領事は、宣統帝が退位し、共和政府が成立した場合には南京政府の存在意義が消失するため、「本借款ハ自然立消トナル[153]」ことを予想していた。

孫文からの書簡が届いた後も、招商局内ではこの借款に反対の空気が強かったが、北京政府と旧四国借款団との間で二〇〇〇万ポンドの借款（後の第一次政治改革借款）契約が締結されると、その流れはさらに加速した。二〇〇〇万ポンドの借款は、北京政府と旧四国借款団との間で締結されたのであるが、その一部は南京政府の軍事費に充当される可能性があった。北京政府としては南京政府の財政をコントロールできる契機となり得る一方で、南京政府としても一時的に軍事費を補填することにつながるという意味で、南京政府に対する北京政府の経済的な影響力の上昇につながるものであった。

また、南京政府に対する借款は厳正中立に反するとの北京政府の見解が、日本政府に伝えられた。これに対し、伊集院彦吉駐清公使は、「我政府ハ之ヲ阻止スル限リニアラサルコト及漢冶萍招商局ノ借款談モ新聞ニ見ヘタルノミニテ当方ニハ何等ノ報告ナキモ多分未タ差シタル進捗[154]」がないと返答した。しかし、伊集院は別の電報で「今後中清地方ニ我利権ヲ扶植セシムル準備トシテ、内密我資本家ニ此種事項ヲ勧誘セラレ居ル行懸リ等モ有之ニ於テハ、絶対ニ世間ニ洩レサル様注意ヲ与ヘラル丶コト必要[155]」と内田康哉外相に釘を刺している。つまり、伊集院駐清公使は本省からの来電などによって、日本郵船会社や三井物産の動向を把握していたものの、清朝やイギリス政府との外交関係上、意図的に正確な情報を伝えなかったということになる。特に、伊集院は、袁世凱政権や旧四国借款団との協調関係を重視していたため、こうした借款に批判的であったと考えられる。

宣統帝が退位した後、袁世凱が招商局の政務執行を宣言すると[156]、南京政府内部でも日本による招商局借款への反対が大勢を占めるようになった。また、北京政府が旧四国借款団から二〇〇〇万ポンドの借款を受けることがほぼ決定的な流れになると、南京政府は招商局を担保とした借款に消極的となる。

一方、この問題に関し、イギリス外務省内には漢冶萍公司の日中合弁化問題とは異なった意見が存在していた。確認すれば、イギリス外務省は、漢冶萍公司の日中合弁化に含みを持たせた三〇〇万円借款に関しては、それが南京政府への軍資援助につながる場合には容認できなかったが、漢冶萍公司が日本の製鉄業にとって不可欠な存在であることは認識していた。

しかし、招商局借款については、イギリス政府の理解を得る余地はほとんど存在していなかった。ジョーダン駐清公使は南京政府への援助にとどまらず、長江流域における海運業、広くいえば様々な産業に対する優越的な影響力を与え、華中・華南における支配的な地位を日本に認めることにつながってしまうと警戒していた。[157]グレイ外相は、こうしたジョーダンの認識に理解を示しながらも、さらなる借款を行わないように日本政府に働きかけるにとどめる考えであった。[158]

こうした事態の変転を受けて、二月二二日に日本郵船の社長であった加藤正義は内田山の井上馨邸を訪れ、事後の方針について相談を行った。[159]この会談の結果として、伊東米次郎日本郵船会社上海支店長に送られた電報のなかでは、二月六日の仮契約の締結直後に手付金を南京政府に送ったことが明らかにされており、井上の名前をもって、孫文と黄興に正式契約の締結が要求されている。[160]しかし、二〇〇〇万ポンドの借款に期待を寄せていた南京政府の意向を踏まえ、日本側は本契約の締結を断念するようになる。[161]内田外相は、「我資本家ニ於テハ他日ノ画策ノ余地ヲ存スル為、先方ヲシテ招商局財産ヲ他ニ抵当トナサヾルコトヲ約セシメテ本契約ノ締結ヲ見合スベキコト[162]」に決定したのである。

ただ、日本政府はこれで招商局への影響力の扶植を完全に断念したわけではなかった。招商局の全財産を担保とした借款は諦めたものの、同局の大株主であり、日本に亡命していた盛宣懐との緊密な連携を画策したのである。具体的には、中国人名義で株式の購入を進め、盛宣懐の持ち株とを合わせて、株主総会での議決権の多数を占めることを「最得策」とするに至ったのである[163]。

日本政府は、北京政府やイギリス政府からの批判を避けるために、三井物産や日本郵船会社の動きを公式に容認することはできなかったが、利権の獲得に無関心であったわけではなかった。それは、袁世凱による南北統一が進展するとともに、南京政府内で孫文・黄興らの政治的地位が低下し、招商局内部で外国資本からの借款に否定的な勢力が優勢になった後においても、盛宣懐を利用した影響力の拡大を目指していたことからも分かる。辛亥革命期を通じて、日本政府は、長江流域利権獲得のために、盛宣懐をキーパーソンと位置づけていたのであった。

南京政府からの軍資援助の要請という同様の背景を持った漢冶萍公司借款と招商局借款であったが、それがイギリス政府に与えた衝撃に関しては、大きな違いが存在していた。漢冶萍公司と八幡製鉄所との個別的な商業関係は黙過することはできても、イギリスの「勢力圏」と考えられていた長江流域における日本の進出を助長させるような動きに対しては激しく反発したのであった[164]。

以上のように見てみると、漢冶萍公司の日中合弁化や招商局への借款が進展した背景として、南京政府、特に孫文・黄興らの積極性が指摘できる[165]。つまり、彼らが南京政府内で十分に支持を獲得し、かつ意欲的であれば借款交渉は進展する。また、すでに巨額の借款契約を正金銀行と締結していた経緯から、日本からの借款に対する漢冶萍公司内部（南京政府内では反対が根強かったが）の反発が招商局に比べ弱かったとともに、日本に亡命していた盛宣懐が間接的に影響力を発揮しようとしたため、漢冶萍公司に関する借款契約の締結はより迅速に行われたのである。しかし、招商局の場合、すでに香港上海銀行への借款要請が決議されていたことに加え、取締役内でも賛否両論があり、一致した方針を打ち出すことは困難であった。

それでは次に、こうした長江流域利権に対する日本の借款が与えた影響を念頭に置きながら、正金銀行が六国借款団に参加した経緯を検討する。

三　六国借款団の結成と「支那保全」

(1) 六国団体規約の成立

武昌蜂起の発生を受け、旧四国借款団は、責任ある政府の存在を認めないとの立場から、清朝政府への追加借款の凍結と革命派への借款の不実行を明確にし[166]、時局を静観する方針をとった。清朝と革命派双方への借款を行うなど中国情勢への直接的な関与を避けつつ、欧米各国政府の「清朝支持・内政不干渉」方針と歩調をあわせたのである。

周知の通り、辛亥革命は発生以降、各地の省政府がそれぞれ独立宣言を発するという形で進展した。その結果、各省からの税収が杜絶し、清朝政府の財政は深刻な危機に陥った。そこで、慶親王奕劻内閣の後を受け一一月に成立した袁世凱内閣は各省の財源であった塩税の直接財源化や大規模な外債発行を打ち出していく[167]。蜂起の発生直後、清朝から旧四国借款団に対し要請された一二〇〇万両の借款がその具体策であり、第一次政治改革借款へとつながるものである。

それでは、日本の金融資本家は何を辛亥革命発生後の最重要課題と捉えていたのだろうか。一九一一年一一月上旬、広東省独立の報告を受けた柳生一義台湾銀行頭取は、「中央政府ハ益々歳入ノ欠乏ヲ来シ兵力、財力共ニ微弱、大勢ノ挽回ニ施スヘキ策無之[168]」と、清朝の軍事力・財政への不安を吐露した。また、財政通として知られていた目賀田種太郎は、強い権限を持った省政府の存在を前提としつつ、「清国領土の保全」のためにはそれを緩やかに統治する統一政権が必要であり、統一政権は国内対立を惹起するおそれがあるような個別の借款に慎重であるべきと述べた[169]。辛亥革命が収拾されるためには、各地に存在していた軍隊や各省の持つ権限を統一政権が掌握し、その財政安定化につなげることが不可欠であるという見解である。一方、日本国内の実業家の間には、外資輸入による利権の開発や税制・幣制の改革促進を望む意見もあった[170]。銀価格の乱高下を抑制し、為替を安定させることで、日清間での貿易振興を希望する立場から見ても、清朝による早期の財政・金融制度の整備が必要とされていたのである。

しかし一二月に入り、イギリス政府の仲介により南北停戦協定が締結され[171]、ジョーダン駐清イギリス公使と袁世凱の間で時局の収拾が進められていく。

このようにイギリス政府による袁世凱政権支援の動きが活発化するなかで、第二次西園寺公望内閣の内田康哉外相は、清朝の軍隊維持費を使途とした借款供与の是非を閣議で諮った。しかし、原敬内相が革命派からの反発の回避やイギリスとの協調行動を理由に反対し、日本政府は清朝への借款に反対することになった[172]。また、旧四国借款団への参加に際して、中国情勢が不透明ななかで特定の団体と提携すると、情勢変化への対応が困難となり、「自縄自縛」に陥ってしまうのではないかというのもその理由の一つであった[173]。こうして、中国情勢への干渉に関する日本政府の政策展開はイギリス政府に遅れをとるものとなった。イギリス主導の南北停戦に不満を持つ陸軍内で、日英同盟不要論が声高に唱えられるようになるのもこの頃である[174]。

さて、一九一二年一月に中華民国臨時政府（南京政府）が誕生したことで、日本側は対中国方針の再検討を迫られるようになる。ただ、それ以前から、日本側では中国の民間資本の会社に対する借款を通じた南京政府への軍資援助が計画されていた[175]。すでに述べたように、南京政府成立後には、漢冶萍公司、招商局、江蘇省鉄路公司を通じた、借款交渉が活発化する。

写真 5　チャールズ・アディス

こうした日本政府・資本家による対南京政府借款に対し、イギリスのグレイ外相は、日本政府が自発的にそれらの借款を中止させることに期待をかけていた[176]。ただし、ジョーダン駐華公使が有効な対抗措置を講じるべきであると主張するなど、日本の借款に関しては、イギリス外務省内でも意見の相違があったことは前述の通りである[177]。

清朝が崩壊した直後の二月二八日、旧四国借款団は袁世凱政権を支援するため、将来行われるべき政治改革借款の前貸として南京政府に対する二〇〇万両の借款を供与した。この借款の使途は南京政府の軍隊解散費であった。南京政府が武装解除を進め、日本など他国に個別の借款供与を要請しないことが、袁世凱政権による南北両政府の平和的統一に貢献すると考えられていた。しかし、このような借款が行われたことは明らかな内政干渉であり、イギリス銀行団の代表である香港上海銀行支配人のアディス（Charles Addis）が「不幸なことに、金融と政治とが切り離せない証拠が増え続けている[178]」と述べたように、旧四国借款団が中国の政治・外交問題に関係した証左でもあった。

そもそもイギリス外務省内には、中国情勢をめぐって日露の動向が重要であるとの考えが存在していた[179]。また、日英同盟には中国の「領土保全」のための日英協力が謳われていた。グレイ外相は、旧四国借款団が南北いずれかの政府に借款を供与するということになると、中国の内政不干渉に抵触するため、要請があれば日本やロシアの参加を認める必要があると考えていた[180]。それと同時に、イギリス外務省は、旧四国借款団に両国を参加させることによって、日露の対中国借款への統制も視野に入れていたという[181]。

二〇〇万両の借款が行われた結果、旧四国借款団は中国の政治・外交問題に関与し、国際借款団への日露の参加という途が開かれることになる。つまり、日本の対南京政府借款は、旧四国借款団による政治改革借款の前貸を促したのであり、日本の資本家が国際借款団に参加する契機となったという外交的意味を有していたのである。

南京政府への軍事・財政支援を黙認していた日本政府にとって、南京政府の北京政府への合流が確実になると、利権獲得の面で欧米に遅れをとらないためにも旧四国借款団への参加が喫緊の課題となる。そして、国際借款団への参加は、その背後にある欧米各国と協力して袁世凱政権を経済的に支援するとともに、正統な政府と実質的に認めることにもなるため、中国をめぐる国際協調という問題と密接に関わっていた。

ただし、日本政府が横浜正金銀行を旧四国借款団に参加させるためには、解決しなければならない問題が残っていた。それは幣制改革及東三省実業借款の第一六条の存在であった。仮に、第一六条が含まれた状態で正金銀行が旧四国借款団に参加することになるならば、満州利権の借款優先権を借款団に認めた形になってしまうと危惧した日本政府は、旧四国借款団が中国政府から引き受けた政治改革借款には参加するが、旧四国借款団そのものには参加しないという方針であった[182]。現実問題として政治改革借款は旧四国借款団に要請されており、日本政府の発想には無理があった。実際、日本政府の参加表明について、日本外務省が、旧四国借款団に加入したのではなく、新たに結成される借款団への「参加」であると再三主張したものの、英仏両政府は旧四国借款団への「加入」であると捉えていた[183]。

それでも日本政府が正金銀行の参加を表明したのは、国際借款団は「政治的」な問題に関与しない、つまり、日本の満州権益に基本的に関係せず、また、新たな規約に基づき団体が結成されるとの認識であったからである。旧四国借款団への参加交渉の過程で、内田外相は、「政治問題ヲ決定スルノ権限ナキ銀行団会議ニ於テハ我団体ノ声明ト我希望通リニ修正セル四国団体側ノ言明ヲ記録ニ留ムル」ことで満足すべきと考えるとともに、満蒙権益を「列国政府間議論ノ問題ト為スヲ得策ナラズ」との意見であった[184]。六国団体の会議で、政府が正金銀行の代表者に南満州と東部内モンゴルの権益の留保を主張させることにこだわった背景には、満州（蒙）権益を日本の「特殊」な権益であるとする認識が存在していたことはいうまでもない。ただし、そうした理由に加え、第三次日露協約の締結交渉が行われている最中、日露の共同歩調の重視、協約締結後の善後策、他国銀行団への牽制といった課題を抱えていたこともまた事実であり、満州の「我特殊権益ヲ害セントスルガ如キ場合ニハ帝国政府ハ之ヲ争フノ自由固ヨリ依然存在スル(185)」と考えられていたのである。ちなみに、ロシアやフランスが参加せず、「六国協調ナル当初ノ主義ト甚相反」する事態となった場合には、六国借款団の結成自体に否定的な意見もあった(186)。

一方、六国借款団への正金銀行の参加に関し、日本の得られる利益を疑問視する見方もあった。寺内正毅朝鮮総督は、「我国借款加入も如何之ものに御坐候や。若し之に加入し我の無き金を出すも如何のものかと被存申候。若し他に借りて出すとせは是亦体面上不面白(187)」と述べた。日本の国際借款団への参加が実現へと向かうなか、金融的に劣っているため、利権の獲得を十分に行うことができず、もし、海外市場で募債する委任発行などという事態になれば、それこそ体面上好ましくないというのである。そもそも寺内は、第二次西園寺公望内閣の対中国政策に批判的であったが、この発言は一面では当を得ている。日本政府は日露戦時外債の償還を終えておらず(188)、財政的に多額の対中国借款を行うことは困難であったからである。しかし、外務省や大蔵省の目的は、海外市場での委任発行を想定し、直接的な利益の獲得とは別のところに存在していた。

「六国団体規約」の締結にあたって、日本が行っていた中国の会社を通じた、南京政府への借款が問題となった。もちろん、日本は個別利権の獲得のためには会社に対する借款の除外を望んだが、イギリス銀行団などは六国借款団の範囲に含めることを主張した。日本政府はイギリス銀行団の主張の背景には、「四国団体反対ノ真意ガ我方ニ於テ表面ハ会社ニ貸付ヲ為シ支那中央又ハ地方政府ニ保障セシメテ以テ同政府ニ融通スルコトナルベシトノ憂慮(189)」があるのではないかと予想していた。袁世凱政権を支援していたイギリス政府は、一時的であったとしても関係各国の中央及び地方政府に対する個別の対中国借款を国際的な枠組みで広く制限する必要があったのである。その結果、一部の例外を除いて、会社借款は六国借款団の対象範囲内と定められることになった。

同年六月、「六国団体規約」がパリでの銀行団会議で承認され、正式に日英米仏独露による六国借款団が成立した。[190]いくつかの留保が付されながらも、中国政府などによる外債発行と六国借款団との関係が次のように定められた。[191]

支那政府又ハ支那ノ一部ヲ構成スル省又ハ支那政府各部局、又ハ支那政府若クハ各省政府ノ保証ヲ有スル会社ト締結スルコトアルヘキ借款又ハ前貸ノ仕事ニ付キ、他ノ当事者ニ自己ト平等ニ加入スヘキコトヲ申込ムヘシ

「六国団体規約」では、中央政府、省政府、政府の行政機関、中央政府や省政府の保証を得た会社など起債主体を問わず、六国借款団が管理することが定められているが、この内容自体は、旧四国借款団の目的を規定した「四国銀行団規約」と大きな違いはない。しかし、日露の資本家の参加とともに、行政・実業などの借款目的を問わず、以後の借款をほぼすべて六国借款団の範囲とした点は画期的であった。このことについて、正金銀行の代表として、六国借款団の結成に関する会議に参加し、規約の作成に直接携わった武内金平は次のように歓迎した。[192]

本規約か支那保全布いては東洋平和維持の上に於て貢献する所あらんことは本邦側を初め関係団体に於て等しく期待する所と信し候

武内が六国借款団の結成を「支那保全」、「東洋平和」に貢献すると期待していたことは注目に値する。

この頃から日本国内では、中国政府の財政基盤の強化から六国借款団の必要性を説明する言論が頻繁に登場する。そこでは、政治改革借款は中国国内の鉄道敷設などではなく、中国政府の財政整理のために使用されることが肝要

であるとされた。[193] つまり、中国政府の財政整理のためには、六国借款団による多額の借款が必要であり、日本もそれに積極的に関与すべきという論調である。

しかし、六国借款団が中国に関するすべての実業借款を管理することについては、当然ながら借款団に参加していない各国の銀行や資本家などから激しい反発を招くことになった。自国の市場での債券発行が見込まれない日本とは異なり、イギリス国内では、対中国借款を香港上海銀行が独占することへの不満が高まっていた。その結果、イギリスの三つの金融機関を代表するクリスプ（Charles Crisp）が独自に中国政府と借款契約を締結するという事態が発生し、六国借款団内で大きな問題となった。[194] また、フランス国内でもイギリス銀行団を中心とした中国政府債券の引受に対する批判が存在していた。こうして、英仏政府は六国借款団からの実業借款の除外を主張するようになる。

一方、日本政府は実業借款の除外に反対であった。その理由を加藤高明駐英大使は次のように語っている。[195]

今日ニ当リ実業借款ノ如キ好餌ヲ挙ケテ之ヲ列国資本家ノ競争ニ委スルコトアランカ、之カ意外ノ紛糾ヲ来タシ、遂ニ収拾スヘカラサル事態ヲ生シ、帝国政府カ英国政府ト共ニ最モ顧念セル所ノ大局保全ノ根本主義ニ累ヲ及ホスニ至ルノ虞ナシトセス

実業借款の除外が中国における列強間の利権獲得競争の激化をもたらし、中国分割の危機が進行する。それは、日英が共通目標とする「大局保全」の根本主義に反する。鉄道利権を担保とした無制限な借款競争を防ぐため、実業借款が六国借款団の範囲に含まれることを日本政府は必要としていたのである。

（2）日仏銀行の設立と顧問派遣

ここまで、日本政府の六国借款団結成の目的について、中国政府への財政支援や実業借款の包含などを通じた「支那保全」を見てきた。次に、金融機関の設立や人的影響力の拡大といった視点から「支那保全」の他の側面に言及する。その具体例の一つが日仏銀行の設立である(196)。

日仏銀行は、日本市場へのフランス資本家の勧誘を目的に設立され、外資導入の潤滑油としての役割が期待されていたが、革命発生後、対中国投資機関へとその性格を変えていった。六国借款団による政治改革借款の供与が浮上したことにより、一時中断されていた日仏銀行の設立をめぐる日仏交渉が再開されたといわれているように(197)、日仏銀行の性格変化を六国借款団の規約制定・改正問題との関係から捉えなければならないことは先行研究が指摘する通りである(198)。

フランス側が日仏銀行と六国借款団の構成銀行であるインドシナ銀行との競合を嫌ったため、日仏銀行による自主的な対中国借款には限界が存在していた(199)。ただし、その設立交渉に臨み、第二次西園寺公望内閣の山本達雄蔵相は、後に同銀行の副頭取となる添田寿一に対し、「借款団体ノ仕事以外ニ支那ニ於ケル経済的投資ハ将来有望」(200)であるため、日仏銀行の積極的な利用をフランス側へ伝えるように求めていた。しかし、一九一二年の終わり頃から実業借款の除外をめぐって六国借款団内で対立が深まると、添田は、そもそも日本の対中国政策は「支那を善導して其文化の開発に努め」ることで、「両国の経済的関係を円満に発達」させ、「両国の国利民福を増進」させることが目標であるとの認識から(201)、日仏銀行設立の意義を次のように説明するに至る。

> 六国借款団が支那の債権を壟断して支那に不利なる条件の下に借款を成立せしめんと欲し、又は支那に向って不必要なる借款を強ふる場合には優越なる発言権を利用して、之に調停を試み又は抗議を試みざる可らず、若

し又六国借款団が解散の場合には資金に飢たる支那は食を選ばず条件も必要金額も顧慮せずして四方八方より無闇矢鱈に借款し、遂に自滅するの悲境に陥るやも測られず、就ては其際五十四億法の資本を有する我株主が控たるを日仏銀行は、我と同趣旨を抱く者あらば国の如何を問わず之と提携して、支那借款の統一を計り以て支那の善導に努力せざる可らず(202)

その実現性はともかくとして、ここでは、日仏銀行の役割について、六国借款団を牽制する組織であり、仮に借款団が解散した場合には、無秩序な借款を防ぐためにも積極的に対中国借款に従事させると説明されている。六国借款団内の対立を背景に、日仏銀行には政治借款の供与までもが期待されていたのである。しかし、イギリス銀行団の中心人物であるアディスが疑問視していたように(203)、パリでの日本の資本家による資金調達、日仏銀行による政治改革借款の引受は実施されなかった。

さらに、日本政府は政治改革借款の供与と関連して、中国政府の行政機関に対する顧問の派遣を模索していた。国際借款団に参加することで、中国政府債権の発行を割り当てられたとしても、実際の払込が日本市場で行われなければ、利子や手数料など日本の銀行が得る利益はほとんどない。むしろ、日本政府としては、中国政府の行政機関に対する顧問派遣の実現を現実的な「成果」として期待していた。政府内には、長年中国の懸案であった幣制改革への日本人顧問の派遣を六国借款団に対して要求する向きもあったが、借款団内の協調行動を重視する立場から見送られた(204)。すでに旧四国借款団と清朝の間で交わされていた政治改革や幣制改革の借款契約に直接関係しない顧問が妥当であると考えられていたのである。

ただ、顧問の派遣先に関して、日本側では意見が一致していなかった。第一次山本権兵衛内閣の高橋是清蔵相は、塩専売に関して日本人は経験者が多いという理由から、中国政府の塩務に日本人顧問を招聘させるべきと考えた(205)。

一方、伊集院彦駐華吉公使は、「彼等〔欧米〕ヲ借款関係ノ内ニ葬リ、我方ニ交通部ニ競争ヲ防キ、一方ニハ各国ニ対シ借款談ヲ纏ルコトニ日本ハ尽力シタリトノ疑念ヲ与ヘタルハ名ヲ捨テ実ヲ採ルノ手段ト存候[206]」と交通部への顧問派遣を主張していた。政治改革借款関係の顧問に列国の関心を集中させることで、多くの利権を保有する交通部への他国の参入を防ぐとともに、日本が顧問の派遣を譲歩し、団体内の対立を緩和させたとの印象を他国に与えることになる、つまり、政治改革借款に関する顧問の派遣という「名」を捨て、交通部顧問という「実」を取るべきであると訴えたのであった。

高橋の主張は、塩務に関する顧問の派遣が中国政府の財政へ関与する契機になるとの予測に基づいていたのであろう。ただ、結果としては、伊集院の意見に沿う形で、平井晴二郎鉄道院副総裁が交通部顧問として招聘されることになった[207]。

(3)「調整役」としての日本

実業借款の除外をめぐっては、六国借款団内には賛成派の英仏独露と反対派の日米という対立関係が存在していた。加えて、フランス銀行団が政治改革借款の供与のなかで、中国の幣制改革に関する自国顧問の派遣を強硬に要求するなど[208]、団体内では足並みの乱れが露呈していた。

日本政府は、こうした問題で借款団内で対立が深まることによって、中国政府に付け入る隙を与えてしまうのではないかと危惧していた[209]。中国政府への顧問派遣を「借款締結ノ急務ニ顧ミ自制[210]」したとの加藤高明外相の発言にあるように、日本政府は政治改革借款の契約締結を優先していた。伊集院彦吉駐華公使も、政治改革借款がいっこうに実行されないため、中国政府は個別的な借款に頼らざるを得ず、無計画な外債募集が繰り返されてしまうのではないかとの危機感を抱き[211]、「中華民国ガ興ルト亡フトハ一ニ財政ノ運用如何ニ在テ存ス、之レカ運用ノ基礎ハ借

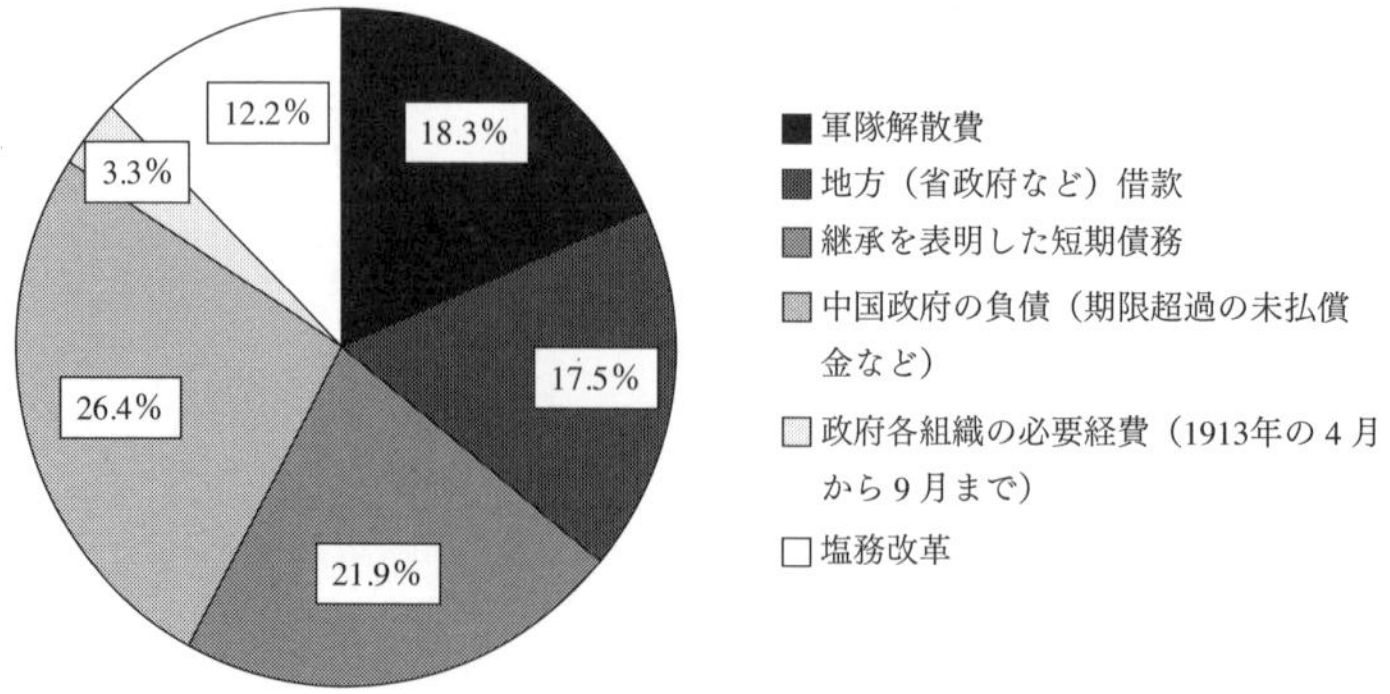

図 2-1　第一次政治改革借款の使途予定

出所：『日本外交文書』大正2年第2冊（外務省，1964年）177-198頁，武田晴人編「横濱正金銀行　マイクロフィルム版」第三期「2　対中国借款」，「3　善後借款「善後借款契約関係」（丸善，2005年）より作成。
注：総額は，16,330,041ポンド。中国政府の純手取額から第1回利払金と銀行の手数料を除いたものを総額とする。小数点第2位以下は切り捨て。

款ニ待ツノ外ナキハ言フ迄モナカルベシ(212)」と同借款の早期供与は喫緊の課題であると主張していた。一方で、第一次山本権兵衛内閣の外相に就任した牧野伸顕は、中国政府による外資への個別の借款要請は六国借款団への揺さぶりであると見ていた(213)。いずれにせよ、日本政府は政治改革借款の早期供与を目指しており、日本政府は外交・金融ルートを通じて、英米独と共同歩調を取り、フランスを説得することになった(214)。

一九一三（大正二）年一月の六国団体会議では、実業借款や鉄道借款を六国団規約より除外することに異議が挟まれず、「六国政府カ其各国民ノ為ス借款ニ付テ一様ニ承認スヘキ条件」のもと、自由競争に委ねられることがイギリス銀行団から提議されることになった(215)。

しかし、ここでアメリカ銀行団の脱退という事態が発生する。アメリカでは、ドル外交など対中国進出に積極的であったタフト政権に代わって、ウィルソン政権が誕生していた。ウィルソン政権は自国の銀行家が中国に対して行ういかなる借款も支援しないことを表明した（同年三月一八日）。翌日、政府の支援を失ったアメリカ銀行団は六国借款団から脱退した(216)。

日本政府はアメリカ銀行団脱退後も五国借款団の結束維持に

努め[217]、四月下旬には五国借款団と中国政府との間で政治改革借款が調印された。この借款は、各地に存在する軍隊の解散費や五国借款団に所属する銀行団が省政府に対して持つ債権の返済などを主要な使途としていた（図2-1）。南京や武昌などを中心に各地にいまだ軍隊が存在しており、その解散は早期に解決されるべき課題であった。また、省政府の債務を中央政府が肩代わりすることも財政・金融政策の中央集権化のためには必須であった。その他、中国政府が継承を表明した短期債務の約六割は革命関連の諸外国への賠償であり[218]、返済期限が超過している中国政府の負債の約半額は義和団事件の賠償金が占めていた。つまり、政治改革借款の総額の半分以上は革命状況を収拾することを目的としていたということになる。一方、義和団事件の賠償金の継承を表明することは、袁世凱政権が欧米や日本から中国での唯一正統な政府として承認される重要な条件でもあった。

すでに日本政府は政治改革借款への参加を検討していた段階から、日本の内地での国債発行でなく、「場合ニ依リテハ外国市場[219]」で発行することを想定していた。勝田主計大蔵次官は、たとえ日本が中国国債の割当を得たとしても、内地の金融機関では対応できないため、横浜正金銀行に海外の市場で募債させることが現実的であると見ていた[220]。よって、利子や手数料は得られないが、日本政府は「債権者」としての立場は得ることができ、「他国の資本家を後援とし利益均分の精神を以て事業を進行するの必可有之[221]」と考えていたのである。

正金銀行は、五国借款団の会議において「自ラ其公債上ノ分担額ヲ全然発行セサル旨[222]」を通告したため、各団体の分担額は表2-3のようになっ

表2-3　第一次政治改革借款の実質分担額

（£）

	実質分担額
イギリス銀行団	7, 416, 680
フランス銀行団	7, 416, 660
ドイツ銀行団	6, 000, 000
ロシア銀行団	4, 166, 660
総　計	25, 000, 000

出所：「千九百十三年四月二十六日巴里，印度支那銀行ニ於テ開催シタル五国団体会議議事録」（「外務省記録」1. 7. 1. 11-5-4「支那改革借款一件／幣制改革／参考書」），武田晴人編「横濱正金銀行　マイクロフィルム版」第三期「2　対中国借款」，「3　善後借款「善後借款契約関係」より作成。

表 2-4　第一次政治改革借款の払い込み市場別

（£）

市　場	総　額	日本分担額
ロンドン	6, 364, 296	1, 864, 296
パリ	6, 434, 992	1, 864, 296
ベルリン	5, 271, 426	771, 426
サンクトペテルブルク	3, 231, 952	0
ブリュッセル	1, 238, 475	0
総　計	22, 541, 141	4, 500, 018

出所：『日本外交文書』大正 2 年第 2 冊，305 頁，外務省記録 1. 7. 1. 11「支那改革借款一件」24 巻，26 巻より作成。

注：横浜正金銀行分担額はロンドン，パリ，ベルリン市場で代理発行された。政治改革借款の五国借款団の発行総額は 2500 万ポンド。

た。そして、実際の払込市場については、日本の分担額の内、ベルリン市場の分を除いた、実に八〇％以上がロンドンとパリの市場で募債されたのである（表2-4）。

牧野伸顕外相は、五国借款団による政治改革借款の供与を次のように高く評価した(223)。

> 借款一条も始尾克成立致御同慶之至に御座候。目今国内一部の論は無闇に暴論を逞致、国家前途の為め痛心之次第に御座候。尾崎〔行雄〕一派之主張は所謂分割論に帰着之誠に幼稚之議論に御座候

牧野は袁世凱政権による南北統一政策に期待していた。ゆえに後に第二次大隈重信内閣の反袁・排袁政策に関係する尾崎行雄の南北分割論を「幼稚之議論」と痛烈に批難したのである。また、辛亥革命発生当初、対英協調を維持しつつも、中国情勢への積極的な干渉を主張した山県有朋も、袁世凱政権と革命派の双方に対する支援を行わずに静観するという立場から、「五国借款成効致したる今日に於ては前貸其他之事に付ても列強より議論相起り可申歟(224)」と五国借款団の果たす役割に注目していた。

日本政府は、五国借款団による政治改革借款の供与に尽力したが、それは「債権者としての地位」という中国政府の財政に対する一定の影響力の確保と、中国情勢の安定化への貢献を六国（五国）借款団に期待していたからであった。

六国借款団から特定の借款を除外することについて、会社借款や実業借款の除外問題が発生しており、五国団体内で一定の合意に達していたことは先に述べた。これらの除外の違いについて、勝田大蔵次官は次のような説明を行っている[225]。

所謂会社ヲ除外スヘシトハ特種ノ者ヲ債務者タラシムベカラストナスモノニシテ人的方面ニ対シテノ範囲ノ制限タリシナリ、所謂実業借款ノ除外トハ或ル種ノ借款ヲ除外スヘシトナスモノニシテ物的方面ニ関スルモノニシテ独リ会社借款ニ止マラス支那中央及地方政府ノ借款ト雖鉄道等ノ如ク其目的ノ生産的ナルモノハ之ヲ除外スルコトトナルヲ以テ列強共同ノ意義ヲ薄弱ナラシムル恐アル

会社借款の除外は起債する主体の問題、実業借款の除外は目的の問題とされた。つまり、会社借款を五国借款団の範囲とすることは、中央政府や省政府とともに会社に対する借款をも借款団の範囲に含めることになる。一方、実業借款の除外はたとえ中央政府や省政府が起債する場合でも、それが実業振興を目的とした借款であれば借款団の範囲とならないのである。

辛亥革命の発生直後から、実業振興を目的とするという建て前で革命派（後の南京政府）は軍資を補塡しようとしており、そもそも実業借款と行政借款の区別はきわめて困難であった。個別利権の獲得のため、日本政府は実業借款を除外するのではなく、会社借款の除外を希望した。実業借款をも除外することになれば、中国政府や省政府に対する欧米資本家の自由な実業借款を認めることになってしまう。政府や省に対する欧米資本家の実業借款を、国際借款団の枠組みで規制をしながら、会社借款の除外によって、日本の持つ既得権益を擁護し、利権の新規獲得を企図したのである。よって、日本政府は英仏両国政府によって主張されていた五国借款団からの実業借款の除外要求に対し、中国政府の財政を監督する意義が薄れるとして反対したのである[226]。

袁世凱政権による財政・金融政策の中央集権化という点では、地方政府（省政府）が必要とする借款に何らかの制限を設けることも五国借款団内において協議されるべき事項であった。牧野外相は、地方借款すべてを禁止することはできないが、「適当ノ制限」を加える必要があると考え、①地方借款はすべて中央政府の許可を必要とする、②中央政府は使途及び償還方法の確実な借款に限り許可する、などの方法を提案していた[227]。これらを通じて、省政府が外国資本に対し独自に借款を要請することに一定の枠をはめると同時に、省政府に対する中央政府の財政的影響力の強化を見込んだのである。しかし、使途及び償還方法の妥当性の判断基準につき、北京の五国公使団の間でまとまらず[228]、地方借款の制限への対策は先送りされることになった。

一方、実業借款の除外を強く望んでいたイギリス銀行団代表のアディスは、「此〔実業借款の除外に関する〕決議案通過セザレバ英独仏ハ五国団体協約ヨリ脱スベキモ難計ト主張」したという[229]。その結果、「六国団関係国中多数ノ意思[230]」が実業借款の除外に傾いたことによって、九月二七日、五国借款団は実業借款の無制限自由化を決定した。これを受けて、日本国内では再び中国財政に対する外国資本の干渉が問題視されることになった[231]。

財政の窮迫其極に達したる支那政府は、今後続々鉄道借款を許し、而して其資金を以て財政の急場を切抜けんと試むること必然也。而して腹に一物ある各国政府は、其使途に就きて必ずしも野暮なる詮議立を為すことなく、何程にても経済借款の望に応ずることとなるべし。其結果支那の財政に及ぼす影響は如何

実業借款の除外によって、財政難にある中国政府は、鉄道などの利権を担保として借款契約の締結を次々に欧米資本家に要請することになる。欧米資本家はそうした担保を通じて、中国財政への影響力を拡大するのではないかという危機感が日本国内では再度高まったのである。

また、外務省は「五国協調ノ精神ト我国ニ於テ常ニ英仏等ノ外資ニ拠ラザルベカラザル事情トニ顧ミ、今後十分

慎重ナル態度ニ出ツル様御注意置相成度シ[232]」と、五国間の協調を重視するとともに、日本の金融的脆弱性を自覚していたため、「腕次第金次第[233]」という状況が現出するのではないかと危惧していた。各国の銀行や資本家による自由競争となると、資金的に欧米に及ばない日本にとっては、不利な状況が生まれることが再び懸念されるに至ったのである。実業借款の除外は、まさに「支那保全」と密接に関わっていたのであった。

ところで当時、張勲の軍隊によって日本人居留民が殺害された南京事件が発生するなど、国内では反中感情が高まっていた。中国に「膺懲」を加えるために兵力を用いるべきとの強硬論も噴出したが、山本首相は、「支那分割の端茲に開き、東洋大禍乱忽ち起る。是最も憂ふる所也[234]」と反対であった。日本政府は一連の事件処理と袁世凱政権の承認問題とを切り離す方針であったのである。[235] 辛亥革命が日本国内の政治情勢を不安定化させ、いわゆる大正政変へとつながっていったことに鑑み、中国問題を日本国内で政治争点化しないという意志が働いていたと考えられる。

一〇月六日、議会が袁世凱を大総統に選出したことで、袁政権に対する承認の動きは一気に加速した。一〇月二七日、日本政府はヨーロッパ諸国とともに袁世凱政権を承認した。日本政府は個別の問題はともかく、ヨーロッパ諸国との共同歩調をとりながら、早期の承認による袁世凱政権の安定化という「支那保全」を喫緊の目標としていたのである。

(4)　幣制改革のための交通銀行借款の模索

一九一四年三月、袁世凱は中華民国約法を制定し、大総統の権限強化を進めた。ただ、特に税制に関する省政府への影響力の浸透は不十分であった。[236] そこで、袁世凱政権は、省政府に対する中央政府の財政管理を強化することを目的に、各省一律の徴税基準を中央政府が設定する「地方歳出標準案」を政治会議に提出した。[237] 袁世凱政権は、省政府からの徴税など安定的な税制を確立しておらず[238]、依然として財源不足に陥っていたのである。

このように第一次政治改革借款の実行後も中国政府の財政難は継続していたため、五国借款団の間で第二次政治改革借款の供与が検討されることになる。この借款をめぐって、日本国内には意見の違いがあった。一つは、幣制改革のために第二次改革借款の供与が必要であるという考えで、小田切万寿之助横浜正金銀行取締役に代表される。小田切は「財政経済ヲ攪乱スル各省紙幣ヲ回収シ、兼ネテ幣制ヲ統一シ同時ニ旧債ヲ償却スルコト」を目標に、「日本トシテハ自己ノ利益ヨリ打算シ此際出来得ル限リ支那ヲ援助シテ該借款ヲ起」す必要があるとしていた[239]。しかし、外務省内には「第二借款ノ起債ニ対シ疑惑ヲ抱[240]」く向きもあり、牧野伸顕外相の次のような発言はこれを裏付けている[241]。


此際帝国政府ハ支那政府ニ対シ五国団ト借款交渉ヲ進ムルヲ見合ハセ、先ツ一日モ速ニ鋭意中央及地方ニ於ケル政費ノ節減ヲ図リ、且叨ニ各種ノ小借款ヲ起シ、一時ヲ弥縫スルカ如キコトヲ絶対的ニ避ケ、飽迄自力ヲ以テ誠実ニ財政整理ノ実ヲ挙クルノ必要ナルコトヲ勧告セント考慮中ナル

牧野は、中国の中央政府や省政府が自ら政費節減を早急に実行し、個別の借款による一時的な財政補塡などは絶対に回避するべきと考えていた。さらに、牧野は「根本義トシテハ支那ヲシテ成ルヘク借金スルコトナク自活ノ方法ヲ講セシムルノ他ナカラン」との考えから、「支那領土保全ヲ主義トセル日英両国ハ其分割ヲ誘致スヘキ財政支配ノ如キニハ飽迄反対セサルヘカラス[242]」と述べ、財政整理・財源の確保などによって借款に依存しない財政運営こそが中国政府には必要なのであり、イギリス政府も日本政府と同一の方針であろうと認識していた。

つまり、小田切は、幣制改革とそれにともなう旧債の償却による中国政府の財政安定化を最優先課題に据えていた。辛亥革命以前から欧米や日本の間で課題となっていた中国の幣制改革の実行には多額の借款が必要であるため、

日本一国では不可能であり、第二次政治改革借款などの一部として国際借款団による巨額の借款が不可欠であった[243]。一方、牧野は、中国政府が行財政整理を早急に実行し、非募債（外債）主義に基づいて財政を立て直すことを望んでいた。小田切の立場からすると、何よりも第二次改革借款の実行が必要であったが、牧野の構想は袁世凱政権の自主的な行財政整理を前提に、そのもとで日本と欧米諸国が協調行動をとりつつ、中国政府と外交交渉を行っていくことであったといえる。

ただし、牧野は、中国政府の主権を「尊重」した「支那保全」を大前提とすると同時に、「将来其政治組織ノ崩壊ハ分割ノ端緒ニ遭遇スルコトアルベキヲ予期セサル可カラス」との懸念から、中国との密接な関係構築は「単ニ歴史的地理的もしくハ同文同種ノ縁故ニ多ク干渉容喙ノ理由ヲ置ク」のではなく、「根本的事業（鉄道、鉱山、農業等）ニ関係ヲ結ヒ、万一ノ場合ニハ所謂発言権」を確保すべきとも考えていた[244]。欧米による中国の分割競争が進展することが予想される場合、日本も個別利権に対する影響力を扶植し、後れをとらないように競争に参加すべきとの意志が明確に示されている。国際協調を目指しながらも、万一の場合には欧米とともに利権の獲得に乗り出すことが牧野の政策論の基調にあったのである。

結果として、中国政府が短期債務の償却を優先させたことによって、幣制改革に必要な借款を第二次改革借款の一部として実行することは延期された[245]。ただ、日本政府は、中国政府が幣制改革に関する借款を五国借款団に要請する義務はなくなったが、日露両国政府が幣制改革借款への参加を表明している状況下では、結局、日露銀行団を含む五国借款団に申し込む必要があるとの認識であった[246]。第一次改革借款を供与した五国借款団とは別に、幣制改革及東三省実業借款を実行するために結成された旧四国借款団は存続しており、日本政府は、幣制改革への関与を引き続き模索することになったのである。

しかし、第一次世界大戦の勃発はこうした日本政府の方針に変更を迫った。イギリス、フランス、ドイツが戦争状態となったため、中国における欧州諸国の経済活動が大幅に縮小した。小幡酉吉駐華公使は、「欧洲戦争ノ結果支那政府ノ被ムル財政上ノ打撃ハ余程甚シキモノ、如ク」と観察しており、第一次世界大戦が与えるであろう中国経済への影響をめぐる中国政府首脳の動向について、加藤高明外相に次のように報告した[247]。

副大総統であった黎元洪は、「若シ欧洲戦乱ニシテ二ヶ月モ継続セバ支那ノ経済界ハ非常ノ打撃ヲ受ケ其結果ハ寒心ニ堪ヘストテ殊ノ外悲観」している。そこで、もし万が一、交通銀行が取付に遭い破産などという事態になると、「市中ニ行ハル、支那紙幣ハ全部其流通杜絶シ経済界ノ混乱ヲ来スヘキハ勿論ニシテ、財政部自身殆ント破産ニ近キ窮状ニ陥ル懸念」がある。そのため、現在、袁世凱の側近梁士詒は、自身が総裁を務める交通銀行の準備金が豊富であるとの声明を発し、交通銀行の信用維持に努めているというものであった[248]。

交通銀行が経営破綻すると、中国経済が致命的な打撃を受け、幣制のさらなる混乱も予想される。中国政府は中国銀行・交通銀行を引受銀行に、財政運営のため内国債の発行を試みた（一九一四年八月三日）[249]。日中両国において、両行を中心とした中国の金融機関の安定化が喫緊の課題とされるようになっていく。こうして日本政府は、中国経済の混乱を収拾するため、中国政府との二国間関係における交通銀行の救済やそれを通じた幣制改革への支援を重要な政策課題と位置づけるようになるのであった。

おわりに

本章では、辛亥革命期の満州権益及び長江流域利権に関する日本の動向について、中国・イギリス・旧四国借款団との関係を踏まえて考察した。

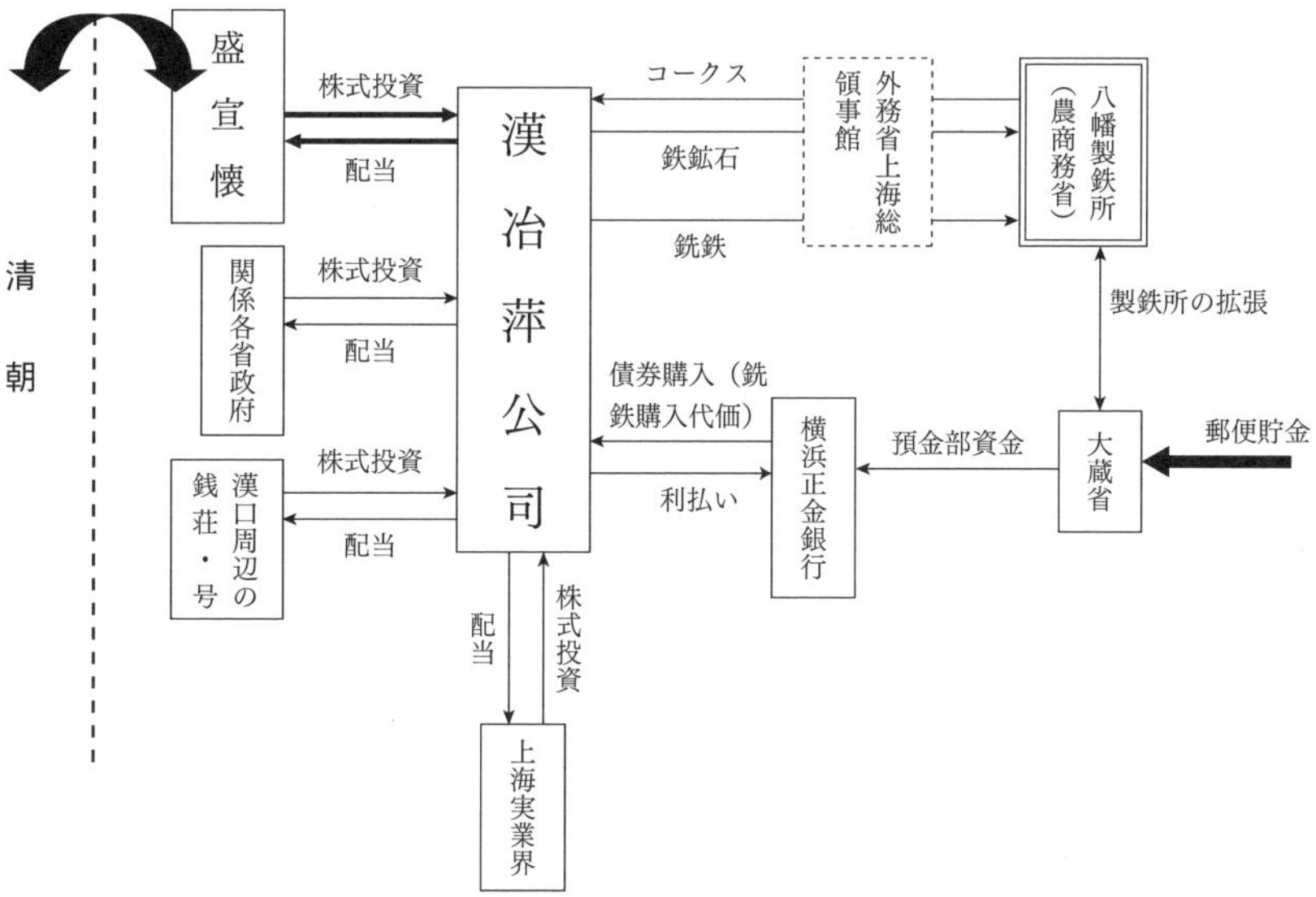

図 2-2　辛亥革命以前（商弁以降）の漢冶萍公司をめぐる諸関係

出所：筆者作成。

辛亥革命が発生するまでの漢冶萍公司をめぐる状況を整理したのが図2-2である。最初に製鉄原料の売買契約が締結されたため、上海総領事館が窓口となり、八幡製鉄所と漢冶萍公司との間での取引関係が成立していた。しかしその後、大蔵省預金部資金を原資とし、横浜正金銀行を介在させた形で借款が行われることによって、八幡製鉄所に銑鉄が輸出されることになる。一方、中国側では漢冶萍公司成立時の事情から、盛宣懐の影響力が強かった。また、漢冶萍公司の経営は上海の実業家、招商局などの関連企業による出資によって支えられていた。

漢冶萍公司が旧四国借款団との借款交渉を試みると、日本側の窓口であった正金銀行は交渉を破談に追い込み、公司と「第弐契約」を締結する。以後、日本側は基本的にはこの契約に基づいて漢冶萍公司への利権拡大を図り、英米に契約の有効性を認めさせることになる。「第弐契約」の締結は日本にとって大きな対外的「成果」であったといえよう。

漢冶萍公司の社長であった盛宣懐は、清朝の郵伝部大臣を兼務しており、鉄道国有化のため外資導入を図るなど外債募集に積極的であった。[250] 漢冶萍公司の経営に関しても同様で、借款による設備拡張を実行していた。こうした盛宣懐の意向と鉄鉱石・銑鉄輸入の増加を望む日本側との思惑が一致し、日本と漢冶萍公司は密接な関係を築いていくことになる。日本からの借款による上海での新工場建設計画は、公司にとっては生産力の増大を意味し、日本にとっては銑鉄の安定的な供給につながるものであった。[251]

ところが、武昌蜂起によって、漢冶萍公司をめぐる状況に一大転機が訪れた。日本と漢冶萍公司との関係に革命派が関与するようになったのである。革命派は長江流域における影響力を拡大させたが、深刻な軍資不足に陥っていた。そこで、盛宣懐は漢冶萍公司の財産を保護し、自らの政治的立場を擁護するために、革命派への資金提供を余儀なくされた。これに、漢冶萍利権の強化を狙っていた日本側の思惑が重なり、合弁化問題は進展する。

日本国内には、辛亥革命の混乱に乗じた漢冶萍公司への利権拡大に積極的な動きだけではなく、消極的な動きもあった。しかし、一九一二年一月一日の南京政府の成立前後から、日本政府は南京政府の支援に乗り出す。その結果、一月一二日に漢冶萍公司の合弁化案が閣議決定され、二九日に盛宣懐と日本側との間で、合弁化の仮契約が締結されるに至った。

この仮契約は、日本の資金が南京政府に流出する可能性をはらんでいたため、自国が主導する中国情勢の安定化への影響を危惧するイギリスの非難を生んだ。ただイギリスは、日本にとっての長江流域利権の重要性や「第弐契約」の有効性は認識しており、漢冶萍公司に対する日本の優越的地位を否定していたわけではなかった。しかし一方、イギリス外務省は南京政府への軍資援助に加え、長江流域のイギリス「勢力圏」への明確な進出につながると捉えたため、日本の対招商局借款を容認することはできなかった。日本の長江流域利権を担保とする借款は、混乱していた中国情勢に関与し、長江流域というイギリスの「勢力圏」を脅かす可能性が浮上すると、批判の対象となった。経済借款の場合は看過したが、それが著しく政治性を帯びた場合には認めることができなかったのである。もちろん、日本政府もイギリスの動向を無視することはできなかった。当時、満州権益の絶対的擁護を条件とした旧四国借款団への加入が大きな外交課題であり、日英関係の悪化は回避すべき事態であった。しかし、武昌蜂起後の中国国内の混乱やそれに伴う日中関係の変化によって、日本における漢冶萍利権の重要性は高まっていた。そこで、日本政府は民間資本を利用する形で、漢冶萍公司の日中合弁化を進める方策をとったのである[252]。ただし、漢冶萍公司の日中合弁化、招商局借款いずれに対しても、軍資の確保のため日本からの借款に積極的であった孫文・黄興らとそれに反対する勢力という南京政府内の権力状況が大きな影響を及ぼしていた。

一九一二年三月二二日、上海における株主総会で、漢冶萍公司の日中合弁化案が否決されたことは、日本の利権拡大にとって、確かに大きな挫折であった[253]。しかし、外務省や正金銀行は、合弁化を進展させるためには、蜂起後締結した借款契約を北京政府に継承させることが必要であると考えるに至っていた。その結果、北京政府は三井物産と南京政府との契約の引き継ぎを宣言し、「第弐契約」も無効となることはなかった。合弁化案の否決後も漢冶萍公司の合弁化の可能性は残されることになったのである。

長江流域利権を担保とした日本の借款が、旧四国借款団やイギリス政府に早期の北京政府に対する借款を促したことは否定できない。つまり、南京政府が日本側に借款を要請し、日本政府がそれらに関する借款交渉を黙認している状況下では、イギリス政府は自国が進める袁世凱政権のもとでの南北和平が阻害される危機感を持ち続けなければならなかった。そもそも、旧四国借款団は、外交問題へと発展する借款を基本的に対象外としていた。ただし、旧四国借款団は日本の借款に対抗する意味からも、北京政府に二〇〇万両の借款を実行したが、それは同時に、日露の両銀行団の借款団への参加を認めることにつながったのである。以上のように見ると、長江流域利権を担保とした日本の借款は六国借款団の結成を促したという外交的な意味を有していたということができる。

さて、日本政府は六国借款団に加入すると借款団内の協調を重視した。その理由として、第一次政治改革借款を六国（後に五国）で分担する際、実質的な負担が不可能であったため、利子や手数料の獲得などを期待していたのではなく、あくまでも「債権者としての地位」の獲得を目指していたことが挙げられる[254]。欧米各国に比べ、金融的に劣位にある状況下では、国際借款団にできるだけ多くの借款優先権を含めることで、欧米各国による中国への経済進出、さらには、それがもたらす中国の分割を抑え込もうとしていたのである。ただ同時に、既得権の擁護や新規利権の獲得も目標とされていた。すなわち、日本政府は経済的に不利な立場を利用しつつ、国際借款団の枠組みに依拠することによって、「支那保全」を目指していたのであった。六国借款団は、袁世凱政権に対し多額の借款を供与することで、同政権の承認など国際協調的な対中国政策の実行を経済的に担保する役割を担っていた[255]。そのため、日本政府はこの枠組みを維持することが中国の安定化のためには肝要であるとし、「調整役」として関与したのである。その背景には、国内の政治問題における中国問題の非政治問題化という要請もあった。

第二次西園寺内閣の対中国政策への批判を結集原理の一つとしていた第三次桂太郎内閣は、陸海軍の軍備拡張などの国内における予算問題が紛糾するなか、欧米各国との協調関係を維持し[256]、中国問題の非政治争点化を重視していたものと考えられる。第一次山本権兵衛内閣期になると、牧野伸顕外相が南京事件の解決と袁世凱政権の承認とを連関させていたのに対し、原敬内相は分離すべきとし、同政権の承認を急いでいた[257]。原は、これらの中国問題が政治問題化しなかったのは、野党勢力がむやみに批判しなかったからだとも分析している[258]。外務省の阿部守太郎政務局長による「閣僚中政党本位の人少なからざる[259]」との批判は、中国情勢の安定化を図るという点においては閣内の方針が一致していたものの、一方で、外交政策の整合性を重視するのか、もしくは、国内政治を優先するのかという意見の相違が存在していたことを示している。

しかし、第一次世界大戦の勃発は、国際借款団、さらには中国をめぐる国際情勢における日本の地位を押し上げた。「日支親善」論の高まり、中国における英仏の地位低下などを背景に、日本政府はより能動的な対中国政策を実行していくことになるのである。

第3章　対華二十一ヵ条要求への収斂

――華中・華南から満蒙へ

はじめに

本章では、漢冶萍公司や南潯鉄道などこれまで見てきたような在華利権が、どのような形で対華二十一ヵ条要求に収斂されていったのか、そして、そのことが後の華中・華南政策や対中国借款にどのような影響を与えたのかについて考えてみたい。辛亥革命期において、対中国借款が中国の内政干渉に該当する性格を持つようになり、イギリス政府から反発を招いたことはすでに述べた。対華二十一ヵ条要求では、日本が借款を通じて影響力を扶植・拡大してきた利権に関する条項が盛り込まれたことで、イギリスの「勢力圏」である長江流域への参入が外交政策として具体化された。そして、対華二十一ヵ条要求が一定の妥結に至ったことで、外交政策としての対中国借款は大きな転機を迎えることになる。

一九一五（大正四）年一月一八日、日置益駐華公使は、中国政府に対して、二十一ヵ条にわたる要求書を手交した。この要求書は五号より構成され、第一号から第四号までは要求事項、第五号は希望事項とされていた。

第五号には、中国政府が政治経済及び軍事顧問に日本人を雇うこと、日中合同の警察機関を設けること、日中合弁の兵器工場を設立することなど中国への内政干渉に該当する条項が含まれ、手交当初は欧米に対して秘匿されていた。露見後は、中国や欧米各国から非難の的となり、日本政府はこれを撤回する。こうした経緯から、対華二十一ヵ条要求に関する研究は、中国国内の反対運動、第五号をめぐる日中間の外交交渉過程や欧米の反応が主に検討されてきた。[1] また、第五号要求の形成過程については、陸軍や参謀本部の大陸政策からの影響に注目した研究や、[2] 外務省が、陸軍や大陸浪人の要求を先取りすることによって、外交政策のイニシアチブを回復しようとした結果であると結論づけた研究がある。[3] さらに、当時外相であった加藤高明の思想と行動についても詳細が明らかにされている。[4] これらの研究は対華二十一ヵ条要求の外交上の「成熟」度に焦点を当て、中国国内に根強い反日感情を醸成し、欧米に対して日本外交の悪いイメージを植え付けた「日本外交の失敗」という評価を定着させてきた。

一方、第一号から第四号までの要求内容は、第一号が前年八月に日本がドイツに宣戦布告をして獲得した山東利権、第二号が日露戦争によって獲得した満州権益を含んでおり、日露戦争以降に日本が獲得した既得権益の強化を目的としたものとされている。第一号がパリ講和会議において中国政府から大きな反発を招き、第二号が対華二十一ヵ条要求の「要諦」であったため、第一号や第二号に言及した研究は多い。しかし、第五号とともに第三号第二条が秘匿・撤回されたことについては、深く考察がなされていない。第五号はもちろん、第三号も既得権の強化以上の意味を持っていたと考えられるが、両者の共通点の一つは長江流域利権に関する条項を含むことであった。[5]

漢冶萍公司に関する第三号に言及した古典的研究として、堀川武夫の業績を挙げることができる。堀川は、対華二十一ヵ条要求の各条項の類型化を試み、①日本の優越的地位を保障するための中国領土の不割譲、②日本の在華既得権益の整備と確保、③在華新規権益の設定に分類した。[6] 第三号第一条の一部は②に、第一条の一部と第二条は③をさらに発展させたもので、新規権益であるのみでなく、第三国による同様な権益設定その他の受益を排除する独占的、優先的権利を要求したものと位置づけた。堀川によって、第三号の基本的な性格が示された。

安藤実は、日露戦争以降の度重なる漢冶萍公司への借款が、公司に八幡製鉄所への金融的従属をもたらしたことを明らかにするなかで、第三号は漢冶萍公司に対する中国政府の干渉を防ぐためのものであり、中国の鉄鉱に対する日本の独占欲の高まりを示すものであると述べた[7]。具体的に検討しているわけではないが、第三号が中国政府の国内政策に対する牽制であったことに、安藤は言及している。また、佐藤昌一郎は、日本は政治経済的に劣位にあったために、第三号を盛り込まざるを得なかったと主張した[8]。

島田洋一は、政治外交史的視角から、対華二十一ヵ条要求全体を「拙劣極まりない外交」と評価するなかで第三号を取り上げた。ただ、第五号が秘匿された理由を考える際の「手掛かり」との前提のもとで、アメリカ政府の態度硬化を招いた点での第五号との類似性、「機会均等」への抵触を述べるにとどまっている[9]。これらの研究によって、第三号、特に、その第二条の挿入が外交として「拙劣」であったことが分かるものの、日本の対中国政策にどのような結果をもたらしたのか判然としない。

ところで、第三号が形成された背景については、実業界に太いパイプを持つ井上馨の影響力から説明しようとする見解がある[10]。これは、八幡製鉄所の拡張による産業振興を望む井上の要請によって、漢冶萍公司の日中合弁化が対華二十一ヵ条要求に盛り込まれたとの視点に立っている。しかし、対華二十一ヵ条要求が外交政策である以上、井上の動向は、外務省や漢冶萍公司への借款の窓口となっていた横浜正金銀行との関係性において捉えるべきであるにもかかわらず、そうしたことは考慮されていない[11]。また、臼井勝美は、中国の鉄鉱国有化の動きを形成の背景として挙げているものの、中国政府による国有化を前提に日中合弁化を目指したものと評価するにとどまっている[12]。このように、第三号については、その条文解釈と類型化、対華二十一ヵ条要求に盛り込まれた理由や第五号との関連性の部分的な説明しかなされていないのが現状である。

一方、華中・華南の鉄道利権に関する条項が盛り込まれていたことから、先行研究では、対華二十一ヵ条要求の

第五号第五条の外交史的意義も検討されてきた。[13] 第五号第五条は、中国の「門戸開放・機会均等・領土保全」の点で日英中関係のなかで問題を含む条項であり、第五号全体に対する欧米諸国や中国の反発と密接な関係があったとされている。[14]

村上勝彦は、日露戦後から第二革命期までに行われた南潯鉄道借款を分析対象に、日本外交の基軸であった日英同盟を重視する外務省と、長江流域での新規の利権獲得を目指す東亜興業株式会社との対立構図を描き、日本側の方針が一枚岩でなかったことを明らかにした。[15] また、南潯鉄道への借款を寺内正毅内閣から原敬内閣にかけての華中・華南における利権拡大政策の継続性を示す一つの事例として取り上げた研究もある。[16]

しかし、対華二十一ヵ条要求前後の政策変化を解明しようとする本書の立場からすると、いまだ検討の余地がある。辛亥革命期から第一次世界大戦期までを分析対象とした研究は管見の限りほとんど見当たらず、村上勝彦の研究と対華二十一ヵ条要求に関する研究とが関連づけられていないのである。そのため、対華二十一ヵ条要求における外交政策としての問題性には言及されているものの、第五号第五条が大戦前からの対華中・華南政策の帰結として捉えられているとはいい難い。

以上のような課題設定をする際、注意しなければならないのは、日英相互の「勢力圏」認識の相違である。[17]「勢力圏」は列強相互の尊重によって成立しており、ある列強から「明確に」承認されることは必要条件ではなかった。[18] この不安定な概念に基づいて行われていた外交（「勢力圏」外交）は、現状維持的な志向を持っていたといわれている。[19] 現在の研究においてもこのような評価は継承されており、[20] 日露戦後の度重なる日露協約や日英同盟の改訂によって、南満州は日本の「勢力圏」として定着していったとされている。

よって本章では、中国やイギリスの動向を踏まえつつ、漢冶萍公司の日中合弁化と長江流域の鉱山利権の拡大に関する第三号、華中・華南の鉄道利権に関する第五号第五条に焦点を当てる。そして、日清戦争以降の対華中・華南政策の帰結を示すとともに、対華二十一ヵ条要求がその後の対中国借款政策にどのような影響を与えたのかを見通したい。

一　第三号と漢冶萍公司

(1) 漢冶萍公司の国有化問題と一五〇〇万円借款

一九一二(明治四五)年三月二二日、漢冶萍公司の株主総会で合弁化案が否決されたことによって、合弁化交渉は頓挫した。その後、漢冶萍公司では、重役の選任が新たに行われた。その結果を示したのが、表3-1である。前総理であった盛宣懐がいち取締役に降格となっているものの、個人株主としては筆頭であったことから、亡命中にもかかわらず選出されている。一方、北京政府から送り込まれた趙鳳昌をはじめ、湖北省や湖南省に関係する人物が就任していることも、辛亥革命の影響として興味深い点である。ただし、武昌蜂起による経営悪化はいかんとも し難く、漢冶萍公司は経営改善のために国有化を検討するようになり、八月一二日には、公司の株主総会において国有化の請願が決定された[21]。

これを受け、日本側では日中合弁化実現のために国有化が有効であるかどうかが議論されることとなり、大別して、反対派と条件付での賛成派が存在していた。賛成派は横浜正金銀行上海支店や漢冶萍公司の日本側商務代表の高木陸郎[22]であった。高木は、中国政府が公司と正金銀行や三井物産との間で締結した借款契約(同年二月)を継承することを条件に、国有化に前向きであった[23]。また正金銀行上海支店は、漢冶萍公司が日本からの借款を受け入れれば、国有化が実行されても安全であると本店に伝えるなど[24]、多額の借款供与を条件とした国有化の容認を考える

表 3-1　1912 年 4 月 9 日の取締役会で選出された取締役一覧

新任	趙鳳昌（竹君）	農工商部代表，「湖北省代表ノ意モアリ」
留任	聶雲台	湖南省代表
〃	王子展	招商局代表
新任	盛宣懐	旧総理
留任	何伯梁	大株主
〃	王達夫	〃
〃	朱葆三	「上海商界ニ可ナリ勢力アルモノ」
新任	袁伯揆	袁海観の子，湖南省の財産家
〃	陳理卿	趙爾巽の幕下，葉景揆の一派

出所：1912 年 4 月 9 日付中村雄次郎製鉄所長官宛高木陸郎公信（外務省外交史料館所蔵「外務省記録」1. 7. 1. 9「漢冶萍煤鉄公司借款関係雑件」第 5 巻）より作成。
注：得票数の高い順となっている。

表 3-2　1913 年 8 月頃の漢冶萍公司借入金

（単位：両）

	金　額	1 年間支払利息高
横浜正金銀行	13, 313, 246. 89	924, 024. 39
日本興業銀行	1, 709, 841. 49	102, 590. 48
三井物産その他日本資本	561, 092. 78	44, 262. 88
日本以外の外国の銀行や商社	1, 171, 727. 87	102, 639. 51
東方公司（六合公司が改称）	2, 055, 496	181, 879. 68
中国資本の銀行	3, 069, 900	230, 242. 50
レール代金前借	3, 202, 097. 02	222, 533. 96
その他	381, 584. 75	28, 618. 86
合　計	25, 464, 983. 77	1, 836, 792. 29

出所：『製鉄所対漢冶萍公司関係提要』2（農商務省製鉄所東京出張所，1917 年）125 頁より作成。
注：日本円 100 ＝上海両 76

とともに、会計顧問を送り込む好機であるとも見ていた。

一方、反対派は外務省本省や正金銀行本店であった。彼らは、国有化がなされた場合、漢冶萍公司の経営陣や株主たちに加え、中国政府とも交渉せざるを得なくなることに反発した。正金銀行本店は、「実際ニ国有又ハ官商合弁ニ組織変更ハ日本側ニ於テ充分ノ考慮ヲ要スルコトニシテ容易ニ同意シ難キ(25)」との意見であった。

意見が分かれるなかで、第二次西園寺公望内閣の内田康哉外相は国有化に反対する意向を表明した(26)。たとえ中国政府が日本の漢冶萍利権を保護することを約束したとしても、「国有其他支那政府干渉ノ増加スル傾向ヲ好マシカラズ」と考えていたからであった。日本政府は、漢冶萍利権に対する中国政府の関与に否定的であり、第二次西園寺内閣下で、こうした見解がすでに存在していたことは興味深い。

また、大蔵省においては、日本が漢冶萍公司に保持する債権の保護やさらなる利権の拡大が検討されていた。[27]日本の漢冶萍公司に対する債権は三〇〇〇万円を超えており（表3-2）、その保護は日本側にとって喫緊の課題となっていた。大蔵省は漢冶萍公司の債権保護に対する具体的な方針として以下の四点を挙げた。

一、此目的ヲ貫徹スヘキ少クトモ我既往将来ノ債権ヲ安全ニシ、且貸付金ノ使途ヲ監督シ得ル条件ヲ以テ、相当額ノ貸付ヲ諾スルコト

二、若シ公司ニ於テ右ノ条件ニ服セスシテ、我ヲ捨テ他ヨリ借款セント試ムル如キコトアラハ、我邦ハ極力之ヲ妨害シ、且我貸付金ノ利子期限ニ至ラハ厳重ニ督促スルコト

三、斯クノ如クニシテ公司ヲシテ何処ヨリモ資金ヲ借入ルヽコト能ハサラシメ、以テ公司ヲシテ今日ヨリ尚数層ノ窮地ニ陥ラシメ、窮余我提出条件ヲ諾スルノ外ナカラシムルコト

四、以上ノ手段遂行中、若シ公司ニシテ強テ他ヨリ借款セントシ、又ハ破産ヲ企テ又ハ真ニ国有トセシメントスルカ如キ場合ヲ生スルトキハ、結局我邦ハ従来ノ千七百万円債権保全ヲ名トシ、担保物件殊ニ大冶鉄鉱ノ差押ヲ為シ、以テ大冶ニ対スル我利権ヲ保全スルコト、又公司威嚇上必要アラハ右ノ決心ヲ公司当局者ニ示シ、以テ我条件ヲ諾セシムルノ手段トナスコトノ方針ヲ決定セラルヽノ必要有之

大蔵省は、外務省や正金銀行本店と同様、漢冶萍公司の国有化に否定的であった。また、債権の保護や貸付金の監督という条件付きではあるが、大規模な借款供与の方針を打ち出した。そのうえで、漢冶萍公司が日本以外からの借款供与、自己破産や完全な国有化を計画した場合、大冶鉄山の利権を断固として確保すること、また、日本が公司に対して追加借款を行うにあたっては、日本人の会計顧問や総監督を招聘することも条件として挙げた。総監督とは、借入金の管理、財産の処分、会社の組織変更、「公司ノ重要ナル業務」を担当する強大な権限を持つポス

トであり、その条件の一部が後の一五〇〇万円借款で実現することになる。

結局、国有化に対する中国政府の認可は下りず、漢冶萍公司の経営難は深刻化していた。中国政府が国有化に踏み切れないでいたのは、①総理の座を追われていた盛宣懐の復帰をめぐって、漢冶萍公司内部が分裂し、②国有化には公司と関係のある三省（湖北省・湖南省・江西省）の同意を得る必要があるが、省有化を目論む湖北省や江西省と公司との関係が不安定な状況にあるとの見通しを持っていたからであった[28]。

漢冶萍公司内部では取締役の辞任が相次ぎ[29]、盛宣懐を総理に復帰させようという声が高まっていた。そして、一九一三（大正二）年三月二九日の株主総会において、国有化の請願取消と盛宣懐の総理復帰が決定された[30]。この決定について、西澤公雄は、「公司ノ将来頗ル其便益比較的多ナルヘキ[31]」と見た。実際、二カ月後には、盛宣懐派の重役らが主導して開催された株主総会において、日中合弁化の実行を推進するため、漢冶萍公司の資本金を三〇〇〇万元に増額することや、大冶・漢陽に新たな溶鉱炉を建設する決定がなされている[32]。また、溶鉱炉の建設や高利借款の借換のために、日本を相手に多額の借款交渉を開始することも決議された。盛宣懐の総理復帰は、確かに日中合弁化の進展を日本側に期待させる一面を持ち合わせていた。

株主総会での決定を受け、井上準之助正金銀行副頭取は、六月から七月にかけて中国を訪問した。視察中、盛宣懐が漢冶萍公司への借款に対する井上の尽力に感謝の意を表明したのに対し[33]、井上は会計や技術分野に関する人材の招聘を盛に要求したものと思われる[34]。帰国後、井上は盛宣懐との交渉結果を踏まえ、「漢冶萍公司整理ニ関スル卑見」をまとめた[35]。井上はこの意見書について、漢冶萍公司の経営状況の悪化が与える日本の工業全体への悪影響に対する懸念が背景にあり、「公司ノ為メ根本的整理ヲ講ズルコト」を目的としたものであると述べ、具体案として、会計顧問の派遣や追加借款が必要であると結論づけている。

同年一〇月一四日、日本政府は「支那漢冶萍公司ニ金円貸与ノ件」を閣議決定する[36]。この決定では、債権保護の観点から、漢冶萍公司の経営基盤の強化や鉄鉱石供給の安定化が言及されているだけでなく、「外国ノ資金ハ公司ニ対シテ一大勢力ヲ有スルニ至リ、遂ニ我製鉄事業ニ影響シテ、延テ帝国々防上ニ懸念ヲ生スルニ至ルヤモ計ルヘカラス」との考えも示された。そして一二月二日、正金銀行と漢冶萍公司との間で正式に一五〇〇万円の借款契約が締結されるのである。この契約には、①溶鉱炉の建設など新規事業の計画資金、②高利短期借款の整理資金という主に二つの目的があった。盛宣懐が契約の締結に自身の積極的な関与を認めている通り[37]、この契約は経営難の漢冶萍公司にとって不可欠な契約であった。また、最高顧問技師や会計顧問の招聘も決定され（後に大島道太郎や池田茂幸が派遣される）、日本側の人的影響力が強化されることになる。契約内容のほとんどは井上の訪中時に言及されていたものであり、正金銀行がこの契約の締結に主導的な役割を果たしていたことが分かる。さらに一五〇〇万円借款は、実質的な日中合弁化が達成されたとの見方を日本国内にもたらした点でも重要である[38]。

日本側には盛宣懐の総理復帰によって、漢冶萍公司が盛派主導のもとに統一されたとの見方があった。しかし、いまだ漢冶萍公司内には盛宣懐の復帰に反対する人々が存在し[39]、中国政府も日本からの巨額の借款に反発しており、楊廷棟を上海に派遣し、盛宣懐との会談の場を設けた[40]。楊廷棟は、日本からの多額の借款に中国政府が反対であることを伝え、日本以外の欧米資本を導入してはどうかとの提案を行った。中国政府としては、漢冶萍公司が日本からの借款に過度に依存することを危惧していたのであろう。

こうした中国政府の反対にもかかわらず、一九一四年三月七日の漢冶萍公司の臨時株主総会において、経営改善のため先の一五〇〇万円借款が承認された。ところが、それと同時に、中国政府に対する官商合弁化（半官半民会社の一種）の申請も正式に決議された。

日本側は官商合弁化には反対であった。その理由について、正金銀行上海支店長は盛宣懐との会談で、①これまでの株主に政府という大株主が加わり、漢冶萍公司との交渉時に交渉相手が複雑化すること、②中国政府が官商合弁化の条件としている政府側総支配人の設置によって、同公司に対する中国政府の影響力が強化されることを挙げた。[41] 国有化承認の時とは明らかに態度が異なっている。日本側の非難に対する盛宣懐の回答は、湖北・湖南・江西の三省にまたがる漢冶萍公司の事業には、中国政府の協力が不可欠であるほか、官商合弁化によって官有鉱山の払下げを期待することができ、鉄鉱石の産出量の増加が見込まれるとするものであった。盛宣懐は、中国政府と日本側とを互いに牽制させながら、漢冶萍公司の経営発展を目指していたのである。

官商合弁化の決定は、国有化の容認という方針を正金銀行内に広めていった。小田切万寿之助正金銀行取締役が九月にまとめた「漢冶萍公司合弁案之議」では次のように述べられている。[42]

官商合弁ノ公司タラシメン乎支那政府ト公司トノ間ノ関係ハ或ハ円滑トナルヘキモ、本邦側ヨリ之ヲ見レハ、徒ラニ組織ヲ複雑ニシ時局ヲ紛糾セシムルニ過キサルヘシ、茲ニ於テハ日支合弁ヲ条件トシテ支那政府ヲシテ国有ヲ決行セシムルノ必要ヲ生ス

小田切は、官商合弁化が中国政府と漢冶萍公司との関係においてプラスに働くと率直に認めたうえで、日本にとっては、官商合弁化は組織の複雑化を招くために好ましくないとし、公司の日中合弁化を条件に、むしろ中国政府に国有化を実行させようとしていたのである。

一五〇〇万円の借款契約の締結によって、正金銀行による漢冶萍公司債券の保有の増加が見込まれたことで、対華二十一ヵ条要求が手交された翌日の一五年一月一九日には、公司に関する事務所管の変更に関する閣議決定がなされた。[43]

この閣議決定は、借款の累積によって、漢冶萍公司の経営や債務の状態など債券の保護に関わる情報の収集を大蔵省が求めた結果であったと考えられる。[44] ただ、農商務省は大蔵省に対し、これまでの関係事務は引き続き農商務

省が扱うという条件を申し入れ、鉄鉱石や銑鉄に関する、①売買契約の締結・改訂、②買入計画の決定、③毎月の受渡高、④その他重要であると認められる交渉を大蔵省に随時伝えることを約束した[45]。漢冶萍公司との関係において、八幡製鉄所の経営や製鉄業の振興策に関わる事項は引き続き農商務省の所管とされたのである。こうして、経営の監督を動機に漢冶萍公司に対する大蔵省の関与が強化されることになった。そして、それは漢冶萍公司と日本との関係において、債権の保護と製鉄原料の確保のどちらを重視するのかといった、政府内での意見の相違を表面化させることになる。この問題については、第4章で具体的に検討する。

ここまで、一五〇〇万円借款の締結前後における日中両国の動きに注目してきたが、次にイギリスの動向に触れておく[46]。イギリスは中国をめぐる国際関係のなかで主導的な立場にあり、特に、長江流域を自国の「勢力圏」と認識していた。ただ、漢冶萍利権に関しては、日本の優越性を認めざるを得ない状況にあった。ジョーダン駐華公使は、一九一三年の末から一四年にかけて、長江流域にあるイギリスの鉄道利権を擁護することを目標に、漢冶萍公司への借款をはじめとする日本の諸借款を非難していた[47]。しかし、ジョーダンが本国のグレイ外相に送った電報では、日本政府が漢冶萍利権を欧米と共有することはなく、そのような状況下では、結局漢冶萍公司から正金銀行の関与を排除することが不可能であることも説明している[48]。加えて、イギリスの商社がこれまで漢冶萍公司に無関心であったことを悔いている[49]。イギリスは、辛亥革命期にも日本と漢冶萍公司との密接な経済的関係を認識してはいたが、一五〇〇万円借款の締結によって、そうした認識はさらに強固なものとなったのである。

正金銀行は、債権保護の観点から一五〇〇万円の借款契約の締結に成功し、漢冶萍公司の経営に対する影響力を強化する一方で、公司の官商合弁化決議といった新たな事態に直面する。そのため、当初国有化に反対であった正金銀行本店は、日中合弁化を条件とした国有化容認へと方針転換していく。一五〇〇万円の借款契約の成立は、①日本からの借款を用いた高利借款の借換とともに、会計や技術に関する日本人顧問の雇用を認めさせた点で、日本による「事実上の金融的支配」の確立という大きな意味を持ち、[50] ②イギリス側に漢冶萍公司における日本の優越的地位を強く印象づけ、③日本国内に実質上の日中合弁化が達成されたとの見方をもたらし、④正金銀行に中国政府による公司の国有化を通じて日中合弁化の実現を図る考えを広めたのである。

（2）第三号の形成と展開

一九一四年七月、第一次世界大戦が始まった。[51] この大戦を中国問題解決のための好機と捉えた第二次大隈重信内閣は八月二三日、日英同盟を理由に参戦した。二六日、日置益駐華公使は、加藤高明外相に対し、中国政府に要求すべき事項とその代償として日本政府の交換可能な事項を送っているが、このなかには、漢冶萍公司に関する条項はいまだ見られない。[52]

一方、袁世凱は、大戦の勃発により、欧州諸国が中国情勢に介入することが困難な状況を利用して、帝制運動を推進した。それまで議会に付与されていた諸権限を大総統やその直属機関に移譲する一方、[53] 財源確保のために鉄鉱山の国有化を目論み、同年三月には鉱業条例をすでに制定していた。さらに一二月一日、中国政府農商部は鉄鉱国有に関する訓令を発した。[54] それは、中国にある諸鉱山を原則国有化し、今後の新たな鉱山開発を禁止し、中国資本によって開発された鉱山についてのみ、例外的に開発の継続を認めるというものであった。[55]

これに対し、日本外務省は、中国政府が漢冶萍公司やその他日本の新たな鉄鉱山の開発計画を制限しようとするものと見て反発した。[56] その結果、中国政府は漢冶萍公司を国有化の対象から除外することを日本政府に伝えた。[57]

さらに、外務省は、三井物産、三菱、大倉組、高田商会、東亜興業株式会社、中日実業株式会社、台湾銀行に対して、「特別に関係のある鉱山」を知らせるよう訓令を発した。三井物産が安徽省の銅官山、中日実業株式会社が同じく安徽省の桃冲山を挙げるなか、[58] 最も問題となったのは、三菱が交渉中であった福建省の安渓山であった。安渓山周辺は排日思想が激しい土地柄であると見られていたうえ、[59] 福建省は台湾の対岸に位置し、台湾経営と密接に関係していたからである。外務省は、民間資本による中国の鉱山権益への進出にも注意を払っていたのである。

一二月三日、加藤外相は日置公使に宛て、中国に要求すべき事項として第一号から第八号まで挙げた訓令を送ったが、このなかには、漢冶萍公司に関する条項が含まれており、[60] 対華二十一ヵ条要求第三号の原型とでも呼べるような内容であった。加藤外相は、この条項について、「必スシモ条約ノ形式ト為スヲ要セス或ハ公文ノ交換等ニヨルモ差支無之」と、条約の締結にこだわらない姿勢を示していた。[61] さらに、「第三号ハ我方ノ漢冶萍公司ニ対スル関係ニ顧ミ、同公司将来ノ為最善ノ方図ニ属スルモノニシテ、要スルニ以上三項〔山東問題、満蒙問題、漢冶萍問題〕共何レモ何等格段新規ノ事態ヲ現出セントスルモノニ無之」とし、「出資者タル日本側ノ利益保護上当然ノ規定」と結論づけていた。[62]

さきの訓令に基づき、翌年一月一八日に、日本政府は日置公使を通して、袁世凱に二十一ヵ条に及ぶ要求書を直接手渡した。第五号と漢冶萍公司に関する第三号第二条は欧米諸国に秘匿されていた。[63] それでは、当初の要求内容を詳しく見ていく。[64]

日本国政府及支那国政府ハ日本国資本家ト漢冶萍公司トノ間ニ存スル密接ナル関係ニ顧ミ、且各国共通ノ利益ヲ増進セン力為左ノ条款ヲ締約セリ

第一条　両締約国ハ将来適当ノ時機ニ於テ、漢冶萍公司ヲ両国ノ合弁ト為スコト、並支那国政府ハ日本国政府ノ同意ナクシテ、同公司ニ属スル一切ノ権利財産ヲ自ラ処分シ、又ハ同公司ヲシテ処分セシメサルコトヲ約ス

第二条　支那国政府ハ漢冶萍公司ニ属スル諸鉱山附近ニ於ケル鉱山ニ付テハ、同公司ノ承諾ナクシテ之カ採掘

ヲ同公司以外ノモノニ許可セサルヘキコト、並其ノ外直接間接同公司ニ影響ヲ及ホスヘキ虞アル措置ヲ執ラントスル場合ニハ、先ツ同公司ノ同意ヲ経ヘキコトヲ約ス

第一条では、将来における漢冶萍公司の日中合弁化や、日本政府の同意なしに中国政府が公司の権利・財産を処分、あるいは公司自らが行う財産処分の承認をしないよう求めている。こうした内容の一部については、辛亥革命期に日本政府、南京政府、盛宣懐間ですでに話し合われており、一定の議論の蓄積があった。第二条では、①漢冶萍公司に所属する「諸鉱山附近ニ於ケル鉱山」の採掘について、公司の承諾なしに、公司以外のものに認めてはならないこと、②その他、漢冶萍公司に対して「直接間接」影響を及ぼすおそれのある行為を行う場合に公司の同意を取りつけることとしている。特に第二条は、「諸鉱山附近ニ於ケル鉱山」や「直接間接」などの曖昧な文言の存在によって、機会均等に反するとの批判にさらされることになる。(65)

確かに、中国政府から漢冶萍公司を国有化の対象から除外するとの報告を受けながらも、第二条を盛り込んだことは、長江流域の鉱山利権全体に対する日本の野心が疑われる結果を招くものでもあった。ただ、日本政府としては、袁世凱政権による鉄鉱国有化が進行していたからこそ、それを牽制する必要があった。つまり、第二条は進行中の事態への対応という意味を持つと同時に、長江流域利権をめぐる日中関係の現状を変更すると捉えられかねない条項であった。さらにいえば、こうした袁世凱政権の中央集権化（統治能力の強化）を図る動きに対し、外務省が否定的な動きを示していたことは、第二次大隈内閣後期に展開される反袁・排袁政策を想起させるところでもある。

しかし、日本側には、対華二十一ヵ条要求の提出後も、漢冶萍公司の国有化を認める考えは引き続き存在していた。例えば西澤公雄は、まず「袁総統ノ政府ヲシテ該公司及他ノ製鉄工業ニ必要ナル各種鉱山ヲ買収セシメ、純然

タル官立製鉄所トシテ我製鉄所ト永久的連鎖ニ就テ優先協約」を結び、大戦中もしくはその終結後、中国や欧米が疲弊した時に日中合弁化交渉を始めるべきだと述べていた。[66] 外務省と、国有化に対する楽観的な見通しを持つことができる西澤とでは、袁政権そのものに対する見方は当然異なっていたのである。

さて、中国政府は、民間の事業であるために、漢冶萍公司に対して合弁を強要することはできないと反論した。これに対し、日置公使は、中国政府が合弁化を漢冶萍公司に促すことは困難ではないとの考えを示した。漢冶萍公司が以前に国有化や官商合弁化を中国政府に請願していたことを考えると、日置の反論は、非現実的なものではなかっただろう。さらに日置公使は、この取り決めはすぐに実行を要求するものではなく、あくまでも将来における日中合弁化の約束（日置がいう「主義上の取り決め」）であると主張した。三月二六日には、日本政府は、第三号の第一条を部分改訂、第二条は原案通りとし、また、「公司ニ属スル諸鉱山附近ニ於ケル鉱山」の範囲について、日中両国による審査を行うことを提案した。外務省はその指し示す内容を次のように説明している。[67]

第二条中「漢冶萍公司ニ属スル諸鉱山附近ニ於ケル鉱山」トアルハ、象鼻山龍角山等ノ如ク、同公司所有ノ大冶萍郷鉱山ニ近接シ、従テ其採掘ハ大冶萍郷等ノ競争ノ地位ニ立ツテ至ルヘキ鉱山ヲ指スモノニシテ、同公司ニ属スル鉱山ニシテ各所ニ散在スルモノアリトスルモ、其各鉱山附近ニ於ケルモノ凡テヲ含ム趣旨ニハ無之

「漢冶萍公司ニ属スル諸鉱山附近ニ於ケル鉱山」とは、象鼻山や龍角山のように、大冶鉄山や萍郷炭鉱に近接し、それらと競合する可能性がある鉱山を指すとある。ただし、漢冶萍公司が所有する鉱山附近のものすべてを対象とはしていない。とはいえ、第三号の性格について、なんら新たな事態を生じさせるものではないとする外務省の主張には無理があろう。

このように日本政府は若干の譲歩を見せたが、中国政府は先の論理を固守し、要求に反対し続けた。そして、陸

徴祥外交総長は日置公使に対し、「漢冶萍公司ヲ国有トセザル事竝ニ漢冶萍公司ニ他国筋ノ資本ヲ容レザルコトノ保証ヲ支那側ニ於テ為スコト以外ニ最早ヤ譲歩ノ余地ナク」(68)と伝えた。こうした中国の対応に、日置公使は、「先方ノ態度意外ニモ強硬ナルハ本使ノ不審ニ堪ヘザル所ナリ」(69)と洩らした。さらに加藤外相は、「漢冶萍鉱山合弁は容易に諾せず、是は株式会社として政府の事業ならねば強制的諾せしむるの道なし」(70)と、民間会社であるという理由から、中国政府に漢冶萍公司の合弁化を認めさせることを諦めるに至っていた。

また、曹汝霖外交次長は、民間の会社であるため、漢冶萍公司に口出しができないことの他、第三号への反対の理由を次のように述べた。(71)

万一中央政府ニ於テ日支合弁ヲ承諾スルガ如キ態度ヲ示サンカ、彼等〔株主〕ハ必ズヤ激烈ナル反対ヲ為スベク、其結果政府ハ頗ル困難ナル地位ニ陥ルベシ、実ハ自カラ弱点ヲ披露スルガ如キ嫌アルモ、極ク有体ニ云ヘバ、袁大総統ノ勢力ハ今ヤ北方ニ於テハ遺憾ナク行ハレ居ルモ、南方ニ於テハ未ダ確定スルニ至ラズ

曹汝霖次長は、漢冶萍公司の日中合弁化が政治問題化し、公司の株主と中国政府との対立につながり、南方において反袁の気運が高まることを危惧していると説明したのである。(72)これが事実かどうかは即断できない。しかし、この発言は、第三号が漢冶萍公司の日中合弁化にとどまらない、中国国内の政治的な問題に関わるため、中国政府が日本の要求に反対したことを暗示する。

盛宣懐も第三号には反対の立場であった。小田切万寿之助は、盛宣懐に対して、対華二十一ヵ条要求に漢冶萍公司の日中合弁化が盛り込まれたことは喜ばしいと伝えた。(73)しかし、盛宣懐は、漢冶萍公司の株主は日中合弁化に反対していると述べ、日本が中国企業の合弁化を行うことは、欧米各国が他の中国企業に対して、合弁化を迫る悪弊となってしまうのではないかと第三号に反対していた。(74)第三号は、盛宣懐の理解も得られていなかったのである。

それでは、第三号に対するイギリスの反応はどのようなものであったのだろうか。先に述べたようにイギリス側は、第一次世界大戦以前において、日本と漢冶萍公司との密接な経済的関係を承認していた。日本政府が二十一ヵ条の要求書を中国政府に手渡した時点では、欧米に対して第三号第二条と第五号の存在は隠されており、イギリスは基本的に第三号に反対しない方針であった。[75] しかし、第三号第二条と第五号の存在を知ると、態度を硬化させ、第三号第二条を自国の長江流域利権に対する重大な侵害であると捉えるようになる。[76] また、イギリス国内には、「公司ニ属スル諸鉱山附近ニ於ケル鉱山」が示す意味が広すぎるとの意見も存在していた。[77] イギリスは、第一条を日本が漢冶萍公司に対して保持する既得権の拡大とみなし、批判しなかった。しかし、第二条の露顕により、長江流域という自国の「勢力圏」が脅かされる可能性が出現すると、日本政府への反発を見せたのであった。すなわち、イギリスは、日本の影響力が長江流域の他の利権、特に漢冶萍公司以外の鉱山利権や鉄道利権に及ばない範囲内において、日本の漢冶萍利権を認めていたのである。

外務省は、「公司ニ属スル諸鉱山附近に於ケル鉱山」に関して、日中両国による審査を考慮に入れていたし、「漢冶萍公司ヲシテ附近ニ於ケル鉱山ヲ独占セシムル」ことが「機会均等及条約ニ牴触スル」との認識はあった。[78] 日置公使は、中国政府との交渉が難航した理由について、イギリスが江西省の萍郷炭鉱に関心を持ち、それに対し、中国政府が配慮したためでもあると予測もしていた。[79] 外務省は、「機会均等」という観点において、イギリスからの反発を受けることを承知のうえで、第三号第二条を対華二一カ条要求に挿入したといえよう。

第三号に関する日中交渉は長引き、日本政府は四月二二日に第三号第二条を撤回することを決定した。[80] 陸徴祥外交総長は、「東部内蒙古問題漢冶萍公司問題及第五号ニ付テ」同意が困難であることを日置に伝えると同時に、政府に持ち帰って検討すると答えた。[81] 一方、日本政府による第三号第二条と第五号の撤回を受けて、イギリスはロシアとともに、この要求を受け入れるよう中国政府に促した。[82] そして、日本政府は、同月二六日に最終案を中国政府に提示し、翌日、第三号は第一条の修正と第二条の撤回という形で決着がついたのであった。

五月九日、中国政府は日本の要求を受諾することを表明した。そして、同月二五日には、第二条を削除した形で、交換公文の運びとなったのである。[83]

日本国資本家ト漢冶萍公司トノ関係極メテ密接ナルニ鑑ミ、将来同公司ト日本国資本家トノ間ニ合弁ノ議成リタルトキハ之ヲ承認スヘク、又同公司ヲ没収スルコトナカルヘク、又日本国資本家ノ同意ナクシテ同公司ヲ国有ト為スコトナカルヘク又日本国以外ヨリ外資ヲ同公司ニ入レシムルコトナカルヘク候

漢冶萍公司の日中合弁化は株主の意志で決定される（将来、漢冶萍公司の合弁化が決定された際、中国政府はこれを承認する）べきこと、中国政府は日本関係者の同意なしで国有化をしないこと、日本以外からの外国資本を漢冶萍公司に入れさせてはいけないことなどが規定された。[84] 漢冶萍公司の国有化に掣肘を加えるとともに、中国政府との関係強化を牽制するような内容である。ただ、最終的にまとまった第三号は、外務省から見れば、「漢冶萍ニ関スル我最終提案ハ全然支那側ノ言フ処ヲ採用[85]」するものであった。

従来、第三号の形成過程については、第二次大隈内閣の成立に尽力し、漢冶萍公司に関心を持っていた井上馨の意向があったことが指摘されている。[86] 辛亥革命期において、井上が、三井物産を通じて盛宣懐と交信し、漢冶萍公司の日中合弁化を推進していたことはよく知られている。

第一次世界大戦の勃発を「天佑」と見た井上は、対中国政策に関して、欧米諸国との摩擦が生じない限りにおいて、中国と日本とが共同で中国の事業経営をすべきと大隈首相に助言を行っていた。[87] 具体的には、漢冶萍公司の日中合弁化の進展を望む一方で、公司のみを日中合弁化することは中国側の反発を招く可能性があるため、官営八幡製鉄所も日中合弁化すべきであると述べていた。大隈首相もこうした意見に賛成であった。[88] また、井上は「袁ヲ第

一ポケットニ入ルニ足ルヘキ人物」を駐華公使として派遣する必要がある、付言すれば、日置公使では力不足と発言しており[89]、袁世凱政権との関係悪化は避けるべきと主張していた。

ただし、井上は、中国政府による漢冶萍公司の一方的な国有化には否定的であった[90]。つまり、井上としては、袁世凱政権との良好な関係が構築されてこそ、八幡製鉄所への中国資本の導入と漢冶萍公司の日中合弁化が実現されると考えていたといえよう[91]。

さらに、井上と大隈首相との会談では、大隈が、「此機会ヲ利用シテ是非漢冶萍ヲ取込ンデ将来動ケヌ様ノ相談ヲシタイト思フテ農商務大臣ニモ其辺ノ事ヲ命ジタ[92]」と発言している。ここで重要なのは、「将来動ケヌ様ノ相談ヲシタイ」との部分と、その意図を伝えた相手が、大浦兼武農商務相であったことである。第一次世界大戦の勃発後という状況であっても、既定の方針に従い、漢冶萍公司と日本との関係に関する業務は、農商務大臣が担当するという原則は変わらなかった。ただ、八幡製鉄所への中国資本の導入は、「軍器の独立」という観点から大浦農商務相に否定されたようであり[93]、実際に対華二十一ヵ条要求に盛り込まれることはなかった[94]。

第一条は、すでに辛亥革命期に議論が行われており、また、製鉄業の振興も継続的に期待されていたため、井上を含む日本側の最大公約数的な内容と見てよい。また、後に述べる華中・華南の鉄道利権に関する条項とは異なり、大戦勃発直後の八月に日置公使から加藤外相に出された電報に漢冶萍公司に関する条項が見られなかったことから、第三号が対華二十一ヵ条要求に盛り込まれた背景には、大隈首相や井上をはじめとする元老らの意向が存在していたのだろう。しかし、加藤外相が外交の一元化に強い意欲を示していたことや[95]、漢冶萍公司の合弁化が第三号のなかに盛り込まれていた一方で、八幡製鉄所への中国資本の導入に関する条項が存在していないことを考えると、井上の主張によって第二条が盛り込まれたと見ることは困難である。さらに、日本政府が第五号と第三号第二条を撤回した最終案を中国政府に提示した際、「政府も此度改めたる第二回之交渉ニハ侯爵〔井上馨〕之御主旨ニ則[96]」ったものといわれていることから、井上は、中国の内政に干渉し、袁世凱政権からの強い反発が予想される条項には反対であったといえよう。条文の内容やそれをめぐる日中交渉の過程を見てみても、漢冶萍公司を「動ケヌ様」、つまり、漢冶萍公司そのものを確保するためには第一条で十分であり、第二条は中国への内政干渉、長江をめぐる日中英関係にまで影響を及ぼす可能性がある条項であったということができる。

第三号には、辛亥革命以降の日本国内における漢冶萍公司の合弁化要求や、公司との密接な経済的関係が反映されていた一方、特に第二条には、袁世凱政権の鉄鉱山の国有化に反対し、公司を長江流域利権拡大の足がかりと位置づけていた外務省の思惑が強く働いていたのである。[97] 前述した通り、日露戦争以降、外務省は福建省を「勢力圏」として確保するために長江流域利権の拡大を企図していた。また、武昌蜂起の発生後は、盛宣懐、革命派（南京政府）、日本側の思惑が一致し、漢冶萍公司の日中合弁化問題は盛り上がりを見せていた。第三号には、こうした日本側の長年の願望が反映されていたのである。

第一条で漢冶萍公司の将来における日中合弁化が約束されたものの、具体的な進め方などは、懸案事項として残された。袁世凱政権が漢冶萍公司に対し、影響力を高めようとするなか、日本側は日中合弁化の具体策を模索していくことになるのであった。

（3）通恵公司の設立と袁世凱政権の崩壊

一九一四年頃から袁世凱は帝制実施を目指しており、それを推進する通恵公司が第一次世界大戦勃発の前後に誕生していた。[98] 通恵公司は直接的には政府が外資導入事業の回収のために設立した会社であった。[99] 設立発起人には中華民国政府の安徽派の有力者が名を連ねている。

盛宣懐は、対華二十一ヵ条要求が妥結に至る以前、会長職の辞任を考え、安徽派の有力者孫宝琦に会長就任の打診をした。これに対し、孫宝琦は対華二十一ヵ条要求が一段落せず、漢冶萍公司に対する政府の方針が決定していない状態では、受諾することができないと拒否していた[101]。しかし、交換公文が締結されると、孫宝琦は会長就任を承諾し、盛宣懐が副会長に退いた。孫宝琦の会長就任の背景には、盛宣懐の健康状態の悪化や袁世凱政権と漢冶萍公司との関係改善への期待などがあったといわれている[102]。そして、漢冶萍公司の取締役会は、中国政府に対して、萍郷炭鉱の境界線の確定や、大冶鉄山周辺の官有鉄鉱山払下げの許可を請願した[103]。こうした動きを受け、通恵公司は漢冶萍公司への資金貸付を計画することになった。

この貸付は、漢冶萍公司に対して大きな利益をもたらすものと考えられていた[104]。その理由として、第一に、大冶鉄山周辺の官有鉄鉱山である象鼻山の払下げが実行される可能性があった。象鼻山については、一九一四年三月に官商合弁を決議した際にも、払下げを要請しており、漢冶萍公司にとってその所有は長年の懸案事項であった。第二に、漢冶萍公司の取締役会が中国政府に提出した要望書のなかに記載されていた、萍郷炭鉱の境界線確定につながる。このように漢冶萍公司は、通恵公司からの貸付によって、中国政府との間に存在していた諸問題の解決を望んでいたのである。

盛宣懐は、この貸付について、外国資本ではなく、国内資本であるため漢冶萍公司と横浜正金銀行との間で締結した契約には違反しないと考え[105]、当初締結に積極的な姿勢を見せた。ところが、この貸付の目的が漢冶萍公司から盛宣懐の影響力を排除するものであると知ってからは、「心変わり」[106]し、否定的な姿勢を示すようになった。しかし、公然と反対すれば中国政府の反発を招くため、盛宣懐は債権者の日本に反対させる手段をとったのである。盛宣懐は、日本側に対し、通恵公司からの貸付が計画されている今が日中合弁化の好機であると述べるとともに[107]、この計画が実行に移されると漢冶萍公司の株式の暴落は免れないため、過去には反対した株主たち[108]も今度は日中合弁化に賛成すると説明した。また、一九一五年五月の交換公文で、漢冶萍公司の株主に異議がない場合、中国政府は公司の日中合弁化を認めると決められていたことも挙げ、これを利用すれば日中合弁化は達成されるであろうと主張した。こうして盛宣懐は、日本の反対を利用して、通恵公司の貸付を挫折させようとするに至ったのである。

この問題への対応に関し、日本国内では意見が一致していなかった。正金銀行上海支店などは「通恵借款絶対ニ拒絶ハ合弁解決ニ不利ナルヲ以テ、無担保無条件ニテ単純ナル借用金トシテ」借り入れるよう漢冶萍公司に申し入れることや、象鼻山など公司周辺の所属が未確定であるために、通恵公司の計画が一段落した後に、合弁化交渉を開始するべきとしていた。(109)こうした考えは、通恵公司の貸付を条件つきで認めることになり、「合弁案ノ如キハ帝制問題ノ最中コソ可然」(110)と、帝制運動が展開するなかで、漢冶萍公司の合弁化を進展させようとする次のような見解につながっていく。(111)

大体ニ於テ支那政府ハ早晩〔帝制を〕実行セラルベク、支那政府ハ今回日本政府ノ取ラレタル行動ニ鑑ミ、帝制実行迄ハ日本ノ好意ヲ保持スベキ必要ヲ感ジッ、アルモノト観察ス

また、高木陸郎は、通恵公司を利用した漢冶萍公司の日中合弁化を次のように構想していた。(112)まず日本政府は、中国政府に対し、漢冶萍公司の株式を買い上げるように働きかける。同時に日本政府は、中国政府が株式買い上げのために必要な資金を提供し、買い上げた株式を通恵公司に交付させる。そうすれば、中国政府は日本政府の意向を受けて、日中合弁化を認めざるを得ないだろう。このように考えたのである。袁世凱政権を介して、漢冶萍公司の日中合弁化を実現しようという計画といえよう。

ここに、日本政府が帝制に反対し、日中関係が決定的に悪化するとの危惧は見られない。しかし、中国政府と日本政府との間には、帝制実施をめぐる認識の差があり、袁政権は、一〇月末の日英共同による帝制実施延期の勧告を一時無視し、日本を敵視していった。

一方、正金銀行本店は、通恵公司による貸付を中国政府による日中合弁化の妨害と見て、[113]「仮令無条件無担保ニテ纏ルトスルモ、将来何カノ行掛ヲ生ジ、自然本行公司間ノ関係ヲ乱ス虞アルニ付断然拒絶相成度」[114]と反対であった。また、外務省は「通恵公司借款ヲ成立セシメサルコトニ努ムルト同時ニ、他方一方此機ニ於テ漢冶萍公司日支合弁ヲ速進シテ、之カ為ニ必要ナル資金ハ日本側ニ於テ供給方詮議スルコトニ決定[115]」していた。通恵公司による借款契約を成立させずに、漢冶萍公司の日中合弁化の早期実現を図ろうとしていた。帝制実施に反対であった外務省としては、通恵公司による貸付など認めることができなかったのである。ここでは、辛亥革命後の漢冶萍公司の国有化問題をめぐる日本国内での不一致を再び見ることができる。

ただ、ここで注目すべきは、盛宣懐と一部の日本側の思惑が一致し始めた状況を見た孫宝琦が、日本側が要求した場合には、合弁化が実行されてしまうのではないかという危機感を持ったことである。[116]孫宝琦は、漢冶萍公司の日中合弁化を防ぐ手段として、公司と日本が関心を持っていた安渓山とを合併し、日本の関心を公司本体ではなく、安渓山に向けることを構想するなど、[117]合弁化を現実的な問題として捉えていたのである。

日本政府が帝制実施に反対を表明して以降、日中関係は悪化の一途をたどり、一九一六年三月七日、第二次大隈重信内閣はついに袁世凱政権の打倒を閣議決定する。[118]この決定では、第一条から第三条までにおいて袁世凱排斥の必要性を述べ、第六条では、民間資本を通じた袁世凱に敵対する人物への金銭供与を黙認することが表明されていた。そして、三月二二日に袁世凱は帝制実施の中止を宣言した。

正金銀行上海支店や高木陸郎らは、日本政府による帝制運動への反対に楽観的であった。しかし、日本政府の方針が袁政権の打倒を決定したことにより、通恵公司による貸付（袁世凱政権の関与）を含み込んだ、彼らが抱く合弁化のシナリオは崩壊したのであった。

そこで、合弁化を中国政府の関与なしでいかにして実現していくか、ということが残された課題となるはずだった。しかし、その矢先の四月二七日、長年にわたり漢冶萍公司の実権を握ってきた盛宣懐が死去してしまう。彼の死に関し、石井菊次郎外相は有吉明上海総領事に宛てて、次のような電報を送った。[119]

此ノ機ニ於テ益々漢冶萍公司ノ態度ヲシテ我従来ノ方針ニ適合セシムル様致度、殊ニ今後我ニ不利ナル情勢ヲ来サシムルカ如キコトナキ様致度ニ付、貴地正金銀行支店長並四月二十七日当地発貴地ニ急行セル高木陸郎トモ諸事御打合ノ上可然措置セラレタシ

盛宣懐の死が、漢冶萍利権における日本の地位に不利をもたらさないよう注意を促すとともに、善後策について、正金銀行上海支店長や高木と打ち合わせることを要請している。外務省は、漢冶萍公司の経営体制や合弁化の方法に関して、自らと意見に相違のあった正金銀行や高木に新方針の策定を求めたのである。

さらに、六月六日には、袁世凱が死去した。このように漢冶萍公司をめぐる情勢は、三月から六月にかけて、大きく変化した。外務省は、対中国外交全体に関して、反袁・排袁政策を採用しており、実際に袁世凱は帝制実施の延期を選択した。このように、外務省は、反袁・排袁政策に基づく、中国政府の干渉の排除という方針にとどまり、漢冶萍公司の日中合弁化に関する具体策を有していなかったことがうかがえる。

袁世凱の後継者として、黎元洪副総統が次期大総統に就任することが確実となった際、日本側はこの状況を概して好意的に受け止めた。西澤公雄は、武昌蜂起の際に黎元洪が湖北都督として日本の利権を尊重したことを挙げ、黎の大総統就任は、漢冶萍公司に対する日本の利権拡大や日中合弁化を進める上で好機であり、「此際飽迄黎ヲ援助シテ南北統一融和ノ途ヲ講セシメ速ニ我対支策ノ貫徹ヲ企画スル事」[120]を求めていた。

日中合弁化を進展させようとする日本側と中国政府の影響力の排除を目指す盛宣懐の思惑が、通恵公司による貸付に反対するという点で一致し、合弁化交渉は進展するかに見えた。しかし、その先に待ち受けていたのは盛宣懐

の死であり、合弁化は再び暗礁に乗り上げることになる。ただ、その後の袁世凱の死去と黎元洪の大総統就任という新局面は、悪化した日中関係を打開する好機が到来したとの認識を日本側にもたらした。停滞していた漢冶萍公司の日中合弁化についてもそれは同様であったのである。

二　第五号第五条と華中・華南の鉄道利権

(1) 寧湘鉄道の敷設をめぐる日英交渉

それでは次に、南潯鉄道などへの借款を通して優越的な影響力の扶植が試みられていた華中・華南の鉄道利権が、対華二十一ヵ条要求とどのように関係していたのかについて、見ていきたい。

寧湘鉄道は江蘇省の南京と湖南省の長沙とを結ぶ路線である（図3-1）。寧湘鉄道の敷設に関する借款契約が、一九一四（大正三）年三月にBritish and Chinese Corporation（以下B&CCとする）[121]と中国政府の間で締結され、鉄道敷設に必要な資金をB&CCが供与することとなった。[122]この時のイギリス側の目的の一つは、寧湘鉄道の一部である南萍線（南昌～萍郷）を建設する際の外資輸入を防ぐことにあった。[123]

しかし、寧湘鉄道の一部である南昌～南京線は、一九〇〇年の閣議決定以来、日本政府が敷設を予定していた南昌～杭州線の平行線となり得るものであった。さらに、萍郷には漢冶萍公司の経営傘下である萍郷炭鉱が存在しており、日本国内には「漢冶萍公司との特別の関係を結び、南潯鉄道を殆どその勢力下に置ける今日、南萍線の如き当然日本の勢力圏に結ばるべき性質[124]」と、南萍線の確保を主張する意見もあった。よって、日本外務省は南萍線に多大な関心を払っており、英中間での借款契約を看過することができなかったのである。

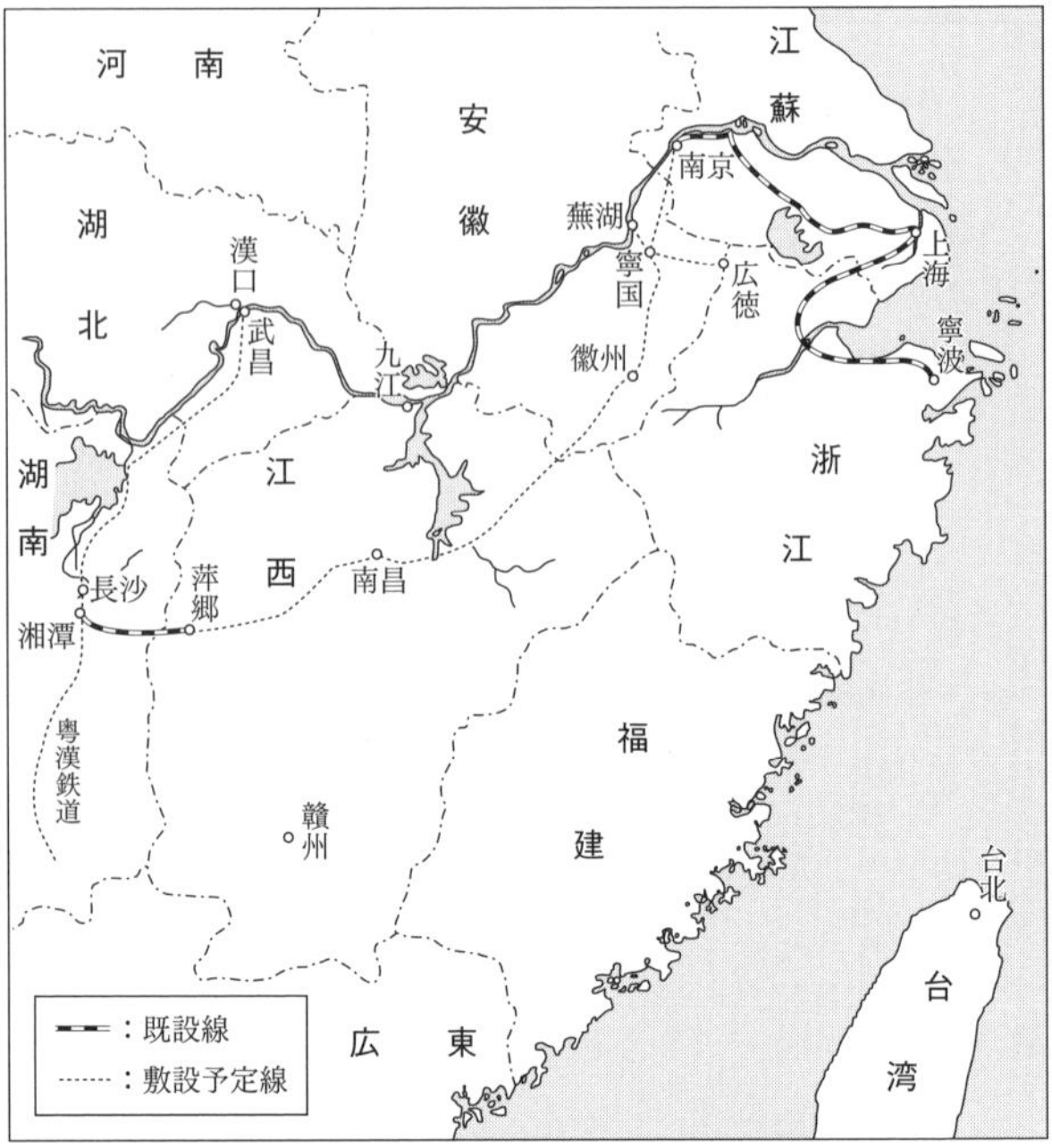

図 3-1　寧湘鉄道の敷設に関する借款契約関連図

出所：「南支那鉄道関係附図」（外務省外交史料館所蔵「外務省記録」1. 7. 3. 17「南支鉄道関係雑纂」第 4 巻）をもとに，鐵道部編『中國鐵路借款合同彙編』（文海出版社，1987 年）333-345 頁を参考にして作成。

そこで、日本外務省は寧湘鉄道全線ではなく、その一部の南萍線への借款権を主張すると同時に、日本の満州権益を尊重するようイギリス政府に理解を求めた。[125] 結局、イギリス政府がアメリカ資本家による錦愛線敷設計画を過去に支持しなかったことへの考慮や、「地方的問題ニ依リ英国ト相争フコトハ諸般ノ関係ヨリ顧慮シ極メテ不得策ナルコト申迄モ無之義ニ付、南満州ニ関スル我特殊ノ関係ハ飽迄之ヲ主張スル」[126]という方針から、中国政府とB&CCとの借款契約を容認したのである。ただし、それと引き替えに萍郷炭鉱産の石炭輸送に関する便宜供与、寧湘鉄道の敷設に関する日本との事前交渉をイギリスに求めた。[127] 日本外務省は満州権益の絶対的確保を前提に、日英対立を表面化させない範囲内で、長江流域利権の拡大を果たそうとしていたのである。

一方、イギリス外務省は日本の南昌~杭州線への関心をどのように捉えていたのだろうか。グレイ外相は満州の権益に対する日本の優越性を承認しており[128]、イギリス資本の満州利権への進出には否定的であった。対日強硬派であったジョーダン駐華公使も、歴史的経緯から南潯鉄道に対する日本の優越的な地位を認めていた[129]。しかし、日本の南昌～杭州線への進出については、イギリス「勢力圏」への進出と捉え、日本側が南萍線の敷設権を主張する背景についても、萍郷炭鉱産石炭の運搬という説明に懐疑的であった[130]。つまり、イギリス外務省は、南潯鉄道を除いた他の長江流域の鉄道利権に対する日本の進出拡大を許容することが困難であった。

日本外務省は寧湘鉄道問題でイギリスに妥協した後も、福建省のみならず浙江・江西両省の利権獲得に積極的であった。鉄道利権を担保とした対中国借款を「勢力圏」確保・拡大のための有効な手段として位置づけ、福建・江西・浙江の三省を日本の「勢力圏」として確保しようとしていた[131]。こうした目標を実現させるためには、イギリスから譲歩を引き出し、中国政府との直接交渉を行う必要があった。具体的には、「勢力圏」確保のための橋頭堡、もしくは外交的な妥協を引き出すための取引材料となる利権を獲得することであった。寧湘鉄道の敷設問題ではイギリス側に譲歩した日本外務省であったが、中国に対するイギリスの影響力が低下すれば、イギリスの「勢力圏」と見なされていた長江流域での利権獲得活動を活発化させる可能性は多分に存在していたのである。

(2) 第五号第五条の形成と展開

南潯鉄道には着々と日本の資本が導入されていた。東亜興業は、第二革命以降において慢性的な経営難に陥っていた南潯鉄道への追加借款の供与を外務省に要請した[132]。日本政府はこれを受け入れ、「元来同鉄道ノ経営如何ハ揚子江流域ニ於ケル我利権ノ消長トモ多大ノ関係ヲ有スルモノ」との判断のもと、南潯鉄路公司に対する三〇〇万円借款の閣議決定を行った[133]。この決定に基づき、一九一四年五月、東亜興業と南潯鉄路公司との間で、五〇万円と二五〇万円の借款契約が締結された[134]。日本政府は同公司の経営改善と長江流域利権の拡大とを不可分なものとしていたのである。さらに、①外国資本を南潯鉄道に輸入しないこと、②国有化の場合には日本からの借款供与を受けることなどを条件に引き続き国有化を認める立場をとった[135]。

一九一四年七月、加藤高明外相は、福建省の鉄道利権は経済的利益が少ないため、「各線中最有望ナル南昌杭州線及南潯鉄道トノ関係最我方ニトリ緊切」であり、「収益ノ見込十分ナル九江漢口（又ハ武昌）間ノ両線ニ関スル交渉ヲ至急」まとめるよう駐華公使館に伝えた[136]。第一次世界大戦の勃発直前という比較的早い段階（第三号と比べても）から、加藤外相は、南昌〜杭州線及び九江〜漢口（武昌）線の敷設権に関する交渉の開始を主張していた。こうした加藤外相の認識は、直前に実施されていた大村鋿太郎鉄道院技師による鉄道踏査の結果に影響されていたと考えられる。この調査では、南昌〜杭州線が工事費や沿線の経済状況から有望な路線であり、「支那全土ニ於ケル幹線ヤ優秀ナル地位ヲ占ムルニ至ル」と結論づけられており、同線の開通による漢口から上海までの鉄道の接続という壮大な構想が披露されている[137]。

さらに、孫宝琦外交総長が「南昌杭州線ニ付テハ大体異存」がないものの、「九江武昌線ハ英国側ノ要求線ト略合致スルヲ以テ遽ニ承諾困難」であると話したとの情報も加藤外相に伝えられていた[138]。寧湘鉄道の借款権をめぐって問題化した南昌〜杭州線のみならず、一九〇〇年の閣議決定で漠然と敷設が目指されていたが、ほとんど実行には移されていなかった九江〜武昌間の鉄道敷設権の獲得までも現実に試みられるようになったのである。

ただ、外務省とは異なる見解も存在していた。東亜興業は、物資の輸送に関し、九江〜武昌線が長江の水運との競争を招く可能性があるという理由から外務省の構想には否定的で[139]、南潯鉄路公司へのさらなる借款の供与にも反対であった[140]。東亜興業は商業的利益の観点から九江〜武昌線の敷設に懐疑的であったのである。これに対し、外務省内には、「我所謂投資者若ハ事業家カ単ニ借款ノ名目ト利息ノ獲得ニノミ熱心ニシテ、肝要ナル事業ノ遂行ニハ殆ント無頓着ノ観アルハ甚タ遺憾トスル所ニ有之[141]」との批判が存在していた。南潯鉄道を単なる取引先・投資先という存在以上に位置づけていた外務省から見れば、東亜興業の対応は商業的な利益にこだわる自己中心的なものとして映ったのである。外務省は、東亜興業のような消極的な動きに対処するためにも、技術的・経済的見地から南昌～杭州線の敷設権の獲得や南潯鉄道と武昌との接続の正当性を高める必要があったといえよう。

こうしたなかで対華二十一ヵ条要求の原案が形成され、一九一四年一二月三日には次のような文言が加藤外相から日置益公使に対して訓令された[142]。

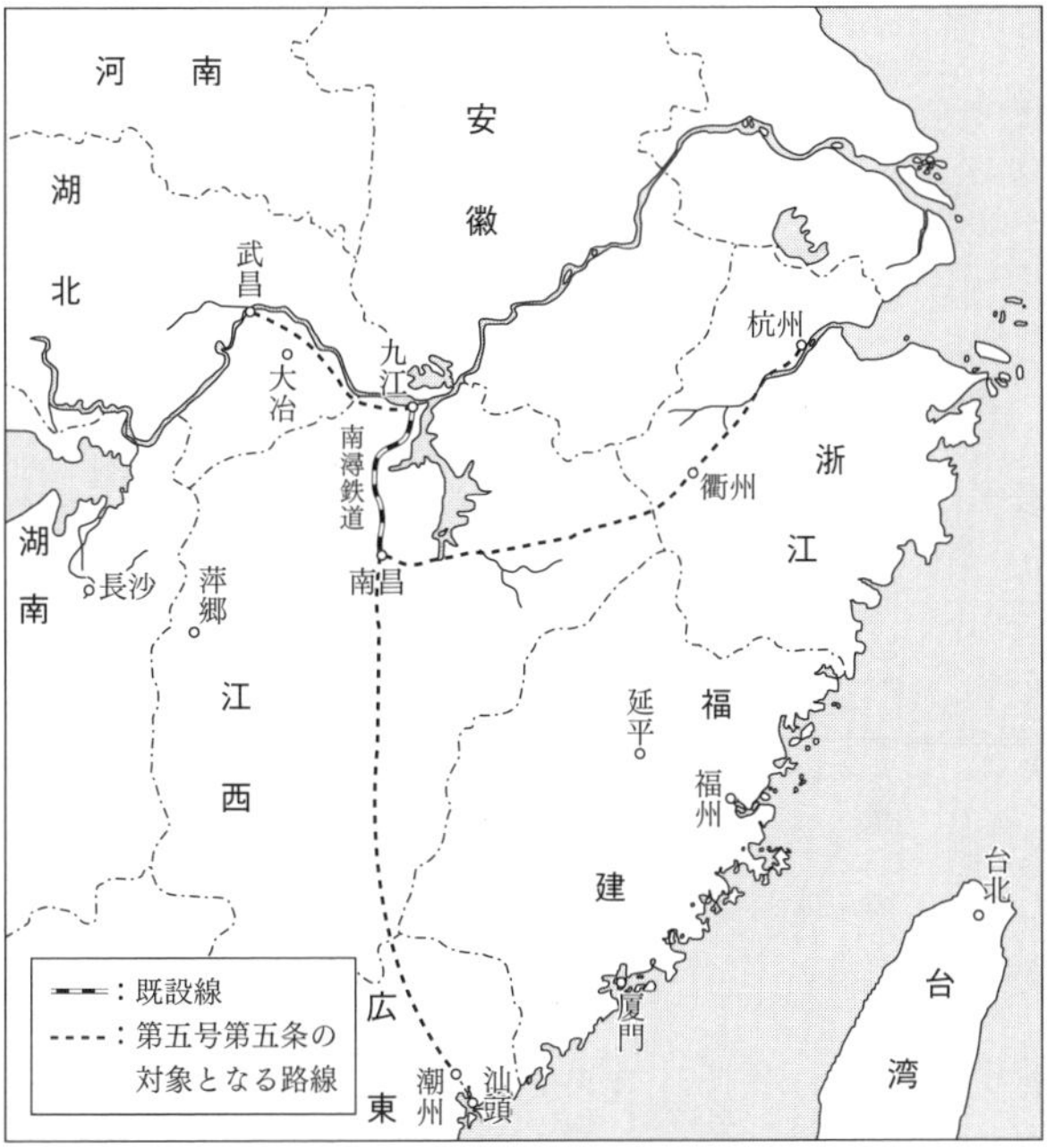

図 3-2　対華二十一ヵ条要求第五号第五条関連図

出所：「南支那鉄道関係附図」（「外務省記録」1.7.3.17「南支鉄道関係雑纂」第4巻）をもとに，『日本外交文書』大正3年第3冊（外務省）567頁を参考にして作成。

　武昌ト九江南昌線トヲ連絡スル鉄道及南昌杭州間、南昌潮州間鉄道敷設権ヲ日本ニ許与スルコト

南潯鉄道と武昌、南昌と杭州や潮州を結ぶ路線の敷設権の獲得が第五号第五条として盛り込まれることになったのである（図3-2）。

さらに、第五号第六条には、「福建省ニ於ケル鉄道、鉱山、港湾ノ設備（造船所ヲ含ム）ニ関シ外国資本ヲ要スル場合ニハ先ツ日本ニ協議スヘキコト」と、福建省の諸利権に対する日本の借款優先権に関する条項が挿入された[143]。同条が日中間で妥結され、投資の環境が整えば、民

間資本の経済進出や福建省における鉄道敷設は一定の進展を見せることが予測される。

次に、イギリス外務省が対華二十一ヵ条要求第五号第五条に反発した原因はどこにあったのかを考えてみたい。

グリーン駐日大使（William Conyngham Greene）は本省に送った電報で、加藤外相が“industrial interests of a political complexion”を十分に理解していないと伝えた[144]。これは単なる経済的な利権ではなく、すでにイギリスの資本家が中国政府と締結した契約との抵触が予想される利権や「勢力圏」認識の改変につながる利権、つまり、対華二十一ヵ条要求で問題化するような華中・華南の鉄道・鉱山利権のことを意味していよう。このように、第一次世界大戦の勃発以前から、日本政府の華中・華南利権への認識に対しては、すでに不安が高まっていた。また、対華二十一ヵ条要求が手交された後、ジョーダン公使は、福建省や江西省が「第二の満州」となってしまうのではないかと危惧していた[145]。

イギリス外務省の「勢力圏」認識については、ジョーダン公使の以下のような発言に注目すべきである[146]。ジョーダンは、日本政府が日清・日露戦争という二度にわたる対外戦争のなかで満州権益を強化したとの認識を前提に、イギリスの長江流域利権も二度の戦争と深く関係していると述べた。すなわち、長江流域の玄関口であり、共同租界が置かれている上海は南京条約（アヘン戦争の結果として締結）、長江中流域の中心的な都市である漢口やその他長江流域の主要都市も天津条約（第二次アヘン戦争の結果として締結）によって開港させたという歴史的経緯があるというのである。イギリスも日本の満州権益と同様に二度の戦争で長江流域利権の獲得・強化をしてきたという論理が展開されている。

また、大戦中とはいえ、イギリス側が、華中・華南利権に対する積極的な経済進出を試みていたことには、注意すべきである。イギリス外務省が武昌・漢陽・漢口周辺での影響力の強化策を模索しており[147]、イギリスのポーリング商会は南昌～広州間の鉄道利権に関する借款交渉を進めていた[148]。イギリスと長江流域との歴史的関係、イギリスの民間資本の経済進出などから、「日本政府が満州利権を開放すれば、イギリス政府も日本に対し長江流域利権への参加を認めてもよい」[149]との結論が導き出されることになる。イギリス外務省は、南潯鉄道に対する日本の優越的な影響力を認めていたが、その他の長江流域の主要な鉄道利権に対してはほぼ妥協の余地はなかったのである[150]。

イギリス外務省は、第五号第五条の南昌〜潮州線に対しても、批判的であった。ジョーダン公使は日本が台湾の対岸経営から福建省を重視するのと同様に、イギリスも香港の存在のために、広東省に関しては、多大な利害関係を持っていると考えていた[151]。

日本外務省は「我方ニテ要望スル南昌潮州線ハ南昌、福州、厦門線トハ全然別個ノ問題ナリ、且又本第五項ノ当鉄道ニ付テモ先ツ敷設権ヲ主張スル」[152]という説明を行い、南昌〜潮州線は一九〇〇年の閣議決定に関わる厦門〜福州〜南昌線とは性質が異なることを明確にしている。南昌〜潮州線の敷設権獲得は、南潯鉄路公司の経営基盤の強化に関わっており、直接的には長江流域の鉄道利権への進出を示してはいなかったが、香港と広東省との関係からイギリス側からの非難は避けられないものであった。さらに、潮州〜汕頭間は、すでに台湾総督府や日本資本の関与により開通していたため[153]、南昌〜潮州線の敷設権を日本が獲得した場合、南昌から汕頭までが一直線につながり、その鉄道は日本の強い影響下に置かれることが予想される。イギリス側が、こうした事態の発生を香港の地位への脅威と判断していた可能性も否定できない。

こうして見ると、大戦中とはいえ、満州権益を「特殊」なものと位置づけている限り、南潯鉄道を除いた長江流域の鉄道利権の獲得に関し、日本政府がイギリス政府から外交的譲歩を引き出すことは困難であったといえよう。

また、第五号第五条は中国政府からの反発も招いた。陸徴祥外交総長は、日置公使に「第五南武南潮南杭鉄道若ハ東三省鉄道布設権ハ主義トシテ外国ニ許サザル方針ナルノミナラス、是等鉄道ノ経過スル地点ハ既ニ他ノ外国トノ契約ニ関係モアリ承諾シ難ク」[154]と、日本が要求した鉄道敷設権はイギリス資本家との関係もあり、認めることができないと伝えた。これを受け、日本外務省は「第五項鉄道ノ件ハ当方ニ於テ特ニ最重キヲ措ク所」との認識のもと、イギリスへの配慮から、敷設権ではなく、借款優先権でよいと妥協案を提示した。[155]

しかし、イギリス外務省は「第五号第五項ニ対シ特ニ不快ノ感ヲ抱」[156]いた。ジョーダン公使は、イギリスの既得権益の堅持と袁世凱政権の安定化を大目標とするなか、長江流域の鉄道利権に多大な関心を持っており、[157]華中・華南の鉄道利権に対する日本の要求を軟化させるために、イギリス側が満蒙利権に関する事項で譲歩することも考えていた。[158]ドイツとの津浦鉄道（天津～浦口）の借款優先権獲得をめぐる外交交渉で見られたように、イギリス外務省にとって、長江流域の鉄道利権（ここでは、寧波～蘇州線を指す）は津浦鉄道の借款優先権を譲歩してでも、確保されるべき重要な利権であった。[159]

こうしたイギリスからの反発にもかかわらず、日本外務省は、第三国との契約に抵触する点は中国政府とではなく、当事国と日本とで直接交渉で調整を行い、中国政府はそれを追認すべきと主張していた。[160]さらに、第五号第五条を対華二十一ヵ条要求に関する日中交渉から分離し、他日に交渉の場を設定することを提案する一方、条約という形にこだわらず、交換公文での決着も模索していた。[161]

一九一五年四月二六日の時点では依然として、第五号第五条に関する文章が残されており、外務省がいかに第五条の実現に執着していたかをうかがい知ることができる。また、第一号から第四号はもちろん、第五号の福建省の不割譲問題、華中・華南の鉄道敷設権問題なども中国政府による譲歩が予測されていた。[162]日置公使も、中国外交部が第五条に関する交渉の余地を残すとしているとの認識を持ち、[163]中国政府の歩み寄りを期待していた。そのため、日本政府が中国政府に最後通牒を送付する前日においても、第五号第五条は希望条項として残存していたのである。[164]

結局、第五号第五条は撤回され、第五号第六条も、福建省の諸利権に対する日本の優先権を認めさせるという当初の要求とはかなり後退した形で交換公文という運びになった。第五号の各条撤回・妥協の背景には、欧米各国の反発はもちろん、加藤外相による独断交渉、第五号の存在とその秘匿、さらには、最後通牒に反対であった元老の介入があったことが指摘されている[165]。外務省が中国政府の譲歩を視野に入れていたにもかかわらず、第五号第五条が最終的に削除されたことは、対欧米協調を重視する元老からの激しい反発が考慮されたことにも一因があろう。

(3) 南潯鉄道延長策の再浮上

対華二十一ヵ条要求第五号第五条の撤回によって、華中・華南の鉄道利権をめぐる日本外務省の動きは一時低調となった。ただ、東亜興業から南潯鉄路公司への新規借款の要請を受けたことを契機に、外務省は方針の再考を迫られることになる。東亜興業は鉄道の全通による債権保護の観点からこの貸付に賛成していた[166]。しかし、日本政府は、東亜興業を通じた南潯鉄路公司に対する借款は認めるものの、①それは袁世凱政権に流用されるべきでないこと、②南潯鉄道に関心があると認められるイギリスの動向を注視しつつ、交渉を引き延ばすことを決定した[167]。つまり、外務省は東亜興業を通じた借款がいっこうに全線開通につながらないことや、反袁・排袁政策下では袁世凱政権支援となる政策が否定されていたことを背景に、南潯鉄道へのイギリス資本の参入に警戒感を抱きながらも、早急な借款供与には否定的であったのである。

一方、経営難に陥っていた南潯鉄路公司は、中国政府の政府系企業である通恵公司に融資の依頼を行っていた[168]。しかし、通恵公司による融資は実行されず、一転して、南潯鉄路公司は東亜興業に借款の供与を要請するなど金策に奔走していた。こうした環境下にあったにもかかわらず、一九一六（大正五）年五月頃、南潯鉄道は一部の橋脚を除き、南昌〜九江間の開通にこぎつけた。

そして七月三一日、外務省は「江西省広東省鉄道ニ関スル件」を決定した[169]。ここでは、大きく分けて以下の二点が方針として打ち出されている。第一に、南潯鉄道の財政状況の改善を目的とした、路線の延長による「地方的小鉄道」からの脱却である。その具体策として、南潯鉄道の延長線の南昌～広東省韶州線を敷設する南韶鉄道株式会社（以下、南韶鉄道会社とする）を設立し、将来的に南潯鉄路公司との合併を目指す。対華二十一ヵ条要求に際しては、南昌～潮州線の敷設により、南潯鉄路公司の経営強化が図られていたが、今回の場合、南昌～韶州とされてはいるものの、路線の延長と経営基盤の強化が密接に関連づけられている点でいえば、その当時と似たような対応と理解することもできる。第二に、南潯鉄路公司への追加借款である。前回の三〇〇万円借款は五〇〇万円借款の範囲内で行われたため、中国政府の新たな許可は不要であったが、今回の鉄道敷設に関しては中国政府交通部の許可が必要であると考えられていた。また、多額の追加借款は、広州～南昌線に利害関係を持っていたイギリスからの反発を招くのではないかという危惧も存在していた。こうした懸案が解決されて、はじめて東亜興業を介した南潯鉄路公司への借款が可能となるのであった。このように、追加借款の条件が比較的厳しいものであったことなどを考えると、外務省は南潯鉄道への追加借款よりも、南韶鉄道会社の設立を現実的な選択肢として捉えていたのであろう。日本と華中・華南の鉄道利権との関係において、借款の蓄積を通じた影響力の拡大だけでなく、その開発主体の経営をどのようにして成り立たせるのかということが非常に大きな課題だったのである。

同年一〇月の寺内正毅内閣の成立後、日本国内には南潯鉄道の国有化を認める意見が引き続き存在していた。外務省は、「鉄道ハ商弁トシテハ勿論省有トスルモ到底維持シ難キヲ以テ、之レヲ国有ニ帰セシムル事ニ議決シタリ」[170]との情報を受け、南潯鉄道が民間資本や省政府による経営では成り立たず、国有化へ向けた動きが優勢であると認識していた。

ところでこの時期、南昌～潮州間の鉄道敷設に関しては、台湾総督府が調査を行っている。すでに一九一五年の二月頃から調査は計画されていたが、対華二十一ヵ条要求による反日感情の昂揚のため、調査の安全が保証できないとして、中止されていた。[171]その後、一九一六年の年末から一七年初頭にかけて再度計画された際、外務省は「目立タサル方法ニテ実施」されるならば差し支えないと台湾総督府に伝えていた[172]。結局、同年の四月頃には調査が実行に移され、外務省は台湾総督府に調査報告書を提出するように求めた[173]。外務省記録内には、「南昌潮州間鉄道予定線路踏査報告書」の存在が確認でき、南昌〜潮州線は南潯鉄道と潮汕鉄道（潮州〜汕頭）とを連結し、福建省の交易発展に重要な役割を果たすのみならず、台湾の経済的・軍事的地位の向上につながると記述されている[174]。このように対華二十一ヵ条要求の後、台湾総督府が独自に調査を行い、華中・華南の鉄道利権を対岸経営のなかに位置づける試みを積極化させたことには注意が必要である。

一九一七年七月、南韶鉄道会社が設立された。ただし、中国政府は、南韶鉄道会社に南昌〜贛州線の敷設権を認可するが、贛州〜韶州間はイギリスとの関係上、南韶鉄道会社に敷設権を認可することができないと日本側に伝えた[175]。この情報を受け取った林権助駐華公使も、南韶鉄道会社による鉄道敷設計画はイギリスの反発を招くのではないかと危惧していた[176]。

こうした中国政府や林駐華公使らの意向を踏まえ、外務省は南昌〜贛州〜韶州線ではなく、南昌〜贛州〜潮州線であれば、日本単独での借款供与が確実に見込めると判断し、まずは、南韶鉄道会社による南昌〜贛州線の敷設権の獲得を優先することとした[177]。南昌〜贛州線の敷設権を南韶鉄道会社に獲得させるという点では異なるが、南潯鉄道と潮州との接続という、対華二十一ヵ条要求の第五号第五条と同様の方向性が打ち出されている。対華二十一ヵ条要求の失敗後、日本外務省は「勢力圏」認識を前提に対華中・華南政策を策定し、イギリスと衝突する可能性が低い江西省の鉄道利権への影響力の拡大を優先するなか、南潯鉄道と潮州との接続を改めて図っていたのである。

ちなみに、参謀本部内では、南潯鉄道の武昌や福州までの延長が依然として主張されていた。田中義一参謀次長の「支那ニ対シ帝国ノ希望スル鉄道利権網」では、山東鉄道や武昌〜永昌〜南昌〜福州間の鉄道敷設権の獲得が主張されていた[178]。一方、華中・華南への経済進出について、「依然英国ト共存共利ノ方針ヲ採リ、彼ト平行シテ漸進的ニ経済的発展ヲ図リ勉メテ利害ノ衝突交錯ヲ避ケ(179)」ることが述べられるなど、イギリスとの協調関係を重視する意見が存在していた。

おわりに

対華二十一ヵ条要求における南潯鉄道など華中・華南の鉄道利権と漢冶萍公司の位置づけの違いを念頭に置きつつ、本章をまとめておきたい。

辛亥革命が一段落すると、漢冶萍公司では、国有化が決定される。漢冶萍公司の日中合弁化を至上命題としていた日本側では、公司の国有化をめぐって、国内には意見の違いが存在していた。横浜正金銀行上海支店・高木陸郎が条件付で賛成する一方、外務省や正金銀行本店は反対の立場をとった。日本政府は、借款交渉の相手が複雑化することを好まず、国有化に反対の意志を表明することに決定した。

その後、財政難にあった漢冶萍公司からの要求もあり、正金銀行は公司の設備拡張と高利借款の借換を目的に公司と一五〇〇万円の借款契約を締結した。このことは、①日本人最高顧問技師・会計顧問の派遣につながり、日本側の人的・金融的影響力を格段に強め、②その結果、合弁化の実現に向けての大きな一歩であるとの考えを日本に広めることになったのである。また、長江流域を自らの「勢力圏」とするイギリスが、一五〇〇万円の借款契約の締結を契機に日本が漢冶萍公司において優越的な地位を確立したと認識していたことも重要である。

ところが、漢冶萍公司の株主総会は、一五〇〇万円借款の締結を承認するとともに、公司の官商合弁化も決議した。漢冶萍公司が自社の経営方針を明確に打ち出せないなか、日本側はそうした「迷走」とでもいえる状況に、十分に対応できなかった。借款は間接投資であるため、日本側が漢冶萍公司の意志決定に与えることのできる影響力には自ずと限界があったといえよう。

一方、辛亥革命後、南昌～九江間の鉄道敷設を目指す南潯鉄路公司の資金不足を契機に、日本政府は同公司に借款を行い、経営に大きな影響力を確保するに至った。日本外交にとって、南潯鉄道は華中・華南の鉄道利権獲得の足がかりであり、同鉄道の延長や南潯鉄路公司の経営状況の好転が重要な課題と認識されるようになるのである。

しかし、日本の鉄道利権への進出は、イギリス外務省からの反発を招いた。日本外務省は、満州権益の擁護を至上命題としている状況では、長江流域利権に関するイギリス側の譲歩を引き出すことは困難であると認識していた。そのため、寧湘鉄道に関する英中の借款契約を認めざるを得なかった。日本外務省は長江流域をイギリスの「勢力圏」として、イギリス外務省は南満州を日本の「勢力圏」として、互いに尊重していた。華中・華南の鉄道利権をめぐる日英の角逐は個別利権をめぐる小競り合いではなく、互いの「勢力圏」認識に関わる重要な問題であったのである。

第一次世界大戦後の中国をめぐる国際情勢の変化は、イギリスの「勢力圏」と考えられていた長江流域を中心とする華中・華南への日本の進出を再び活発化させた。イギリス政府・資本家は長江流域の鉄道利権に大きな関心を持っており、中国政府もそれに配慮を示していた。こうした状況下では、日本政府が福建・浙江・江西三省の「勢力圏」化を「希望」し続ける限り、日本とイギリスとの間での利害衝突を避けることはできなかった。よって、対華二十一ヵ条要求のように中国政府と直接交渉を行い、条約や交換公文という形で問題の解決を図ることは、「勢力圏」認識に変化を迫るための一つの方法ではあった。

第一次世界大戦が勃発すると、袁世凱政権は帝制運動を推し進め、鉄鉱山の国有化を目論む。外務省は、これに対する反発を契機として、対華二十一ヵ条要求のなかに漢冶萍公司に関する条項である第三号を盛り込み、同公司を長江流域利権の拡大の橋頭堡と位置づけるに至った。また、イギリスからの反発を予想し、第五号とセットで意図的に秘匿した。しかし、第二条の存在が明らかになると、イギリスから「機会均等」に対する違反や「勢力圏」である長江流域への脅威として大きな反発を招くことになってしまったのである。

また、外務省は、第三号第二条に記載されている「公司ニ属スル諸鉱山附近ニ於ケル鉱山」の採掘権には漢冶萍公司の許可が必要であり、これには象鼻山が含まれるとの認識を示していた。しかし、通恵公司の資金貸付をめぐる一連の問題から明らかなことは、中国政府と漢冶萍公司との間で象鼻山の帰属問題が懸案事項となっていたということである。中国政府は、国内にある鉱山の採掘権への干渉、つまり内政干渉との理由で、この規定を認めることはできなかったと考えられる。第三号第二条は中国国内の未決着の内政問題に関与することにもなり、既得権の強化にとどまらない「新規の事態」を生み出すものでもあった[180]。イギリスや中国政府からの反発によって第三号第二条が撤回されたことは、長江流域利権の拡大を目指していた外務省にとって、大きな挫折であったことを意味している。さらに注目すべきは、この条項は、日本の宿望であった漢冶萍公司の日中合弁化の実現を企図していたと同時に、長江流域をめぐる日英中関係に変容をもたらすものであったことである。だからこそ、第三号、特に第二条をめぐる外交交渉は紛糾したのである。

対華二十一ヵ条要求に関する日中交渉が妥結すると、中国政府は利権回収を進め、漢冶萍公司に対する影響力の強化を目指す。その対応に関しても、日本側は一致した行動をとることができなかった。正金銀行上海支店や高木などは、日中合弁化のために通恵公司による貸付を消極的にではあるが認めざるを得なくなっていた。一方、帝制運動に反対していた外務省は通恵公司の貸付を否定したうえでの日中合弁化の実現を企図していた。

しかし、袁世凱政権が帝制実施を重要な政策課題としており[181]、通恵公司と漢冶萍公司との間で交渉が行われている状況では、このような外務省の構想は実現すべくもなかった。さらに、日本が帝制実施を認めるかわりに漢冶萍

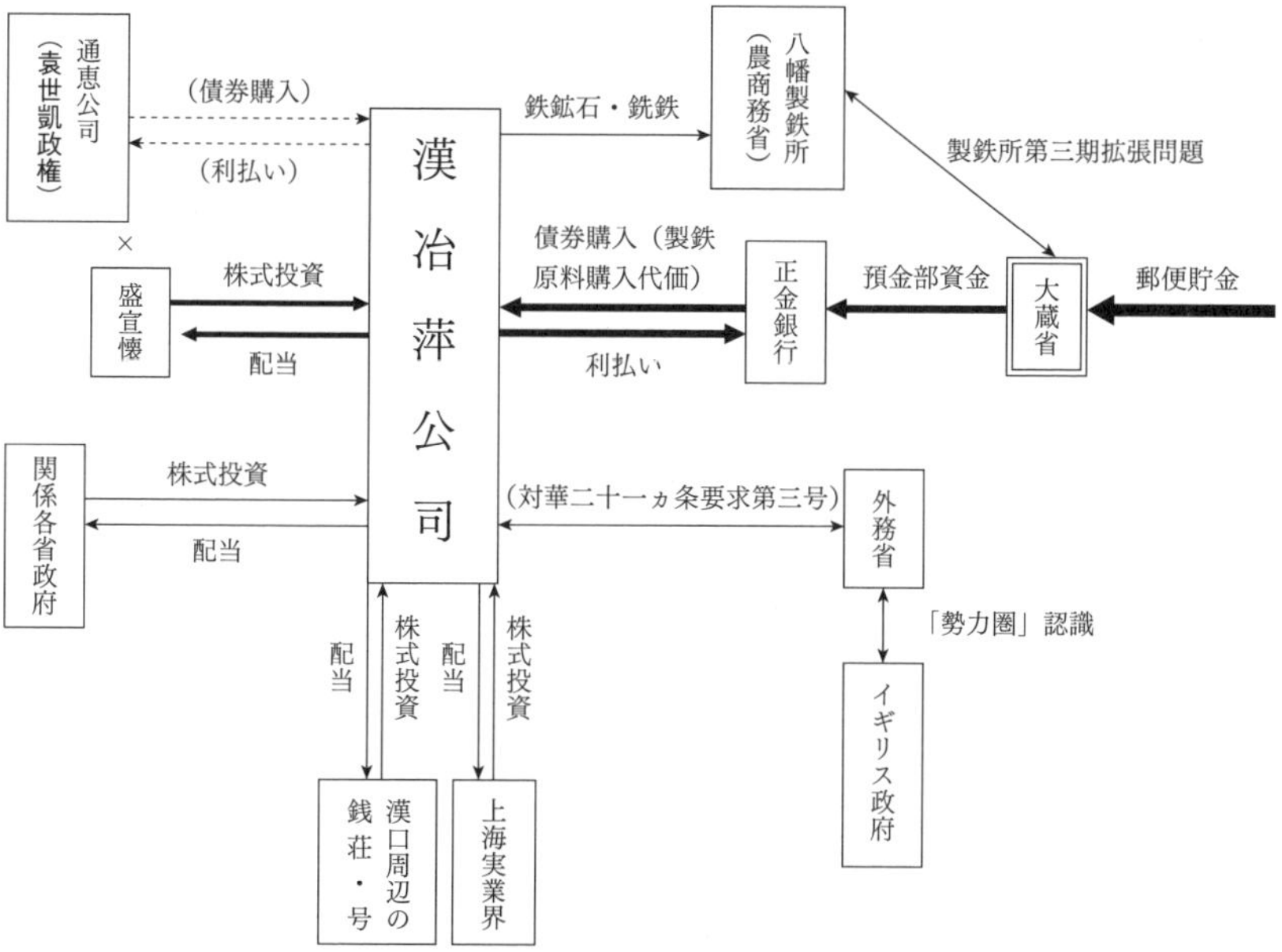

図 3-3　第一次世界大戦期の漢冶萍公司をめぐる諸関係

出所：筆者作成。

公司の日中合弁化を実現しようと考えていた正金銀行上海支店や高木も、日中両国の政治情勢を十分に理解していたとはいい難い。なぜならば日本政府が帝制反対から袁世凱政権の打倒へと向かっていき、そして、そのことが袁世凱政権に日本の対中国政策に対する不信感を与えることを見逃していたからであった。

漢冶萍公司の日中合弁化は日本側の共通の実現目標であったが、合弁化実現の手段や対中国政策における公司の位置づけは一致していなかった。外務省は、長江流域利権の拡大を目指していたため、中央集権化を進めていた袁世凱政権の影響力の拡大や利権回収を懸念し、漢冶萍公司の国有化を認めることができなかった。一方、債権保護の観点から漢冶萍公司への借款を推進していた正金銀行内には、条件付ではあるが袁世凱政権の関与が必要であるとの意見が存在していた。漢冶萍公司の日中合弁化問題は袁世凱政権に対する日本国内の立場の相違を浮き彫りにしていたのである。

また、第一次世界大戦期の対漢冶萍公司借款をめぐる国内状況も変化した（図3-3）。すなわち、借款の累積により、大蔵省がそれまで以上に大きな発言力を持つようになり、外務省はすでに構築されていた日本と漢冶萍公司との密接な関係を外交政策に利用するに至った。一方、袁世凱政権が鉄鉱山の国有化を通じて、直接漢冶萍公司との関係強化に乗り出すなかで、相対的に盛宣懐の影響力が低下していく。

満蒙権益に関する第二号が日中間で妥結に至った一方、イギリス政府や中国政府のみならず、国内の反発も招いた結果、対華二十一ヵ条要求の華中・華南の鉄道利権に関する条項は撤回された。以後、日本外務省は、南潯鉄道を足がかりとした鉄道利権の拡大・新規獲得は継続しつつも、南潯鉄道と武昌、南昌と杭州を結ぶ路線に比べ、イギリスとの摩擦が少ない江西省の鉄道利権の獲得による南潯鉄道の延長を優先的な方針とした。依然として「勢力圏」の尊重に基づいた対華中・華南政策が実行されていたのである。

第一次山本権兵衛内閣下では南潯鉄道の国有化を許容する意見が存在していた。しかし、第二次大隈重信内閣による反袁・排袁政策の結果、日本からの資金援助を背景にした中国政府による国有化、つまり、間接的な影響力の行使は事実上不可能となった。対華二十一ヵ条要求の失敗、反袁・排袁政策の実行は対華中・華南政策の選択肢を狭めることになったのである。

ところで、第一次世界大戦の勃発によって、英米からの鉄鋼輸入の途絶が予想されると、日本は「鉄鋼飢饉」と呼ばれる状況に陥る。そのため、製鉄所の第三期拡張のための予算案が一九一五（大正四）年末に開会された第三七帝国議会で審議された。そこで、日本政府は漢冶萍公司からの原料輸入に基づいて拡張計画を策定する方針を表明する。(182) このような鉄需要の高まりのなかで、漢冶萍公司と日本との関係はどのような変化を遂げていくのであろうか。それについては、次章以降で見ていきたい。

第4章　「日支親善」と第一次世界大戦

——日中合弁企業・九州製鋼会社の設立

はじめに

一九一四（大正三）年七月に勃発した第一次世界大戦は、日本の製鉄業にとって一大画期となった。欧州諸国が戦争を開始したため、鉄鋼の不足と価格高騰が危惧されることになった。鉄鋼増産が不可欠であるとの声は高まり、民間資本による製鉄・製鋼会社設立の動きが活発化する。また、官営八幡製鉄所の第二期拡張が大正五年度に完了する予定であり、新たな拡張計画の策定は急務となっていた。こうして、約三五〇〇万円を予算総額とする第三期拡張計画が第三七帝国議会（一九一五年一二月～一六年二月）に提出される。

よって、第三期拡張計画の性格を製鉄業の発展や日本の帝国主義国家化の文脈で分析した研究は多い。佐藤昌一郎以来、民間資本に対する鋼片払下げや八幡製鉄所の原料（銑鉄や鉄鉱石）確保との関係から、国策として海外に輸入先を求めざるを得なかった日本製鉄業の帝国主義的性格が指摘されている(1)。そこで、具体的な検討の対象となっているのが八幡製鉄所と漢冶萍公司との関係である。佐藤は、同公司に対する「金融的支配」と製鉄原料の確保は日露戦前に形成されていた農商務省—大蔵省—外務省の三位一体の関係を背景に進められていたと指摘するとと

写真6　安川敬一郎

もに、八幡製鉄所が国家信用機関と結合し、その信用供与を通じて安定的な原料の確保を行っていた状態を三位一体の関係と定義した(2)。

辛亥革命期において、外国資本に対する牽制などを目的に横浜正金銀行と外務省が共同して漢冶萍公司への借款を推進した結果、日本政府は公司の日中合弁化を閣議決定するまでに至っていた（第2章）。しかし、第一次世界大戦直前には、借款総額が三〇〇〇万円以上の多額に達していたことから、大蔵省や正金銀行の間では債権の保護が喫緊の課題となり、正金銀行と外務省の間では漢冶萍公司に対する方針の相違が見られるようになっていた(3)。また、大戦の勃発により、日本の貿易構造は一九一五年を境に輸入超過から輸出超過へと変化し、赤字であった国際収支が黒字に転換するなかで(4)、対中国借款が国内の財政・金融政策と密接に関連づけられるようになる(5)。さらに、漢冶萍公司の経営難や日本国内での鉄鋼需要の高まりなどを踏まえると、大戦期において、佐藤がいう三位一体の関係には限界が生じ、日本側は公司に対する新たな方針の模索を迫られることになったと考えられる。

そこで注目すべきは、九州製鋼株式会社（以下、九州製鋼会社とする）の設立問題である。九州製鋼会社は大戦中に設立された他の民間資本の製鉄・製鋼会社とは異なり、正金銀行や安川敬一郎(6)らを中心に、漢冶萍公司との日中合弁で設立されたことが特徴的である。さらに、それまで八幡製鉄所が密接な関係を構築してきた漢冶萍公司からの銑鉄輸入を設立条件としていた点も重要である(7)。よって、九州製鋼会社の設立過程に注目することで、日本国内での漢冶萍公司をめぐる政策構想の違いを浮き彫りにすることができよう。

一方、九州製鋼会社の設立過程については、漢冶萍公司による新たな銑鉄輸出先の確保の手段、ないしは公司の余剰銑鉄の処理策との言及にとどまっているのが現状であろう。[8] しかし、第一次世界大戦の勃発を契機に、大蔵省・正金銀行や安川において「日中経済提携」の実現に向けた気運が高まり、八幡製鉄所の第三期拡張計画には漢冶萍公司の債権保護が重要課題として盛り込まれていた。[9] 漢冶萍公司との合弁で設立される以上、九州製鋼会社の設立背景・過程はこうした状況と無関係ではあり得ず、経済的日中提携論との関連や日本国内の財政・金融的要請という側面からも分析される必要があろう。

近年、設立の主体であった安川については、「安川家文書」を本格的に使用した研究の登場により、安川個人や安川・松本家の企業経営に関する研究が進展した。[10] 九州製鋼会社の設立は、安川の日中提携論の枢軸を占めており、挙国一致による「日支親善」を実現する政権構想とつながっていたことが指摘され、[11] 安川と正金銀行との協調関係が設立の背景にあったことも、すでに言及されている。[12]

よって本章は、九州製鋼会社の設立過程を再検討することによって、第一次世界大戦の勃発前後の漢冶萍公司に対する政策変化とその背景を明らかにすることを目的とする。そして、そのことは、第一次世界大戦期に見られた「日支親善」の具体例を提示することにもなるだろう。

一　日中合弁による製鋼会社設立の動き

(1) 設立の発端

第3章で述べたように、一九一三（大正二）年一二月、横浜正金銀行は、債権の保護を目的に一五〇〇万円という巨額の借款契約を漢冶萍公司と締結した。債権の保護とは、経営改善を実現することで漢冶萍公司から債務が返済されることと同時に、欧米からの借款によって、債権が借り換えられることからくる日本の金融的影響力の低下を防ぐことと大まかに定義できる。一五〇〇万円借款は、高利借款借換のための九〇〇万円と大冶に新たな溶鉱炉を建設するための六〇〇万円から構成されており、高利の外資借換、生産力の向上の点からいずれも債権の保護に寄与するものであった。

加えて、附属契約書では、本契約の発効以後、「四拾年内ハ公司ハ既ニ契約」した数量以外に「一等鉱石（品質大冶鉄鉱ト相同シキモノ）壱千五百万屯、銑鉄八百万屯」を八幡製鉄所に売り渡すことが約束された(13)。八幡製鉄所は漢冶萍公司から、向こう四〇年間、年平均二〇万トンの銑鉄輸入を取り決めるとともに、大冶に新設予定の溶鉱炉で生産された銑鉄を優先的に輸入することが可能となったのである。

この借款契約に先立って閣議決定された「支那漢冶萍公司ニ金円貸与ノ件」のなかでは、外国資本への警戒感が示されており(14)、一五〇〇万円借款の締結にあたっては、外国資本の参入阻止という認識が日本側に共有されていたことが分かる。ところが、第一次世界大戦の勃発によって、ヨーロッパ資本の脅威は大幅に低下することになり、債権の保護は主に経営改善による債務返済の環境整備を意味するようになる。

また、大戦の勃発は日中両国の製鉄業に大きな変化をもたらした。中国における英仏資本の鉄道建設が中断され、レール生産の停滞が予想されたことによって(15)、漢冶萍公司は経営方針を転換させ、価格の上昇が見込まれる銑鉄・鉄鋼の増産を行うようになった(16)。さらに、インド銑鉄の競争力の上昇、大倉組によって設立された本渓湖製鉄所の本格的稼働という新たな競争相手の出現、日本の銑鉄需要の高まりなどを踏まえ(17)、銑鉄の新たな販路を模索することになる。

一方、日本国内では、「大正四年に入ると輸出増、海運業界の繁忙化、軍需品関係、従来は輸入に依存した産業を中心に急激に市場が拡大(18)」し、「鉄鋼飢饉」という状況を迎えつつあった。第三五帝国議会（一九一四年一二月）

において、上山満之進農商務次官は、八幡製鉄所の拡張や民業の振興が急務であるとの認識を示した[19]。続く第三六帝国議会（同年五〜六月）では、海軍からの要求や商船建造の必要性から[20]、八幡製鉄所に新たに厚板工場を建設するための追加予算が通過した。

しかし、製鉄業の振興、民業の育成を望む声は日に日に高まっていた。また、大正五年度に八幡製鉄所の第二期拡張が完了することになっていたために、日本政府は新たな拡張計画を策定する必要に迫られていた。こうして、農商務省は八幡製鉄所の第三期拡張に乗り出していく。拡張の目的や概要を示した「製鉄所第三次拡張ノ要旨」で注目されるのは、鉄鋼需要の増加への対応、兵器の国産化の実現などとともに、漢冶萍公司に対する債務返済の要求が目標として掲げられている点である[21]。日本政府は、鉄鋼生産の向上と漢冶萍公司債権の保護とをどのようにして両立させるべきか、対応を迫られていたのである。

さらに、日中間に存在していた積年の外交問題を解決する好機が到来したとの認識のもと、一九一五年一月、日本政府は中国政府に対し、既得権の強化や新規利権の獲得を目的に二十一ヵ条にわたる要求書を手交した（対華二十一ヵ条要求[22]）。

対華二十一ヵ条要求に関する日中交渉が行われている最中、小田切万寿之助正金銀行取締役は、漢冶萍公司の最高責任者である盛宣懐に日中合弁化の実現を働きかけた。これに対し、盛宣懐は、漢冶萍公司の日中合弁化という名目上の利益を求めるのではなく、新たに日中合弁の製鋼所を設立することで、欧米からの鉄鋼輸入量を減少させ、日本の鉄鋼需要を充たすことが優先課題であると述べた[23]。おそらく、小田切をはじめ正金銀行関係者はこの提案に積極的に応じたものと思われ、製鋼所の設立交渉が進められていくことになる。第一次世界大戦の勃発という新局面に対し、正金銀行と漢冶萍公司との思惑は製鋼会社の新設という点で一致したのである。

また、第3章で述べたように、対華二十一ヵ条要求の手交とほぼ同時に、漢冶萍公司関係の事務を大蔵省主管とする閣議決定が行われた[24]。ここでは、農商務省が、漢冶萍公司と八幡製鉄所との間で締結された製鉄原料の売買契約の関連事務を引き続き担当することが確認された一方、一九一五年一月一九日以後の漢冶萍公司に関する事務については、大蔵省の管轄とすることが決定された。製鉄原料の確保や漢冶萍公司への外資導入の排除という目的から、「表面上」とはいえ、公司の事務は農商務相が取り扱っていた。しかし、それが大蔵省へと移管されたことは、債権の保護が政府のきわめて重要な政府方針となったことを如実に示しており、漢冶萍公司と日本との関係にとって転機であったといえよう。

(2) 安川敬一郎の「登場」

対華二十一ヵ条要求をめぐる日中交渉が一段落した一九一五年五月下旬、盛宣懐は、漢冶萍公司の取締役会において、今後世界的に鉄鋼の需要が高まるであろうと発言した[25]。その後、日本と漢冶萍公司との間で製鋼会社設立に関する接触が頻繁になる。

そこで、井上準之助横浜正金銀行頭取が、日本側の代表者として白羽の矢を立てたのが安川敬一郎であった。井上は、日中合弁での製鋼会社の設立計画を、まず三井や三菱に持ちかけたが、いずれも漢冶萍公司との独占的な関係を望んだために断念し、鉱業に対して経験が豊富な安川を日本側の代表とすることを決めたと述べている[26]。七月一一日の安川の日記には、「漢冶萍談開始　四年七月十一日」と書かれており[27]、安川を表に立てての日中交渉がこの頃から本格的に開始されたのである。

安川が当初から井上の誘いに積極的であったことは、安川の次男であった松本健次郎が「内地で製鋼事業をやらぬかと井上正金頭取に勧められ、乗り気の父は私達との相談が碌々纏まらぬうちにこれを決めてしまった[28]」と回想していることからもうかがえる。安川の事業は、安川松本商店としての事業形態をとっていたため[29]、松本への事前の相談が必要であったにもかかわらず、安川はそれを十分に行っていなかったのである。それでは、なぜ安川はこのように積極的に応じたのだろうか。その理由を明らかにするために、まずは、安川の経済的日中提携論における九州製鋼会社の位置を見てみたい。

第一に、日本の産業発展への寄与である。第一次世界大戦後、日本国内では鉄鋼が不足し、産業発展の足かせとなっていた。特に、製鉄業は造船業や機械工業などの重工業と密接に関係しており、安川は製鋼会社を設立することで、産業発展に不可欠な鉄の不足に対応しようと考えていた。安川にとって、「我国産業の発達に必要なる原料を彼地に獲得する途を開」くために九州製鋼会社の設立が必要であったのである(30)。

第二に、「軍器独立」の実現である(31)。安川は製鉄業の振興が国家経済のみならず、「軍器独立」のためにも重要であると論じていた(32)。第二次大隈重信内閣の陸軍拡張を容認していた安川にとって(33)、「軍器独立」は達成すべき課題であった(34)。その後、ブレスト＝リトフスク条約の調印により、ドイツ東漸の危機感が高まると、安川は日中間の資源・資本・技術の協力による「軍器独立」や日中共同防衛を唱えるようになっていく(35)。

第三に、新設される製鋼会社を日本と中国との合弁事業の模範とし、「日中経済提携」を担うという強い意気込みがあった。後年安川は、「合弁事業の典型」を示すために設立に関与したと述べるなど(36)、九州製鋼会社を「一身一家の私業」ではなく、中国に対する親善の一歩となる重要な事業であると位置づけていた(37)。製鋼会社の設立は、「下熱剤に等しき日支親善論の百万遍を繰返しても益なかるべし(38)」と考える安川の具体策であったのである。

次に、日中合弁での製鋼事業への参入を可能にした安川・松本家の経営状況・判断を説明しておく。

第一に、豊国炭鉱の復旧が、安川・松本家の中核企業の一つであった明治鉱業株式会社の配当積立金を巨額なものとし、そのことが同家の事業多角化を加速させていた(39)。第二に、製鋼事業の将来性への期待があった。ヨーロッパでの戦争状態が長期化するとの見通しのもとで、鉄鋼価格の高騰は続き、「製鋼事業は非常なる戦時経済の利得を得る訳で、設備費の増加位は何でもなく償ふことが出来る[40]」と安川は考えていた。

安川は対華二十一ヵ条要求自体には批判的であった[41]。しかし、以上のような理由から、漢冶萍公司との合弁事業は、たとえそれが対華二十一ヵ条要求に関する交渉の過程で具体化されたものであっても、恰好の投資先であると判断し、積極的に関与することになったのであろう[42]。

製鋼会社の設立に向けて動き出した安川は、九月下旬、鉱山視察のために松本を中国に派遣した[43]。新会社の原料輸入先として想定されていた大冶鉄山と漢陽鉄廠の視察が第一目的であったことは当然であるが、実際には「其外附近の鉄山も現に稼業しているものから未開発のものまで沢山調査をして廻った[44]」という。帰国後の松本は、漢冶萍公司に限らず、長江流域には有望な鉱山があるとの認識を得ていた[45]。ただ、松本の調査報告を聞いた安川は、「鉄ハ勿論大冶を最優・最多量と称すべし[46]」と、漢冶萍公司が原料の輸入先として最も優れているとの判断に変わりはなかった。

二　日本国内の政策方針

(1)　官営八幡製鉄所の第三期拡張

こうして、九州製鋼会社の設立計画は具体的に進展することになった。しかし安川敬一郎は、「内地にても豊川か井上に銑鉄談を持込むとか、町田忠治が井上に嫌味を云った[47]」という話を聞いており、製鋼会社設立に関する不安要素を払拭できていなかった。

豊川良平が井上準之助に「銑鉄談」を持ち込んだという記述は、この時期、三菱が製鉄事業を拡大していたことと関係があろう。一八九九（明治三二）年四月に、八幡製鉄所と大冶鉄山との間で鉄鉱石の売買契約が締結されたことを契機として、一九〇〇年以降、三菱は大冶産鉄鉱石の運搬を行い、門司支店がその窓口となっていた。[48] また一九一〇年、三菱は大同江流域の兼二浦の試掘を始め、翌年には製鉄所の建設を決定した。[49] 兼二浦製鉄所は当初製銑のみを行う予定であったが、第一次世界大戦の勃発を機に製鋼工場の建設を計画するようになっていた。[50]

さらに、日中合弁での製鋼会社建設に関して、盛宣懐は安川による請負に難色を示し、三菱が適当ではないかと横浜正金銀行関係者に伝えており、[51] 製鋼会社建設の候補地として、長崎や門司などを挙げていた。[52] 当初、盛宣懐は安川の請負に消極的であったことがうかがえる。いずれにせよ、安川が漢冶萍公司からの銑鉄輸入をめぐって、三菱を有力な競争相手と考えていたとしても不思議ではない。[53]

当時、農商務参政官であった町田の「嫌味」についても、ここで説明をしておこう。第三七帝国議会（一九一五年一二月～一六年二月）では、大正五年度歳入歳出総予算追加案（製鉄所の第三期拡張に関する予算案）の審議が行われた。衆議院本会議では、製鉄業振興、特に民間資本による製鉄業の奨励が主張され、[54] 早くも八幡製鉄所拡張に関する予算案の審議が本議会の中心的な議題の一つとなることが予想された。続いて、衆議院予算委員会では、様々な点について議論がなされたが、ここでは次の三点に注目したい。[55]

第一に、拡張にともなう原料の輸入増加への対応である。押川則吉製鉄所長官は、漢冶萍公司からの原料輸入に基づいた拡張が前提であり、一五〇〇万円の借款契約によって、鉄鉱石は三年前、銑鉄は二年前に公司と交渉する必要があるため、すぐには原料輸入を大幅に増やすことはできないと述べた。[56] 漢冶萍公司には八幡製鉄所への優先的な鉄鉱石・銑鉄供給が求められていたと同時に、八幡製鉄所も公司以外からの原料輸入量の変更を自由に行うことが困難であった。製鉄所と漢冶萍公司とは相互に拘束されており、「原料ノ関係ト申シマスト今日デハ漢冶萍公司トノ契約ニ依ッテ計画ヲ立テル外[57]」なかったのである。

第二に、民間資本が経営する機械工業の振興策である。八幡製鉄所は鋼片など機械工業のための半製品を重点的に生産し、民間資本が軌条などの製品を生産すべきではないかとの意見が出された。[58] つまり、八幡製鉄所と民間資本が分業体制を築き、製鉄業全体の活性化を目指そうとする主張である。これに対し、押川長官は、原料から製品までを一貫して生産することが八幡製鉄所の経営上最も効率が良いと述べ、難色を示した。[59] しかし、民間資本への鋼片払下げによる民業の育成を要求する発言は続いた。

第三に、民間資本による製鉄業の経営についてである。石井菊次郎外相は、八幡製鉄所と漢冶萍公司は互いに拘束された関係にあるが、「製鉄所以外ノ例ヘハ民間ノ独立経営者ガ漢冶萍公司以外ノ方面カラ鉄材ヲ買入レルト云フコトニ付テハ、固ヨリ自由ニナッテ居リマス」[60] と、民間資本が独自に原料の輸入先を開拓し、製鉄業を経営することは可能であるとの見解を示していた。

以上のような審議を経て、予算委員会では、八幡製鉄所が製銑・製鋼部門を拡充することで鋼片を増産し、民間への積極的な払下げを実行することが決議されたのである。[61] 当初、農商務省は、八幡製鉄所の経営効率を低下させずに、漢冶萍公司以外からの原料輸入による民間独自での製鉄・製鋼事業の発展を好ましいと考えていた。しかし、議会での議論を受け、農商務省は民間資本の育成に重点を置かざるを得なくなっていたのであった。[62]

議会の閉会後、政府は八幡製鉄所の拡張と鋼片製造に尽力した。[63] 町田農商務参政官は、「大冶以外揚子江流域の他の鉱山も亦挙げて之れを両国共同の用に供せしむるを得べし」[64] と述べた。この発言からは、大冶鉄山のみならず、長江流域に存在する他の鉱山からの輸入を拡大し、需要の増加に対応しようとしていた農商務省の意図が読み取れる。

アメリカやイギリスからの銑鉄輸入が期待できず、大冶溶鉱炉の稼働を控える状況で、農商務省が八幡製鉄所の第三期拡張にともなう原料需要の増加を、当面、漢冶萍公司からの輸入で賄おうとしていたと考えることは自然である。[65] ただその場合も、漢冶萍公司からの原料輸入をめぐり、八幡製鉄所と安川らが計画している新会社は競合関係となることが予想される。では、なぜこのような問題を抱えているにもかかわらず、九州製鋼会社設立の動きが活発化することになったのか。次に、大蔵省や横浜正金銀行の動向を検討してみたい。

(2) 大蔵省・横浜正金銀行の要請

第三七帝国議会では、八幡製鉄所の拡張に関する予算案とともに日支銀行・満州銀行両法案についても審議が行われている。[66] この法案は、対中国貿易や中国での資源開発を活発化させるための、日中合弁銀行の設立を目的として、第二次大隈重信内閣やその与党立憲同志会に所属する大蔵官僚出身の貴衆両議員らによって推進された。[67] 前の大蔵参政官である浜口雄幸が「日本に於いても、両国〔日本と中国〕の輯睦提携は我国家の存立を擁護し、且利権を拡張すべき絶対的必須条件なることを、国民各自が充分自覚しなければならぬ[68]」と述べているように、「日中経済提携」の促進と同時に、国内正貨の増加による物価の高騰を防ぐためにも、国内資本の海外投資が望まれていた。[69]
また、大戦の影響による輸出超過への対応について、井上準之助横浜正金銀行頭取は次のように発言している。[70]

> 日本の対外貿易の大勢から見ますと、輸出超過にて得たる資金を如何に処分するかといふ問題は、必ず国民として解決しなければならぬ問題であります。如何なる国と雖も、無限に輸出超過が出来る気遣ひは無い。即ち其の輸出超過をした資金は、国民が海外に放資するより外に途は無い。唯今日は戦争中であるといふことで、政府や日本銀行が大部分を処分して居るのでありますが、これは決して永久的の問題ではないので、輸出超過の資金は国民自らが放資する。

井上は、輸出超過を主な原因とする物価高騰を海外投資という手段によって回避することが不可欠であり、その

表 4-1　漢冶萍公司から八幡製鉄所への銑鉄・鉄鉱石納入量（1910～20 年）

年度	鉄鉱石（100 トン）			銑鉄（100 トン）		
	契約量	納入量	単価（円／1 トン）	契約量	納入量	単価（円／1 トン）
1910	120	94	3.00	—	—	—
11	120	121	3.00	150	190	26.00
12	220	162	3.00	150	70	26.00
		100	2.20		90	26.80
13	220	195	3.00	150	150	26.00
					150	34.65
14	220	250	3.00	150	260	26.00
					200	33.00
15	220	269	3.00	800	510	26.00
16	320	276	3.00	1000	410	26.00
17	320	88	3.00	1000	500	42.50
		212	3.40			
18	320	360	3.80	1000	500	120.00
19	340	350	6.00	1000	600	92.00
20	600	363	4.50	1600	750	70.00

出所：安藤実『日本の対華財政投資——漢冶萍公司借款』（アジア経済研究所，1967 年）75 頁より作成。

ためには、政府のみならず、将来的には民間資本の投資が必要であると考えていた。大蔵省や正金銀行は、「日中経済提携」を国家的課題とし、海外、特に間接、直接を問わず、対中国投資の促進を図っていたのである。

さらに重要なのが、新会社の設立が漢冶萍公司の経営改善の手段として位置づけられていたことである。ここで、八幡製鉄所が漢冶萍公司から輸入していた銑鉄や鉄鉱石の価格を確認するために表4-1を見てみよう。第一次世界大戦の勃発後、世界的に銑鉄の価格が高騰していたにもかかわらず[71]、一時的な引き上げはあったものの、引き続き大戦の勃発以前の価格で取引されており、銑鉄の価格は基本的に改定されていなかった。一九一一年以降、八幡製鉄所が漢冶萍公司から輸入する銑鉄一トンあたりの価格はほぼ二六円に固定されており、一三年や一四年の納入量の一部を除いて、一六年まで引き上げられることがなかったのである。次に、こうしたなかで、漢冶萍公司の収支がどのようなものであったのかを見てみる。表4-2は漢冶萍公司の損益の変化を示しているが、一九一一年から一五年にかけて経営が赤字に陥っていたことが分かる。辛亥革命の勃発により、漢陽の溶鉱炉が稼働停止に追い込まれた影響で、一九一一年から一三年まで、漢冶萍公司は多額の損失を計上していた。また、一九一三年七月には、第二革命が発生するなど、長江流域は不安定な情勢にあり、一五年まで漢冶萍公司の赤字は続いていた。その後、大戦景気のなかで一時的に黒字となるが、経営の改善は急務であった。

大蔵省から漢冶萍公司に会計顧問として送り込まれていた池田茂幸は、第一次世界大戦の勃発による製鉄原料の価格高騰や製品の販売不振を原因とした漢陽鉄廠の生産力の悪化を予想していた[72]。漢冶萍公司の経営改善のためには輸出銑鉄の価格引き上げが不可欠であり、正金銀行は、八幡製鉄所の輸入価格より高値で購入する取引先を探す必要に迫られていたのである。

また、漢冶萍公司が位置する長江流域の日貨排斥運動も、九州製鋼会社の設立と無関係ではなかったように思われる。井上は、ヨーロッパ資本の退場、銀相場の下落、対華二十一ヵ条要求の影響により、「各地ヲ通ジテ大体不況ノ状ヲ呈セリ、就中日貨排斥熱ハ先ヅ漢口、上海等中部支那ニ起リテ長江沿岸一帯ニ瀰漫シ」ていたものの、そうした状況は次第に改善されているとの認識を持つようになっていた[73]。長江流域情勢の安定化は、九州製鋼会社の設立に関する重要な判断材料となっており、正

表4-2　漢冶萍公司損益額（1909～20年）

年	損益（元換算）	損益（円換算）
1909	15, 400. 53	17, 748. 68
10	64, 151. 71	76, 644. 81
11	▲2, 301, 500. 85	▲2, 750, 030. 89
12	▲2, 872, 075. 52	▲3, 874, 376. 80
13	▲1, 538, 389. 82	▲2, 061, 632. 03
14	▲100, 967. 97	▲123, 327. 19
15	▲388, 105. 93	▲441, 933. 42
16	1, 878, 496. 83	2, 644, 652. 72
17	2, 801, 872. 20	5, 075, 855. 43
18	3, 779, 904. 47	8, 263, 892. 59
19	2, 918, 463. 63	7, 506, 336. 50
20	▲1, 279, 588. 44	▲2, 929, 460. 71

出所：全漢昇『漢冶萍公司史略』（香港中文大學，1972年）193頁をもとに，『日本帝国統計年鑑』各年次を参考にして作成。

金銀行の営業活動や対中国投資と密接に関係していたといえよう。

このように、大蔵省・正金銀行にとって、漢冶萍公司との合弁による製鋼会社の設立は、「日中経済提携」や民間資本による対中国投資の促進に加え、輸入銑鉄の価格引き上げによる公司経営の好転、それを通じた債権の保護のために必要であったのである。

三　九州製鋼会社の設立と中国情勢

(1) 帝制運動と設立計画

大蔵省・横浜正金銀行の後押しを受け、安川敬一郎は九州製鋼会社の設立計画を進めていく。しかし、ここで袁世凱の帝制運動が九州製鋼会社の設立を阻むことになる。
袁世凱は、一九一三（大正二）年九月に第二革命を鎮定して以降、帝制の実現を推進した。中国政府は第一次世界大戦以前から鉄鉱山の実質的国有化を計画するなど利権回収を進めており、欧米や日本が保持していた利権の回収を目的に、政府の肝入りで通恵公司が設立される（第3章参照）。通恵公司は漢冶萍公司との間で、経営権の掌握を目指し、巨額の資金貸付に関する交渉を開始した。[74]
こうした動きを受けて、安川のもとには、「昨今北京政府排日意思強く、為めに合弁組織発表を難とし、是を内約に止め、当時ハ表面銑鉄長期契約」にすべきと伝えられていた。[75] 将来における新会社の合弁化を約束するにとどめ、漢冶萍公司からの銑鉄輸入契約の締結を優先しようというのである。安川は、この提案に賛成し、銑鉄輸入に関する仮契約の一日も早い成立を望んだ。なぜならば、通恵公司による資金貸付が問題となっているなかでは、日中合弁での製鋼会社設立は困難であるため、売買契約を締結し、銑鉄の輸入を既成事実化することが先決であると考えていたからであった[76]。

加えて、井上準之助からは通恵公司の妨害が深刻であることを打ち明けられるなど[77]、安川は、「漢冶萍会社との合弁事業は絶縁とハなり居らさるも、成立の望甚た薄弱なり[78]」と、漢冶萍公司と合弁での製鋼会社の設立を諦めるようになっていった。結局、一九一六年に入る頃には、設立交渉は暗礁に乗り上げていたようである[79]。中国政府の利権回収運動によって、安川と漢冶萍公司との日中合弁の製鋼会社設立計画は挫折に追い込まれたのであった。

ところで、第二次大隈重信内閣は、一九一六年三月七日に袁世凱打倒の方針を決定した。この閣議決定には袁世凱打倒のために革命派に対する民間の資金援助を黙認することが盛り込まれていた[80]。安川は、頭山満を通じて孫文と知り合い、多額の資金援助をしていたことから[81]、革命派に好意的であった[82]。そのため、安川はそもそも一定の反袁感情を持っていたと考えられるが、製鋼会社設立の頓挫によってその感情が増幅したに違いない。よって、袁政権が弱体化、もしくは崩壊すれば、漢冶萍公司と通恵公司との借款交渉が一時中断される一方、新会社の設立交渉の再開が予想された。

その機会は、まもなく訪れた。六月六日の袁世凱の死去である。そして、早くも同月二五日には、漢冶萍公司において日中合弁での製鋼会社設立案が決定され[83]、日中間での本格的な設立交渉に入ることになった。安川は、漢冶萍公司の積極的な態度を受けて、「袁政府没落せし為復活出来ぬ筈はなかる可き筋合となれり[84]」と、合弁会社の設立に再び期待を寄せるようになる。

七月二二日の漢冶萍公司の取締役会において、日中合弁での製鋼会社設立の契約書と契約書覚書が承認された。新会社の株式は表面上、五〇〇万円を日中両国で折半することになったが、中国側の出資分は当面安川が肩代わりすることになった[85]。「銑鉄供給契約書」の第四条では、「公司ハ目下建設企画中ノ大冶溶鉱炉ヲ竣成シ銑鉄ヲ供給シ得ルニ至リタル時ヨリ会社〔九州製鋼会社〕ノ注文ニ応スヘキ義務ヲ負担ス」と、九州製鋼会社の原料に大冶溶鉱炉で生産された銑鉄が充てられることが定められていた。[86] しかし、依然として問題は残されていた。それは、①大冶溶鉱炉が生産する銑鉄に関して、輸入の優先権を持っている八幡製鉄所が漢冶萍公司に対し、どの程度の輸入量を要求するか、②漢冶萍公司の株主の間には日中合弁での製鋼会社設立に慎重な意見があり、株主総会で彼らの最終的な同意が得られるかどうかということであった。

②について、漢冶萍公司内部では、王子展取締役や盛恩頤（盛宣懐の四男。盛宣懐は一九一六年四月に死去）らが、新製鋼会社の設立に消極的であった。[87] その理由は、経営難で株主に対して無配当が続いている状況下、新会社の株式を保有し多額の固定資産を抱えることは、到底株主の承認を得られないということであり、実際に株主からの反対もあった。[88] しかし、正金銀行が金融的な便宜を約束することで、こうした勢力は製鋼会社の設立に賛成していくようになる。

（2）製鉄原料輸入問題

一五〇〇万円借款によって、新設されることになった大冶溶鉱炉は一九一七年末に完成する予定であり、そこからの銑鉄輸入量をめぐって、漢冶萍公司と八幡製鉄所との間で交渉が行われていた。[89] よって、九州製鋼会社の操業開始について、「今後本事業カ果シテ円満ニ進行スルト否トハ若松製鉄所ノ欲スル丈ノ銑鉄ヲ漢冶萍ヨリ供給シテ尚ホ且ツ余裕アルヤ否ヤノ問題[90]」であると見られていた。つまり、漢冶萍公司に対して九州製鋼会社と八幡製鉄所の銑鉄輸入交渉が同時に行われている状況下では、九州製鋼会社が確保できる銑鉄の量は、八幡製鉄所が要求する銑鉄の量に左右されると認識されていたのである。

井上準之助は、「製鉄所より同公司〔漢冶萍公司〕への生鉄需用高三十一万五千屯の要求あり、斯くては我が契約高皆無となる」との情報を松本健次郎に伝えていた[91]。それを受けて安川敬一郎は、八幡製鉄所の要求が過大なため、新会社が銑鉄を確保することができないのではないかとの懸念を押川則吉製鉄所長官に示した[92]。

一方、漢冶萍公司内には、八幡製鉄所に輸出する銑鉄量の決定後に新会社への輸出量を決定すべきとの意見が存在していたものの[93]、一九一六年一〇月三一日、日中合弁での製鋼会社の設立が正式に決定されることになった。漢冶萍公司の社長であった孫宝琦は、「本事業ハ両者間ニ極メテ好感的ニ而モ短時日間ニ成立セシモノニシテ、啻ニ両者間ノ利害関係ヲ密接ナラシムルノミナラズ、益々以テ日支親善ノ実ヲ挙クルニ裨益スル所多大ナルヲ信ズ」と、今回の契約は日中双方の経済的利益の増進にかなうのみならず、日中親善に寄与するところが大きいと述べた[94]。

しかし、八幡製鉄所や九州製鋼会社への銑鉄輸出量は正式に決定されておらず、懸案事項のままであった。そのため、九州製鋼会社への輸出に関しては、「先ツ製鉄所ト交付年度割ヲ切実議定セル後、更ニ自由販売ノ各数量ヲ顧ミ、尚余剰アラハ履行スヘシ[95]」との議決が漢冶萍公司の株主総会でなされることになった。安川は、「漢冶萍公司と八幡製鉄所とは容易ならざる可きの様子あり[96]」という認識を示し、二〇万トン以上の銑鉄輸入を実現しようとしていた八幡製鉄所の動向にかかわらず、製鉄業の振興や「日中経済提携」のために公司と独自に交渉を行いたいと考えるに至ったのである[97]。これは九州製鋼会社の六万トンのために、八幡製鉄所の原料輸入交渉に何らかの影響を与えても構わないという強硬な姿勢であったといえよう。

これに対し、井上は次のように語っている[98]。

実は製鉄所が収得せる暴利は漢冶萍公司に分配して可然とは自分の宿論にして、〔中略〕新契約に対する原料代価の引上げとか、或ハ他の条件にて公司を寛和するの好剤あるべし、公司側に於ても銑鉄安全製出数が四十万屯とは多少の駈引あるべく思はる、畢竟我は利彼は不利といふ点の寛和剤さへ与へば、三方共ニ無差間解決

表 4-3　クリーヴランド 3 号銑鉄の価格（1910～21 年）

	シリング	ペンス	円
1910	50	6	25.30
11	48	4	24,20
12	53	3	26.65
13	60	0	30.00
14	51	2	25.60
15	60	8	30.25
16	82	10	40.85
17	97	3	48.17
18	113	8	56.34
19	145	0	71.43
20	206	0	98.10
21	141	11	54.48

出所：B. R.Mitchell, *Abstract of British Historical Statistics*（London : Cambridge University Press, 1962）, pp. 493-494，各年次『日本帝国統計年鑑』を参考にして作成。

す可し

井上は、漢冶萍公司から輸入する製鉄原料の価格が低廉に抑えられているため、八幡製鉄所は「暴利」を得ていると認識しており、今後は日本が公司から輸入する銑鉄の価格を引き上げるなど、公司への利益配分が必要であると考えていた。とはいえ、銑鉄輸入交渉は八幡製鉄所と安川との間で調整が図られるべきと、安川の強硬姿勢に対しては否定的であった。[99] 八幡製鉄所、漢冶萍公司、九州製鋼会社の「三方共」に満足するような結果が期待されていたことは、いうまでもない。

結局、一九一七年二月二六日、大冶溶鉱炉から八幡製鉄所は二〇万～二五万トン、新会社は六万トンの銑鉄輸入が決定された。[100] こうして、製鉄原料の輸入問題は妥結に至ったのである。

それでは次に、焦点の一つであった輸入価格について見てみよう。九州製鋼会社は、大冶溶鉱炉で生産された銑鉄の輸入価格をイギリスのクリーヴランド三号銑鉄の価格の八割五分とした。[101] 一方、八幡製鉄所はクリーヴランド三号銑鉄の価格に、これまでの取引価格である一トンあたり二六円を加算し、それを半額にするという方法をとった。[102] 一九一五年以降、クリーヴランド三号銑鉄が一トンあたり二六円以上の価格をつけていたことから（表4-3）、八幡製鉄所は従来漢陽鉄廠と取引していた以上の価格で、大冶溶鉱炉産銑鉄の輸入を決定したということになる。ただ、その輸入価格は、九州製鋼会社の輸入価格に比べ、常に低価格となるように設定されていた。つまり、漢冶萍公司にとっては、八幡製鉄所より九州製鋼会社の方が一トンあたりの価格では有利な取引相手であったのである。

漢冶萍公司から横浜正金銀行に対しては、すでに供与されていた借款の返済期間の延長と事業開始のための新たな資金提供が申し込まれていた。外務省も漢冶萍公司の希望に応じる考えであった[103]。そこで七月には、返済期間を一律五カ年繰り延べ、鉱山開採のための鉄道建設に必要な資金二〇〇万円の融通に関する契約が締結された。これは「殆全部公司側希望通ト成リタル次第[104]」と見られていた。また九月には、漢冶萍公司の要請に沿う形で、借款の未返済分についての利率が引き下げられることになった[105]。このように、正金銀行は、既存の契約を漢冶萍公司側に配慮した内容に改定するとともに、新規の借款契約を締結した。おそらく、正金銀行のこうした支援がなければ、九州製鋼会社の設立は困難であっただろう[106]。

八幡製鉄所の第三期拡張に関する予算が議会を通過した直後から、農商務省は、八幡製鉄所の拡張と民業の発展にとって、原料の確保が不可欠であると考えていた[107]。第二次大隈重信内閣の与党同志会としても、製鉄原料の確保は喫緊の課題であった[108]。よって、漢冶萍公司からの再三にわたる銑鉄輸出量の低減という要請を受けた農商務省は結局、漢陽鉄廠から輸入する銑鉄の価格をも引き上げざるを得なくなっていたのである[109]。

農商務省・八幡製鉄所が九州製鋼会社の設立を積極的に阻止しようとした動きは見られない。たとえ、八幡製鉄所の原料輸入と競合する可能性があったとしても、鉄鋼不足の状況下、帝国議会で議論が交わされていたように、民間資本が銑鉄を独自に確保し、鉄鋼増産を行うことへの反対は困難であったといえよう[110]。一方で、安川は、正金銀行から漢冶萍公司への金融的な支援を背景に、原料輸入交渉を進めた。その結果、九州製鋼会社は、原料の確保について、当初の要求通りの形で契約を結ぶことに成功したのである。

おわりに

一九一三（大正二）年一二月に、横浜正金銀行と漢冶萍公司との間で高利借款の借換や大冶での溶鉱炉建設を目的とした一五〇〇万円の借款契約が締結された。結果、正金銀行が漢冶萍公司に対する金融的な影響力を拡大させると同時に、大冶溶鉱炉で生産される予定の銑鉄は八幡製鉄所に優先的に輸出されることになった。一五〇〇万円借款は、日本側の基本方針であった債権の保護と製鉄原料の確保をも両立させるものであった。ただし、一五〇〇万円借款の締結や第一次世界大戦の勃発によって、ヨーロッパ資本の脅威が大幅に低下したため、債権の保護は主に漢冶萍公司による債務の返済を意味するようになっていくのである。

対華二十一ヵ条要求の第三号には、そうした債権の保護や長江流域利権の拡大を目的とした漢冶萍公司に関する条項が盛り込まれた。漢冶萍公司の最高責任者であった盛宣懐が公司の日中合弁化に反対であったことを踏まえると[三]、日中合弁による新たな製鋼会社設立の提案には、先行研究が指摘してきた日本国内の鉄鋼需要の高まりや漢冶萍公司の銑鉄増産に加えて、日中合弁化を回避しようとする公司と債権の保護を望む正金銀行の両者の思惑が一致していたことが背景にあった。漢冶萍公司からの銑鉄輸入を前提とした九州製鋼会社の設立は、対華二十一ヵ条要求という外交問題が一つの契機となっていたのである。

製鋼会社設立の日本側の代表者となったのが安川敬一郎であった。安川は、①国内産業の振興、②「軍器独立」、③「日中経済提携」の実現を目指し、また、安川・松本家の余剰資本の活用や製鋼事業の将来性への期待を背景として設立計画に積極的に関わっていく。

しかし、安川にとって、農商務省・八幡製鉄所の動向は不安要素であった。第三七帝国議会における民業育成の要求を受け、農商務省は製鋼能力の向上とともに、鋼片など半製品の生産拡大を実行せざるを得なくなった。そこで、需要の増加が予想される製鉄原料について、農商務省の選択した方針が一五〇〇万円の借款契約に基づいた漢冶萍公司からの銑鉄輸入量の拡大であったため、九州製鋼会社と八幡製鉄所とが競合する状況が生じた。よって、袁世凱死後、一時中断していた新会社の設立交渉が再開された際、両者は調整不足を露呈させることになるのである。

写真7　完成後の九州製鋼株式会社

にもかかわらず、設立計画が進展したのは、大蔵省・正金銀行が海外投資や対中国貿易の促進などに加え、債権の保護のために輸入銑鉄の価格引き上げによる漢冶萍公司の経営改善を必要としていたからであった。正金銀行は、新会社による銑鉄の高値での取引を期待し、「日中経済提携」に積極的な安川による請負を支持したのであった[112]。実際、九州製鋼会社が大冶溶鉱炉から輸入する予定の銑鉄の価格は、従来八幡製鉄所が漢陽溶鉱炉から購入していた価格や大冶溶鉱炉からの輸入予定価格よりも高額に設定された。このように、それぞれの思惑から大蔵省・正金銀行と農商務省・八幡製鉄所とは、九州製鋼会社の設立に対し、一致した行動をとることができなかったのである[113]。

第一次世界大戦は、日露戦前から構築されてきた日本と漢冶萍公司との関係において、大きな転機となった。辛亥革命期には、外国資本との経済競争が行われるなかで、製鉄原料の確保と多額の借款供与とがほとんど矛盾することはなく、農商務省・大蔵省・外務省という三位一体の関係はある程度実現していた。しかし、一五〇〇万円の借款契約の締結によって、漢冶萍公司における債権の蓄積が進展すると同時に、債権の保護とさらなる製鉄原料の確保との両立が政策課題として浮上することになったのである。九州製鋼会社の設立は、それらの解決策としての役割を期待されており、日本国内における金融・財政的要請と密接に関係する計画であったと位置づけることができよう。

以上見てきたように、九州製鋼会社は、第一次世界大戦の展開や原料の輸入先である漢冶萍公司の経営状況の変化とは無関係であり得なかった。大戦後、漢冶萍公司の経営危機によって、大冶溶鉱炉では銑鉄の生産が困難になった。加えて、戦後恐慌の到来により、九州製鋼会社は予定していた原料の確保ができず、操業開始が不可能になってしまう。[114]債権の保護や「日中経済提携」を目指して設立された九州製鋼会社は、その役割を十分に果たすことはなかったのである。

慢性的な経営悪化により、漢冶萍公司は短期借入金を増加させ、拡張工事費などの不足に陥る。こうした事態を打開するために、日本政府は漢冶萍公司に対し多額の追加借款を行うことになる。ただ、第一次世界大戦を期に、対漢冶萍公司借款の原資である預金部資金には、国内の産業振興など国民の生活と直結する事業への運用が求められることになった。[115]よって、漢冶萍公司の債権をめぐっては、「保護」ではなく、「根本的整理[116]」を目的とした借款が志向されるようになっていくのである。

第5章　政治借款の展開と第一次世界大戦

――「西原借款」再考

はじめに

本章では、第3章で見た対華二十一ヵ条要求という外交的契機や第一次世界大戦後における国内の政治経済状況の変化が、日本の対中国借款政策に与えた影響を考えてみたい。

第一次世界大戦の勃発後、国内正貨の蓄積や中国におけるヨーロッパ資本の衰退などを背景に供与されたのが、いわゆる西原借款である。それまでに類を見ない巨額の資金が短期間に投入されたものの、そのほとんどの返済が遅滞したことから、西原借款は大戦後に国内の政治問題として耳目を集めることになる(1)。また、そうした巨額の借款の対象は、以前に見られていた華中・華南利権ではなく、満蒙利権がほとんどであった。

これまで西原借款に関しては、日本資本主義が帝国主義へと転換していくなかでの位置づけに関心が集まり、基礎的考察としての西原借款の定義(2)、帝国主義的な対外財政投資としての特質などが研究の対象とされてきた。なかでも、大森とく子は、西原借款の主要な目的を中国における金円の流通と製鉄原料の調達に求めた(3)。こうした研究の結果、朝鮮や満州にとどまらず、華北地域へと経済進出の歩みを進め、「東亜経済圏」の樹立を目指す動きへと

写真 8　寺内正毅

写真 9　勝田主計

写真 10　西原亀三

至る日本資本主義の大きな転機であるとの評価が西原借款に与えられることになったのである。波形昭一は、こうした評価を植民地金融機関の整備という視点から深め、寺内正毅内閣は西原借款によって「日満支金融ブロック化」政策を強行させたとする(4)。また、西原借款を実行するための資金源をより広範に調達するため、日本興業銀行・朝鮮銀行・台湾銀行による特殊銀行団が結成され、日本資本主義は中国に対する大規模かつ自立的な経済借款を本格化させたとも述べている(5)。

これらの研究の特徴と問題点は、次の二点に整理することができよう。まず、寺内首相—勝田主計蔵相—西原亀三のいわゆる「朝鮮組」の一体性が重視されている。特に、「非公式チャンネル」として機能していた西原について、その「日支親善」論が多面的に検討されるとともに、「日満支」が一体となった経済圏の構築を目指していたことが明らかにされた(6)。そのため、寺内内閣の対中国借款政策については、西原の思想と行動に強く影響され、実行された西原借款が中心に論じられており、「朝鮮組」内の構想の違いが過小評価されてしまう危険性をはらんでいる(7)。

また、第一の問題点に関連して、以後の対中国経済進出との整合性を見出すために、「鮮満金融一体化」政策の「日満支」ブロック化への帰結を前提として、寺内内閣期の対中国借款政策が説明されている(8)。寺内内閣の「日支貨幣の混一併用」策は鮮満経済圏のみならず、必然的に「中国本土」へも拡大していくものとされており、満州と満州を除いた「中国本土」に関する借款政策とが十分に区別されていないのである。

こうした問題点を解決するために、本章では以下の二点に注目する。第一に、寺内内閣で蔵相を務めた勝田の対中国借款に関する政策論である。寺内朝鮮総督の下で、勝田は朝鮮銀行総裁を務め、「鮮満金融一体化」の流れを加速させるとともに、様々な局面で西原の活動を支援していた。寺内内閣成立後の勝田については、同時代の「大蔵省に於ても僚屬《マヽ》は悉く反対なるに拘らす大蔵大臣が独断敢行して、主任の局長抔に若し反対なれは辞表を出して後反対すへしと脅迫した[9]」といった証言があるように、寺内内閣の対中国借款政策において主導的な立場にあったことがうかがえる。とはいえ、寺内内閣期に「朝鮮組」の対中国借款構想が同一であったとは限らず、勝田・西原両者の構想を比較検討し、共通点や相違点を導き出さなければならない。その際、蔵相であった勝田が、対中国借款を物価高騰などといった国内の経済問題に対する処方箋として位置づけていたことに留意する。[10]また、対華二十一ヵ条要求の最大の目的が第二号の満州権益の強化であったとの立場に立つならば[11]、勝田がそれをどのように実体化していこうとしたのかも、彼の第二次大隈重信内閣の対中国政策への批判を踏まえつつ、検討する必要があるだろう。寺内内閣の対中国借款政策は、第二次大隈内閣の対中国政策のどの部分を継承し、どのような新たな政策を打ち出していたのだろうか。

第二に、第二次政治改革借款の供与が寺内内閣の対中国借款政策として持っていた意味についてである。第一次世界大戦の勃発後、英仏資本家による多額の対中国借款が困難な状況となったことで、寺内内閣は第二次改革借款の前貸を単独で三回にわたって行った。国際借款団の枠組みを通じて、中国政府への財政支援・中国の幣制整理に積極的に関与することになったのである。

寺内内閣と国際借款団との関係については、これまで新四国借款団結成の前史として、簡単に論じられることが多かった。[12] 三谷太一郎は、外交政策の新たな引照基準、すなわち対米協調を模索するなかで、原敬内閣が西原借款を否定し、新四国借款団への加入に積極的な姿勢を示したとする。また、平野健一郎は、西原借款以前における対中国借款の中心勢力であった外務省や横浜正金銀行に注目することで、寺内内閣の対中国借款政策を第二次大隈重信内閣期との連続・非連続のなかで捉える見方を示し、原内閣期にはこれらの勢力が「復権」したと結論づけた。

しかし、国際借款団の枠組みに依拠した対中国借款が寺内内閣期にどのような意味を持っていたのかについては、さらなる検討が必要である。[13] 寺内内閣の視点から第二次政治改革借款の外交政策としての意義を捉え直すことで、原内閣の対中国借款政策との断絶性や連続性を改めて指摘することにもなるだろう。

よって、勝田の対中国借款に関する政策論や寺内内閣と国際借款団との関係に注目することを通じて、「朝鮮組」の一体性に依拠し、「東亜経済圏」樹立に先鞭をつけた寺内内閣の対中国借款政策という像を再検討するとともに、寺内内閣の対中国借款政策の歴史的意義を明らかにすることが本章の目的である。

一　「鮮満金融一体化」と寺内内閣の成立

（1）勝田主計と日支銀行・満州銀行両法案

対華二十一ヵ条要求は、第五号の存在とその秘匿、中国政府への最後通牒などをめぐって、欧米各国や中国のみならず、日本国内でも大隈重信内閣の対中国政策への不信感を高めた。一方、対華二十一ヵ条要求に関する日中交渉の結果として、一九一五（大正四）年五月下旬に日中間で「南満州及東部内蒙古に関する条約」が締結され、南満州鉄道等に関する買収・引渡や関東州の租借権の期限が延長されたことは大きな外交的「成果」であり、満蒙経営が以前にも増して対中国政策の中心的課題の一つと認識されるようになっていく。

当時、朝鮮半島において銀行券を発行し、民間資本や朝鮮総督府に対する資金融通を行っていたのが朝鮮銀行である。同年一二月には、一〇月に死去した市原盛宏総裁の後を受け、寺内正毅朝鮮総督、荒井賢太郎朝鮮総督府度支部長官や阪谷芳郎らの推挙もあり[14]、勝田主計が総裁に就任した。

勝田の直面した課題が「鮮満金融一体化」であった。朝鮮銀行内部には、勝田の総裁就任以前から、朝鮮銀行が満蒙開発のための中央銀行として発券業務を一手に掌握することによる、朝鮮と満州との幣制統一への期待が存在していた[15]。また勝田自身、「地方的銀行」から「世界的銀行」への発展を目的に、朝鮮銀行を満州での金融活動に加え、対満蒙・対山東省貿易に積極的に関与させるべきと考えていた[16]。

さらに、満州を除いた「中国本土」における幣制改革についても、その必要性が論じられていた。日本国内には、大戦の勃発を契機とする対中国投資拡大の際、「本位貨幣の違ふと云ふことが、一番厄介の問題」であり、「本邦人の支那投資を安全にするに就て、最も希望する所は支那の幣制改革にある[17]」との認識があった。中国では地域ごとに通貨が異なっていたため、印刷局・造幣局も膨大な数に上っていた[18]。幣制の不統一にともなう不経済は、清朝末期から当事者である清朝や欧米各国間で問題となっていたが、辛亥革命の発生による国内経済の混乱も加わり、いっこうに解決されていなかった。勝田をはじめとして、「中国本土」での幣制改革や日本の経済活動の拡大を望む意見が存在していたのである。

こうしたなか、大隈内閣は、対中国経済進出を活性化させる狙いから第三七帝国議会（一九一五年一二月〜一六年二月）に日支銀行・満州銀行両法案を提出した[19]。もっとも、横浜正金銀行や台湾銀行、民間では中日実業株式会社などがすでに対中国投資に従事していた。しかし、正金銀行は海外為替を主要な業務としており、台湾銀行は銀行券の発行権を持ちながらも、台湾の経済発展を本来の目的としていたため、「中国本土」の業務に関する新たな金融機関の整備が必要とされた。「主トシテ彼ノ地〔中国本土〕ニ於ケル経済借款及事業資金ノ供給ニ当ラシムルト同時ニ、必要ナル一般ノ銀行業ヲ営マシメテ、我経済的地歩ヲ進[20]」めるために、日支銀行という日中合弁銀行の設立が計画されたのである。

また、「南満州及東部内蒙古に関する条約」の締結によって、日本と満州との政治経済的関係がますます密接になりつつあるとの認識のもとで、満州銀行の設立も企図された。大隈内閣は満州の産業振興のために正金銀行や朝鮮銀行を活用することは、それらの銀行の本務を妨げると考え、長期資金の供給が可能な金融機関の設立を喫緊の課題としたのである。

これに対し、勝田は、日支銀行・満州銀行両法案では十分に「日中経済提携」の成果が挙げられないと議会で批判的な発言を繰り返し[21]、「満洲銀行ハ無用、日支銀行ハ時機ニ適合セス[22]」と主張した。後年、中国・交通両銀行の経営改善こそ重要であるとする中国政府有力者（周学熙や梁士詒）の発言を紹介したように[23]、勝田は「中国本土」に関しては、中国銀行や交通銀行など既存の金融機関への借款が必要と考えていたようである。ただ、日支銀行のような日中合弁銀行はあくまでも「時機に適していない」と語られるのであり、合弁銀行の設立と中国・交通両銀行への借款とが矛盾なく、かつ、同時に推進される可能性があることには留意しておきたい。

一方、対満投資の振興のためには、「朝鮮銀行が植民地並に海外銀行として北方に伸張するは最も策の得たるもの[24]」とするとともに、「東拓ヲ延ハスカ如キハ筋ノ立ツ論[25]」と述べ、朝鮮銀行券の満州での流通や東洋拓殖株式会社法の改正による長期信用の充実を構想していた[26]。日支銀行・満州銀行両法案、特に後者については勝田の「鮮満金融一体化」構想と大きく異なる内容を含んでいたのである。

こうした勝田の批判の背景には、大隈内閣や与党立憲同志会に対する反発、さらにいえば、貴族院内の反大隈内閣の動きがあった[27]。日支銀行・満州銀行両法案は、与党同志会の賛成多数により衆議院を通過した。しかし、貴族院内では、勝田が西原亀三などと協力し、否決の流れを形成していた[28]。加えて、後藤新平や貴族院の院内会派茶話会の有力者であった田健治郎らも同調した結果[29]、両法案は貴族院で否決されるに至った。日支銀行・満州銀行両法案は、勝田の政治的立場から否定されるべきものであったが、特に満州銀行法案については、その構想・内容からも賛成可能なものではなかったのである。

議会の閉会後、戦時・戦後の経済政策を策定するための諮問会議として経済調査会が発足した[30]。大隈内閣は日支銀行・満州銀行両法案の次議会への再提出を目指していたため、経済調査会では両法案に関する議論が行われた。委員の一人であった早川千吉郎は、法律の若干の改正により、朝鮮銀行や東洋拓殖会社の業務を拡張し、「満蒙ノ金融銀行ノ仕事ヲサセル様ナコトハ出来ナイノデアリマセウカ」と質問をした[31]。対満蒙投資に関して、新たな金融機関の設立ではなく、既存の機関・会社を利用すべきといった勝田と同様の主張である。これに対し、片岡直温委員（立憲同志会所属）は「朝鮮総督カ満洲ニ力ヲ伸ストノ説ハ大反対ナリ〔中略〕朝鮮銀行ハ固ヨリ其業務ヲ朝鮮内ニ止ムヘキモノナリ[32]」と断固として反対した[33]。経済調査会内では、朝鮮銀行や東拓の満州での業務拡大をめぐって意見の相違が顕著であった。

また、「中国本土」に対する投資機関については、井上準之助委員が日本興業銀行の利用を主張するなど、日支銀行のような金融機関の新設に対する慎重論もあった[34]。しかし、菅原通敬委員（大蔵次官）は井上の意見に「大反対」を述べた。こうして八月四日、日支銀行と満州銀行の設立が経済調査会で決議されるに至り、次議会への再提出という方針が固まった。

（2）寺内内閣成立前後の対中国借款方針

話は前後するが、一九一六年三月の閣議では、①袁世凱の失脚を目指す動きへの協力、②民間資本による革命派支援の黙認が決定され、明確に排袁の方針が打ち出された。こうした大隈重信内閣の政策方針に対し、勝田主計は寺内正毅朝鮮総督に対し次のように述べている[35]。

果シテ絶対的ニ排袁カ国家将来ノ利益ナルヤ否ヤモ問題ニ有之候上ニ、同盟国其他関係列強トノ一通リノ亘リモナク進行シツヽアル模様ニ有之、斯クシテ果シテ国家将来ノ為深憂ヲ残サヽルヤ小生ノ如キ門外漢ハ不安心ニ不堪

勝田は、排袁政策を否定的に捉え、同盟国であるイギリスや関係各国との協調を欠いた政策であると評価した。また、三月二二日に袁世凱が帝制の延期を国内外に発表すると、「袁カ帝政〔ママ〕ヲ思ヒ切リ共和制ヲ以テ真面目ニ支那ヲ料理セムトスルナラハ、寧袁ヲ籠絡シテ我利権ヲ確保スルノ手段ニ出ツルヲ上策トセサルカ[36]」と、中央政権である袁世凱政権を利用した利権の確保・拡大を主張していた。小田切万寿之助横浜正金銀行取締役も、勝田に近い意見であった[37]。安定政権の存在が国内外での順調な公債発行を助け、そのことが中国政府の対外債務の返済につながるといった経済的合理性への期待がその根拠にあったと考えられる。

ところが、六月六日に袁世凱が死去する。その死去直後に開かれた北京の公使団会議では、新規の借款供与など後継の黎元洪政権への財政的支援が決定された[38]。そして、財政再建のための一〇〇〇万ポンドの借款供与が中国政府から要請されたことを受け、四国借款団内において第二次改革借款の供与が議論されるようになる。

黎元洪政権の誕生後、大隈内閣の強硬な対中国政策は変化を見せる。この政権交代について、日本国内では中国の安定化に対する期待が述べられるなど[39]、日中間の外交・経済問題を解決する好機であると捉えられた。また、黎元洪政権から借款など財政支援の要請があった場合には、積極的に応えるべきとの方針が示された[40]。これは、日本が借款を引き受けなかった場合、黎元洪政権がアメリカに依存することを危惧したためである。このように、大隈

内閣期において、借款による日中関係の改善や強化がすでに構想されていたことは興味深い。

日本の経済的援助によって、黎元洪に南北統一を実現させようとする考えもあった(41)。石井菊次郎外相は、袁世凱の死後の中国情勢に関し、大戦終結後にアメリカの資本が中国へ参入することへの危機感を抱く一方、日本はアメリカと並んで最も優位な地位にあり、中国への借款を積極的に担っていくべきであると述べている(42)。外務省本省は、黎元洪政権による南北和平に期待を寄せる一方、四国借款団へのアメリカ銀行団の加入には否定的であった(43)。それは過去にアメリカ銀行団が六国借款団を脱退したことに対する不信感や、アメリカの経済力の脅威などを背景としていた(44)。しかし、林権助駐華公使は、「米国ヲ抱込ミ其豊富ナル資金ヲ利用シ支那ニ於ケル我地歩ヲ進ムルノ手段トナスコト得策ナルヘク(45)」と、日本の対中国進出にプラスの影響をもたらすとの理由から、アメリカ銀行団の国際借款団への参加に積極的であった。こうした外務省内での本省と出先との不一致はその後も続いていく。

対中国政策への批判、貴族院の反発、立憲同志会内の対立などから不信任の声が高まり、第二次大隈内閣は総辞職に追い込まれる(46)。そこで、一〇月一九日に立憲政友会を実質的な与党として誕生したのが寺内内閣であり、大隈内閣の対中国政策の刷新が大きな課題とされた(47)。勝田は、寺内に請われ、大蔵次官に就任、一二月には大蔵大臣に昇任した。すでに一一月には、大蔵省において、増加が予想されていた正貨の処理や金融市場の調整に関する方針が検討され、対中国借款の実行やイギリス政府短期債券の日本国内での発行がその具体策として挙げられていた(48)。また、寺内内閣が、「満洲銀行ノ如キハ其必要ヲ認メズ、又日支銀行ノ設立ハ日支国交ノ最モ円満」な時期にすべきと、満州銀行の不要、日支銀行設立の時期尚早を明確にしたことで(49)、日支銀行・満州銀行両法案は議会に提出されずに終わった。

ただし、日中合弁銀行の設立に関する日中間の折衝は水面下で断続的に行われており、翌一九一七年八月には、経済借款や各種公債の引受を主要な業務とする中華匯業銀行の定款が中国議会で認可された。当初、中華匯業銀行には金票や銀票の発行権が認められていたものの、財政や国内経済への日本による干渉を警戒した中国政府や議会内の反対論から銀行券の発行に変更された[50]。北京への本店の設置、資本金二〇〇〇万元の日中両国資本家による半額出資が取り決められ、一九一八年一月に設立、二月に営業開始の運びとなる。勝田は、日中両国の実業家間における「日支経済連絡」の成功例として、中華匯業銀行の設立を高く評価した[51]。

次に、寺内内閣下の「鮮満金融一体化」政策の展開に目を転じてみよう。第三九帝国議会（一九一七年六〜七月）では、不動産金融や移民会社の社債引受などの移民金融を円滑にすることを目的に[52]、東洋拓殖株式会社法中改正法律案が審議された。満州銀行法案と比較した東拓法改正案の差異・利点などに質問の多くが集中したが、満州の幣制に関しても議論が行われた。勝田は、「他ノ国ノ幣制ヲ我国デ統一スルト云フコトハ出来マセヌガ」と留保しながらも、「ソコハ金融ノ問題トシテ成ベク満州ノ幣制ヲ我国ノ側ニ於テ少クモ統一シタイ」との考えから、「満州ノ如キハ金デ統一シテ、而モ一種ノ金札デ以テ之ヲ統一シテ行ク」方針であると、日本政府・資本家による満州での金本位制の確立の意向を明確に述べた[53]。そして一一月には、関東州や満鉄附属地における朝鮮銀行券の流通を認める勅令が発布された。こうして、日支銀行・満州銀行両法案に関する一連の議論にはいちおうの結論が出された。すなわち、寺内内閣は「鮮満金融一体化」に向け、満州における朝鮮銀行券の流通、東拓の長期信用を利用した長期資金の融通を進める一方で、日中合弁銀行である中華匯業銀行の設立によって、「中国本土」に対する日本の経済的影響力の拡大を図ることになったのである。

一方、第二次改革借款に関して、寺内内閣は基本的に大隈内閣下で示された方針を踏襲した。その内容は、①一億円借款は現在の四国借款団によって引き受けられるべきであること、②アメリカ銀行団の加入は一億円借款の成立後の課題とすること、③第二次改革借款に関する担保や中国の各政府組織への顧問派遣といった問題が決着した後に日本政府はアメリカ銀行団の加入を推進すべきことであった[54]。特に、アメリカ銀行団の復帰については、四国借款団内で日本の一定の地位が確保された後に認める方針であった。

ところが一一月に、中国財政部とシカゴ銀行（The Continental and Commercial National Bank of Chicago）との間で五〇〇万ドルの借款契約が成立する。実業振興への利用などが表向きの使途であったが、国内改良費及び中国・交通両銀行の準備金強化が主要な目的とされていた[55]。これを受け、林駐華公使や小田切正金銀行取締役は、アメリカ資本家による多額の対中国借款への警戒感から、日本政府に対し、アメリカ銀行団の四国借款団への復帰を強く求めるようになる[56]。これには、国際借款団の枠組みによって、アメリカ資本家の対中国借款を拘束する意図があったといえよう。

こうした状況を背景に、寺内内閣は対中国政策に関する方針を次々と打ち出していく。

まずは、「対支金融ノ件」が一九一六年一二月から翌年一月頃にかけて、政府内で了承された[57]。それまで、政治借款の供与については、国際借款団との協調行動に基づき、正金銀行が日本側の金融機関を代表して参加していた一方、経済借款については、政府系金融機関や民間資本の双方が従事するなど混在した状況であった。この「対支金融ノ件」では、政治借款が引き続き正金銀行の担当とされたものの、大規模な経済借款に関しては、日本興業銀行・台湾銀行・朝鮮銀行（以下、特殊銀行団とする）による引受が決定されたのである[58]。「対支金融ノ件」について、ここでは以下の二点に注目したい。

第一に、経済借款の供与に関する大蔵省の主導性である[59]。実業借款はすでに五国借款団から無条件で除外されていたため各国による自由競争に任されており、満蒙利権やその他一部の長江流域利権を除いては、資本に乏しい日本の資本家は積極的な利権獲得に乗り出しづらい状況にあった。しかし、大戦勃発後の中国市場をめぐる国際状況の変化や日本政府の財政状況の好転など、積極的な対中国投資が可能となる条件が整いつつあった。そこで、寺内内閣は、植民地銀行である台湾・朝鮮両銀行に加え、対中国投資に実績のある日本興業銀行にシンジケートを結成させた。特殊銀行団の結成は、大蔵省の主導による経済借款の振興策という性格を有しており、中国政府に対し、経済借款を名目とした政治借款が次々と行われる一つの契機となった。ただし、国際協調を重視し、第一次改革借款など行政借款を主導していた外務省や正金銀行から強い反発を招くことにもつながった。

第二に、日本国内の金融政策としての側面である。「対支金融ノ件」の二年後の一九一八年五月に海外投資銀行団が結成される。第一銀行、十五銀行、三井銀行、三菱合資会社銀行部、正金銀行、日本興業銀行、台湾銀行、朝鮮銀行他一〇行によって構成されており、政府系金融機関のみならず、多数の民間銀行の参加が見られる(60)。また、この団体の目的の一つは、「此ノ儘放任スルニ於テハ或ハ甚シク経済上ノ調節ヲ失ヒ其ノ結果我国民経済ノ将来ニ憂フヘキ状勢ヲ誘起スルコトナキヲ保セス」という危機感から、「之ニ処スル方策トシテハ結局海外投資ヲ行ヒ以テ金融ノ調節ヲ図ル(61)」、つまり国内資金の円滑な対外運用による金融の安定化にあった。

戦時下の継続的な輸出超過によって、正貨が流入し、国内の物価高騰が懸念されていた。実際、当時第一銀行に勤務していた明石照男が、「国際貸借の貸方の方が大きくなって資金が溢れるから、通貨政策上支那に出した方が宜い」との勝田の発言に対し、好意的な評価を下していたように(62)、海外投資、特に対中国投資による物価調整が期待されていた(63)。勝田は、戦争の長期化を念頭に、正貨の増加によって「経済上の各種の弊害(64)」が発生することへの懸念から、国内資金の回収により借款の資金源を確保し、中国への積極的な経済借款の供与を企図していたのである(65)。

続いて、一二月一四日には、第二次改革借款に関する「支那大借款ニ関スル件(66)」が政府決定された。これは既定の方針からさらに踏み込んで、第二次改革借款を四国借款団により引き受け、日本以外の銀行団が希望した場合、それら全額を日本の市場で代理発行するというものであった。辛亥革命期に六国借款団によって第一次改革借款が供与された際、中国政府の公債は日本国内の市場で発行されず、日本の資本家は実質的な資金負担をしなかった。

しかし、寺内内閣はより積極的な方針を示し、日本単独での前貸の実行を計画するに至ったのである。その背景として、次の二点を挙げることができる。

第一に、先に述べたように日本側は政府・日本銀行ともに保有する国内外正貨が激増しつつあり[67]、対外投資に積極的であった。第二に、中国政府の歳入不足を受け、アメリカ銀行団は四国借款団とは別ルートで五〇〇万ドルにも及ぶ借款を中国政府と交渉中であり、四国借款団はこれに反発していた[68]。つまり、四国借款団側としても、英仏資本家による対中国借款の供与が困難な状況下、アメリカ銀行団を牽制するためにも日本側の単独前貸を容認せざるを得なかったのである[69]。ちなみに、アメリカ銀行団の四国借款団への加入問題については、第二次改革借款の本契約締結後に勧誘するという、寺内内閣成立直後とほぼ変わらない方針がとられている。

その後、日本政府は①中国に対する内政不干渉、②満州問題を除く欧米との協調関係の構築、③ただし、中国問題における日本の優越的地位を欧米に求めることなど、包括的な対中国方針を定め[70]、中国の「指導啓発」を目指すことになった[71]。

二　中国幣制改革への関与

(1) 交通銀行借款と第二次段祺瑞内閣

第二革命の際、袁世凱政権と密接な関係にあった交通銀行は、同政権による南方派征討のために多額の軍事費を負担した[72]。そうした貸付のほとんどが未返済に終わったことに加え、第一次世界大戦勃発直後の金融収縮により交通銀行は経営難に陥った。金融状況の安定化を目的に、一九一六(大正五)年五月に、上海の中国・交通両銀行券の兌換を停止する国務院令が発布されるが[73]、経営状況が好転することはなかった[74]。

第二次大隈重信内閣期、袁世凱の側近であった梁士詒は交通銀行への借款供与を日本側に働きかけていた。梁士詒は、紙幣発行・官金取扱権、つまり中央銀行としての機能を一部残した状態での交通銀行の日中合弁化を要請したとされている[75]。しかし、排袁政策をとっていた日本政府は、借款の供与が袁世凱政権への財政支援につながると判断し、梁士詒の要請に応じることはできなかった[76]。

とはいえ、日本政府内では、対中国借款の振興策について、議論が重ねられていた。大蔵省では、日本興業銀行の積極的活用、信託制度に基づく長期資金の運用を背景とした朝鮮銀行や台湾銀行による資金調達という構想が存在し、また、「一策」との留保が付されていないながらも、交通銀行への借款による華中・華南での金融的な影響力拡大が検討されていた[77]。政治的立場は異なってはいたが、勝田主計と第二次大隈内閣の双方が、交通銀行への借款が有用であると認識していたのである。

寺内正毅内閣が成立すると、交通銀行借款に関する交渉は活発化し、一九一七年一月に五〇〇万円の借款契約が締結された。これを機に、曹汝霖交通銀行総裁と西原亀三とのチャンネルが日中両国政府の借款政策を大きく左右していくことになる[78]。

交通銀行の業務整理と銀行券の価格回復を通じた中国の幣制整理を目的に、日本政府は交通銀行への支援を継続し、九月には二〇〇〇万円の借款契約を締結する（第二次交通銀行借款）。この借款は、日本外務省の消極姿勢のみならず、中国政府内における梁啓超ら進歩党と曹汝霖ら新交通系との対立から中断されていたものの、西原、さらには、勝田がその成立を熱心に主張したため実現したという[79]。こうした背景には、「支那ノ病患ハ財政ノ窮乏ニアリ、而シテ之ヲ癒スヘキ産業ノ勃興商業ノ発展カ同国幣制ノ紊乱ニ依リテ阻害セラルルコト著大ナリ」との認識のもとで、「之〔幣制〕カ改革ハ支那救済ノ捷径ナリ[80]」とする意見や、交通銀行への借款を通じた対中国投資の活発化への期待も存在していた[81]。そもそも第一次交通銀行借款が実行される際、交通銀行の業務整理に必要な金額が二〇〇〇万円前後と見積もられており、二度の借款は当初の想定に沿って供与されたものであるとも受け止められていた[82]。

一方、中国政府内では、黎元洪大総統と段祺瑞国務総理との対立が深まり、黎が段を罷免するという事件が発生した。しかし、張勲の復辟を経て、七月には黎元洪が大総統を辞任し、段祺瑞が国務総理に返り咲くことになった（府院の争い）。その結果、第二次段祺瑞内閣が成立し、梁啓超が財政総長に、曹汝霖が交通総長に就任した。段祺瑞と新交通系の影響力は増大したものの、梁啓超を中心とする進歩党が政権の中枢の一翼を担っていた。

多額の軍事費が支出されたこの政変に、京畿地方での水害の発生が重なったことで、中央政府の歳入不足は深刻化し、第二次改革借款の第一回前貸が実行に移されることになった[83]。さらに、府院の争いに関する軍事費を負担した中国・交通両銀行券の価格下落が続いたことで、第二回前貸を求める機運が高まる[84]。

梁啓超は、清朝末期から幣制改革の必要性を訴えており、財政総長就任に際して、団匪賠償金の猶予や外債募集による幣制改革や財政整理の促進を在任中の主要な政策課題に挙げた[85]。しかし、梁啓超は、幣制改革のためには交通銀行だけでなく、中国・交通の両銀行への支援を行うことを主張し[86]、日本からの第二次改革借款第一回前貸や第二次交通銀行借款を中国・交通両銀行券の紙幣価値の維持に充てることを構想していた[87]。さらに、金為替本位制の確立のために必要な資金一〇〇〇万ポンドを四国借款団から借り入れ、東京・ニューヨーク・ロンドンに存置する計画を日本側に伝えていた[88]。これに対し、曹汝霖は、「素ヨリ梁氏ノ幣制問題ニ付テハ敢テ反対スルニハ非サレトモ何分大問題ナレハ之レカ成行ニ付テハ尠カラス心配シ[89]」ていた。後述するように、曹汝霖は海外からの大規模借款そのものに消極的であったのではなく、梁啓超主導の改革に疑問を抱いていたのであろう。

ともあれ、第二次段祺瑞内閣の成立によって、日本政府は積極的な借款政策を展開していくことになる。七月二

〇日には次のような「対支方針」が閣議決定される。(90)

段祺瑞ヲ中心トシテ北洋派ト進歩党トノ有力者ヲ網羅セル内閣ノ組織ヲ見ルニ至リ〔中略〕今ヤ列国ハ既ニ支那ノ現政府ヲ以テ適法ニ成立セルモノト認メ之ニ同情ヲ表スルノ状アリ、従テ帝国政府ハ亦段内閣ニ相当ノ友好的援助ヲ与ヘ時局ノ平定ヲ期スルト共ニ此際日支両国間ニ於ケル幾多懸案ノ解決ヲ図ルヲ得策トス

この閣議決定で重要なのは、日本政府が、段祺瑞を中心とする北洋派と梁啓超の進歩党によって組織された第二次段内閣を、「適法ニ成立セル」政府と見なし、かつ欧米の「同情」を得ていると判断をしたうえで、①財政支援を通じた中国の安定化、②日中両国間の「懸案」である満蒙権益の強化・拡大を同政権に期待していたことである。

(2) 第二次政治改革借款前貸の供与

前述した中国財政部とシカゴ銀行との借款契約の締結は、外務省に大きな衝撃を与えた。本野一郎外相は、「此侭ニ推移スルニ於テハ或ハ支那政府ニ於テ窮余又々米国筋等ヨリ借款ヲ為ス虞アリ」との懸念から、塩税剰余などの担保を確保したうえでの新規の借款供与に関し、大蔵省に理解を求めた。(91) これを受け、大蔵省は、①短期債券、②金額の上限一〇〇〇万円、③確実な担保の確保、④第二次改革借款の本契約が締結された際にはこの新規借款の償還に充てることなどを条件に交渉を進めることに同意した。(92) その後、外務省は、アメリカ銀行団の国際借款団への復帰を検討したものの、アメリカ政府と銀行団との足並みが乱れているとの判断から、単独での前貸供与に傾いていく。結局、一九一七年八月には、第二次改革借款の第一回前貸が日本単独で実行された。金額は一〇〇〇万円であり、予定使途は表5-1の通りである。中国銀行や交通銀行などへの支援は明示されておらず、中国政府の当面の財政補塡・行財政整理が目的とされており、陸軍部や財政部への支出が多くを占めていた。ただし、各行政部

の債券を中国・交通両銀行が引き受けていたことを鑑みれば、この第一回前貸は中国・交通両銀行の負担軽減につながるものであった。

さらに、日本政府は、第二次改革借款に幣制改革借款が包含されているとの認識から、第二次改革借款の前貸を利用し、中国の幣制整理に関与した。そこで、将来的な幣制改革に関する顧問就任を念頭に実行されたのが阪谷芳郎の訪中である。この点については、次章で詳しく述べるので、ここでは、幣制改革に関する勝田主計と阪谷との構想について、簡単に触れておくにとどめる。阪谷は幣制改革顧問として、「最も適任者」(93)と勝田に受け止められていたが、阪谷の派遣は林権助駐華公使や渋沢栄一など日米協調を重視する勢力の意向に沿うものでもあった(94)。九月に蔵相官邸で行われた勝田と阪谷との会談では、幣制改革が中国の経済発展に必須であるとの前提のもと、①幣制改革は中国政府の財政整理と不可分であること、②金本位制への移行を最終目的とするが、当面は銀本位のもとでの幣制整理を実行すること、③中央銀行の設立や紙幣発行のための造幣局・印刷局の整備などが確認され、以上の内容は林公使に伝えられた(95)。

次いで翌年一月には、第二回前貸が実行された。この借款は、「中国銀行借入金ヲ返還シ同銀行ヲシテ紙幣価格回復ノ用ニ弁ス」(96)ことを目的としていた。また、中国政府は、同月、中国銀行券・交通銀行券の価値回復を目的に、一〇〇〇万元

表 5-1　第二次政治改革借款第1回前貸の支出予定費目内訳

（単位：元）

外交部	573, 819
内務部	605, 372. 86
本部経費	(103, 333. 20)
警察庁経費	(314, 039. 66)
歩軍統領衙門経費	(188, 000)
財政部	2, 008, 723. 00
清室経費	(666, 666)
大総統府各項経費	(168, 000)
国務院各局所経費	(102, 000)
審計院経費	(84, 138)
八旗兵餉	(830, 000)
その他	(157, 919)
陸軍部	2, 140, 000
海軍部	368, 800
司法部	204, 000
教育部	380, 000
農商部	160, 000
合　計	6, 440, 714. 86

出所：『日本外交文書』大正6年第2冊（外務省，1968年）217-218頁より作成。

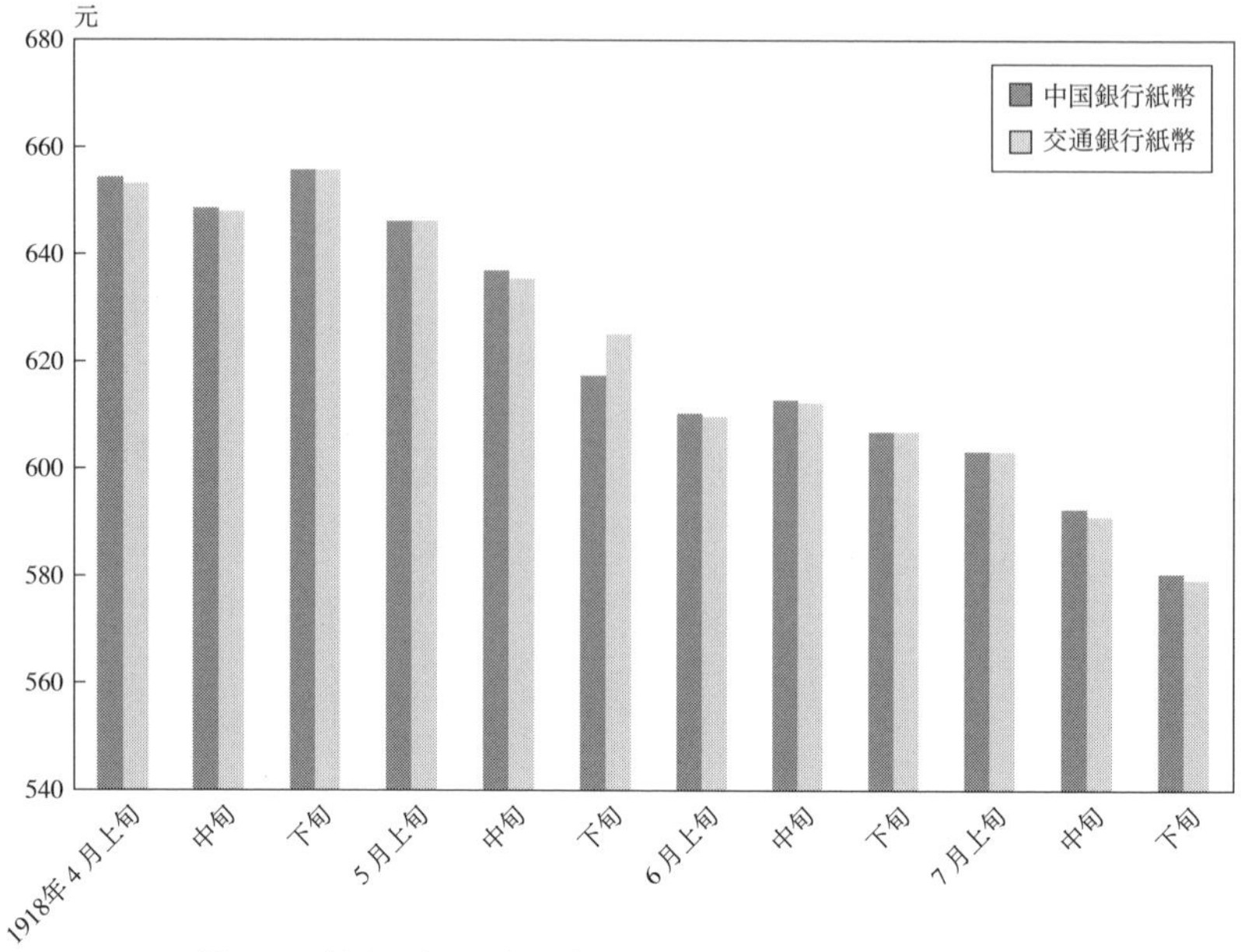

図5–1　中国・交通両銀行券の価格の推移（1918年4〜7月）

出所：『民国五年度中国交通両銀行兌換停止騒動記』（中国通信社，1936年）65頁より作成。
注：価格は北京紙幣市価に基づいている。

の公債を発行した。しかし、こうした措置が十分な効果をもたらすことはなく、四月下旬と七月下旬を比較すると、中国銀行券は約一一・六％、交通銀行券は約一一・八％も下落してしまった（図5-1）[97]。中国政府による公債発行、日本単独での第二次改革借款の前貸は所期の目的を達成することができなかったのである。

阪谷は、幣制改革が中国政府全体の行財政整理と密接に関係している問題であり、それと並行して南北和平を進展させることが必要であるとの意見であり[98]、第二次改革借款の供与という国際借款団による中国政府への財政支援が南北和平の促進につながることを期待していたのである。阪谷にとって、中国政府の行財政整理・幣制改革は国際借款団の枠組みに依拠することが重要なのであった。ただ、阪谷が北京に到着した時すでに梁啓超は財政総長の座になく、後任の王克敏も辞任目前であった。

一方、中国では、政治状況が大きく変わりつつあった。第二次内閣を組織していた段祺瑞が、政権基盤の強化を図り、資金援助を行うことで自らを支持する議員を多数当選させた。その結果、議会では段祺瑞政権支持の議員が多数を占めることになった（安福倶楽部の成立）[99]。梁啓超ら進歩党は政権から排除され、新交通系が政権の中枢を占める第三次段祺瑞内閣が成立したのである（一九一八年三月）。曹汝霖は交通総長・交通銀行総裁と共に財政総長をも兼務することになった。

それでも七月には、中国・交通両銀行券の価格回復を目的として、正金銀行による第三回前貸が実行された[100]。段祺瑞政権は、前貸を中国・交通両銀行券の回収費に充て、回収した銀行券を行政費に振り向けることによって、銀行券の増発をせずに済むのではないかと期待していた。このように第三次段祺瑞内閣が成立し、いわゆる西原借款が次々と実行されるなかでも、引き続き第二次改革借款の前貸が実行されていた。四国借款団の枠組みのなかで、度重なる前貸が日本から供与されることは、中国政府の財政安定化とそれに対する日本の影響力拡大をもたらし、借款団内における日本の地位向上やアメリカ資本の牽制につながると、寺内内閣は捉えていたものと思われる。一九一六年一二月に決定された「支那大借款ニ関スル件」に基づいた政策が着々と実行に移されていたのである。

三　援段政策から南北和平へ

(1) 勝田と寺内内閣後期の対中国借款

第四〇帝国議会（一九一七年一二月～一八年三月）は、寺内正毅内閣が実質的な予算編成を行った初めての議会である。この議会では、特殊銀行団の借款の原資確保を目的に、一億円の日本興業銀行債券の発行が議会で承認された[101]。ここに、特殊銀行団を支える財政的な裏づけが与えられ、政府保証を背景とした大規模借款が可能になったの

おける対中国借款（1917〜18年）

目　　的	貸　主	備　考	原内閣期における処理方針*
交通銀行の業務整理	日本興業銀行，台湾銀行，朝鮮銀行	同年2月19日に貸出を実行。1920年1月には全額償還	
中国政府の行政経費・行財政整理	横浜正金銀行	第二次改革借款成立の場合はその手取り金のなかから優先的に償還	
交通銀行の業務整理	日本興業銀行，台湾銀行，朝鮮銀行	同年10月11日に貸出を実行。1920年9月に満期となるが，中国側より3カ年の延期要求があったため，利率を7分5厘から8分に引き上げ。翌年9月，特殊銀行団より一部償還の請求を行う	
中国銀行・交通両銀行の紙幣整理・業務改善	横浜正金銀行	第二次改革借款成立の場合はその手取り金のなかから優先的に償還	
交通部による有線電信の改良並びに拡張	中華匯業銀行（日本興業銀行，台湾銀行，朝鮮銀行からの貸付）	1920年3月，電信設備の拡張に要する事業資金として，東亜興業株式会社より1500万円が供与	
吉林省吉林から延吉南境を経て経図們江に至り会寧に連絡する鉄道の建設	日本興業銀行，台湾銀行，朝鮮銀行	予備契約。本契約は予備契約締結後の6カ月以内に締結する予定	外務・大蔵両省において再協議し，本契約の締結を急ぐ。満鉄による建設を目指す
中国銀行・交通両銀行の紙幣整理・業務改善	横浜正金銀行	第二次改革借款成立の場合はその手取り金のなかから優先的に償還	
黒龍江及吉林両省における金鉱並森林事業の開発	中華匯業銀行（日本興業銀行，台湾銀行，朝鮮銀行からの貸付）		日露協約の精神や条項と関係する問題であるため，さしあたって技師の派遣を見合わせ，本件をこれ以上進展させない
熱河より洮南に至る鉄道，長春より洮南に至る鉄道，吉林より海龍を経て開原に至る鉄道，熱洮鉄道の一地点より某海港に達する鉄道の建設	日本興業銀行，朝鮮銀行，台湾銀行		外務・大蔵両省で引き続き協議を行う。満鉄による建設に決定。特殊銀行団，もしくは満鉄による本契約の締結を急ぐ
山東省済南府より直隷省順徳に至る鉄道及山東省高密より江蘇省徐州に至る鉄道の建設	日本興業銀行，朝鮮銀行，台湾銀行		特殊銀行団，もしくは東亜興業株式会社による本契約の締結を急ぐ。東亜興業による建設を目指す。外務・大蔵両省で引き続き協議を行う
日華協同防敵軍事協定の趣旨に基づき，中国政府は完全な協同動作を為し得る国防及用軍隊の編成錬成及戦争参加に要する経費への充当	朝鮮銀行，日本興業銀行，台湾銀行	1919年満期なる。延期され，1920年9月に満期となるも，中国政府は国庫窮乏の理由からさらなる延期要求	

本輸出研究会編『日本の資本輸出——対中国借款の研究』（多賀出版，1986年），『日本外交文書』大正6年第2

関する議案が帝国議会で承認されている。吉会鉄道，満蒙四鉄道，山東二鉄道は予備契約の成立と同時に借款の方針。

表 5-2　寺内正毅内閣期に

名　称	契約年月日	金額（万円）	償還期限	利率・発行価格	担　　保
第一次交通銀行借款	1917年1月	500	3カ年	7.5%	①隴秦予海鉄道債券 ②中国政府国庫債券 ③中国政府に対する交通銀行債権証書
第二次改革借款第1回前貸	1917年8月	1,000	1カ年	額面から7%割引して発行	中国の塩税収入を担保とする財政部証券 ※地租を担保とするか議論が継続
第二次交通銀行借款	1917年9月	2,000	3カ年（さらに1カ年延期）	当初7.5%（後に8%）	中国政府国庫債券
第二次改革借款第2回前貸	1918年1月	1,000	1カ年	額面から7%割引して発行	中国の塩税収入を担保とする財政部証券 ※地租を担保とするか議論が継続
有線電信借款	1918年4月	2,000	5カ年	8% 特殊銀行団から中華匯業へは7%	中国政府全国有線電信に関する財産一切並収入（中華匯業銀行が中国政府との間で締結した全国有線電信の改良並拡張借款契約書に基づき有する債権）
吉会鉄道借款前貸	1918年6月	1,000	40カ年	7.5%	現在及将来において本鉄道に属する財産一切並其収入
第二次改革借款第3回前貸	1918年7月	1,000	1カ年	額面から7%割引して発行	中国の塩税収入を担保とする財政部証券 ※地租を担保とするか議論が継続 ※地租を担保とするか議論が継続
黒龍江及吉林両省金鉱並森林借款	1918年8月	3,000	10カ年	7.5% 特殊銀行団から中華匯業へは7.35%	①黒龍江及吉林両省における金鉱並国有森林（中華滙業銀行が中国政府との間に締結した黒龍江及吉林両省金鉱並森林借款の本契約書に基づき有する債権） ②右金鉱並国有森林より生ずる政府収入（黒龍江及吉林両省における金鉱及国有森林並これより生する政府収入）
満蒙四鉄道借款前貸	1918年9月	2,000	40カ年	8%	現在及将来において満蒙四鉄道に属する財産一切並其収入
山東二鉄道借款前貸	1918年9月	2,000	40カ年	8%	現在及将来において済順，高徐二鉄道に属する財産一切並其収入
参戦借款	1918年9月	2,000	1カ年	7%（ほかに手数料1%）	中国政府国庫証券

出所：鈴木武雄監修『西原借款資料研究』（東京大学出版会，1972年）141-168頁及び269-270頁，国家資
　　冊，217-218頁，大正7年第2冊下巻，955-958頁などより作成。
注：1918（大正7）年1月に中華匯業銀行が設立され，同年3月には日本興業銀行1億円債権の政府保証に
　　前貸を行うとの形をとっている。＊は1918年10月19日に外務大蔵農商務の三大臣会議で決定された

である。そして、西原亀三と新交通系との連携によって、借款契約が次々と成立していく。

寺内内閣期に締結された借款契約の締結状況を整理したのが表5-2である。第二次改革借款の前貸を除き、有線電信借款以降のすべての借款に関して、直接間接に特殊銀行団が関与した。新交通系の章宗祥駐日公使は、特殊銀行団の借款に好意的な評価を下していた人物の一人であり、両者提携の背景について、次のように述べている[102]。一九一三年に第一次改革借款が供与された結果、中国政府には過大な担保が要求されるとともに、外国人の財政監督が政府に送り込まれた。このように、欧米諸国による中国財政の管理がますます強化されるなか、西原は、割引の撤廃、担保の軽減など借款契約の締結内容に関して、中国政府に比較的有利な条件を提示したというのである。

実際、西原は「支那ノ善后借款〔第二次改革借款〕ニ関シ帝国ノタメ不利益[103]」であると考えるとともに、林権助駐華公使が説いた国際借款団主導の幣制改革に強く反発し[104]、「飽迄自立セシメザルベカラズトスル根本主義[105]」を強調していた。中国政府の国際借款団からの「自立」を強く求めていたのであった。新交通系は、第一次改革借款によって中国政府の「財政管理」が進行したとし、それに対する反発から、国際借款団の枠組みによらない、日本の単独借款に期待を寄せたのである。西原の対中国借款構想は、そうした中国側の思惑と合致するものであった。

当時、大蔵省理財局に勤務していた大内兵衛は、「その森林がどこにあろうと、その鉄道がどのくらいしか経済的価値がなかろうと、そんなことはどうでもよい、とにかくいそいで書類をつくれ」という上司の命令があったと回顧している[106]。結果的に表に挙げたほとんどの借款が未返済に終わったことを見ると、西原を媒介とした多額の借款には、確かに、担保の十分な保証や借款返済の明確な見通しがあったとはいえない。ただ、勝田主計は、朝鮮銀行総裁時代に正貨政策としての対中国借款について、次のように述べていた[107]。

例ヘハ満州鞍山店ノ鉄鉱ヲ物ニスルニハ忽チ数千万円ノ正貨ヲ要スヘク、山東省金鈴鎮ノ鉄山ヲ活動セシムルニモ亦数千万円ヲ要スヘク、其他満洲支那方面ノ利権ヲ活躍セシムルコト何レモ皆正貨処分ノ法《ママ》策ト相成候、斯ノ如キハ皆本邦将来ノ基礎ヲ作ルモノナレハ先ツ第一着ニ此方面ニ正貨ヲ使用スルヲ要スヘク候

具体的にここで列挙されている利権と実際に借款の担保となった利権とは異なるが、勝田が寺内内閣の成立以前から、正貨政策として満州・山東利権を担保とした借款にすでに言及していたことには注意が必要である。

勝田は、「支那に於ける欧米諸国の所謂勢力範囲又は既得権を侵害せぬことに深甚の注意」を払っていたため、(108)自身や西原が進める借款に対し外務省が反発するのは不都合であり、外交問題にはあくまでも関与していないと考えていた。(109)特殊銀行団の結成に反発していた林駐華公使でさえ、度重なる第二次改革借款の前貸や中国政府の公債発行によっても、中国・交通両銀行券の価格が回復しなかったため、一時的にではあるが、段祺瑞政権の財政基盤の強化を目的に、経済借款による歳入不足の補塡を容認せざるを得なくなっていたのである。(110)

銀価格の高騰を背景とした有利な状況での幣制整理を狙い、中国政府は一九一八年八月に金券条例を公布する。この条例は、海外にある金準備を引き当てに国内で不兌換の金券を発行することで、金本位制の施行準備を目標としていた。(111)金券の保証を日本からの借款に依拠し、中国政府の正貨を日本に保存するという意味で、日本と中国との経済をリンクさせるような壮大な計画であった。西原は、曹汝霖ら新交通系主導で策定されたこの計画に積極的に応じ、(112)勝田に対して金券条例への財政的支援をたびたび要請する。そもそも、西原は、早期の金本位制への移行を目指し、一億七〇〇〇万円という多額の借款によって、七年ないしは一〇年での中国の幣制改革の実現を主張していた。(113)

こうした動きに対しては、四国借款団の枠組みによる幣制整理・改革を重視する外務省のみならず、大蔵省内にも反対意見があった。大蔵省内で作成されたと見られる『支那幣制改革実行尚早論』では、中国の市中に出回って

いる紙幣の整理や財政・金融制度の整備をともなわない幣制改革は、単に混乱を招くだけであるとの理由から、金券条例が批判されるとともに、第一次世界大戦後の世界経済の安定を待って、改革を行うべきと述べられていた[114]。中国の幣制改革には、欧米協調、国際借款団の枠組みが必要であるとの前提が共有されていたこともうかがえる。そのため、金券条例の公布にともない予想される日本の正貨の支出について、大蔵省は、西原に対し、「相当ノ成案」や「専門家ノ考慮」を求め、「本問題ハ他ノ問題ト分離シ後廻トスル[115]」との方針を示したのである。さらに、朝鮮銀行は、「金券発行条例ニ関シ蔵相ハ非常ニ心配シ居ラル[116]」と西原に伝えていた。

しかし、蔵相である勝田は、金券条例に対し、さきの意見書とは異なる態度を示していた。むしろ、日本政府が中国に金の現送を行わないことや、日本の諸銀行による「中国本土」での銀行券の発行に制限を加えないことを条件に容認する考えであった[117]。小林丑三郎駐華財務官は、当時交渉が進展していた「諸案件」解決のためには西原の立場を尊重し、①引換を行わない見せ金の五〇〇〇万円を中国に取り寄せさせ、②朝鮮銀行券の満州以外の中国における発行権を制限するなど中国政府に譲歩すべきと勝田に伝えた[118]。これを受け、勝田は、「目下交渉諸案件全部成立ヲ可能ナラシムルナラハ、我正貨政策上金ノ輸出ハ甚タ苦痛ニ感スル所ナルモ、此見地ヨリ交渉案件全部成立ノ後ニ於テ実行スルヲ条件[119]」に同意した。さらに、「南北満洲ヲ除キ当分ノ内日本諸銀行ヲシテ支那本土ニ於テ現在以上金券ヲ発行セシメサルコト、但シ満州ニ於テ発行スル金券ノ自然支那本土ニ流入スルコトハ已ムヲ得サルモノ[120]」との条件を中国側に提案するように西原に指示したのであった。

こうした勝田の見解の特徴は、次のように整理できる。第一に、勝田は金券条例の公布に関しては、「不完全ながら已むを得ぬ措置[121]」としながらも、それは欧米の利害とも矛盾しないと述べている。なぜなら、勝田は、中国政府が金本位制への早期移行を目指し、幣制改革に取り組むことは、貿易などを通じて密接な関係にある欧米諸国に対しても利益をもたらすと認識していたからであった[122]。また、米中運河借款への日本の参加を経済的な日米協調の現れであると見ていたように、[123]中国の経済問題をめぐって、欧米協調主義から大きく逸脱していないと考えていたようである。よって、「帝国ノ支那投資ニ関スル方計ハ欧米ニ対シ門戸解《ママ》放主義ニ依リ終始セリ[124]」と述べることが可能なのである。

第二に、「諸案件」の解決を優先している。有線電信借款と吉会鉄道借款前貸に関する契約はすでに締結されていたが、その他の借款、すなわち、黒龍江及吉林両省金鉱並森林借款、満蒙四鉄道借款前貸、山東二鉄道借款前貸、参戦借款などはまさに交渉の最中であった。そのため、勝田は、金券条例問題が引き金となって「諸案件」に関する借款契約の締結が遅延することを望んでいなかったと考えられる。満蒙利権の確保を目指していた勝田は、金券条例への関与よりも、これらの借款契約の締結を優先事項としていたのである。

第三に、正貨政策上、金券条例にともなう日本の金輸出は、「苦痛」であると表明している。勝田は国内物価の高騰を回避するために、対中国投資や連合国の国債引受には積極的であったが、金の現送には否定的であった。そのため、金券条例の公布自体を容認することはできても、それが要請するであろう日本の金輸出に関しては慎重であった。つまり、イギリスやアメリカの実質的な金輸出禁止措置を受け、在外正貨は連合国債券の引受などに運用する一方、国内正貨の流出をできるだけ防ぎながら、国内遊資の吸収と官民による積極的な対中国投資を政策目標としていたのである。

勝田は、「諸案件」の進展が遅滞しないように、段祺瑞政権に協力的姿勢を示しつつ、正貨政策を実行する必要があった。つまり、西原と大蔵省の双方への配慮の結果が、金券条例へのこうした対応であったといえよう。

ところで、正貨の擁護という点で、注目されるのが製鉄借款に対する勝田の対応である。勝田は、戦後に交戦国が経済復興を遂げることを予想し、正貨擁護のため、生産原料の確保が重要であると主張した。[125]鉄資源の確保に関心を持っていたのは勝田だけでなく、西原も同様であった。両者とも中国から鉄資源を積極的に調達しようとしていたことは確かであり、その過程で中国政府による国立の製鉄工場の建設が計画されることになった。しかし、具体的な構想をめぐって、両者の間には違いが見られた。

西原は、中国政府に対する多額の借款を通じた、新たな製鉄工場の建設に積極的であり、「製鉄借款を成立して東洋の鉄自給策を創造するに非されば寺内々閣の使命と西原の責任問題とな」[126]ると、日本からの多額の資金援助により、日本と中国の経済を緊密化させることを熱心に主張していた。一方、勝田も鉄の自給のための中国との関係強化を望んでいた[127]。しかし、問題は巨額の借款による製鉄工場の建設は、債務の返済という観点では、将来性の予見がきわめて困難なことであった。勝田は、金券条例に対する日本政府の財政支援と同様、正貨の輸出や多額の財政支出が想定される借款には消極的であった。

それでは、勝田はそうした政府による巨額の財政支援なしで、いかにして鉄の自給を実現しようとしていたのだろうか。そこで手がかりとなるのが、第4章で見た安川敬一郎の九州製鋼会社との関係である。実は、この製鉄借款が日中間で交渉されていた際、勝田と小林財務官との間で、九州製鋼会社が満州に溶鉱炉を建設するか否かについてのやり取りが行われていた[128]。安川の日記では、政府との間での溶鉱炉建設に関する交渉は確認できない。しかし、政府は実際に九州製鋼会社にこの件を問い合わせており[129]、一方の安川も、中国産鉄鉱石の確保の重要性を寺内首相に訴えていた[130]。さらに、大倉組も鳳凰山の獲得に関し、寺内内閣の支援を要請していた[131]。寺内内閣は、民間資本による対中国進出と製鉄原料の確保に、一方の民間資本も政府による様々な支援に期待をしていたというのが、この時期の政財関係の一端であった。ちなみに、製鉄借款は仮契約が締結されるものの、寺内内閣のもとでは、正式契約を締結することができずに終わる。

こうして勝田は、九月下旬に黒龍江及吉林両省金鉱並森林借款、満蒙四鉄道借款前貸、山東二鉄道借款前貸の契約が相次いで締結されるとともに、自らが希望していた参戦借款が成立したことで[132]、寺内に対し、「大団円[133]」と書き送るのであった。

(2) 南北和平と原内閣の成立

三月下旬以降、中国を巡遊していた阪谷芳郎は、南北和平の実現を中国の政府関係者に働きかけていた[134]。これに対し、梁士詒は、「南北妥協セハ此〔財政〕不足ハ消滅スヘキヤニ考フル者アレトモ、妥協ノミニテハ多少ノ臨時軍事費ヲ減少スルモ地方ノ歳入中央ニ集マラサル以上ハ歳計ノ不足ハ依然タリ[135]」と述べた。阪谷が推進しているような単なる南北妥協では、多少の臨時軍事費の削減にはつながるが、肝心の歳入を増やすことにはならないと釘を刺したのである。

また、中国の武力統一が目指されていた第三次段祺瑞内閣下では、曹汝霖や徐樹錚陸軍総長が日本政府に対して、阪谷の和平工作を中止させるように要請し、特に曹は「坂《〔ママ〕》谷男ニ関スル今回ノ交渉ハ稍々押売的[136]」と反発した。このように、阪谷の南北和平構想は、その内容に加えて、中国国内の政治状況にもそぐわず、批判されたのであった。

さらに、阪谷の意向は日本政府にも否定され、寺内正毅首相からは和平勧告の自重を求められることになった[137]。寺内内閣としては、幣制改革の具体的な方向性を相談するというよりむしろ、緊密な関係にある段祺瑞政権との関係を悪化させない範囲内で、幣制改革に関する顧問招聘の約束をいかにして取りつけるかが課題であったといえよう。この時期、こうした日中両国の政治状況から判断すると、阪谷による南北和平交渉の実現可能性は極めて低かったのである。

ただ、南北和平交渉の開始に全く望みがなかったわけではない。少し時期をさかのぼるが、一九一七年九月に孫文や陸栄廷が中心となり、広東軍政府が成立していた。段祺瑞政権はこの軍事制圧を目指し、軍隊を派遣する。しかし、派遣されていた呉佩孚が独断で広東軍政府と単独の停戦協定を結んでしまう（一九一八年七月）。段祺瑞政権の武力統一政策は失敗に終わり、段政権の求心力は急速に低下した。さらに、北方政府内での馮国璋大総統と段祺瑞国務総理との対立が深まり、大総統と国務総理の両者の辞任、徐世昌の大総統就任（国務総理には、銭能訓が代理として就任）という事態となった。[138]こうして、曹汝霖は交通総長・交通銀行総裁に留任したものの、財政総長を更迭され、新交通系を中心とした段祺瑞政権は約半年で崩壊したのであった。段祺瑞政権のカウンターパートナーであった寺内内閣も、シベリア出兵や米騒動への対応をめぐって、すでに国内の批判を浴びていたことに加え、寺内首相自身の健康状態も悪化しており、後継内閣の選定が急がれていた。このように、中国では新政権が誕生し、日本でも寺内内閣の総辞職は必至な状況となっていた。

九月二九日に成立した原敬内閣は対中国借款方針を次のように定めた。[139]

（一）爾今支那ニ対スル借款ニ付テハ、列国ノ疑惑ヲ招キ、支那人民ノ反感ヲ徴発シ、延ヒテ大局上帝国ノ支那ニ対スル立場ヲ不良ナラシメ、若クハ支那政界一部ノ勢力ヲ援助スルニ止マリ、其勢力ノ消長ハ直チニ其借款ノ効力前途ニ多大ノ影響ヲ与フルカ如キモノハ一切之ヲ避クルコト

（二）従テ

（イ）其借款ノ性質如何ヲ問ハス苟クモ現下ノ支那南北ノ争乱ヲ助長スルノ用ニ供セラルルカ如キ借款及資金ノ交付ハ、当分ノ間其中央政府ニ対スルト地方官憲ニ対スルトヲ問ハス原則トシテハ一切之ヲ差控ヘ、以テ南北妥協促進ニ資スルコト（右ノ方針ハ好機会ニ於テ之ヲ非公式ニ内外ニ声明スルコト帝国ノ公正ナル立場ヲ明カニスルニ得策ナルベシ）

ここでは、特定の勢力を支援し、南北和平を妨害するような対中国借款が否定されると同時に、政治借款はこれ

まで通り国際借款団の枠組みを通じて供与することが述べられている。また、原内閣は、金券条例に関する新交通系と西原亀三との「裏面的行懸リ」を「一掃」し、条例に対する中止勧告をも辞さない一方で、幣制改革に関する借款の「常道」を継続することを決定した[140]。国際借款団の枠組みに依拠して供与された第二次改革借款は継続して実行されるのであり、その前提としての三回にわたる日本の前貸はもちろん否定されるべきものではなかった。また、実質的には政治借款であった満蒙・山東利権に関する借款については、本契約の締結が企図されたが、「外務・大蔵両省」による協議が必要とされ、満鉄や東亜興業株式会社が契約締結の主体として位置づけられることになった（前掲表5-2）。確かに、第三次段祺瑞内閣期に日本から供与された対中国借款の多くは、軍事費などに流用され、経済借款の建前のもとで政治借款としての性格を有していた。しかし、原内閣は、こうした寺内内閣期の対中国借款を全面的に否定したのではなく、その多くに関しては、契約締結に向けた具体的な方針を模索していたのであった。

徐世昌政権の誕生を受け、イギリス政府は日本政府に南北和平を勧告するように働きかけていたし、同政権の有力者であった梁士詒は南北和平への協力を日本政府に求めていた。こうした動きを受け、原内閣は中国の南北両政府に対して、和平勧告を行うことになる[141]。一時的にではあるが、中国情勢は、南北和平に向けて動きだしたのであった。

おわりに

本章は、勝田主計の対中国借款に関する政策論や勝田と西原亀三との主張の違い、寺内正毅内閣と国際借款団との関係に注目することを通じて、寺内内閣の対中国借款政策の特質を分析してきた。以下、明らかにした点をまとめてみたい。

第一に、第二次大隈重信内閣から寺内内閣期にかけての勝田の対中国借款に関する政策構想である。勝田は、第二次大隈内閣が議会に提出した満州銀行法案に反対であり、朝鮮半島との将来的な幣制統一を視野に東洋拓殖株式会社による長期信用貸付の拡大や朝鮮銀行券の満州における流通を通じた「鮮満金融一体化」を企図していた。一方、日支銀行法案にも否定的ではあったが、将来的な日中合弁銀行の設立や経営難にあった交通銀行への借款供与については、対中国投資の振興につながるとともに、中国政府の行財政整理に寄与すると認識していた。経済調査会においても、朝鮮銀行と東拓の業務拡大や「中国本土」における日本興業銀行の利用が議論されていたが、いずれに対しても大隈内閣に近い委員からの反対論が強かった。勝田に近い意見は存在していたが、大隈内閣下ではそれが政策として採用されるまでには至らなかった。

しかし、寺内内閣の成立とそれにともなう勝田の蔵相就任によって、「鮮満金融一体化」政策は進展する。寺内内閣は、交通銀行借款や第二次改革借款の前貸供与を通じて、中国政府の財政や幣制整理を支援する一方、アメリカ資本家の国際借款団への参加に対しては消極的な姿勢をとった。そして、日支銀行・満州銀行両法案を議会に提出しないことを決定する一方で、東洋拓殖株式会社法の改正や朝鮮銀行券に関する緊急勅令を背景とした「鮮満金融一体化」政策を推進するのである。

蔵相就任以前から、勝田は、正貨政策としての対中国借款を構想しており、大蔵省内にも同様の意見が存在していた。先行研究が明らかにしてきたように、寺内内閣下の日本興業銀行・朝鮮銀行・台湾銀行による特殊銀行団の結成は、大規模な経済借款を実行しうる態勢の構築という点で画期的な意味を持つ。一九一八年に入ると、一億円の興銀債券の発行が議会で承認されたことに加え、特殊銀行団を資金面で支えるため、国内資本家を糾合して海外投資団が結成される。こうして、大規模借款の資金的裏づけが与えられ、各種経済問題対策として、対中国借款を実行していくための枠組みが整備されたのである。

とはいえ、特殊銀行団を中心とする建前上の経済借款の供与は、それまで対中国借款の主導的な立場にあった外務省や横浜正金銀行を排除しつつ行われ、勝田は第二次交通銀行借款の軍事費への流用を射程に入れていた。よって、勝田の政策構想から見ても、西原借款が援段政策、すなわち、政治借款として性格づけられていたことは否定できない。

このように、勝田は、内では正貨膨張・物価高騰などの財政・金融問題、外では流動的な中国情勢への対応を迫られており、それらに同時に対処し得る政策を実行していく必要があった。そこで、国内の正貨政策や満蒙・山東半島における既得権の強化や新規の利権獲得を目的とした「諸案件」の解決を優先的な目標として、金券条例への関与を容認したのである。

第二に、勝田と西原との借款構想の相違である。西原は欧米との協調関係よりも明確に「日支親善」を重視していた。西原にとっては、満蒙・山東利権に関する諸借款契約、製鉄借款、金券条例への支援などはそれらが一体となって「日支親善」なのであり(142)、国際借款団による中国政府の「財政管理」は打破すべきものであった。一方、勝田は財政・金融政策の円滑な遂行のために国内資本家の協力を不可欠としており、欧米協調を無視した政策の実行は困難であった。それは、金券条例の公布が欧米協調に矛盾しないとの論理をも生み出す。アメリカとの協調関係を重視する阪谷芳郎が幣制改革顧問として中国に派遣された背景には、日米関係に配慮した勝田の意向が反映されていたと見ることも可能であろう。西原とは異なり、勝田の「日支親善」論は、論理上、欧米協調を排除していたわけではないのである。

確かに、段祺瑞政権に対する借款供与の際、西原はパイプ役として重要な役割を果たしていた。しかし、新交通系との協力関係を大きな政治資産とし、日満支の一体的な経済圏の構築に邁進する西原と、国内の諸問題解決のための対中国借款を重視する勝田との間では、次第に構想の違いが目立つようになる。「朝鮮組」といえども、従来のように主に「鮮満」を構想の基準にしていた段階から、日本国内や広く「中国本土」までを含み込んだ形での新たな政策論の構築を迫られるようになるなかで、彼らの不一致は表面化する。[143] 特に、第四〇議会以降、日本の国内において巨額の対中国借款を支える枠組みや財源が整備され、中国で第三次段祺瑞内閣が成立したことは、逆説的にそれまでの協力関係を動揺させたのである。

勝田は、対華二十一ヵ条要求に関する諸条約に盛り込まれていた満蒙・山東権益の安定的確保や拡大を重視しており、[144] 国際借款団の枠組みに依拠した中国政府の財政支援も進めていた。こうした方針の一部は後の内閣に継承される。第一次世界大戦の終結が現実化するなか、成立直後の原敬内閣は金券条例への支援を否定する一方で、政治借款であった満蒙・山東利権に関する借款契約の継承・供与を試みる。南北和平勧告直前の原内閣が、こうした借款を中国政府の財政支援につながりかねない政治借款と位置づけていたわけではない。よって、借款を政治的に利用することが放棄されたという意味では、画期的であった。ただし、利権そのものの獲得は引き続き目標とされていた。契約の締結や利権の開発にあたっては、「外務・大蔵両省」協議のうえ、特殊銀行団に加え、満鉄や東亜興業の関与が期待されていた。大戦間期には、外務省の「復権」、西原借款に対する国際的な反発の高まり、東アジアにおけるアメリカ政府・資本家のプレゼンスの上昇によって、対中国借款はまさに外交問題となっていくのである。

第6章　対中国経済外交の展開と商業会議所
――第一次世界大戦下の中国の幣制改革をめぐって

はじめに

本章の目的は、阪谷芳郎の中国幣制改革に関する顧問への就任問題に注目しながら、寺内正毅内閣期の対中国借款と国内の商業会議所との関係を明らかにすることである。

顧問就任の布石として行われた阪谷の訪中に関しては、すでにいくつかの先行研究がある。河村一夫は、第一次世界大戦期の対中国外交の具体例として先駆的に取り上げ、日米間の外交問題として捉えた(1)。次いで、波形昭一は、帝国主義史的視角から、いわゆる「朝鮮組」の「日鮮満支」金円ブロック構想を分析するなかでこの問題に触れ、阪谷や中華民国政府の梁啓超財政総長の構想は「朝鮮組」と対立する漸進論であったとした(2)。明石岩雄は一九三〇年代を射程に入れつつ、一九二〇年代の日中関係における大蔵省の対中国政策＝「大蔵外交」の解明を目的に設定するなかで、阪谷―公森太郎ラインと「朝鮮組」との対立関係を強調し、阪谷の幣制改革構想が国際借款団との協調を重視するものであったと評価した(3)。先行研究はそれぞれ異なる観点から阪谷の顧問就任問題に触れているが、いずれも「朝鮮組」と阪谷との構想の違いを指摘している。また近年、森川正則が、寺内内閣下での日米経済協力

写真 11　阪谷芳郎

を模索する動きとして阪谷訪中を位置づけたことで[4]、原敬内閣の対中国外交との連続性のなかでこの問題が捉えられるようにもなった。

確かに、先行研究が指摘したように阪谷の構想は欧米、特にアメリカとの経済協力を前提としていた。ただ、幣制改革をめぐる「朝鮮組」の急進論と阪谷・外務省の漸進論との対立関係に関心が集まってきたあまり、そもそも阪谷が中国に派遣されることになった経緯や対中国経済外交としての阪谷訪中の意義が十分に示されていないのではないか。幣制改革が清朝末期以来の懸案事項である以上、そうした歴史的経緯を踏まえ、訪中前後の阪谷の構想とその変化を明らかにする必要がある。そして、阪谷と寺内内閣の構想を比較検討することによって、寺内内閣の幣制改革に対する方針の変化や特質も明確になろう。

ところで、中国での幣制改革は、日本国内の商工業者に大きな影響を与える可能性があったにもかかわらず、阪谷訪中に関する国内の商業会議所の動向は先行研究ではほとんど触れられていない。戦前期の商業会議所の主要な関心の一つであった営業税廃止問題をめぐる小ブルジョアジーの政治的台頭を検討した江口圭一[5]、経済主体による制度変革といった視角から同問題を捉え直した石井裕晶[6]などの研究を除いては、第一次世界大戦期における政府と商業会議所との関係を体系的に考察した研究は見られない。

とはいえ注目すべきは、辛亥革命期における日本の「財界」の対中国進出を分析対象とした李廷江の研究である[7]。李廷江は、中国の中央銀行設立計画をめぐる「財界」内部の対立構図を描くなかで、渋沢栄一や阪谷のような「財界」の長期的な対中国政策を推進しようとするグループと、井上馨や三井財閥に代表される南京政府からの要請に基づいて利権を獲得するグループとに分類した。対中国経済外交に関する「財界」の内部構造の一端を明らかにしたのである。ただし、「財界」として商業会議所はほとんど登場せず、検討の射程は第一次世界大戦期まで及んでいない。また、それぞれの商業（工）会議所史においては、各商業会議所と大戦との関係に多くの紙幅が割かれているが、中国の幣制改革に関する記述は断片的にとどまっているのが現状である。このように、第一次世界大戦期の対中国経済外交の展開と商業会議所との関わりについてはいまだ研究途上にあるといえよう。

よって本章の課題は、第一に、阪谷の中国幣制改革構想の内実と展開を再検討することであり、第二に、そうした阪谷の構想を踏まえて、東京や大阪の商業会議所の幣制改革に対する方針を考察することである。

一　第二次政治改革借款と幣制改革

（1）清朝・中華民国政府による幣制改革の試みと阪谷

清朝末期以降、中国では本位貨幣や貨幣鋳造・紙幣発行機関の統一が大きな懸案事項となっていた。阪谷芳郎は、一八八八年に清朝政府の要請に応えて幣制改革案を作成した経験があり、中国側に幣制に関する有識者として認知されていた。そのことは、一九〇四年に中国の財政改革に対する功績により、清朝皇帝から勲章を贈られていることからも分かる。[8] また、日清戦後に日本が実質的な金本位制に移行するにあたっては、大蔵官僚として実務を担当した。[9]

一九一二（明治四五）年一月一日、中華民国臨時政府（南京政府）が成立すると、その初代臨時大総統に就任した孫文は幣制改革を企図し、改革に関する制度設計・人材確保などを日本政府に依頼した。これを受けて、中央銀行設立の素案を起草したのが阪谷であった。[10] 具体的には、日本や欧米諸国の資本参加による「一大特許銀行」の設立を提案したという。[11] この間の経緯を、阪谷は次のように語っている。[12]

孫逸仙の方から又手紙が来て、私の案を採用するまでには、非常に財政が窮乏を告げて居るので、到底其の余裕がない。そこで大清銀行、今日の中国銀行がありますが、此の大清銀行に約束をして、取敢へず支那の財政計画を作ることにしたので、私の案を暫く他日にしてくれといふことの手紙が来ました。〔中略〕其後又孫逸仙氏と袁世凱氏とが両派に分離致しました。分離致しましたが、私の孫逸仙に持ち出した意見といふものは、矢張今の北京の袁世凱氏派の手に残ったものと見えまして、其後支那から参る支那の大官等が私に訊ねられますものが、始終其事に就ての意見でありました

南京政府の大総統であった孫文は阪谷の案を採用することができなかったという。それは、阪谷が作成した案が、多額の資本金に基づく一大中央銀行の設立を前提としていたため、当時資金難にあった南京政府はそれを実行することが困難であったためであろう。こうした日中両国での実務経験が、第一次世界大戦期において、中国側が阪谷の派遣を日本政府に要請する大きな理由となったことは想像に難くない。

阪谷訪中の前提である国際借款団と第一次・第二次政治改革借款や幣制改革借款との関係については、すでに第2章と第5章で触れたが、ここで簡単に整理しておきたい。辛亥革命後、日英米仏独露の資本家によって六国借款団が結成され、同借款団による北京政府への第一次改革借款が供与された。またこれに続き、袁世凱政権のさらなる財政基盤の強化のために第二次政治改革借款が計画されることになった。ところが、第一次世界大戦の勃発により、幣制改革及東三省実業借款のうちの幣制改革借款が第二次改革借款に含まれることになり、中国の幣制改革は四国借款団（六国借款団からアメリカとドイツが脱退）によって実行されることになった。しかし、四国借款団内で対中国借款を実質的に供与できるのは日本に限られたため、第二次改革借款は日本の資本家（代表は横浜正金銀

行）による単独供与の可能性が高まったのである。こうした状況下、第二次大隈重信内閣に代わり成立した寺内正毅内閣が、大隈内閣の対中国政策の転換を企図し、第二次改革借款の前貸の単独供与を含めた多額の対中国借款を供与していくことを表明した[13]。

一九一六年に入ると、戦中・戦後における連合国間の経済政策の調整を目的に、パリで連合国経済会議が開催された（一九一六年六月）[14]。全権委員としてこの会議に参加した阪谷は、帰国の途中、アメリカに立ち寄り、日米間の経済提携について次のような感触を得たという[15]。

私の面会しました限りの人は、どうか亜米利加と日本と提携して支那に資本を入れて、さうして支那の開発を図りたいものである、さうすれば従って日米問題の解決も自然に付き、日本、米国、支那、此の三国と云ふものが仲を宜くする事が出来る、是は所謂千載一遇の好機であらうと思ふ、斯う云ふ議論に一致して居ります

アメリカ資本家は、日米中三国の友好につながるとして、日米共同による対中国投資の必要性を阪谷に説いたという。これに対し、阪谷は、アメリカ資本家との経済提携に理解を示し、中国における中央銀行新設に必要な費用を日米共同で出資することを構想していた[16]。阪谷の舅であった渋沢栄一も、「日本と支那との貿易を増進させようとすれば、当面横たはる緊急な問題は支那の幣制改革である[17]」との認識から、幣制改革問題での日米協力を望んでいた[18]。阪谷や渋沢の中央銀行新設案は、日米経済提携を実現するための手段でもあったのである。

（2）阪谷訪中までの経緯

一方、中国政府が幣制改革に関する具体的な動きを活発化させるきっかけは、一九一七年七月の第二次段祺瑞内閣の成立であった。黎元洪大総統との政治対立に勝利した段祺瑞は、一連の過程で梁啓超を中心とする進歩党の協

写真12　梁啓超

力を得たため、梁に財政総長へのポストを用意しなければならなかった。すでに同年二〜三月に中国政府の汪大燮特使が来日し、日本からは阪谷芳郎を、アメリカからはジェンクス（Jeremiah Jenks）を傭聘する希望があると発言したことも注目されるが[19]、日中間で本格的な交渉が開始されるのは第二次改革借款の第一回前貸以後である。

さて、清末以降、梁啓超は幣制改革について積極的な提言を行っていた。財政総長就任後には、二大政策課題として義和団事件賠償金の猶予による政府の行財政整理とともに、幣制整理を挙げていたほどであった[20]。さらに、整理の手段として外資導入にも前向きであった[21]。

梁啓超財政総長による早期供与の要請を受け、四国借款団は第二次改革借款の第一回前貸を実行した（一九一七年八月）。この前貸は、財政部や陸軍部の財源の補塡や幣制整理が使途とされていたが、①四国借款団に参加している横浜正金銀行、つまり日本側が単独で一〇〇〇万円にのぼる借款を供与したこと、②前貸の結果、日本からの幣制改革顧問の派遣が現実的な問題として考えられるようになったことが重要である[22]。

それではここで、阪谷と梁啓超との改革構想の比較を通じて、阪谷の訪中が実現するまでの経緯を明らかにしておきたい。第一回前貸が実行された直後の八月二七日、阪谷は渋沢栄一、梶原仲治日本銀行調査局長と会談を行っている[23]。この頃から阪谷の日記には、渋沢や政府関係者とのやり取りに関する記述が頻繁に登場する。そのことは、顧問の選定や訪中日程の設定が日本国内で具体的に検討され始めたことを物語っている。特に注目すべきは、九月一一日に行われた勝田主計蔵相との会談である。阪谷は勝田に自らの改革構想を次のように披瀝した[24]。

一、支那ノ幣制改革ハ頗ル重大困難ノ事業ナレトモ此改革ニシテ断行セラレサレハ支那経済上ノ発達富強ハ望ムヘカラス、而シテ幣制ノ改革ハ必ス一般財政ノ整理ト相待タサルヘカラサルコト勿論ナリ〔中略〕

一、幣制ハ金本位ヲ最終ノ目的トスヘシ、然シナカラ之ニ到着スルマテノ準備トシテ一時本位銀貨ヲ定メテ価格ノ称呼ヲ統一スルノ必要アリ、而シテ不統一ナル現在ノ各種紙幣ハ総テ之ヲ整理シ、又不良ナル現在ノ補助貨幣ハ一切改造ヲ要ス

一、右実行ノ機関トシテ新ニ大資本ヲ有スル中央銀行ノ設立ヲ必要トス、同時ニ完全ナル造幣局及印刷局ノ成立ヲ必要トス右造幣局及印刷局ハ今日ノ場合ニ於テハ中央銀行ニ附属スルヲ便ナリト思考ス

以上を要約すると、①中国の幣制改革は断行されるべきであるが、それは政府の財政整理の実行と不可分の関係にあること、②金本位制の実現を最終的な目的とするものの、一時的に銀本位制を確立させる必要があり、各種紙幣や補助通貨も整理されるべきこと、③銀本位制の確立のために必要な巨額の資本を持つ中央銀行やそれに附属する造幣局・印刷局が設立されるべきであることが挙げられている。いずれも、阪谷が大蔵官僚時代に日本の幣制改革を進めるなかで重視していた事項であり[25]、特に、中央銀行の新設は阪谷の一貫した主張であった。ただし、これらはあくまでも素案であり、妥協不可能な要求ではなかったようであり[26]、阪谷は「決シテ容易ニ支那政府ニ於テ承諾スヘキコトニ無之ト存候得共、先以テ此辺ヨリ往復交渉ヲ開始セラレ適当ノ点ニテ纏リ候様相成候得ハ為両国無上ノ仕合[27]」と考えていた。

一方、梁啓超は、大戦中における金価格の下落と銀価格の高騰を好機として（表6-1）、金本位制への早期移行の必要性を説くと同時に[28]、国内では中国銀行条例の改正を実現させるなど同銀行の業務整理も進めていた。また、幣制改革に関する日本人顧問の招聘とともに、日本からの大規模借款に基づく金本位制への移行を表明していた[29]。

表 6-1　1911〜26 年までの銀価及びその指数

年	銀価（対米ドル）	銀価指数
1911	0.540	86.5
12	0.620	99.4
13	0.612	98.1
14	0.563	90.2
15	0.511	81.9
16	0.672	107.7
17	0.840	134.6
18	0.984	157.7
19	1.121	179.6
20	1.019	163.3
21	0.631	101.1
22	0.679	108.8
23	0.652	104.5
24	0.671	107.5
25	0.671	111.2
26	0.642	100.0

出所：馬金華『外債与晩清政局』（社会科学文献出版社，2011 年）303-304 頁より引用。
注：指数は，1926 年を 100 とする。

東京での外債発行は、在日正貨に対する信用を背景に将来的に日本から巨額の資本を輸入し、中国の幣制改革への日本政府の関与をより強化することにもつながるものであった。

こうして見ると、暫定的な銀本位制の確立や中央銀行の新設を主張する阪谷と、金本位制への早期移行や中国銀行を中心とした金券の発行を推進する梁啓超との間には、改革構想に開きがあることが分かる。

梁啓超が林権助駐華公使に対し、「幣制處ノ会辨ハ〔中略〕自分一己ノ希望トシテハ貴国ノ阪谷男爵ヲ招聘シタキ考[30]」と発言し、林公使が「本使ニ於テモ同男ヲ最モ適任者ト認ムル[31]」と応じていたように、阪谷招聘の直接的な背景に梁の要請があったことは間違いない[32]。ただし、その理由は、梁啓超が阪谷の改革構想に期待したというよりも、国際借款団の枠組みを尊重する一方、辛亥革命期に中国の幣制改革に関与した経緯や、日本の幣制改革の実務を担った実績を重視したからであったと考えられるのである。

二　各商業会議所の動向

（1）東京商業会議所

第二節では、東京・大阪の両商業会議所が第一次世界大戦の勃発に対して、どのような対応を迫られるようになったのかということを確認し、そのことが中国の幣制改革への方針の違いとしてどのように現れたのかを明らかにする。

一九一四年八月八日、東京商業会議所（以下、東商とする）の臨時調査会では、第一次世界大戦への対応が協議され[33]、①臨時海上保険料対策、②化学工業の奨励施設、③時局対策に関する建議、④対中国金融機関に関する建議、⑤華南・南洋航路の拡張などが主な議題に上がった[34]。阪谷芳郎は、翌年一月一一日まで三二回にわたり開催されたこの調査会に計二五回も出席し、戦時・戦後方針の策定に関与していたが、この場で中国の幣制改革に関する議論がほとんど行われなかったことには注意しなければならない。①や②は、海上保険料の高騰や薬品不足、④は第二次大隈重信内閣による日支銀行や満州銀行の設立の動きなど、戦争勃発直後に予想される国際的な政治経済状況の変化への対応と考えられる。よって、東商は、中国の幣制改革を急を要する戦時対応として捉えていなかった。

大戦の勃発後、東京の金融市場は、「各銀行互ニ貸出ヲ競フノ有様ナリ、而カモ一般経済界不振ニシテ新規資金需要起ラズ遊資ハ滔々トシテ中央都市ニ集積シ〔中略〕茲ニ於テ乎銀行ハ何レモ遊金ノ処分ニ苦シミ遂ニ已ムヲ得ス三度預金利子ノ引下ヲ敢テスルニ至レリ[35]」という状況に陥っていた。市中の銀行は貸付に積極的になっているものの、容易に資金の需要が起こらないため、遊資が大都市に集中しているというのである。一九一五（大正四）年以降、東京や大阪での預金高の上昇が顕著であり[36]、各銀行は過度の預金集中を避けるために金利引き下げを実行した。民間銀行の預金利子が引き下げられることになれば、政府債券や相対的に利率が高くなる郵便貯金へ遊資が流れることになる。[37]国内外における日本政府の金融・財政政策の背景として、こうした状況を踏まえておく必要がある。

一九一六年に入ると、東商内に時局調査会が設置され、①戦時及び戦後における経済問題を審議すること、②国産品を愛用する気風を養成すること、③対外貿易の拡張を促進すること、④海外市場における趣味の異同や需給関係に関する各般の調査を完成し、日本産品の販路を各調査すること、⑤産業資金の利通充足を謀ること、⑥確実な輸出同業組合を奨励し、輸出貿易の健全進歩を謀ることなど、中長期的な方針に関する議論が行われた。[38]

こうしたなか、恰好の投資・貿易先と位置づけられたのが、中国である。東商の会員であった添田寿一は、対中国投資が他のいかなる国に対する投資よりも優先されるべきであるとしたうえで、「例へば我正貨をも割き以て支那の幣制改革を断行せしむるも可ならん」[39]と、中国の幣制改革は日本の正貨を輸出してまで断行させる必要があるとの積極的な改革意見を述べた。また、「中国銀行又は交通銀行を整理し、之をして金券を発行せしめ」ることで、金本位制の前途を判断すべきとの主張もあった。[40]早期の金本位制への移行を射程に入れつつ、中国・交通両銀行による金券発行の支援を目的とした、日本の巨額な経済負担を容認する意見が存在していたのである。[41]

当時、寺内正毅内閣は、第二次改革借款の前貸や交通銀行借款を供与していた。東商は、そうした政府の方針を背景に、中国・交通両銀行の業務整理や銀行券回収の進行を予測し、両銀行主導の金本位制確立を視野に入れていた。日本側による幣制改革支援に関し、阪谷や寺内内閣に比べ、急進的な構想が存在していたのである。

幣制改革に関する重要な動きとして、副会頭であった山科禮蔵の訪中が挙げられる。山科は、時局調査会小委員会に委員として加わっており（表6-2）、一九一七年一〇月から一二月までの三カ月間、東商の代表団として中国に派遣された。

表 6–2　時局調査会小委員会（東京商業会議所）

氏　名	略　　歴
山科禮蔵	1864〜1930：広島県生まれ。1884年，上京して吉備商会を起こして，郷里の産物を扱う。また，海軍工業所を設立し，築港，架橋，船渠などに従事する。日本海事工業会社取締役，山下汽船会社監査役などを務めた
中根虎四郎	1866〜1928：1878年1月，安田銀行に入行，累進して営業部長兼証券課長となるが病気のため辞職。その後，中根鉱業事務所を設立し，製錬業を営む。第一次世界大戦を契機に，極東鉛筆合資会社を設立する
岡田来吉	1852〜1922：洋紙販売印刷業を営み，日本洋紙合資会社の社長，株式会社有恒社の取締役，共同洋紙合資会社の代表社員を務める
佐野善作	1873〜1952：静岡県出身。1895年に東京商業学校卒業，1897年から商業経済学研究のためコロンビア大学，ロンドン大学に学ぶ。1914年，東京商業学校校長となり，同校の大学昇格とともに学長となり，1935年まで務める。金融学，ことに取引所学の権威として知られる
塩沢昌貞	1870〜1945：1891年，東京専門学校卒業，1896〜1902年までアメリカ・ドイツに留学する。帰国後，早稲田大学で経済学を講じ，1923年には早稲田大学総長となる。法学博士
堀江帰一	1876〜1927：1896年，慶應義塾大学理財学科卒業，その後，三井銀行に入社するが間もなく退社し，時事新報社に入社する。1899年，慶應義塾大学の教員となり，貨幣論・銀行論および財政学を教える一方で，『時事新報』の社説を担当した。1917年10月，梁啓超の招聘で北京に赴き，幣制を講義した。1920〜25年まで慶應義塾大学経済学部長

出所：『大正人名辞典Ⅰ』下巻（日本図書センター，1987年），『大正人名辞典Ⅱ』上巻（日本図書センター，1989年），『日本近現代人名辞典』（吉川弘文館，2001年），『日本人名大辞典』（講談社，2001年），『東京朝日新聞』より作成。

山科は、中国の幣制の現状を「混沌たる貨幣制度」と見て、商品相場の変動とともに為替相場の変動による輸出入の障害の克服や、中国の外資導入の円滑化といった理由から幣制改革の必要性を訴えた。具体的な改革の方法については、大戦勃発により金価格が相対的に下落している状況下、「銀相場の尚ほ高位を持する絶好の機会に於て、支那本位貨たる銀を有利に処分し、金本位制を樹立し、併せて戦後将に来らんとする禍因を未然に防遏するは、支那に取りて洵に一挙両得の妙策としなければならない」と述べ(42)、日本側は多額の財政的負担を覚悟し、幣制改革の際には中国の既存の金融機関を利用すべきとした。このような金本位制移行論は、梁啓超の考えとも一致している。

また、帰国後に東商で行った演説の

なかで、当時東三省の督軍を指揮していた張作霖の幣制改革案を評価する発言もしている[43]。金本位制への早期移行を目指す山科の考えは、中国での幣制改革に関するこうした楽観的な見通しにも基因していたのであろう。

さらに、委員の一人であった堀江帰一も、一九一七年一〇月に訪中している。幣制改革に関し、梁啓超財政総長と意見交換、財政部の官僚と定期的に議論を行った[44]。梁啓超のもとで幣制改革案の作成に従事していた張嘉璈によると、堀江は中国銀行条例の改正に参与していたという[45]。また堀江は、幣制整理のためにはまず外国銀行券の中国国内での流通停止が肝要であると主張するとともに、暫定的な銀本位制の実施にも反対であったため[46]、銀貨高騰に乗じた金本位制の樹立を中国政府に助言していたものと思われる。

東商では、①金本位制への早急な移行（過渡的措置としての銀本位制への移行はほとんど視野に入れられていない）、②日本に存置してある中国政府の正貨などを担保とした大規模借款の実行、③中央銀行としての位置にあった中国・交通両銀行による金券の発行を通じた幣制改革、いいかえれば、幣制改革のために新たな金融機関を設置するのではなく、既存の金融機関に金兌換の銀行券を発行させ、その流通拡大によって幣制整理を図る、以上が大勢の主張であった。よって、同じ東商内においても、添田・山科らと阪谷との間には、中国の幣制改革をめぐって顕著な見解の相違が存在していたのである。

山科副会頭自らの訪中や堀江による梁啓超財政総長主導の幣制改革への関与など、東商は第二次段祺瑞内閣下での幣制改革の進捗状況を調査するとともに、改革案の策定にも直接的に関与していた。ただし、そのことは中国政府の権力構造や幣制改革案が変化した場合、東商の幣制改革方針も再考を迫られることを意味するのである。

（2）大阪商業会議所

次に、大阪商業会議所（以下、大商とする）の動向を見てみよう。大阪・神戸両港の対関東州貿易において、輸出は綿織糸、白木綿、マッチ、紙類が中心であった[47]。一方、輸入は大連港を通じた満蒙産大豆などが多額に上っていた。大阪の経済界と満蒙とは密接な経済関係にあったのである。こうしたなか、大商は、満蒙はもちろん、「中国本土」から輸入される鉱物資源・羊毛などを「将来永遠に我か国に収むるの方法」を模索し、「中国本土」との貿易の活性化を目指していた[48]。一九一五年七月九日には、「支那官民ノ金融ヲ円滑ナラシムル為メ邦人ニ於テ五千万円以上ノ「シンジケート」ヲ組織スルコト」、「支那内地ニ於ケル金融機関ヲ完備セシムルコト」ほか三項目が、大商内の対支貿易調査委員会で決議された[49]。特に、後者は、東商の場合と同様に、大戦勃発後の国内の経済状況や、第二次大隈重信内閣が進めていた日支銀行・満州銀行両法案に対応して決議されたものであろう。

ところで、対華二十一ヵ条要求後に高まった長江流域での日貨排斥運動を受け、大阪に本部を置く大日本紡績連合会は「支那の日貨排斥運動に関する請願書」を政府に提出した[50]。特に、関西の実業界では、綿糸布の重要な輸出先であった長江流域での排斥問題が深刻であると危惧されており[51]、この請願書からは、インド製綿糸や中国製綿糸綿布への対抗意識が見て取れる。

一方、対華二十一ヵ条要求に関する「南満州及東部内蒙古に関する条約」の締結は、そうした長江流域での日貨排斥運動への危機感とは裏腹に、満蒙への経済進出の好機であるとの認識を広めていく。日本綿糸布満州輸出組合[52]の西原亀三、井上廉、喜多又蔵、湯浅竹之助、福貴政吉、阿部房次郎、井田亦吉は連名で「満洲及蒙古ニ於ケル通貨ノ統一ニ関スル請願書」を政府に提出した。そこでは、満蒙での金券流通が「啻ニ吾カ対満蒙貿易カ特ニ優秀ナル地位ヲ占ムル」ことにつながるだけではなく、綿糸布に関する中国や英米といった「商敵ヲ駆逐スルニ甚大ノ利便」をもたらすものであるとの主張が展開されている[53]。綿製品の国際競争の激化や長江流域での日貨排斥運動という経済的なマイナス要因が、満蒙に対する経済進出という新たな商機を強調するためのロジックの役割を果たしている。

表 6-3　対支経済特別調査委員（大阪商業会議所）

氏　名	略　　　　歴
稲畑勝太郎	1862～1949：1877 年，京都府留学生として渡仏，1885 年帰国して，京都府勧業課に勤務する。1887 年，京都織物会社を設立，技師長に就任する。1890 年に退職し，稲畑染料店を開業，95 年にはモスリン紡織株式会社を創設，後年社長となる。1911 年，大阪染色同業組合長，14 年，大阪商業会議所副会頭，22 年には会頭に当選した
森平兵衛	1874～1952：1884 年，先代平兵衛の養子となる。森家は代々足袋業を営み，明治初年には売薬を副業とする。丹平商会を経営し，森（資）代表を務める
安部成嘉	第一次世界大戦期，横浜正金銀行大阪支店長に在職
喜多又蔵	1877～1932：1894 年，大阪市立商業学校卒業後，日本綿花に入社。1910 年に日本綿花の取締役，17 年には社長に就任した。パリ講和会議にも参加した
宮崎敬介	1866～1928：大阪府の角中豊平の四男，熊本県人宮崎勇太郎の養子となり，後に分家。昭和 2 年現在，内外電熱器各㈱社長，大阪堂島米穀取引所㈱理事長，大同電力㈱副社長，天津取引所㈱監査役などを務める
安宅弥吉	1873～1949：明治 6 年，石川県に生まれる。1895 年東京高等商業学校卒業，1894 年には貿易商として独立し，安宅商会を設立。その後，大阪商船，朝鮮無煙炭各取締役を歴任する。貴族院議員，日本商工会議所，大阪商工会議所各顧問を務めた
八木与三郎	1865～？：綿布商，八木商店を経営。その後，藤本ビルブローカー銀行監査役となる

出所：『大正人名辞典Ⅱ』下巻（日本図書センター，1989 年），『昭和人名辞典』第 3 巻（日本図書センター，1987 年），甲南学園平生釟三郎日記編集委員会編『平生釟三郎日記』第 2 巻（甲南学園，2010 年），阿部武司『近代大阪経済史』（大阪大学出版会，2006 年），『東京朝日新聞』より作成。

こうした状況を受け、大商内で中国、インド、南洋貿易関係者を中心に大阪貿易同業組合の設立が計画されるなど、戦時経済への組織的な対応が進められることになった。[54] 一九一七年五月二六日には、対支経済特別調査委員が選出され（表6-3）、彼らが中心となり、次に示す「満州に於ける通貨の整理統一に関する意見開申書案」が策定された。[55]

金本位制は如何にして之を実施すべきか、支那政府か仮令銀本位にせよ自発的に若くは受働的に幣制の整理統一を遂行せんことを期するは恰も百年河清を待つか如し、仮りに之を期待し得とするも銀本位制の整理統一に畢るあらは以て一害を矯正し得へきも未た百害を芟除するに足らす、既に支那官憲に依頼すべからすとせは我より進んで之

か実行を期するに如かす、是れ軈て満洲をして我か経済的領土化せしむるの前提たらすんはあらす

中国政府による幣制改革は多大な時間を要するとの認識のもと、かりに自主的な改革に期待するとしても、銀本位制による統一にとどまれば、甚だ不徹底であるとされている。そして、中国政府独自の改革に期待しないとすれば、日本が進んで関与するほかなく、それが「満州をして我か経済的領土せしむる」前提であると結論づけられている。大商では、「中国本土」での幣制改革に関する議論はあまり見られないが、満州での幣制改革、なかでも金本位制の確立に関しては、積極的な主張が展開されていた。

こうした大商での議論を受けて、六月一六日に行われた関西商業会議所連合経済調査会では、①対中国経済問題、②満蒙金融通貨、③製鉄業奨励、④正貨処分について話し合われた[56]。その結果、政府に提出されたのが「満蒙地方ニ於ケル金建取引普及ニ関スル建議書」であった。ここでは、満蒙での金建取引は日本の貿易や企業進出のために有益であるため、戦後下落することが予想される銀ではなく、金建取引の普及が必要であることとともに、将来的な幣制改革を念頭に、金貨の先行流通がいかに日本に大きな利益をもたらすかということが述べられている[57]。こうした背景には、満州地方で銀貨が高騰しており、早期の金券流通などが求められていたことも関係していよう[58]。

以上のように、大商は、東商に比べて「中国本土」の幣制改革への関心は低調であったが、対満蒙貿易、満州地方における金建取引の普及や山東半島・長江流域などの「中国本土」に対する綿製品の輸出には強い関心を持っていたのである。

（3）全国商業会議所における議論

それでは、「中国本土」での幣制改革に関する東商と大商との方針の違いはどのように調整されたのか。その過

程を見てみたい。

関西商業会議所連合経済調査会が満蒙の幣制に関する先の建議書を政府に提出した後、一九一七年七月五日から九日にかけて臨時全国商業会議所連合会が開催された[59]。この場で大阪、京都、神戸、名古屋、四日市、和歌山の六商業会議所は、「満蒙地方に金建取引の普及に関し意見書」の共同提出を行った。これは前月に関西商業会議所連合経済調査会名で政府に提出された建議書とほぼ同様の内容であったと考えられる。原案賛成という声が多くを占めたものの、詳細な調査が必要であるとの意見も出たため、議決自体は次回の連合会に延期された[60]。

その後、一〇月二四日から二九日までの日程で第二四回全国商業会議所連合会が開かれ、「中華民国幣制改革に関する件」、「満蒙地方に於て金建取引の普及を図る件」が附議された。前者は六大商業会議所（東京、横浜、名古屋、京都、大阪、神戸）によって共同提出され、①銀貨高騰に乗じた早期の金本位制の採用、②日中貿易振興のための幣制の統一、③幣制改革に対する日本の徹底的な支援などを内容としており、二六日に原案通り可決され、全国商業会議所の名前で政府に提出されることになった[61]。同時に、六大商業会議所は、金融資本家と提携・協力して改革に必要な多額の借款に応じることも申し合わせた[62]。東商内で唱えられていた早期の金本位制への移行や巨額の金融的支援に沿う形で意見が集約されたといえよう。つまり、この時点で、阪谷の幣制改革案は商業会議所レベルでは主流を占めるには至っていなかったのである。

一方、後者も可決されたが、直後の二月に朝鮮銀行券の満州での流通に関する勅令が出されたことによって、寺内正毅内閣は満州地方における金建取引を推進していく。それまで、満州地方における金券発行は横浜正金銀行のみに認められていたが、朝鮮銀行も参画することで、より広範囲での金建取引が予想されることになったのである。

「中国本土」での幣制改革よりも、満蒙での金兌換紙幣の流通を目指す大商の方針は、寺内内閣の当初の方針と合致していた。実際、勝田主計蔵相は朝鮮銀行を中心とした「鮮満金融の一体化」という目標から満蒙における朝鮮銀行券の流通に積極的であった(63)。一方、「中国本土」の幣制改革に関しては、全国商業会議所において、東商の方針に近い形で各商業会議所の意見が集約された。積極的な対中国借款を実行していた寺内内閣であったが、この時点では、日本からの多額の財政支援に基づいた「中国本土」における早期の金本位制の実施に積極的な姿勢を示してはいなかった。

三　阪谷の幣制改革構想の展開

(1) 阪谷訪中の実現

一九一八(大正七)年一月九日、阪谷芳郎は、訪中を前に本野一郎外相をはじめ寺内正毅首相や勝田主計蔵相に上申書を提出した。随行団の人員や経費から幣制改革の構想まで二〇条で構成されているこの上申書は、次のような内容であった(64)。①金本位制や統一的な兌換銀行券の発行を最終目的とするものの、そこまでの段階として銀貨幣の鋳造や補助貨幣を発行する。②中央銀行の設立はもちろん、中国・交通両銀行の整理方法を考究する。③具体的な税目を挙げながら、幣制改革のために一般財政を整理する。そして最後に、幣制改革を進展させるための日本政府による「挙国一致」、「継続的大政策」の必要性が強調され、締めくくられている。

また阪谷は、訪中直前に執筆した論説のなかで、幣制改革は「学理問題」ではなく、新たな貨幣制度を実行できる権力の存在が重要であるとの指摘をしていた(65)。幣制改革の実施には安定した政権の存在が必要とする見解は、北方に段祺瑞政権、南方に広東軍政府が並立するなかでの、段政権の統治に対する阪谷の中国観をよく示している。阪谷は、現状における中国の政治状況を幣制改革を進めるために充分な安定性を欠いた状態と認識していたのであり、改革実施にあたって、まずは、安定的な政権の確立が必須であると考えていたのであろう。
同年一月一八日、第二次改革借款第二回前貸が実行された。第一回前貸と比較すると、中国・交通両銀行の紙幣回収（紙幣価値の回復）が目的として明確に打ち出されていた。(66) しかし、三月に進歩党を排除した形で第三次段祺瑞内閣が成立すると、幣制改革は曹汝霖新財政総長を中心とする新交通系に主導されるようになり、阪谷訪中に関する日本政府の対応も変化していく。本野外相が阪谷に送った次のような訓示はそうした状況を如実に表している。(67)

第三条　幣制改革ノ方針ニ関スル事項
一、貨幣ニ付テハ金単本位制ヲ又紙幣ニ付テハ統一的兌換銀行券制ヲ以テ最終ノ目的トスヘキコトハ御申出ノ通リニテ可然モ、其実行ノ方法ニ付テハ充分ニ攻究ヲ要スヘキコト
二、現在ノ貨幣、紙幣其他銀両等ノ整理ハ急激ニ失セス、又之カ為生スル損失ヲ成ルヘク大ナラシメサル様留意アルヘキコトハ御申出ノ通リニテ可然
三、中央銀行ハ必シモ之カ新設ヲ要セサルヘク成ルヘク従来ノ機関ヲ改善シテ之ヲ利用スルコトニ付充分ノ攻究アルヘキコト
四、印刷局及造幣局ハ必要ニ応シ改善ヲ加フヘキコトハ御申出ノ通リニテ可然
五、中央銀行、造幣局及印刷局ノ統括ヲ権限内ニ属セシムルコトハ強テ当初ヨリ条件ト為スヲ必要トセス、傭聘ノ上、其利害ヲ考慮シ適当ノ計画ヲ立ツヘキコト

この訓令は、第三次段祺瑞内閣成立後の寺内内閣の幣制改革に関する方針を示したものとして重要である。また前年九月、勝田蔵相に伝えられた阪谷の意見と比較することで、寺内内閣の方針変化やそれと阪谷との関係が明瞭となる。すなわち、幣制改革には財政整理が不可欠であり、当面は銀本位制、最終的には金本位制への移行が目標

であるとした阪谷の意見は、特段問題とされていない。しかし、中央銀行の設立は不要とされ、中国銀行や交通銀行などの既存の金融機関を実質的な中央銀行にすべきと述べられている。阪谷の中央銀行設立構想は、寺内内閣によって否定されたのである。

それでも阪谷は、幣制改革が中国の内政問題と重要な関わりを持つとの認識から、中国政府要人との会見や各地での演説を精力的に行い、南北和平の必要性を説いて回った(68)。中国の財政金融学会での講演では、一大中央銀行の必要性を引き続き主張した(69)。また、上海で欧米の金融資本家と会談を行った際には、中国における金利の決定や外国為替は中国・交通両銀行ではなく、上海の外資系の銀行が掌握していると述べ、幣制改革への彼らの協力を要請している(70)。阪谷が国際借款団の枠組みを重視していた背景には、中国政府自身はもちろん、欧米資本家の動向がきわめて重要であるとの認識があり、これはさきに挙げた堀江帰一の認識とも共通する。

このように南北和平とそのもとでの幣制改革を望む阪谷であったが、本国政府には次のように伝えざるを得なかった(71)。

出発ノ際御話アリタル支那側有力者ヘ南北和解ニ付力説ノ件ハ機会アル毎ニ之ヲ試ミタリ、要スルニ双方其ノ意アルモ来ル大総統選挙済ムマテハ到底実現困難ナリ、北方諸氏ノ考ハ此ノ際南方ニ対シ兵力ヲ用ユルト同時ニ幣制改革ノ如キ積極的事業ニ着手シ威力ヲ内外ニ示サントスルニアリ

武力による南北統一を目指す段祺瑞政権が存在している状況下、阪谷は南北和平の実現は困難であり、幣制改革が政治利用されようとしていることも理解していた。そして、「南北和解」の「力説」をしたとされる寺内内閣は中央銀行の新設のみならず、南北和平勧告の自重を阪谷に求めた。そのことは、金券条例の実施に対する容認と阪谷の顧問就任による幣制改革への協力という選択肢から、さしあたって、寺内内閣が前者を選び取った証拠でもあ

った。[72]

(2) 東京商業会議所の方針転換

東京商業会議所は、四月一〇日の時局調査会において、「中華民国幣制改革ニ関スル案」を審議し、中国にいる阪谷芳郎に意見を求めた。まずはこの案の要点を確認しておこう。[73]

一、銀本位制ヲ廃シテ金本位制ヲ採用スルコト
〔中略〕中華民国ハ一億五千万円ノ借款ヲ我国ニ起スコトトセバ、此際容易ニ金本位制樹立ノ端緒ヲ開クコトヲ得ベシ
三、国立中央銀行ヲ設立シテ兌換紙幣発行権ヲ独占セシムルコト
四、金貨及ビ紙幣ニハ無制限法貨ノ資格ヲ賦与シ、且関税ノ納付ハ必ズ金貨又ハ紙幣ヲ以テセシムルコト〔中略〕
六、貨幣鋳造権ヲ国家ニ専属サセ、造幣廠ヲ統一シ、且ツ外国貨幣の流通を禁止スルコト
中華民国ニ於テ貨幣制度ノ確立、金本位ノ採用ヲ実行セントスルニハ、方ニ今日ヲ以テ絶好ノ機会トス。蓋シ今日ハ銀ノ価格著シク昂騰シ、且欧米諸国ニ於ケル銀ノ需要大ニ増進セルガ故ニ、民国ハ此際最モ有利ニ銀ヲ処分スルコトヲ得ベシ。加之日本ノ正貨保有高ハ今ヤ未曾有ノ巨額ニ達シ、同国ニ対シテ金本位制採用ニ要スル金ヲ供給スルニモ、亦今日ヲ以テ最高機トス。

中国政府に外国貨幣流通の禁止や早期の幣制改革を求めるという、以前と変わらない方針が繰り返されている。また、輸出超過により、日本は正貨保有高を激増させているとの現状認識のもとで、中国の金本位制実施に対する

巨額の財政負担を主張している。特に、この部分は、金券条例の公布に積極的に関与していた西原亀三と共通している。[74]銀価格の高騰という現状認識に変化はないが、ここで注意しておかなくてはならないのは、金本位制への移行の手段として、中国・交通両銀行による金券発行から中央銀行の新設へと転換し、阪谷の構想に接近していることである。[75]

この案が策定された背景としては、以下の点が挙げられる。第一に、三月に進歩党系を排除した形で第三次段祺瑞内閣が誕生した結果、段政権主導による幣制整理・改革に期待が集まったこと、さらにいえば、山科禮蔵や堀江帰一との親交が深かった梁啓超・張嘉璈らが下野したことで、中国銀行主導の幣制整理に期待できなくなったこと、第二に、数度にわたる借款にもかかわらず、中国・交通両銀行券の価格がいっこうに回復しなかったこと、[76]第三に、景気の拡大が積極的な対中国投資への意欲をかき立てたことである。また、東商がこの案をまず阪谷に諮ってから大阪・京都・横浜・名古屋・神戸の各商業会議所に提案しているように、[77]訪中している阪谷の構想を取り入れることで、より実現可能性の高い案を作成した可能性も否定できない。

阪谷は、この案を東商の案として発表することには異存がないとしたものの、「貴会議所ノ意見ト大阪京都等ノ会議所トノ意見トハ出来得ル限リ一致シ居リ候方、当地ニ於ケル参考トシテハ効力有之[78]」と東商会頭の藤山雷太に書き送った。阪谷は、一般論として、国内の商業会議所が共通の方針を示すべきとしたというよりも、新たな東商案が大商案と一致していなかったからこそ、このように述べたのではないだろうか。

こうした事態を受け、京都商業会議所の役員会では、「中華民国幣制改革意見議定の件」が審議されているが、[79]それまでの意見と大きな変更はなかったものと推察される。大商の役員会でも、中華民国に対する幣制改革支援やアメリカの国際借款団復帰に関する決議案が議論された。[80]しかし大商は、満蒙の幣制整理・統一に関する意見書をすでに審議・策定しており、また、関西経済調査会で「中国本土」の幣制整理に関しては議決済みであるとともに、全国商業会議所連合会にも附議済みであるので、これ以上の調査研究を不要と判断した[81]。よって、次のような回答が東商に対し行われた[82]。

当所ハ既ニ昨年満洲ニ於ケル通貨ノ整理統一ニ関スル意見ヲ審議シタルノミナラス、其後関西商業会議所連合経済調査会ニ於テ支那幣制改革案ヲ議定シ、之ヲ全国商業会議所連合会ニ附議シタルハ既ニ御承知ノ通リニ有之候

このような大商の否定的な対応の理由に関しては、「這個の問題は支那自らの解決に委すべきものにして、他より容喙すべき限りに非ずとの見解を有し、同意に躊躇せるが為め、折角の改革案も遂に発表する能はざることゝなり[83]」との報道があった。すなわち、東商は、四月一〇日に審議された改革案にそくして、大阪など各商業会議所との意見調整を行ったものと思われる。しかし、結果的に、東商の改革案は、「中国本土」への干渉的な案と受け止められ、承認されることはなかったのであった。

第一次世界大戦勃発後の紡績業にとって、市場としての「中国本土」はインドなどへの輸出の増大にともない、相対的に地位を低下させていったが、いまだ重要な市場であることに変わりはなかった[84]。大商は中国への干渉と見なされる行動をとることによって、綿糸布の対中国輸出が日貨排斥などの形で影響を受けることを好まなかったと考えられる。満州での金建取引は推進しても、「中国本土」に対する金融的影響力の拡大には慎重にならざるを得なかったのである。その結果、六月二七・二八日に東京商業会議所で開かれた六会議所連合協議会では、前年の第二四回全国商業会議所連合会で議決された建議の実行が、政府に要請されることになったのであった[85]。

(3) 金券条例の公布

帰国後、阪谷芳郎は、東商主催の「阪谷男爵歓迎午餐会」で、馮国璋に代わる徐世昌の大総統就任が南北統一、ひいては中国の国家建設時代の幕開けになると語るなど(86)、中国での総選挙を前にして、徐世昌の大総統就任による幣制整理・改革の進展への期待を示していた。さらにその場で、中国の幣制改革と日本の実業界との関係に関して、藤山雷太東商会頭は次のように述べた(87)。

> 日支の親善を最も早く而して実効的に得られる道は、支那と日本の貨幣制度が同一の基礎に立って、同じ此貨幣制度を用ひられて、以て商業貿易其他日支の経済的又共同的仕事を致しまするに便利なることになったならば、我々は即ち平生考へて居る所の日支親善の実を実行することが出来るだらうと考へます。今日に於て我々は支那の為に計るのみならず、又我日本の為に此支那の弊《ママ》制が統一されて、而して完全なる制度の下に商売貿易の発達せんことを希望して居るのであります。

日本と中国とが同様の幣制を確立すること、すなわち、中国が金本位制を採用することが「日支親善」のための最も早く、かつ効果的な方法であるとされており、金本位制確立への期待の高さがうかがえる。これに続けて阪谷は、幣制改革について、次のように発言した(88)。

> 実に支那を通じて貨幣と云ふものは一つもない、そこで支那の幣制を論ずるに付ては幣制の統一と云ふことゝ本位、此二つの問題が重もなる所の問題であります〔中略〕併しながら今金〔本位制〕にすると云ふことは之れは到底出来ませぬ、出来ぬと云うは世界列国が皆金の輸出を止めて居る、金でやらうと思へば相当の準備機関がなくてはならぬ

前半部分では、中国幣制改革の重要課題として、統一的な幣制の実施や本位貨幣の設定が挙げられている。また後半部分では、第一次世界大戦の影響で、世界的に金本位制が機能していない状況下では、金本位制の確立は困難であるとされている。前年の一九一七年九月にアメリカ政府が金輸出禁止を発表して以降、幣制整理の進展よりも中国国内の状況の安定化を優先するようになったとも考えられる。

ところが、中国では段祺瑞国務総理のもと、曹汝霖ら新交通系を中心に金券条例が交付される（一九一八年八月）[89]。金券条例は、戦時中の銀価格の高騰を利用した早期の金本位制への移行を目的とするものであったが、金券の即時発行に関する内容が盛り込まれていたため、日本による多額の借款や正貨の負担が大きな問題として浮上した。阪谷は、金券条例に明確に反対であった。金券条例公布の背後には勝田主計蔵相や西原亀三がおり、日本の有識者の多くは金本位制への早期移行を意味する「根本的改革主義」であると阪谷は見ていた[90]。

後年、勝田は、自身と阪谷との関係について、「自分等は大体に於ては其意見を同じうして居るが、是〔幣制改革〕が実行の方法に就ては多少意見を異にして居るところもある[91]」と証言している。確かに、阪谷は金券条例の公布に対し強く反発しており、勝田と阪谷との間には大きな隔たりがあったことは否定できない。ただ、幣制改革・行財政整理を進めていく際に、国際借款団による供与が取り決められていた第二次改革借款が果たす役割を無視し得ないことは先に見た通りである。そもそも阪谷は、幣制改革の推進の必要という点で、勝田と共通の認識を持っていたようである[92]。よって、両者の構想の相違を過度に強調するのは適当ではないだろう。当時、大蔵省理財局に勤務していた大内兵衛が「阪谷さんと勝田さんの間が段々と変わって来て」と発言しているように[93]、幣制改革について、寺内正毅内閣の成立当初から勝田と阪谷との間に著しい相違があったというよりも、日中両国での政治情勢の変化、特に第三次段祺瑞内閣の成立以降、勝田が段政権との関係を重視するようになったことによって、両者の構想に大きな開きが生じたと見るべきであろう。

さらに、この時期の阪谷の日記には、金券条例関係の新聞記事の切り抜きが貼付されており、金券条例に対する阪谷の関心の高さをうかがわせる。特に、八月二九日の日記は興味深い点が多いので[94]、その内容を簡単にまとめておきたい。

第一に、阪谷と曹汝霖財政総長との意見の違い。訪中の間、阪谷が曹汝霖に金券条例の「断シテ不可」を伝えたにもかかわらず、曹汝霖は金券条例の公布を阪谷に熱心に語っていたという。第二に、阪谷と日本の出先機関との意見の相違。小林丑三郎駐華財務官など日本側にも金券条例に賛成する意見が存在していたが、これに対しても、「博士〔小林〕ノ面汚シナリ」と阪谷は厳しく批判をしている。第三に、金券条例に対する日本側の温度差。阪谷は金券条例を「無謀ノ挙」とし、大蔵官僚や日銀関係者との間で金券条例への反対で一致していた。勝田蔵相は金券条例を容認していたが、省内で反対意見が堂々と交わされていたことなどを考慮に入れると、金券条例に対して、大蔵省内の方針が一致していなかったことが改めて確認される。

選挙の結果、阪谷が期待していた通り大総統が馮国璋から徐世昌へと交代し、その後、段祺瑞は国務総理を辞任した。一方、日本国内でも寺内内閣は総辞職し、原敬内閣が成立した。ここに阪谷の幣制改革顧問就任は再び現実味を帯びることになるのであった。

おわりに

以上、阪谷芳郎の幣制改革構想と訪中に至る過程、幣制改革や阪谷訪中に対する東商・大商の動向を検討してきた。最後に本章で明らかにした点をまとめ、阪谷の顧問就任問題のその後の展開を見通しておきたい。

第一に、阪谷の幣制改革構想とその挫折に至る過程を考察した。阪谷構想の特徴は、次の三つに大別することができる。①中国政府の行財政整理を中心とした幣制整理の実行と将来的な金本位制の確立である。そのため、金本位制の実施は急がれず、暫定的な銀本位制が容認されることになる。中国政府の「自主性」を尊重し、金本位制への早期移行を目指す西原亀三らの構想を急進的金本位制移行論とするならば、確かに阪谷の構想は漸進的金本位制移行論と評価することができる[95]。②日米共同出資による強力な権限を持った、中央銀行の設立を日米経済協力の具体策と位置づけていた。阪谷は訪中以前からこのような構想を抱いていたが、それは訪中後も変わることがなかった。③幣制整理は中国の政治状況の安定化と不可分の関係にあると認識していた。幣制整理・改革には中国における統一的な政権の存在が重要なのであり、中国が南北に分断されている状況下では困難であるという考えであった。アメリカ政府の金輸出禁止や第三次段祺瑞内閣の成立後には、南北和平に対する志向性がより強く見られるようになる。

第二に、幣制改革に対する東商と大商との対応の違いを析出した。第一次世界大戦の影響をめぐって、東京、大阪の両商業会議所はそれぞれ「時局対策」を調査していた。ただ、中国の幣制改革をめぐっては、対中国貿易の利害関係の違いから、満蒙における金券流通・金建取引の普及を求めていた大商と、「中国本土」での金本位制の早期確立に積極的であった東商との間には方針の相違が存在していた。そうしたなかにあっても、中国・交通両銀行による幣制整理を進展させ、相対的に中国の内政に干渉しない内容の建議書の提出で双方は合意に達することができた。しかし、第三次段祺瑞内閣が成立し、阪谷の訪中が実現すると、東商は、中国・交通両銀行による金券発行から阪谷が主張する中央銀行の新設へと転換し、大商との方針の違いを顕在化させることになったのである。

第三に、寺内正毅内閣と阪谷訪中問題との関係性を明らかにした。阪谷の訪中は、第二次改革借款の第一回前貸が供与された頃から進展を見せる。中国の幣制改革に発言力を確保しようとしていた寺内内閣は、阪谷訪中を推進した。第三次段祺瑞政権の成立後、寺内内閣は、阪谷の幣制改革構想を否定するが、日中両国での合意事項であった彼の訪中を中止することはなかった。英仏が中国問題に関わる余裕のない機を捉え、幣制改革の方向性に関する具体的な合意を形成するというよりむしろ、阪谷の訪中を実現させ、幣制改革顧問の就任に道筋をつけるとともに、日中間の外交・経済関係を緊密化しようとしていたのである。幣制改革をめぐる方法や日本の関与に関して、日本の官民の間に多様な意見が存在していたが、改革そのものの実行にはほとんど疑問が呈されていないことには注意すべきである。

ところで、徐世昌政権の成立後、原敬内閣は中国の南北両政府に対する和平勧告を実行する。一方で、原内閣は、一九一八年の秋頃に再度阪谷の訪中を実現させたい考えであり、阪谷の帰国後も顧問就任に関する諸経費の支出に関して中国政府と交渉を行っていた。しかし、二度目の阪谷訪中は、アメリカ・中国両政府の消極姿勢に阻まれることになる。六国借款団からアメリカ資本家が脱退した経緯から、日本政府内には、アメリカ政府の動向が阪谷の顧問就任を決定的に左右するものではないとの認識が存在していた。また、一九一八年五月のランシング（Robert Lansing）国務長官と石井菊次郎駐米大使との会談で、この問題に関するアメリカ政府の承認を得たとの認識も外務省内にはあった(96)。しかし、アメリカ政府は新たな国際借款団の結成を模索し、阪谷の顧問就任に反対を唱える。

加えて、中国の政治状況も大きく変化した。段祺瑞国務総理の辞任、曹汝霖財政総長の更迭が現実味を帯び、外務省内では、曹の在職中に阪谷の顧問就任に「目鼻ヲ附ケ置クコト」が肝要であると考えられていた(97)。日本側の危惧の通り、中国政府は段祺瑞内閣の更迭により阪谷招聘に対し消極姿勢に転じていく。こうして阪谷の再度の訪中は延期され、顧問就任は実現されることなく終わるのである。

終章　国際協調と「日支親善」のあいだ

一　経済的国際協調の枠組みと日本

本書では、時期的差異に留意しながら、日清戦後から第一次世界大戦期に至るまでの日本の対中国借款の歴史的特質を明らかにしてきた。まずは、中国やイギリスの動向を踏まえながら、対華国際借款団と日本の対中国借款との関係性について整理しておきたい。

日清戦後の日本では、鉄の国産化のために、官営八幡製鉄所の操業開始、鉄鉱石の確保が重要な政策課題となっていた。こうしたなか、日中双方の利害が一致し、コークスと鉄鉱石の売買契約が、八幡製鉄所と漢陽鉄政局（後の漢冶萍公司）との間で締結される。この契約自体は借款契約ではないが、日本の対漢陽鉄政局借款につながる重要な契機であった。そして、その後の度重なる借款供与によって、対漢冶萍公司借款は、近代日本が個別の在華利権に対して行った代表的な借款であると認識されるようになる。

また、同時期の日本の対中国借款は、台湾対岸の福建省の「勢力圏」化を政策目標とするなか、福建省に隣接する浙江省や江西省の利権をも対象として想定していた[1]。一九〇〇年前後の日本外交には、福建省を「勢力圏」という「面」として確保するとともに、隣接する省の利権を獲得し、そこから、長江中流域の武漢三鎮という「点」に向かって、「線」（＝鉄道）を引いていく、という志向性がすでに見られる。福建省への政治経済的な影響力の扶植と八幡製鉄所の製鉄原料の確保という政策構想が結びつくなか、借款は、華中・華南における日本の「勢力圏」拡大の重要な手段としての役割を担っていくのである。

この頃の日本外交は、大別して、以下の二点に規定されていた。第一に、利権を保有・開発する中国側の主体との関係である。日本側は、それらに技術面・経済面で接近し、必要な材料や資金の提供を実現させる必要があった。とりわけ、華中・華南での事業においては、清朝政府以上に、地方政府、公営企業、半官半民企業、中央と地方にまたがって政治経済的に影響力を持つ有力な政治家・実業家（清朝の大官）との関係が重要であった。日本側は、中国側の要請に応えつつ、時には、欧米資本との経済競争を経験しながら、華中・華南利権への進出の足がかりを得ていった。

第二の点は、イギリスとの外交関係である。一九〇〇年に英独間で揚子江協定が締結されて以来、長江流域はイギリスの「勢力圏」と捉えられるようになっていた。また、一九〇二年の日英同盟の締結以降、日英両国の間では、清国の「独立・領土保全・機会均等」が準拠すべき外交原則となっていく。そのため、日本は、こうしたイギリス外交との関係を念頭に置きながら、対中国借款を実行していかなければならなかった。

日清・日露戦争期の日本は、大規模な対外投資機関を整備していなかったのみならず、日露戦争時の外債償還などもあり、対中国借款に運用可能な資本を十分に保有していなかった。こうした状況のなか、日本の対中国借款は、日中双方の思惑の一致を前提に、漢陽鉄政局と南潯鉄道に対して行われることとなる。とはいえ、日本の対中国借款が、日英同盟の理念から大きく逸脱したものでもなく、イギリスの「勢力圏」を脅かすものでもなかったため、外交問題化しなかった。

ただし、日本国内には、イギリスとの外交関係を絶対視せず、露仏の資本家との協力を図る動きも存在していた。本野一郎や小田切万寿之助など一部の外交官や銀行家にとってみれば、弱体化が進んでいたとはいえ、清朝が存在し、借款の機会が現れるなかでは、対英協調のプラス面よりも、イギリスによる日本の対中国経済進出の拘束というマイナス面が際立っていたのであろう。日本の対中国借款に対するイギリス政府・資本家による制約は、同時代的に強く認識されていたのである。その後、日露協約、日仏協約が締結されるが、同じ協商国側でも、イギリスではなく、露仏との経済関係を強化しようとする主張は一定の存在感を持っていた。そして、それは国際借款団の参加交渉や日仏銀行の創立などで表面化することになる。

一方で、日露戦後には、欧米資本家による国際借款団の結成の動きが進行した。英仏資本家による京漢鉄道（北京郊外の盧溝橋～湖北省漢口）への参入は失敗に終わった。しかし、英仏シンジケートは張之洞湖広総督に働きかけ、粤漢・川漢両鉄道の湖北・湖南両省敷設分（湖広鉄道）に関する借款優先権の獲得に成功した。その英仏シンジケートに、独米の資本家が加わり、旧四国借款団が結成される。旧四国借款団は、先行研究がいうように、確かに欧米諸国の経済的利益の確保や利権の獲得を目的とした利害調整機関であった[2]。清朝は、欧米の資本家同士を互いに牽制させ、より有利な条件を提示する資本家との契約締結を図っていたが、一方の欧米資本家は、清朝に足下を見られないよう協調行動をとっていたのであった。

日露戦前から、日本政府は、「中国本土」利権への足がかりを獲得するため、英仏シンジケートへの参加を模索していた。しかし、資本不足、イギリスとの外交関係への配慮から、参加は実現していなかった。旧四国借款団が満州利権に関する借款優先権を獲得する可能性が浮上すると（幣制改革及東三省実業借款の第一六条問題）、これに反発した日本政府は、旧四国借款団の背後にある各国政府に対し、日本の満州権益を脅かさないよう要請している。その結果、英仏政府は日本の満州権益を尊重することを表明するに至った。

ここで重要なのは、旧四国借款団の活動が、個別利権にとどまらず、条約や交換公文などの外交関係に規定されていた権益にまで影響を及ぼすと認識された際、外交ルートを通じた調整が行われたという点である。日本の満州権益は、満蒙における日露の棲み分けを約した日露協約に基づくもので、英仏政府からも一定の承認を得ていた。それは外交上の問題であり、本来ならば、経済的利益の獲得を主要な役割とする旧四国借款団が関わるべきではない性格のものであった。

個別利権の開発・事業経営への借款ではなく、中国の一般鉄道借款や鉄道国有化政策への借款に関する契約を締結し、政策への大規模な支援を実行したことによって、旧四国借款団の性格は変質する。英仏米独の複数の資本家の間で、対中国借款に関する包括的な取り決めがなされたことは画期的といってよい。しかしながら、当時の中国をめぐる国際関係が日英仏露の同盟・協商関係のうえに成立していた以上、満蒙地方と密接な関係を持ち、中国情勢に一定の影響力を有していた日露の資本家が旧四国借款団に参加していない状態では、取り決めの実効性は十分に保証されない可能性があった。

一九一二年に入り、盛宣懐郵伝部大臣の主導で鉄道国有化政策が開始されると、旧四国借款団は清朝郵伝部と多額の借款契約を締結する。日本政府も郵伝部と鉄道建設の際に材料を生産する漢冶萍公司との双方に多額の借款を行った。日本と欧米各国は、清朝支持の方針のもと、清朝に対する財政支援を共同で進めていく。武昌蜂起直後に各国が選択した「清朝支持・国際協調」方針は、こうした鉄道国有化政策をめぐる国際協調の延長にあった。

武昌蜂起以降、日本にとって外交上の懸案となったのは、袁世凱による時局収拾に乗り出し、それまでの国際協調路線からいち早く離脱したイギリスの動向であった。遅れをとった日本政府は、官民一体となって、中国への内政干渉を試みる。その過程で、漢冶萍公司、招商局などを担保として行われた日本の対革命派（南京政府）借款は、イギリス政府にとっては、自らが進める袁世凱主導の南北和平を妨害する行為として捉えられるものであり、政治借款として機能していたのである。イギリス政府は、日本のこうした借款を、国際借款団の枠組みで制御する必要があると判断し、日本の国際借款団への参加が実現することになる。辛亥革命期の長江流域利権を担保とした日本の対中国借款は、日本政府の意図・認識はともあれ、単に「利権獲得の失敗」に終わっただけのものではなく、日本が国際借款団に参加する契機ともなったのである。日本の国際借款団への参加は、日本政府の政策転換というよりむしろ、袁世凱政権への財政支援を担う新たな国際借款団を結成しようとしていたイギリス政府・資本家の方針、及びその変化から捉えられるべきなのである。ただし、日本政府の閣僚や外交官には、こうした結果を招くという認識はなかったものと思われる。中国に対する自主的な政策を追求した結果、経済的な国際協調へとつながったということなのである。

一九一二年六月、旧四国借款団の参加する英仏独米資本家に日露の資本家を加え、六国借款団が結成された。結成に関する銀行団会議において、日露双方の主張により、満蒙利権に対する両国の優越的な関係が一定の承認を得たことは、特筆すべき点である。ロシア側が外モンゴルとの特殊な関係を主張したこともあり、日本の満州権益に対する優越的地位が六国借款団結成時の議事録に盛り込まれたことは、後の新四国借款団の結成交渉が行われていく過程において、日本が満蒙との特殊な関係を主張する歴史的根拠となった。その結果、ロシアの不在やそれまでの日本による満蒙利権に対する借款実績の蓄積を理由に、日本の特殊地域を「満州」のみから「満蒙」にまで拡大する主張を、「自然に」展開することが可能な日本政府と、その「満蒙」留保に理解を示すことができないイギリス政府といった構図が出現することになる。第一次世界大戦中にロシアは崩壊していたが、イギリス政府にとって、満蒙は日本とロシアの特殊地域と認識されていたのであって、日本だけの特殊地域ではなかったのであろう。

ともあれ、六国借款団に参加していた各国資本家は、各国政府の支援を背景としていたため、その金融活動は必然的に時の外交状況に左右されることとなった。事実、アメリカ資本家の六国借款団脱退という事態が出現したように、政府が自国の対中国外交に適合的ではないと判断した場合、国際借款団への参加は継続され得なかった。しかし一方で、脱退したアメリカ資本家が六国借款団規約の継続的な拘束性を認めていたように、六国借款団は、対中国借款に関する規範を提示する存在であった。事実上、袁世凱政権に大規模な財政支援ができるのは六国（五国）借款団のみであり、日本側では、袁世凱政権の安定化に寄与するという側面から、その存在意義が説明されていた。

日本の資本家を代表する横浜正金銀行は、実業借款の除外問題やフランス資本家の要求などに直面した際、政府の意向を受け、六国借款団内の利害関係を調整しようとする姿勢を見せている。日本の資本家は、在華利権の獲得を欲していたことはもちろんであるが、満州権益と漢冶萍公司を除いては、直接的に大きな利害関係を持ち得なかった。そのため、日本の一部の外交・金融関係者は、袁世凱政権の安定化という六国借款団の理念を比較的容易に追求することができた。アメリカ資本家が脱退した後、五国借款団は、日本・欧米各国政府の袁世凱政権の承認に先立って、第一次政治改革借款（善後借款）を供与し、一定の成果を挙げるに至る。

このように、行政借款に限定されることにはなったものの、六国借款団は、日露を含めた東アジアに関係する主要国の対中国借款を包括的に管理するとともに、対中国行政借款の行動規範を各国政府・資本家に示す存在であった。国際借款団を通して、中国をめぐる経済的な国際協調の枠組みは強化されていったのである(3)。

第一次世界大戦は、こうした国際借款団のあり方に多大な影響を与えた。独露の資本家が脱落し、引き続き参加していた英仏の資本家も対中国借款を行う余裕を喪失していった。借款のための資金を実際に負担できるのは日本のみとなり、国際借款団内における日本の地位は向上していく。第二次大隈重信内閣期には、国際借款団内における日本の優越的地位の確立と、日本に都合が良い形でアメリカの資本家を借款団へと復帰させることがすでに検討されていた。続く寺内正毅内閣期には、第二次改革借款の単独供与、中国政府財政に対する影響力の拡大、中国の幣制改革に対する日本人顧問の派遣など、より積極的な対中国政策が追求されている。当該期に行われた西原借款は、段祺瑞政権の行政費に加え、同政権が進めていた南方政府征討のための軍事費に充当されるなど、中国の内政に干渉するものであった。[4]これは、本格的な政治借款とみなされ、英米両政府や中国の南方政府から大きな非難を受けることになる。

さらに、大戦勃発の前後には、華中・華南の鉄道利権をめぐる日英交渉の場において、「勢力圏」に関する両国の認識の違いが顕在化していた。「勢力圏」認識は、当該期における対中国経済進出の際の判断基準として、日本の外交認識のなかに明確に存在していた。満州権益の擁護を至上命題とする日本は、日本と満州との関係をイギリスと長江流域との関係よりも「特殊」なものと位置づけるが、イギリス側が大きな関心を示していた華中・華南の鉄道利権を獲得することは現状において困難と認識していたのであった。[5]

西原借款に代表されるような中国の「独立・領土保全・機会均等」に抵触する借款、もしくは条約・協定などに基づく関係各国の「勢力圏」やそれに関する認識に修正を迫るような借款は、政治借款として認識され、非難の対象となった。中国をめぐる国際関係のなかで外交問題を引き起こすようなものが政治借款とされるのであり、それは中国と関係各国、または関係各国相互の外交関係に変化をもたらす可能性を含む行為であった。

一方で、西原借款が寺内内閣によって行われた要因として、見逃してはならないのが、中国側の積極性である。西原亀三と新交通系との連携が成立した背景には、国際借款団による中国政府の財政管理に対する中国側の反発があった。中国政府にとっては、経済や軍事の近代化を進めるなかで、資本の調達が大きな政策課題となっており、こうした中国政府の要望に対応できたのが、日本政府だったのである。

また、寺内内閣は、英仏資本家中心の国際借款団を換骨奪胎し、新たに日本を軸とすることを試みていた。ただし、このような政策形成のなかでも、外務省の一部の意見を除いては、[6]従来の「勢力圏」認識は放棄されていなかった。要するに、「勢力圏」認識を前提としつつ、主に英仏の広大な「勢力圏」が存在していた「中国本土」の利権をめぐる獲得競争に食い込むことが目指されていたのである。大戦後にも国際借款団が存続するという見通しのもと、脅威にも、協力者にもなりうるアメリカ資本家を牽制し、個別利権の獲得を実現すると同時に、中国政府の財政・金融に対する日本の影響力を国際協調の範囲内で強めていく。このような楽観的な目標が寺内内閣の周辺に存在していたのではないだろうか。

二　政策主体の変遷と中国論

本節では、外交政策としての対中国借款がどの主体によって担われ、その背景には、どのような中国論が存在していたのかを整理しておく。

日清戦後、中国側からの製鉄原料に関する売買契約の要請は、八幡製鉄所の拡張を中心とした製鉄国策を進めていた日本にとって渡りに船であった。日露戦争の直前から開始された対漢陽鉄政局借款は、製鉄国策に沿って実施された。この借款は、通商関係を装うために八幡製鉄所を所管する農商務大臣の担当とされていたが、中国における「勢力圏」の拡大を目指す外務省の政策構想からも多大な影響を受けていた。

また、この借款に関しては、国内の工業金融を主要業務としていた日本興業銀行が日本側の契約者となり、借款の原資には、大蔵省預金部資金が充てられた。ただ、こうした日本興業銀行の関与は、結果的に見れば、例外的な対応となった。漢陽鉄政局からの借款供与の依頼に関しては、当初、海外での金融経験が豊富な横浜正金銀行が交渉担当として想定されていたことに加え、その後の対漢冶萍借款においても、正金銀行を中心に交渉が行われることになるからである。

漢冶萍公司関連の事務は八幡製鉄所を所管する農商務大臣の担当であったが、実際には、実務の大部分を中国現地に駐在する外交官や銀行家に依存していた。その代表的な存在が小田切万寿之助である。小田切はそもそも外交官であった。その後、北京駐在の正金銀行取締役となり、対漢冶萍公司借款において、外務省・正金銀行と盛宣懐とを結ぶ重要な役割を担ったのみならず、国際借款団への参加交渉にも関与する。小田切は、ロンドンやパリで開催される銀行団会議、横浜の正金銀行本店などと中国政府との結節点となっていた。

日露戦後になると、多額の戦時外債を償還するために、行財政整理や正貨擁護が政策目標となる。中国からの製鉄原料の輸入は、日本国内における製鉄業の振興につながり、輸入代替工業化の進展や正貨の擁護に寄与するものとして正当化された。製鉄国策を目標としていた時期から、日本と漢陽鉄政局との関係はすでに重要視されていたが、日露戦後経営のなかでは、そこに正貨擁護の手段といった意味が付与されることとなったのである。

日清・日露戦争期の対漢陽鉄政局借款に対しては、鉄資源の確保という動機から、農商務大臣・八幡製鉄所長官が関与しており、日露戦争の勃発以前には、外務省―大蔵省―農商務省の「三位一体」の関係が成立していたのである[7]。

同時期、外務省の在外公館は、華中・華南利権への経済進出、特に、粤漢・川漢両鉄道の敷設事業への関与を試みていた。一方、外務省本省内には、一九〇〇年の閣議決定以上の包括的な政策方針はなかったが、鉄道事業の借款優先権の獲得に目標が設定され、民間資本の組織化が試みられた。そして、小村寿太郎外務次官によって、敷設工事を請け負うシンジケートだけでなく、日本国内の実業家を糾合した資金負担を可能とする横断的組織（対中国投資機関）の結成が目指されるようになる。東亜興業株式会社の重役選任に小村が大きな影響力を有していたことに示されているように[8]、外務省は、借款を通じた華中・華南利権に対する影響力の扶植には積極的であった。しかしながら、小村を中心とする本省と出先との間には、イギリスへの外交方針をめぐって意見の相違も見られた。

第二次桂太郎内閣下では、内政においては行財政整理が、対中国政策においては満州経営・対満政策が最優先事項であった。対中国借款に対して期待されていたのは、個別の利権への借款から得られる利子や手数料などを獲得することよりもむしろ、「勢力圏」の拡大や外交上の取引材料となる利権の確保といった成果を挙げることであった。(9)

辛亥革命の勃発後、第二次西園寺公望内閣は、対中国政策の展開にあたって困難な状況を迎えていた。陸軍や世論は中国情勢へのより積極的な関与を求めていたが、その一方で、流動的な中国情勢、イギリス外交の動向、国内で次第に高まりつつあった日英同盟不要論などに対処していく必要があった。(10) この時期に進められた、漢冶萍公司の日中合弁化は、外務省主導で原案が策定され、正金銀行や三井物産を媒介にして、日本政府と南京政府との間で交渉が行われた。このことが示すように、漢冶萍公司は製鉄国策に関する日中両国の経済問題にとどまらず、混乱していた中国情勢をめぐる外交問題に関わる存在であった。

その後の第三次桂内閣は、西園寺内閣の対中国政策に対する不満の受け皿となり、桂新党（立憲同志会）の目的の一つに対中国政策の刷新があったといわれている。(11) しかし、桂内閣は長続きはせず、薩派と政友会との協力のもとで、第一次山本権兵衛内閣が成立する。山本内閣の原敬内相は、南京事件や漢口事件など、中国で日本人殺傷事件が発生した際に、それらが政治・外交問題化しなかったのは、野党勢力がこの問題を大きく取り上げなかったためであると述べている。(12) 原の発言に示されている通り、中国問題は国内の政治問題となりやすい事象となっていた。だからこそ、第一次山本内閣にとって、可及的速やかな第一次政治改革借款の供与・袁世凱政権の承認による中国情勢の安定化の実現は、重要な政策課題であったのである。

辛亥革命前後における外務省や正金銀行関係者の中国論は、日本の対中国借款の展開と密接に関係していた。(13) 日清戦争以前の状況については、「巨大な大陸、ことに隣国中国に対する一種の恐れの念が、「文明国」日本の自意識をいっそう駆り立てるという事情があった」[14]との指摘がある通り、清国は日本にとって脅威の対象でこそあれ、日本が「保全」するような存在ではなかった。しかし、北清事変以降には、欧米による「瓜分」の進む中国を日本が「保全」すべきという中国論が見られるようになる。

六国借款団をめぐる日本の中国論には、各国資本家の過大な要求を調整し、欧米資本による利権獲得競争の激化や中国政府の財政への干渉を防ぐという目的の一方で、そうした趨勢は不可避であるとの予測から、「保全」のためには、日本が在華利権の獲得を進めるとともに、中国政府への人的影響力の確保に努めることが必要であるという思惑も同時に存在していた。こうした両側面を持つ「支那保全」論は、辛亥革命期の日本の対中国借款の背景にあり、陸軍や参謀本部などに見られるような利権の確保・獲得を最重要視し、満州への出兵、中国の南北分割などを辞さない対中国強硬論とは異質のものであった。

さらに、「支那保全」論は、欧米協調と日中の二国間関係のどちらを重視するかで、大別することができよう。第二次西園寺内閣期や第一次山本内閣では、欧米協調に基づく対中国政策が重視されていた。しかし、そうした「支那保全」的政策は、後に章宗祥が西原亀三に打ち明けたように、日本や欧米各国による中国政府の財政への共同干渉と受け取られ、また、利権獲得への消極的な態度として批判されかねない一面を有していた。そのため、国際協調という理念のもとで潜在化していた、日中の二国間での関係の強化、在華利権の獲得を目指す「日支親善」論が第一次世界大戦の勃発を契機に高まっていく。すなわち、「支那保全」のもと、日中の二国間関係を重視し、積極的な対中国政策を求めた動きは、後の対華二十一ヵ条要求や西原借款の遠因をなしていた。

辛亥革命期の対中国強硬論に注目するこれまでの研究は、第二次大隈重信内閣や寺内正毅内閣の周辺に存在していた中国論の一部を示したにすぎない[15]。辛亥革命期に外交・金融関係者の間で見られた「支那保全」的発想が、第一次世界大戦期の「日支親善」論の底流にあり、寺内内閣の対中国借款政策へとつながっていくものと思われる。

第一次世界大戦は、中国をめぐる国際情勢にも大きな変化をもたらした。第二次大隈内閣による対中国借款政策の特異性は、次の二点で際立っている。第一に、中国政府に対して対華二十一ヵ条要求を手交した点である。辛亥革命期において、第二次西園寺公望内閣は、漢冶萍公司の日中合弁化を企図し、公司及び南京政府に対する政府や民間を通じた借款を黙認していた。また、こうした借款に対して、イギリスから中止の要請があった際には、建前上、政府の関与を否定する態度をとった。しかし、第二次大隈内閣は、これまでに借款によって日本が影響力を扶植・拡大してきた華中・華南利権を、明確に外交政策のなかに組み込み、対華二十一ヵ条要求という形で、「勢力圏」認識や日中英の外交関係の変容につながるような政策として実行に移した。対華二十一ヵ条要求第三号や第五号第五条の策定過程については、第二次大隈内閣の成立に尽力した元老らの影響力を無視しえない。ただし、それらは限定的なものであり、以前から華中・華南利権の拡大や外交の一元化を目指していた外務省の主導性こそが重要であろう。対華二十一ヵ条要求は、日清戦争以降の日本の対華中・華南政策の集約点として評価することができるものである。

第二は、政権後期における反袁・排袁政策である。第二次大隈内閣の対中国政策は、袁世凱政権を相手に日中関係の改善・強化を図った先の第一次山本権兵衛内閣とは大きく異なっていた。第二次大隈内閣は、第一次世界大戦の勃発前後に行われた鉄鉱国有化など、袁世凱政権の中央集権化政策には概して否定的であった。漢冶萍公司の経営体制の模索過程で見られたように、袁世凱政権との交渉を想定し、公司の国有化を前提とした日中合弁化を容認していた正金銀行、高木陸郎、西澤公雄などとは違い、民間企業への中国政府の介入、長江流域の日本利権への悪影響を危惧する態度をとっている。第二次大隈内閣のこうした反袁・排袁の姿勢は日中関係を悪化させた。その結果として、辛亥革命後の「支那保全」的政策のような、袁世凱政権という比較的安定した政権の存在を前提とした対中国政策とは、全く異質な政策が展開されたのである。

第一次世界大戦によって、中国における各国の脅威はアメリカを除いて激減した。その結果、日本による中国「保全」の必要性も低下したが、西欧諸国に対する脅威が完全に取り除かれたわけではなく、「戦後の脅威」を想定した対中国政策が実行されていく。このような状況下で見られるようになった「日支親善」論は、戦後の欧米勢力の中国進出を想定し、引き続きそれらの脅威から中国を「保全」しつつ、日中間の「親善」を図るという立場を表明するものであった。

大戦以前に巨額の借款が行われた結果、対華二十一ヵ条要求が手交されたのとほぼ同時期に、漢冶萍公司の主管が農商務省から大蔵省へと移されていることにも注意しておきたい。この転換には、製鉄原料の確保とあわせて、漢冶萍公司からの債権回収を重視し始めた日本政府の姿勢があらわれている。対漢冶萍公司借款をめぐる政策主体の変化は、外交政策としての対中国借款全体に関する主体の転換と無関係ではなかった。第一次世界大戦の勃発という非常事態によって、日本国内では財政・金融問題が浮上し、大蔵大臣主導のもとで、対外財政投資、特に対中国借款や連合国債券の引受が有効な対策として位置づけられた。大蔵省は、正貨の擁護という観点から、かねてから対漢冶萍借款を問題視しており、民間資本による自主的な対中国投資を大いに歓迎していた。

この頃、「日支親善」を掲げる安川敬一郎によって設立された九州製鋼会社は、こうした大蔵省の意向と密接に関わっていた民間企業の一つである。安川の思想と行動、また、日本国内の商業会議所による対中貿易の振興を求める動きや、中国幣制改革の進展を望む声が日本国内において高まっていた状況などを踏まえると、大戦下において対中国政策を展開していくために、寺内内閣は、中国に密接な利害関係を持つ国内の実業界・経済界の要求を、それまで以上にすくい上げる必要に迫られていたといえる。

その寺内内閣期の対中国借款は、寺内・勝田主計・西原の三者の、異なった立場や構想の最大公約数として実施された。勝田の対中国借款に関する構想や政策主導は、中国政府に対する行政借款への関与を侵害される形となった外務省や大蔵省の一部にとっては、批判の対象とすべきものであっただろう。ただ、勝田にとって、「日支親善」が騒がれる状況と、超然内閣であった寺内内閣の性格ゆえに、日中関係や国内政治への配慮が不可欠であった。そうしたなか、対中国借款の遂行に関して、寺内や西原との関係を決定的に悪化させることは避けなければならない事態であった。寺内からの信任、そして、西原という中国政府との「非公式チャンネル」に依拠し、自らが望まない政策をも容認していた点に、勝田の政策主導の特質と限界がうかがえる。

以上のように、日本の対中国借款は、個々の案件に対応するなかで、官民問わず多くの主体が関わるものとなっていた。そのなかで、外務省は、各国政府との交渉や調整が重要となる国際借款団についての交渉を主導し、その他の借款交渉にも大きな影響力を有していた。しかし、外交交渉の範囲から逸脱するような案件について、十分に対応することはできず、そこに、寺内内閣期における西原のような「非公式チャンネル」が機能する余地が生まれたのである。第一次世界大戦以前の日本の対中国借款政策は、その時々の日本国内の経済状況や、中国情勢の変化に左右されており、政治借款の一元的管理を志向する外務省の思惑とは裏腹に、それが達成されることはなかったのである。

三　第一次世界大戦後の国際借款団と「日支親善」

最後に、本書での成果を踏まえ、第一次世界大戦後の対中国借款について、展望を示しておきたい。
当該期を取り扱った研究では、新四国借款団や原敬内閣の対中国政策への評価が主な争点となってきた(16)。原内閣期の対中国政策については、対米協調外交やワシントン体制を高く評価する立場から、世界的な「デモクラシー」状況に沿ったものであったとの評価がなされている一方、原内閣期における対中国膨張主義の存在に重きを置く見解もある。また、新四国借款団については、ワシントン体制を支えるものとされるが、早くに機能不全に陥っていた実状も指摘されている(17)。

これらの見解の差は、ワシントン体制そのものに対する評価の違いに起因するものであるが、概ね以下の二つの視点に大別できる。一つは、第二次世界大戦後の価値観に基づいて、民主主義的要素を評価する視点、もう一つは、ワシントン体制を一つのシステムとみなし、それとの整合性から対中国政策を理解する立場である。いずれにせよ、新四国借款団の結成以降を考察・評価の対象としており、その成立以前の状況は十分に踏まえられていない。近代日本の対中国借款そのものに注目する本書の立場からすれば、新四国借款団結成以前との連続性ないし非連続性を明らかにすることが重要になろう。このような視点から、新四国借款団の結成の歴史的意義について、三点ほど述べておきたい。

まず、新四国借款団の結成は、対中国借款の窓口を一元化する試みであったということである。一定の留保は認められていたものの、新四国借款団は、ほぼすべての対中国借款をその対象範囲に含めており、対中国借款の一元的な管理を大きな理念として掲げていた。よって、大規模な対中国借款を行うためには、新四国借款団への参加が必須の条件となる。それまでは横浜正金銀行、台湾銀行や民間資本など複数の主体が関与しており、それぞれが個別に交渉を開始する場合もあった。新四国借款団への参加は、そうした個別交渉の余地を狭めるものであり、借款の実施に際して、外務省の影響力を強化する可能性があった。

次に、資金調達をめぐっての借款団内における日本の位置についてである。多くの先行研究が指摘している通り、新四国借款団は一度も借款を行うことなく、機能停止に追い込まれていく。しかし、結果的に実現しなかったとはいえ、日本政府は六国借款団の時とは異なり、借款の実質的な供与に積極的であった。資金調達を実現し、「実質的な債権者」になろうとするその動きは、「債権者としての地位」を獲得することに主眼が置かれていた第一次世界大戦以前とは、一線を画す大きな変化といえよう。

実質的な供与資金の調達は、寺内正毅内閣期の民間資本による対中国借款の奨励や海外投資銀行団の結成にその具体的な動きが見られる。日本政府は、民間資本が大規模な対中国借款に参加できる条件を整え、その実現を目指した。こうした政策によって、新四国借款団には、正金銀行に加え、複数の民間資本の金融機関が参加する動きを見せたのである。

最後に、日本側の「勢力圏」認識の変容である。各国政府は、旧四国借款団の活動が日露両国政府の外交的批判を惹起することを好まなかった。また、六国借款団も、中国政府の政治改革を経済的に支援する役割を担っていた一方で、日本とロシアの「勢力圏」とされていた満蒙に関わる事項には、踏み込まなかった。満蒙権益は、基本的に国際借款団の範囲外に置かれるということが共通認識となっていたのである。

ところが、原内閣期に開催された臨時外交調査委員会において、伊東巳代治は、「勢力圏」について「勢力範囲カ此ノ新借款団ノ現出ニ因リテ破壊セラルルモ、我帝国ニ対シテ何等患害ヲ蒙ルコトナキノミナラス、却テ我帝国ハ其範囲内ニ手足ヲ伸スコトヲ得テ意外ノ利益ヲ収ムルコトヲ得ヘク」と発言している。(18) 新四国借款団の結成は、イギリスやフランスの「勢力圏」の解体をもたらすため、歓迎すべきであると考えられていたのである。一方、「満蒙関係ハ絶対的条件トシテ」確保することを述べており、原首相も「満蒙ニ付テハ絶対的条件トシテ之ヲ主張スヘシ」と応じている。「勢力圏」の解体をもたらしかねない新四国借款団が関わるのは、あくまで「中国本土」への借款であり、満蒙権益に関する借款は当然、国際借款団に均霑されるものではないと理解していた。そこに見えるのは、「満蒙」を日本の特殊権益として国際借款団の範囲外に置きつつ、「勢力圏」が解体された「中国本土」

においては、国際借款団を通じた利権の獲得を目指すという外交認識である。

ところで、六国借款団は、借款の対象として、袁世凱政権への行政借款やその他すでに参加資本家が清朝と締結していた鉄道借款などを含んでいた。新四国借款団と比べ、参加国は多かったものの、借款対象は限定的で、目的も明確であった。一方、「勢力圏」の撤廃という理念を出発点とする新四国借款団は、それまでの国際借款団のように、具体的な利権や事業への投資、中国政府への財政支援を軸に結集した存在ではなかった。その後、実際の借款供与の機会を幾度かうかがうことになるが、参加国の利害の相違のため、一度も借款を行うことはなかったにもかかわらず、枠組みとしては存続した。こうしてみても、新四国借款団が欧米各国や日本の十分な利害調整を経て結成されたものではなく、アメリカ政府・資本家の思惑に基づく理念的な存在であったことがよく分かる。

さらに、新四国借款団をめぐる国際情勢も不安定であった。満蒙という「勢力圏」に固執する日本（日本にとってそれは「特殊権益」）や中国の両国内では、新四国借款団に対する反発が根強かった。特に中国は、第一次世界大戦に勝利し、戦勝国となっていた。中国政府は敗戦国であるドイツにいち早く義和団事件賠償金の放棄を認めさせ、その後、アメリカ政府も米中の交流事業に同賠償金を運用する方針を打ち出す。六国借款団による第一次政治改革借款の使途の一角を義和団事件賠償金の返済が占めていたことを想起すると、戦勝国となった中国を前に、国際借款団という枠組みに依拠して国際協調を図るという方向性が、どれほど有効であったかは疑わしい。一九二〇年代半ば以降、「中国」そのものが大きく変化した。新四国借款団の理念は、清朝や北洋政府を想定して打ち出されたものであり、国民政府というそれまでとは異質の政権には十分に適応できない性質をそもそも持ち合わせていたのであろう。とはいえ、第一次世界大戦後における東アジアの新たな国際秩序をワシントン体制として理解するアメリカや日本にとって、九カ国条約と新四国借款団が中国情勢を規定する存在と明確に認識されるに至ったこと自体は画期的であった。

さて、国際借款団の枠組みは機能不全に陥っていくことになるが、中国側の「開発」への意欲は減退するどころか、国民国家の建設に向けて高まるばかりであった。こうしたなかで欧米各国や日本は、中国政府の財政支援や中国側の借款供与の要請に対応しなければならなかった。第一次世界大戦以降、盛んに主張されることになった「日支親善」論は、欧米各国に向けて、日中間の「特殊」な関係を認めさせる論理となり得なかった。しかしそれは、少なくとも、中国側の一部の主張や動きに呼応することを可能とする回路となり、何より、日本側にとっては、自己正当化のためには有効な論理となった。

本書でたびたび取り上げた安川敬一郎は、「日支親善」のために、「政治以外経済を中心として相提携」する必要性を述べるが、それに続いて、以下のように主張している[19]。

日本が支那に対して領土的野心を逞しうするなく、資本を給し、技術家を派し、以て其資源を開発し、以て其利益に均霑せしめなば、是れ単に日本一国の利益にあらずして、又彼国の利益なり。

投資・資本輸出によって日中関係の強化を図ることが日中両国の利益になるという、我々にとっては見慣れた主張である。領土的野心云々を別とすれば、この発言は、現在に至るまでの日本の中国論において、断続的に繰り返される言説の起源として見ることが可能である。第一次世界大戦は、日中間の関係強化の「必然性」を社会に広く認識させるなど、近代日本の中国論を大きく変化させるとともに、借款や資本協力（「経済協力」といいかえてもよい）に関する「日支親善」論の本格的展開をもたらしたという意味で、新たな中国論の起点であったといえるだろう。

注

序章

（1）外務省ＨＰ（http://www.mofa.go.jp/mofaj/gaiko/oda/data/chiiki/china.html）。一九七九年に開始された対中円借款は、二〇一三年に終了した。また、インフラ整備に必要な機械類・材料などの日本からの輸入を義務づける、いわゆるひも付き円借款もあり、批判の対象となることもあった。

（2）先行研究においては、資本輸出という用語も頻繁に使われてきた。そこで、資本輸出という言葉の特質を明らかにするために、それが使われてきた文脈を簡単に見てみよう。資本輸出は capital export もしくは export of capital と訳される（経済学辞典編集委員会編『大月経済学辞典』大月書店、一九七九年、四二五頁）。これに相当する用語はすでに、ヒルファディングやレーニンによって使用されていた（ヒルファディング著、林要訳『金融資本論』大月書店、一九五二年、Rudolf Hilferding, *Das Finanzkapital*, Dietz-verlag Berlin, 1955, N. Lenine, *L'Impérialisme dernière étape du Capitalisme*, Librairie de L'humanite, 1925）。資本輸出（capital export）は、資本の蓄積・輸出こそが帝国主義に至る段階であるというマルクス主義経済学（史）の強い影響を受けていると想定することは可能であろう。一方、借款は loan である。loan は無利子、有利子によって、いくらかの資金を貸し手から借り手に貸し付けることであり（Glenn G. Munn, *Encyclopedia of Banking and Finance*, Boston : Bankers Publishing Company, 1983, pp. 572–573）、それに基づいて結ばれた契約のことを loan agreement と呼ぶ。契約の当事者間で使われていた借款ではなく、資本輸出という分析概念の使用は、「資本主義の発達から帝国主義化」という歴史像の構築と密接な関係にあった。

（3）以下この段落の記述は、三谷太一郎『ウォール・ストリートと極東——政治における国際金融資本』（東京大学出版会、二〇〇九年）の第Ⅰ部を参考にした。

（4）大蔵省編『明治大正財政史』第一二巻（経済往来社、一九五六年）七二一頁。

（5）坂野正高『近代中国政治外交史——ヴァスコ・ダ・ガマから五四運動まで』（東京大学出版会、一九七三年）四八一頁。

（6）三谷博は、近代国家の創出とナショナリズムの生成との関係を検討するなかで、日本のナショナリズムには、「忘れ得ぬ他者」として中華帝国が必要であった一方、中国は、その中心性のために、二〇世紀に入るまで、「忘れ得ぬ他者」を必要としなかったと述べた（三谷博『明治維新とナショナリズム——幕末の外交と政治変動』山川出版社、一九九七年、第一部第一章）。このように、日中両国は、その他者認識において非対称的であった。

（7）安場保吉「資源」（西川俊作・尾高煌之助・斎藤修編著『日本経済の二〇〇年』日本評論社、一九九六年）、小堀聡『日本のエネルギー革命――資源小国の近現代』（名古屋大学出版会、二〇一〇年）。

（8）佐藤昌一郎『官営八幡製鉄所の研究』（八朔社、二〇〇三年）一五四頁。

（9）ホブスン著、矢内原忠雄訳『帝国主義論』上・下（岩波書店、一九五一年）、レーニン著、宇高基輔訳『帝国主義――資本主義の最高の段階としての』（岩波書店、一九五六年）。

（10）野呂栄太郎『日本資本主義発達史』（岩波書店、一九五四年）。

（11）一方で、「日本帝国主義」の歴史的特質を解明しようとする研究も引き続き行われた。芝原拓自は、国際情勢の変化を踏まえ、資本輸出＝海外投資を「資本主義・帝国主義的な世界の政治軍事的または金融的な支配と従属の構造の展開の問題」として巨視的に捉えた（芝原拓自『日本近代化の世界史的位置』岩波書店、一九八一年、第二章第一編）。

（12）高村直助『日本資本主義史論――産業資本・帝国主義・独占資本』（ミネルヴァ書房、一九八〇年）、国家資本輸出研究会編『日本の資本輸出――対中国借款の研究』（多賀出版、一九八六年）、大石嘉一郎編『日本帝国主義史』一～三（東京大学出版会、一九八五～九四年）、須永徳武「中国への資本輸出と借款投資会社の活動――中日実業株式会社を中心として」（『経済集志』六〇―二、一九九〇年）、坂本雅子『財閥と帝国主義――三井物産と中国』（ミネルヴァ書房、二〇〇三年）。ただし、国家資本の主導性を相対化する研究が蓄積されるなか、高村直助は、第一次世界大戦勃発直前の満州を含めた対中国事業投資を「国家資金と外資に依存した国策的のものが中心だった」と評価した（高村直助「転換期としての第一次世界大戦と日本」歴史学研究会・日本史研究会編『講座日本歴史』9　近代3、東京大学出版会、一九八五年）。また、財閥による対中国投資についても、経済史・経営史のなかで扱われてきたが、多数にのぼるためここでは言及しない。

（13）波形昭一「日露戦後における日本興業銀行の性格変化」（『獨協大学経済学研究』九、一九七一年）、平智之「第一次世界大戦以前の対中国借款と投資主体」（国家資本輸出研究会編前掲『日本の資本輸出』）、須永徳武「台湾銀行の中国資本輸出活動――自己資金単独借款を中心として」（『土地制度史学』三五―二、一九九三年）、須永徳武「第一次大戦期における台湾銀行の中国資本輸出」（『立教経済学研究』五九―一、二〇〇五年）など。

（14）長岡新吉による書評（『社会経済史学』五二―六、一九八七年、九六頁）。他の書評として、高村直助（『土地制度史学』二九―一、一九八六年）、山本義彦（『史学雑誌』九六―六、一九八七年）、佐藤宏（『中国研究月報』四七九、一九八八年）もある。

（15）波形昭一『日本植民地金融政策史の研究』（早稲田大学出版部、一九八五年）、金子文夫『近代日本における対満州投資の研究』（近藤出版社、一九九一年）など。第一次世界大戦期・大戦後の植民地金融に関する研究を整理したものとして、黒瀬郁二「第一次大戦期・大戦後の植民地金融」（加藤俊彦編『日本金融論の史的研究』東京大学出版会、一九八三年）がある。
（16）波形昭一同右『日本植民地金融政策史の研究』序論。波形の主張の背景には、日本帝国主義の特質として指摘されていた、「産業資本確立＝帝国主義同時的転化論」が、もっぱら朝鮮半島での植民地支配から説明されてきたことへの批判があったと思われる（同書一二～一三頁）。
（17）田村幸策『支那外債史論』（外交時報社、一九三五年）三～六頁。
（18）臼井勝美「日本と辛亥革命――その一側面」（『歴史学研究』二〇七、一九五七年）、同「辛亥革命――日本の対応」（『国際政治』六、一九五八年）、同『日本と中国――大正時代』（原書房、一九七二年）、同「中国革命と対中国政策」（『岩波講座日本歴史』19、岩波書店、一九七六年）、同「辛亥革命と日英関係」（『国際政治』五八、一九七七年）。
（19）ただし、本書第2章で述べるように、辛亥革命期の対中国借款に関しては、日本外交史、日中関係史などの分野で数多くの研究が存在する。
（20）明石岩雄「新四国借款団に関する一考察――ワシントン会議にいたる列強と中国民族運動の対抗」（『日本史研究』二〇三、一九七九年）、三谷太一郎『増補　日本政党政治の形成――原敬の政治指導の展開』（東京大学出版会、一九九五年）、同前掲『ウォールストリートと極東』、服部龍二『東アジア国際環境の変動と日本外交　一九一八～一九三一』（有斐閣、二〇〇一年）など。三谷太一郎は、新四国借款団の前史として、第一次世界大戦期以前の国際借款団を取り上げ、その結成・展開とアメリカ政府・資本家による対中国投資との関わりに言及した（同前掲『ウォール・ストリートと極東』第Ⅱ部4）。
（21）酒井一臣『近代日本外交とアジア太平洋秩序』（昭和堂、二〇〇九年）、中谷直司『強いアメリカと弱いアメリカの狭間で――第一次世界大戦後の東アジア秩序をめぐる日米英関係』（千倉書房、二〇一六年）など。
（22）近年では、個別借款の契約内容・契約締結に至る経緯を、詳細に検討した研究が登場してきている（加藤隆幹『日本対中国借款――明治期日本対清国借款の実証的考察』創英社／三省堂書店、二〇一一年）。
（23）井上勇一『東アジア鉄道国際関係史――日英同盟の成立および変質過程の研究』（慶應通信、一九八九年）、寺本康俊『日露戦争以後の日本外交――パワー・ポリティクスの中の満韓問題』（信山社、一九九九年）、小風秀雅「アジアの帝国国家」（同編『アジアの帝国国家』〈日本の時代史23〉吉川弘文館、二〇〇四年）、千葉功『旧外交の形成――日本外交　一九〇〇～一九一九』（勁草書房、二〇〇八年）。
（24）前者に関する研究として、臼井勝美前掲『日本と中国』が、後者に関する研究として、北岡伸一『日本陸軍と大陸政策――一九〇六～一九一八年』（東京大学出版会、一九七八年）がある。ただし、こうした違いは、臼井（外務省）と北岡（陸軍や参謀本部）の分析対象の違いに起因していよう。

(25)「北京議定書体制」については、櫻井良樹『辛亥革命と日本政治の変動』(岩波書店、二〇〇九年)の第三章・第四章を参照。
(26) 櫻井良樹同右書四六頁。こうした見方は、辛亥革命当時、駐清公使であった伊集院彦吉の思想・行動の分析に依拠している側面が大きい。
(27) オッテは、欧米列強の積極的な進出を受けて、イギリスは「勢力圏」の設定に同意するほかなくなったと指摘している(T. G. Otte, "The Boxer Uprising and British Foreign Polic : The End of Isolation," in Robert Bickers and R. G. Tiedemann (eds.), *The Boxers, China, and the World*, Maryland : Rowman & Littlefield Publishers, 2007)。
(28) 一九二二年二月に締結された九カ国条約の第一条において、「支那ノ主権、独立並其ノ領土的及ビ行政的保全」の尊重などとともに、機会均等主義が盛り込まれている(外務省編『日本外交文書並主要文書』下、外務省、一九六六年、一七頁)。
(29) 入江昭『極東新秩序の模索』〈近代日本外交史叢書 第八巻〉(原書房、一九六八年)、Peter Lowe, *Great Britain and Japan 1911-1915 : A British Far Eastern Policy* (London : Macmillan, 1969)。これらは中国における「勢力圏」と日本外交との関連性を検討した古典的研究である。
(30) 英独の揚子江協定については、坂野正高前掲『近代中国政治外交史』四八四～四八六頁を参照されたい。
(31) 梅謙次郎他『法典質疑問答 第八編刑法・国際公法・国際私法』〈日本立法資料全集 別巻四四〉二二一頁の法学士遠藤源六の説明(信山社出版、一九九四年。初版は、一九〇七年、有斐閣)。
(32) 根岸佶「支那に於ける国際財団」(望月支那研究基金編『支那研究』岩波書店、一九三〇年)、田村幸策『支那外債史論』(外交時報社、一九三五年)。
(33) 副島圓照「善後借款の成立」(小野川秀美・島田虔次編『辛亥革命の研究』筑摩書房、一九七八年)は、中国近代史の視点から、国際借款団による中国政府の「財政管理」としての側面を強調した研究である。一方で、ファイスは、欧米列強の視点から、日本や欧米の利害調整機関であったことを認めつつ、団体内に資本保有の面で格差があったとしても、六国借款団の国際協調的性格に注目すべきとしている(ハーバート・ファイス著、柴田匡平訳『帝国主義外交と国際金融 一八七〇～一九一四』筑摩書房、一九九二年、三六四～三六五頁。初版は、Herbert Feis, *Europe, the World's Banker, 1870-1914 : An Account of European Foreign Investment and the Connection of World Finance with Diplomacy before the War*, New Haven : Yale University Press, 1930 として刊行された)。
(34) 六国借款団の性格について、櫻井良樹は、「成立した時こそは列強諸国が共同して投資を拡大していこうという積極的な面を有していたように思われる。しかし実際には善後借款を除いて、ある特定の国の利権獲得を阻止する牽制的役割の方が大きかったように思われる」と述べている(櫻井良樹前掲『辛亥革命と日本政治の変動』一三八頁)。
(35) 伊藤正直『日本の対外金融と金融政策――一九一四～一九三六』(名古屋大学出版会、一九八九年)は、日本政府の正貨政策、

金融政策における政府金融機関・特殊金融機関・民間市中金融機関の三者の動向を明らかにした点で、重要な研究成果である。

(36) 寺内内閣期の対中国借款の政策形成に関する先行研究については、本書第5章で詳述する。

(37) 大畑篤四郎「外交一元化と外務省」（『国際法外交雑誌』七一―五・六、一九七三年）や明石岩雄『日中戦争についての歴史的考察』（思文閣出版、二〇〇七年）など。また、中国やアメリカの政治状況の変化を踏まえつつ、日本政府内部の政策主体の変化を明らかにした優れた研究もある（平野健一郎「西原借款から新四国借款団へ」細谷千博・斎藤真編『ワシントン体制と日米関係』東京大学出版会、一九七八年）。

(38) 佐藤昌一郎前掲『官営八幡製鉄所の研究』二三〇頁。

(39) 村上勝彦「長江流域における日本利権――南潯鉄路借款をめぐる政治経済史」（安藤彦太郎編『近代日本と中国――日中関係史論集』汲古書院、一九八九年）。

(40) ここで詳しく紹介する余裕はないが、民間資本も頻繁に関与していた。民間資本独自の動きが政府を動かす一方、政府が民間資本を利用して借款を進めていた場合もあった。詳細については、注12で挙げた各研究を参照されたい。

(41) 岡義武は、「革命後に中国に現出した政治的不安定は、中国分割の可能性を増大させ、そのことは一つにはわが民族独立に対する不安感を今また新たに高まらせたと同時に、他方では膨張への意欲を昂進させることになった」と概括している（岡義武「国民的独立と国家理性」『近代日本思想史講座Ⅷ　世界の中の日本』筑摩書房、一九六一年）。

(42) 坂野潤治は、辛亥革命期には陸軍や民間の大陸浪人のアジア主義的主張が対中国政策の思想的背景の主流になると述べ、第一次世界大戦後に実行されていく積極的な対中国政策の思想的起源を明らかにした（坂野潤治『明治・思想の実像』創文社、一九七七年、第三章）。近代日本の対中国論が非常に多様な様相を見せていることはいうまでもない。それは個人・組織によって振れ幅を持っているのみならず、日清戦争、日露戦争、辛亥革命、第一次世界大戦を経ることで大きく変化する。本書で特に問題とするのは、韓国併合（一九一〇年）以後の対中国論である。日清戦争後の対中国論の多くは主張のなかに何らかの形で対朝鮮・韓国論が組み込まれていた。しかし、韓国が併合されると、当然ではあるが、朝鮮問題を外交問題として見る議論はほとんど登場しなくなる。朝鮮問題は「内政問題」として、中国問題は引き続き「外交問題」として扱われるようになるからである。

(43) 入江昭前掲『極東新秩序の模索』。

(44) 服部龍二は、日本のみならず、アメリカ・イギリス・ロシア・中国・台湾に所蔵されている外交文書を中心とした一次史料を博捜し、日本外交の動向を多角的に捉えた（服部龍二前掲『東アジア国際環境の変動と日本外交』）。

(45) よって本書は、近年研究が進展している外務省内の政策形成過程、すなわち、「省内」での意志決定ではなく、「省間」での折衝に基づく政策の決定過程に焦点を当てる。史料学的アプローチから外務省内での政策形成の過程を詳細に明らかにした研究として、熊本史雄『大戦間期の対中国文化外交――外務省記録にみる政策決定過程』(吉川弘文館、二〇一三年)がある。

(46) 一九八〇年代までの中国近現代史研究には、革命史観の影響が色濃く残っていた。そこでは、封建的専制主義を敷いていた清朝の治政が打倒されることが必然であるとの前提に立ち、革命運動の封建(反動)勢力に対する闘争といった側面が強調された。よって、清朝を継承し、革命派を弾圧した袁世凱政権(北京政府)や買辦資本家に対して否定的な評価が下されることになる。総じて、孫文もしくは彼の属した革命派の「正統性」を前提に、中国近現代史を捉えようとする歴史観ということができよう。

(47) 拙稿「辛亥革命一〇〇年と日本近代史研究の現状と課題――政治史・外交史を中心に」(『歴史科学』二一二、二〇一三年)。

第1章

(1) 室山義正『近代日本の軍事と財政――海軍拡張をめぐる政策形成過程』(東京大学出版会、一九八四年)。

(2) 神山恒雄『明治経済政策史の研究』(塙書房、一九九五年)第五章第二節。

(3) 井上勇一『東アジア鉄道国際関係史――日英同盟の成立および変質過程の研究』(慶應通信、一九八九年)。

(4) 北岡伸一『日本陸軍と大陸政策――一九〇六〜一九一八年』(東京大学出版会、一九七八年)、小林道彦『日本の大陸政策 一八九五〜一九一四――桂太郎と後藤新平』(南窓社、一九九六年)。

(5) 高村直助『日本資本主義史論――産業資本・帝国主義・独占資本』(ミネルヴァ書房、一九八〇年)。

(6) 近年では、佐野実が、清末の滬杭甬鉄道に関する英清関係、同鉄道と利権回収運動との関係を地方有力者層の動向を踏まえ、詳細に明らかにした(佐野実「光緒新政期鉄道政策における借款の再評価とその経緯――「滬杭甬鉄道の建設方針を巡る官民の対立」『史潮』六四、二〇〇八年、同「滬杭甬鉄道借款契約の実効性を巡るイギリスと地方の関係――地方有力者層の対立・協力が中英間外交に影響を及ぼした一事例について」『史学』七八―四、二〇〇九年、同「利権回収運動と辛亥革命」辛亥革命百周年記念論集編集委員会編『総合研究 辛亥革命』岩波書店、二〇一二年)。

(7) 第一次大隈内閣の成立と崩壊に関しては、伊藤之雄『立憲国家の確立と伊藤博文――内政と外交 一八八九〜一八九八』(吉川弘文館、一九九九年)、五百旗頭薫『大隈重信と政党政治――複数政党制の起源 明治十四〜大正三』(東京大学出版会、二〇〇三年)、清水唯一朗『政党と官僚の近代――日本における立憲統治構造の相克』(藤原書店、二〇〇七年)。

(8) 外務省編『小村外交史』上(新聞月鑑社、一九五三年)一〇三頁。

(9) 特に、軍事顧問や軍事に関する留学生の交換が活発に行われたことについては、李廷江「日本軍事顧問と張之洞――一八九八〜一九〇七」(『アジア研究所紀要』二九、二〇〇二年)が詳しい。日清戦後、清国で張之洞の地位が上昇し、日本の外務省、陸海軍、民間資本の間で張への接近が図られたことは事実であろうが、それが同論文がいうように「三位一体」というほど体系的に行われていたのかには留保が必要であろう。

(10) 漢口における日本居留地の展開については、水野幸吉『漢口――中央支那事情』（冨山房、一九〇七年）、孫安石「漢口の都市発展と日本租界」神奈川大学人文学研究所編『中国における日本租界――重慶・漢口・杭州・上海』（御茶の水書房、二〇〇六年）などを参考にした。水野幸吉によれば、一九〇一年と〇六年の在留日本人を比較すると、七四人から一〇六二人と一〇倍以上となっている（水野幸吉同書一〇頁）。

(11)「外務省所管ノ明治三十一年度増額ノ費目並其ノ理由書」（国立公文書館所蔵「松方家文書」二八号―一一）。この史料は、明治三〇年六月三〇日付の松方正義首相宛大隈重信外相の請議案である。

(12) 例えば、第一〇議会の衆議院予算委員会において、大隈外相は、「此戦争〔日清戦争〕後、日本ノ国力ト云フモノガ日々ニ増シテ参リマシタ、外交ハ頻繁トナリ、貿易ハ余程年々著シキ進歩ヲナシテ居ルト同時ニ、日本ノ国民ハ非常ナ速力ヲ以テ増加」しているため、海外での領事館や公使館の増設に取り組んでいると説明した（『帝国議会衆議院委員会議録』明治編7、東京大学出版会、一九八六年、三一頁）。

(13) 迎由理男「漢冶萍公司と日本市場」（『商経論集』四六―三・四、二〇一一年）、長島修『官営八幡製鐵所論――国家資本の経営史』（日本経済評論社、二〇一二年）第五章第二節。同書のなかで、長島修は、日清戦前の日本国内において、石炭や鉄鉱石の売買の可能性がすでに認識されていたことを指摘している。

(14) 一八六八～一九三四年。米沢藩儒者の長男として生まれる。東京外国語学校卒業後、一八八六年外務省留学生として天津に留学。一九〇二年上海総領事となるが、一九〇五年外務省を辞職し、横浜正金銀行に入行。翌年、同行取締役に就任。上海総領事時代には、大冶鉄山から製鉄所への鉄鉱石の輸入契約の締結に尽力している。小田切万寿之助に関する研究は于乃明による一連の研究（「小田切万寿之助の伝記的研究――幼年時代から外交官になるまで」『東洋學報』八〇―一、一九九八年、「小田切万寿之助研究――明治大正期中日関係史の一側面」筑波大学博士論文、一九九八年、「新四国借款団と中国――小田切万寿之助を中心に（一九一八～一九二一）」『筑波大学地域研究』二二、二〇〇四年）がある。

(15) 聘請日本鉱師大日方一輔合同（一八九八年七月一八日）（陳旭麓・顧廷龍・汪熙主編『漢冶萍公司』二〈盛宣懐檔案資料選輯之四〉、上海人民出版社、一九八六年、三九～四一頁。以下『漢冶萍公司』二とする）、一八九八年七月二八日付盛宣懐致盛春頤・宗得福函（『漢冶萍公司』二、四四頁）など。

(16) 盛宣懐は、従来日本の中国近代史研究のなかでも、辛亥革命のきっかけとなった保路運動を引き起こした当事者であったため、積極的に評価されてこなかった（中村義『辛亥革命史研究』未来社、一九七九年）。しかし、近年では、新たな視角からの研究が登場し（加藤幸三郎「近代中国における漢冶萍公司と盛宣懐」一『社会科学年報』四六、二〇一二年、同「近代中国における漢冶萍公司と盛宣懐」二『専修大学社会科学研究所月報』五八六、二〇一二年）、彼の日記も日本語訳された（久保田文次監訳『中国近代化の開拓者・盛宣懐と日本』中央公論事業出版、二〇〇九年）。一方、中国では古くから研究の対象となってきたが、近年特に研究の盛り上がりを見せている。それは「中国近代史上第一代実業家」との評価にあるように、「近代化」史観の登場とともに、近代産業の振興に尽力したことを大きな背景としている。盛宣懐が関与した招商局、漢冶萍公司に関する研究のなかでも、多くの部分が彼の事績に割かれているが、ここではいちいち挙げることはしない。夏東元編著『盛宣懐年譜長編』上・下（上海交通大学出版社、二〇〇四年）が盛宣懐に関する網羅的で代表的な研究である。また、アメリカでは、盛宣懐を中心とする漢冶萍公司の官督商弁体制に関する研究がある（Albert Feuerwerker, *China's Early Industrialization, Sheng Hsuan-huai (1844-1916) and Mandarin Enterprise*, Cambridge, MA : Harvard University Press, 1968）。三井物産に勤務し、後に漢冶萍公司の日本側商務代表となった高木陸郎は盛宣懐について、次のように述べている。「事実算数に非常に明るかった、李鴻章の幕下でしてね、詰り李鴻章の幕下の左右の二人の名物男の一人で、もう一人は袁世凱で、是は軍事上の方、盛宣懐は李鴻章の実業方面を受持って実際の仕事をやって居ったのです」（三井文庫所蔵「昭和七年七月十五日於中日実業株式會社　高木陸郎氏談話速記録」W4-716）。

（17）光緒二五年正月初四日（一八九九年二月一三日）付漢陽盛春頤致盛宣懐函（『漢冶萍公司』二、七九～八〇頁）。

（18）創立期の八幡製鉄所を扱った研究として、三枝博音・飯田賢一編『近代日本製鉄技術発達史――八幡製鉄所の確立過程』（東洋経済新報社、一九五七年）、安藤実『日本の対華財政投資――漢冶萍公司借款』（アジア経済研究所、一九六七年）、藤村道生「官営製鉄所の設立と原料問題――日本の帝国主義史の一視点」（『日本歴史』二九二、一九七二年）、佐藤昌一郎『官営八幡製鉄所の研究』（八朔社、二〇〇三年）、迎由理男「漢冶萍公司と日本市場」（『官営八幡製鐵所創立期の再検討』平成一六～一九年度科学研究補助金基盤研究（B）研究成果報告、二〇〇八年）、長島修前掲『官営八幡製鐵所論』などがある。迎由理男は、漢冶萍公司がコークス不足の危機に直面していたため、日本に対するコークス要求に至ったとする（迎由理男同論文）。

（19）三枝博音・飯田賢一編前掲『近代日本製鉄技術発達史』二一四頁。同書の二一四～二二〇頁には全文が掲載されている。この意見書の評価については、長島修前掲『官営八幡製鐵所論』も参照されたい。

（20）西澤公雄は理科大学選科を卒業し、「国粋主義者」として名を馳せていた杉浦重剛が序文を書いた『理論実験近世化学』なる書物の翻訳を担当している（『東京朝日新聞』一八九二年九月六日付）。大学では、鉱山技術を専門としていたのではなく、化学を勉強していたようである。西澤本人の話すところによると、その後創立を間近に控えた京都帝国大学の助教授への就任という話もあったが、杉浦の勧めで中国に渡ったという（三井文庫所蔵「昭和四年六月二十一日於西沢氏邸　西澤公雄氏談話速記原稿（漢冶萍に対する井上侯の尽力）」W4-700）。渡清の直前には、杉浦が校長を務める日本中学の教授を務めていた（『東京朝日新聞』一八九七年一〇月五日付）。このような杉浦との関係は非常に興味深いところであるが、これ以上はよく分からない。

(21) 西澤公雄「大冶鉄山の沿革及現況」（『鐵と鋼』一年五号、一九一五年七月）。
(22) 服部漸「支那製鉄業に就て」（『鐵と鋼』一〇年六号、一九二四年六月）。
(23) 鉄鉱石と石炭とのバーター契約に関する交渉が開始される以前、すでに漢陽鉄政局は銑鉄の輸出市場としての日本の将来性を調査していた（一八九八年八月一日付呉鴻英致盛宣懐函『漢冶萍公司』二、四六頁）。
(24)『製鉄所対漢冶萍公司関係提要』には、一九一七年という発行年月日の記載はあるが、発行主体が記載されていない。ただ、すでに先行研究において、農商務省製鉄所東京出張所の発行であると判断されている。この判断は間違っていない。小田切万寿之助は、この著作は当時製鉄所に技師として勤めていた井原真澄という人物が執筆したと昭和期に回顧している（三井文庫所蔵「昭和五年二月三日於小田切邸　小田切万寿之助氏談話速記原稿」W4-700）。ただし、この井原について、管見の限りでは、チチハル領事、南京領事を歴任していたことが分かっている。
(25)『製鉄所対漢冶萍公司関係提要』（農商務省製鉄所東京出張所、一九一七年）五〜六頁。
(26) こうした日中間の接触のなかで、鉄鉱石とコークスの売買が「日清戦争の仲直り」と捉えられていたことも興味深い（三井文庫所蔵「昭和七年九月二十日於西澤公雄氏談話速記録」W4-717）。
(27) 近年の伊藤博文研究において、伊藤の訪中がこの売買契約の締結を大きく前進させたとの見解がある（瀧井一博『伊藤博文――知の政治家』中央公論新社、二〇一〇年）。また後年、盛宣懐自身も、井上馨に宛てた書簡のなかで、「元来公司ガ若松製鉄所ト鉄ノ売買借款契約ヲ締結セルハ実ニ伊藤公爵ト小生トノ発起ニ基ツクモノ」と述べている（一九一五年五月一三日付井上馨宛盛宣懐書簡訳文、国立国会図書館憲政資料室所蔵「井上馨関係文書」六七〇―一）。一方、伊藤の訪中前には、すでに「［漢陽鉄政局が］漸々日本炭を使用する計画なりと聞けり」（『東京朝日新聞』一八九八年六月一五日付）との噂があり、また、伊藤―張之洞会談では、売買に関する実質的な話し合いがほとんど行われなかったとの報道もあった（『東京朝日新聞』一八九八年一一月一日付）。
(28) 同年三月には、萍郷炭鉱にドイツ人技師を雇い入れることが決定していた（夏東元編著前掲『盛宣懐年譜長編』六三四〜六三五頁）。
(29) 光緒二五年六月一一日付致上海盛京堂、光緒二五年六月一六日付盛京堂来電（苑書義・孫華峰・李秉新主編『張之洞全集』第一〇冊電牘、河北人民出版社、一九九八年、七八〇七〜七八〇八頁）。
(30) 全漢昇『漢冶萍公司史略』（香港中文大學、一九七二年）、湖北省冶金志編纂委員会編『漢冶萍公司誌』（華中理工大学出版社、一九九〇年）、李玉勤『晩清漢冶萍公司体制変遷研究』（中国社会科学出版社、二〇〇九年）、代魯『漢冶萍公司研究』（武漢大学出版社、二〇一三年）など。

(31) 北清事変の結果、清朝政府に対して年二〇〇〇万両という巨額の賠償金が請求されることになった。なかでも、湖北省は年間一二〇万両の支出を求められたため、戸部に対し、都市型直接税と間接消費税を中心に増税する方針を提案した（黒田明伸『中華帝国の構造と世界経済』名古屋大学出版会、一九九四年、一九八～一九九頁）。
(32) 湖北省冶金志編纂委員会編前掲『漢冶萍公司誌』において、この間の経緯が簡潔に整理されている。
(33) 盛宣懐は、漢陽鉄政局の督弁とともに、招商局の督弁を兼務していた。招商局は、開平鉱務局、天津電報局、上海機器局などに直接投資を行うなど、経営の多角化を進めるとともに、中国通商銀行や南洋公学に対しては、積極的な間接投資を行った（張後銓主編『招商局史』（近代部分）、中国社会科学出版社、二〇〇七年、七四～八二頁、一五八～一六五頁、二三二～二三六頁）。また、古陵記や上海広仁堂も盛宣懐と関係が深い企業・団体であった。
(34) 李玉勤前掲『晩清漢冶萍公司体制変遷研究』。
(35) この借款交渉の経緯の一部は、すでに簡単に言及されている（前掲『製鉄所対漢冶萍公司関係提要』七五～八四頁）。
(36) 「鉄政局督弁盛宣懐ヨリ銀弐百万両ヲ日本ヨリ借入方相談ノ件并ニ意見具申」（外務省外交史料館所蔵「外務省記録」1.7.1.3「漢陽鉄政局及萍郷炭鉱局借款雑件」）。以下の外務省記録はアジア歴史資料センター（http://www.jacar.go.jp/）で閲覧した。
(37) 「清国漢陽鉄政局資金貸渡ノ件請議案」（国立国会図書館憲政資料室所蔵「阪谷芳郎関係文書」五〇四）。欄外に「三月十一日施行」とあり。以下「阪谷文書」とする。
(38) 「外務大臣及農商務大臣ヨリ和田製鉄所長官小田切領事へ訓令案」（「阪谷文書」五〇四）。
(39) 同右。
(40) 高橋是清著、上塚司編『高橋是清自伝』下（中央公論社、一九七六年）一三〇～一三一頁。
(41) 外務省亜細亜局「支那ニ於ケル日本ノ特殊地位」（「外務省記録」調-0009）。
(42) 同右。また「日清交際史提要」（「外務省記録」1.1.2.54）中には「福建省内及ビ沿海ノ一帯ハ何レモ中国ノ要地ニ属ス何レノ国ヲ論スルナク中国ハ断シテ譲与或ヒハ租給セザルナリ」と王文韶より返答があったとされている。
(43) 一八九八年五月一四日付西徳二郎外相宛矢野文雄駐清公使公信（『日本外交文書』第三一巻第一冊、外務省、一九五四年、五〇六頁）。以下『外文』とする。
(44) 一八九八年四月二九日付西外相宛矢野駐清公使公信（大分県立先哲史料館編『矢野龍渓資料集』第八巻、大分県教育委員会、一九九八年、一六五頁）。
(45) 明治（三一）年五月二〇日付伊藤宛矢野書簡（伊藤博文関係文書研究会編『伊藤博文関係文書』八、塙書房、一九八〇年、四五頁）。

（46）（明治三二）年一〇月二六日付大隈宛矢野書簡（早稲田大学大学史資料センター編『大隈重信関係文書』一〇、みすず書房、二〇一四年、二九〇頁）。
（47）一八九八年五月一四日付西外相宛矢野駐清公使公信（前掲『矢野龍渓資料集』一七一頁）。
（48）同右。
（49）同右一七二～一七三頁。
（50）一九〇〇年二月一日付山県有朋総理大臣宛青木周蔵外相公信（『外文』三三、二六一～二六二頁）。この閣議決定に則った約束を日清間で取り交わすという「日清鉄道約定案」が附属書として収録されている（同書二六三～二六四頁）。
（51）小林道彦は、この閣議決定に基づく鉄道敷設要求について、当時の日本政府に財政的余裕がなかったことを理由に、列強を牽制するための「政略的」な要求と評価している（小林道彦前掲『日本の大陸政策』三五頁）。この時点で、これらの鉄道敷設権を獲得し、現実的に敷設することができたかはともかく、後述するように、この閣議決定が以後の華中・華南政策の「歴史的な根拠」となっていくことは見逃すことができない。
（52）一九〇〇年五月六日付青木外相宛西駐清公使公信（「外務省記録」1.7.3.17「南支鉄道関係雑纂」第一巻）。
（53）同右。
（54）東南互保の最中、盛宣懐は上海電報局総裁の任にあり、東南各地の総督の連絡にあたっていた。
（55）厦門事件に関しては、佐藤三郎「明治三三年の厦門事件に関する考察——近代日中交渉史上の一齣として」（『山形大学紀要・人文科学』五—二、一九六三年）、中塚明「義和団鎮圧戦争と日本帝国主義」（『日本史研究』七五、一九六四年）、山本四郎「厦門事件について」（『国史論集——赤松俊秀教授退官記念』赤松俊秀教授退官記念事業会、一九七二年）、高橋茂夫「明治三三年厦門事件の一考察——山本海軍大臣の態度を中心として」（『軍事史学』八—四、一九七三年）、河村一夫「厦門事件の真相について」（『日本歴史』三〇九、一九七四年）、向山寛夫「厦門事件と恵州事件」（『中央経済』二三—三～四、一九七四年）、高橋茂夫「厦門事件をめぐる問題」（『日本歴史』三二一、一九七五年）、信夫清三郎「厦門事件と恵州起義」（『政治経済史学』一六七、一九八〇年）、斎藤聖二「厦門事件再考」（『日本史研究』三〇五、一九八八年）、菅野正『清末日中関係史の研究』（汲古書院、二〇〇二年）第一部第二章など、日本史、日中関係史の双方の分野で数多くの研究がある。
（56）斎藤聖二同右「厦門事件再考」。
（57）同右。
（58）室田義文「清国出張復命書」（後藤新平記念館所蔵「後藤新平関係文書」七—四二）。
（59）一九〇三年三月三一日付小田切上海総領事宛小村寿太郎外相公信（『外文』三六—二、一七二頁）。

(60) 一九〇三年四月二〇日付小村外相宛内田康哉駐清公使公信（同右書一七四頁）。
(61)「対露交渉決裂ノ際日本ノ採ルヘキ対清韓方針」（『外文』三六―一、四二頁）。
(62) 第一次大隈内閣で外務省勅任参事官を務めた志賀重昂は、明治三二年末から三三年にかけて南清で視察を行い、「帝国利益線の擁護」などを唱える「積極主義」へ転換したという（中野目徹『明治の青年とナショナリズム――政教社・日本新聞社の群像』吉川弘文館、二〇一四年、第一部第一章三）。
(63) 一九〇三年五月二〇日の衆議院予算委員会第五分科会における中村雄次郎長官の答弁（『帝国議会衆議院委員会議録』明治編24、東京大学出版会、一九八七年、一八九頁）。
(64) 同右書二二〇頁。
(65) 日本興業銀行法の改正を検討した先行研究として、日本興業銀行臨時史料室編『日本興業銀行五十年史』（日本興業銀行臨時史料室、一九五七年）、掛谷宰平「日本帝国主義形成過程における日本興業銀行成立の意義」（『日本史研究』七五、一九六四年。後に同『日本帝国主義と社会運動――日本ファシズム形成の前提』文理閣、二〇〇五年に収録）、波形昭一「日露戦後における日本興業銀行の性格変化」（『獨協大学経済学研究』九、一九七一年）、浅井良夫「成立期の日本興業銀行――銀行制度の移入とその機能転化に関する一考察」（『土地制度史学』一七―四、一九七五年）などがある。
(66) 一九〇三年五月一九日の日本興業銀行法中改正法律案委員会における松尾臣善委員の発言（『帝国議会衆議院委員会議録』明治編25、東京大学出版会、一九八七年、五頁）。
(67)「第一回日英同盟協約」（外務省編『日本外交年表竝主要文書』上、外務省、一九六五年、二〇三～二〇四頁）。
(68)「日英同盟締結に関する小村外相意見書」（同右書二〇二頁）。
(69) 日英同盟の締結に関する日本の歴史研究は多数に上るため、いちいち列挙しない。ただ、日英同盟の締結を日英両国の視点から検討した優れた研究として、Ian H. Nish, *Anglo-Japanese Alliance : The Diplomacy of Two Island Empires 1894-1907* (London : Athlone Press, 1966) がある。
(70)「明治三十六年度歳入歳出概算閣議案」（「松方家文書」二八号―一三ノ乙）。
(71) 第一八帝国議会の日本興業銀行法案が付託された衆議院〔特別〕委員会での松尾委員の発言（前掲『帝国議会衆議院委員会議録』明治編25、七頁）。
(72) 日本興業銀行法案の改正と大冶鉄山からの製鉄原料の確保が関係していたことは、すでにいくつかの研究で言及されているが（日本興業銀行臨時史料室編前掲『日本興業銀行五十年史』、波形昭一前掲「日露戦後における日本興業銀行の性格変化」）、本法改正の主要な目的の一つであった漢陽鉄政局への借款については簡単に言及されるのみであり、政府内部や銀行間のやり取りが検討されているわけではない。

(73)〔明治三五年〕四月一四日付松方宛松尾書簡（「松方家文書」六二号—五ノ二）。

(74) 一九〇三年五月一九日の日本興業銀行法中改正法律案委員会における松尾委員の発言（前掲『帝国議会衆議院委員会議録』明治編25、六頁）。

(75) 外務省編前掲『小村外交史』上、二〇六〜二一五頁。同書は、本意見書を日英同盟の締結交渉中に執筆されたものとしている。すでに小林道彦は、この史料にうかがえる小村の方針を「帝国主義的貿易立国論」と呼び、南進への強い関心に注目している（小林道彦「日露戦争から大正政変へ——一九〇一〜一九一三」『近代日本研究』二九、二〇一二年）。

(76) 高橋是清著、上塚司編前掲『高橋是清自伝』下、一六二頁。高橋自身の語るところによれば、小村と会談したのは、明治三五年一一月一七日である。また、この会談のなかで、高橋は小村の意見に対し、「少しく反対の意見を持っていた」と振り返っている。

(77) 光緒二九年八月初六日付盛宣懐致張之洞（『漢冶萍公司』二、三五八〜三六〇頁）。

(78) 同右。

(79)「資金調達順序」（「阪谷文書」五〇四）。

(80)「大冶鉄山ノ件　明治三六年一〇月一四日　相馬氏ニ対スル談話」（同右五〇四）。

(81)〔明治三六年一〇月カ〕一八日付阪谷宛添田寿一書簡（同右二七二—三）。

(82) 一九〇三年一〇月一九日付小村外相宛阪谷大蔵総務長官公信（同右五〇四）。欄外に「十月十九日午前発送済」とあり。

(83) 三井文庫所蔵「昭和七年九月二十日於西沢邸　西澤公雄氏談話速記録」W4-717や前掲三井文庫所蔵W4-700など。

(84)『漢冶萍公司関係本邦借款契約彙纂』（製鉄所総務部、出版年不明）二二頁。

(85) 一九〇四年一月八日付農商務次官和田彦次郎宛大蔵次官阪谷公信（新日鐵住金㈱八幡製鐵所所蔵「製鐵所文書」I-700「自明治二十九年至大正四年本省内閣令達通牒」）。

(86)〔三十八年七月二十日付文書〕（「阪谷文書」五〇四）。

(87) 副島圓照「善後借款の成立」（小野川秀実・島田虔次編『辛亥革命の研究』筑摩書房、一九七八年）。

(88) 宓汝成『帝国主義与中国鉄路 1847–1949』（経済管理出版社、二〇〇七年。初版は一九八〇年）一五七頁。

(89) 一九〇一年一月二八日付加藤高明外相宛本野一郎駐ベルギー公使公信（「外務省記録」F. 1. 9. 2-3「粤漢、川漢両鉄道関係一件」第一巻）。「正金銀行取締役小田切万寿之助北京駐在一件」を除き、以下の外務省記録はアジア歴史資料センター（http://www.jacar.go.jp/）で閲覧した。

(90) 一九〇二年八月二一日付小村外相宛小田切上海総領事公信（同右 F. 1. 9. 2-3 第一巻）。

(91) 宓汝成前掲『帝国主義与中国鉄路』第四章第四節を参照。
(92) 「香港政府粤漢鐵路借款合同」（鐵道部編『中國鐵路借款合同彙編』沈雲龍主編〈近代中國史料叢刊三編第二十九輯〉文海出版社、一九七五年、一～六頁）。粤漢鉄道をめぐる中英の接触や交渉過程については、田村幸策『支那外債史論』（外交時報社、一九三五年）第七章第一節、Frank H. H. King with David J. S. King and Catherine E. King, *The Hongkong Bank in the Period of Imperialism and War, 1895–1918 : Wayfoong, the Focus of Wealth* (Cambridge : Cambridge University Press, 1988), pp. 384–388、萩原充『中国の経済建設と日中関係——対日抗戦への序曲 一九二七～一九三七年』（ミネルヴァ書房、二〇〇〇年）第II部第5章も参照。
(93) 篠永宣孝「一九一四年前の対中国国際借款団の成立」上（『経済論集』九二、二〇〇九年）。
(94) 一九〇六年一月一八日付加藤外相宛本野駐仏公使公信（「外務省記録」1.7.3-51「仏英資本家ノ起業ニ係ル清国鉄道敷設ニ関シ帝国資本家加入希望申込一件」）。
(95) 一九〇六年一一月二二日付林董外相宛林権助駐清公使電報（同右）。
(96) E. W. Edwards, *British Diplomacy and Finance in China : 1895–1914* (Oxford : Clarendon Press, 1987), p. 107.
(97) 「東亜鉄道研究会創立ニ付具申　一九〇五年一〇月三〇日付」（「外務省記録」1.7.3-47「東亜鉄道研究会設立一件」）。
(98) 「本会記事」（『帝国鉄道協会会報』六―六、明治三八年一二月）。理事長には古市公威、理事には原口要、渡辺嘉一、図師民嘉、野村龍太郎、平井晴二郎が就任した。その後の『帝国鉄道協会会報』には定期的に「清国鉄道雑録」が掲載されるようになる。
(99) 故古市男爵記念事業会編『古市公威参考資料』巻之三（故古市男爵記念事業会、一九三七年）。
(100) 一九〇六年六月二七日付林董外相宛水野幸吉漢口総領事公信（前掲 F. 1. 9. 2-3 第一巻）。
(101) 一九〇七年一月二六日付林董外相宛林権助駐清公使公信（前掲 1. 7. 3-51）。
(102) 一九〇七年二月二三日付林董外相宛林権助駐清公使電報（「外務省記録」1. 7. 1. 8「正金銀行取締役小田切万寿之助北京駐在一件」）。
(103) 「原口要　明治四二年五月二九日付鉄道引請団体ニ関スル意見書」（前掲 F. 1. 9. 2-3 第三巻）。また、結成にあたり、林董外相や阪谷蔵相の勧誘があったとされている（故古市男爵記念事業会編『古市公威』故古市男爵記念事業会、一九三七年、一六〇頁）。
(104) 一九一〇年四月二二日付横浜正金銀行頭取代理山川勇木宛外務次官珍田捨己達（武田晴人監修「横濱正金銀行　マイクロフィルム版」H指令・諸官衙、丸善、二〇〇三年）。
(105) 「明治四〇年七月三〇日付日清起業調査会決議録写」（「外務省記録」1. 7. 10. 9「東亜興業株式会社関係雑纂」）。
(106) 一九〇八年九月一〇日付芳澤謙吉書記官宛成田錬之助日清起業調査会副幹事電報（同右 1. 7. 10. 9）。
(107) 一九〇七年六月二五日付山座円次郎政務局長宛正金銀行頭取代理山川取締役電報（武田晴人監修「横濱正金銀行　マイクロフィ

ルム版」諸願伺 G-005、丸善、二〇〇三年）。

(108) E. W. Edwards, *op. cit.*, p. 109.

(109) 一九〇七年四月一九日付林董外相宛山崎馨一漢口総領事代理電報（前掲 F. 1. 9. 2-3 第二巻）。

(110) 一九〇七年五月一日付林権助駐清公使宛林董外相電報（同右）。

(111) E. W. Edwards, *op. cit.*, pp. 107-109.

(112) 一九〇七年五月九日付林董外相宛林権助駐清公使電報（前掲 F. 1. 9. 2-3 第二巻）。

(113) 坂本雅子『財閥と帝国主義――三井物産と中国』（ミネルヴァ書房、二〇〇三年）六四～六五頁。

(114) 一九〇七年五月二一日付林権助駐清公使宛林董外相電報（前掲 F. 1. 9. 2-3 第二巻）。

(115) 鉄路公司は、きわめて強い地域的性格を有し、多くの地域では省当局の指導・後援のもとに在地の郷紳層を主体として設立された（千葉正史『近代交通体系と清帝国の変貌――電信・鉄道ネットワークの形成と中国国家統合の変容』（日本経済評論社、二〇〇六年、三三一～三三二頁）。

(116)「清国鉄道雑報」（『帝国鉄道協会会報』八―二、一九〇七年四月）。

(117) 一九〇七年一月一五日付永瀧久吉上海総領事宛林董外相公信（「外務省記録」F. 1. 9. 2-16「南潯鉄道関係一件」第一巻）。

(118) 大蔵省預金部『東亜興業株式会社融通金ニ関スル沿革』上（大蔵省預金部、一九二九年）第二章の五九～七二頁を参照。

(119) 一九〇七年三月二一日付阪谷蔵相宛林董外相公信（前掲 F. 1. 9. 2-16 第一巻）。

(120) 原奎一郎編『原敬日記』第二巻（福村出版、一九六五年）一九〇六年一〇月二八日条。実際、大成公司の背後に日本の資本が存在していたことが明るみに出ると、世論は騒がしくなり、陳三立協弁が辞表を提出する事態となった（江西鉄路百年図志編委会編『江西鉄路百年図志』中国鉄道出版社、二〇〇四年、一四頁）。

(121)「清国鉄道雑報」（『帝国鉄道協会会報』八―四、一九〇七年八月）。

(122) 一九〇七年五月二九日付水野漢口領事宛林董外相電報（「外務省記録」1. 7. 1. 7「対張之洞正金銀行借款雑件 2　湖北鉄道敷設費用借款ノ件」）。さらに、一九〇〇年一二月、アメリカは福建省内の貯炭場の租借を希望するが、日本が不割譲協定を理由に反対したため、要求を見合わせていた（外務省外交史料館日本外交史辞典編纂委員会編『日本外交史辞典』山川出版社、一九九二年、八九三頁）。

(123)「江西鉄道今後ノ方針ニ関シ卑見　明治四一年一〇月一六日付」（前掲 F. 1. 9. 2-16 第二巻）。

(124) 大森とく子「戦前日本の対中国借款の性質」（国家資本輸出研究会編『日本の資本輸出――対中国借款の研究』多賀出版、一九八六年）二二七～二二八頁。

(125) 一九〇九年二月二七日付日清起業調査会決議録写（「外務省記録」1.7.10.9「東亜興業株式会社関係雑纂」）。
(126) 一九〇九年五月二五日発三井物産本店宛天津支店電報（前掲 F.1.9.2-3 第三巻）。
(127) 一九〇九年六月三日付日清起業調査会決議録写（前掲 1.7.10.9）。
(128) すでに大倉組は、久楽公司という名義で南潯鉄道の建設工事を請け負っていた（高木陸郎『私と中国』高木翁喜寿祝賀会、一九五六年）。また、日清戦後の三井物産による中国への機関車輸出については、中村尚史『海をわたる機関車――近代日本の鉄道発展とグローバル化』（吉川弘文館、二〇一六年）第四章第三節を参照されたい。
(129) 一九〇九年六月一四日付伊集院彦吉駐清公使宛小村外相電報（前掲 F.1.9.2-3 第三巻）。
(130) 一九〇九年七月一一日付倉知鉄吉政務局長宛高橋漢口領事公信（同右）。
(131) 一九〇九年七月七日付小村外相宛高橋漢口領事公信（同右）。
(132) 一九〇九年八月四日付小村外相宛伊集院駐清公使電報（前掲 F.1.9.2-3 第四巻）。小村外相は小田切の渡清に尽力していた（一九〇九年七月一四日付井上宛小田切書簡、国立国会図書館憲政資料室所蔵「井上馨関係文書」）。
(133) 小村外相は、古市の社長就任にも指導的な役割を果たしていた（「白岩竜平談話筆記」（渋沢青淵記念財団竜門社編『渋沢栄一伝記資料』第五四巻、渋沢栄一伝記資料刊行会、一九六四年、四八四頁）。
(134) 坂本雅子は、東亜興業の設立過程における三井物産や大倉組の役割を重視している（坂本雅子前掲『財閥と帝国主義』六五頁）。
(135) 星一「清国江西全省鉄路公司ニ関シテ　明治四十年十二月十五日」（前掲「後藤新平関係文書」三二一―一一―三）。
(136) 一九〇九年一〇月九日付小村外相宛伊集院駐清公使電報（前掲 F.1.9.2-3 第四巻）。
(137) 一九〇九年一一月二三日発小村外相宛渡辺昇三漢口総領事代理電報（同右）。
(138) 一九〇九年一二月一三日付渡辺漢口総領事代理宛小村外相電報（同右）。
(139) 村上勝彦「長江流域における日本利権――南潯鉄路借款をめぐる政治経済史」（安藤彦太郎編『近代日本と中国――日中関係史論集』汲古書院、一九八九年）一三六頁。
(140) 「江西鉄道借款問題善後新案ニ関スル件」（「一九〇九年一〇月二五日付小村外相宛松岡洋右上海総領事電報」前掲 F.1.9.2-16 第三巻）。
(141) 高木の回想では、日本政府が東亜興業の設立を援助し、松岡も熱心に助けたとされている（高木陸郎前掲『私と中国』一八四頁）。
(142) 一九一〇年二月一四日付小村外相宛有吉明上海総領事公信（前掲 F.1.9.2-16 第三巻）。
(143) 一九一一年五月五日付小村外相宛松村貞雄漢口総領事電報（同右第五巻）。

(144) 一九〇五年二月一五日付高橋橘太郎福州領事宛加藤外相公信（『外文』三八―二、七四三頁）。
(145) 一九〇六年九月五日付西園寺公望臨時兼任外相宛林権助駐清公使電報（『外文』三九―一、七六六～七六七頁）。
(146) この協約に関しては、日本政府よりもフランス政府が締結に積極的であり、戦後における日露両国の和解を図りつつ、日本を三国協商側に引き入れ、ドイツに対抗する意図があったといわれている。（「日仏協約」前掲『日本外交史辞典』六九九～七〇〇頁）。栗野慎一郎駐仏大使も、フランスが日仏協約の締結を急いでいる背景には、「独乙カ英仏ノ間ヲ割カム為」であると述べている（一九〇七年三月二一日付林董外相宛栗野駐仏大使電報『外文』四〇―一、四九頁）。
(147) 一九〇七年四月四日付林董外相宛小村駐英大使電報（同右書五一頁）。
(148) 一九〇七年四月二三日付栗野駐仏大使宛林董外相電報（同右書五三頁）。
(149) 一九〇七年五月三一日付林董外相宛栗野駐仏大使電報（同右書七六頁）。
(150) 一九〇七年六月八日付栗野駐仏大使宛林董外相電報（同右書八一～八二頁）。
(151) 「日仏協約締結顛末報告ノ件」（同右書九一頁）。
(152) 一九〇五年六月一日付清浦奎吾農商務相宛小村外相公信（「製鐵所文書」I-700）。
(153) 「明治三十八年六月五日付回答按」（同右）。
(154) 通商産業省編『商工政策史』第一七巻鉄鋼業（商工政策史刊行会、一九七〇年）一二八～一二九頁。
(155) 官営八幡製鉄所の第一期・第二期拡張については、佐藤昌一郎前掲『官営八幡製鉄所の研究』一二一～一二三頁、長島修前掲『官営八幡製鐵所論』を参照されたい。
(156) 第二二帝国議会衆議院予算委員会における阪谷蔵相の発言（『帝国議会衆議院委員会議録』明治編33、東京大学出版会、一九八八年、二〇頁）。
(157) 第二二帝国議会衆議院予算委員会における阪谷蔵相と荻野芳蔵との質疑応答（同右書四二頁）。
(158) 胡政主編、張後銓著『招商局与漢冶萍』（社会科学文献出版社、二〇一一年）二〇一頁。
(159) 夏東元編著前掲『盛宣懐年譜長編』下、八八〇頁。
(160) 漢冶萍公司の設立に関しては、従来経済上の理由から説明がなされてきた。すなわち、全漢昇は漢陽鉄政局と萍郷炭鉱を合併することで、①製鉄原料の供給・財務の点で経済合理性に適い、②対外信用の増加につながり、多額の債券の発行を行うことができると説明した（全漢昇前掲『漢冶萍公司史略』）。
(161) 高木陸郎前掲『私と中国』一〇六頁。
(162) 炭鉱の開発時から、萍郷炭はコークス製造のための原料炭として、非常に有望であると考えられていたことは確かであろう（日本鉄鋼史編纂会編『日本鉄鋼史』明治編、千倉書房、一九四五年、六一〇頁)。しかし、八幡製鉄所の実際の原料炭として、萍郷炭の輸入は確認できない(新鞍拓生「八幡製鉄所における筑豊地方からの原材料調達と筑豊鉱業主——石炭、石灰石の供給における麻生太吉」長野暹編『八幡製鐵所史の研究』日本経済評論社、二〇〇三年)。
(163) 久保田文次監訳前掲『中国近代化の開拓者・盛宣懐と日本』。
(164) 同右書五五頁。
(165) 同右書九九頁。
(166) 同右書一一七〜一一八頁。
(167) 夏東元編著前掲『盛宣懐年譜長編』八九九頁。
(168) 李玉勤前掲『晩清漢冶萍公司体制変遷研究』一二八頁。
(169) 同右書一四九頁。
(170) こうした事情について、西澤は次のように述べている。「それは日本の考え一つで行くと思います。條約の中に其鉱石は余裕があれば之を渡すとあります。余裕があれば支那は米国に渡すと斯う云ふことなら余裕なくすれば宜いぢゃないかと斯う云ふのです。それには、製鉄所を大拡張して余裕なくすれば此條約は自然消滅です。小村さんは手を打ってそれは面白い。製鉄所長官を呼び出さなければならぬと云ふので電報を打って中村雄次郎男爵は直ぐ出て来られたのです」(前掲三井文庫所蔵 W4-700)。

第2章

(1) 野沢豊「辛亥革命と大正政変」(東京教育大学文学部東洋史研究室アジア史研究会・中国近代史部会編『中国近代化の社会構造——辛亥革命の史的位置』東洋史学論集、第六、汲古書院、一九六〇年)、山本四郎「辛亥革命と日本の動向」(『史林』四九—一、一九六六年)、由井正臣「辛亥革命と日本の対応」(『歴史学研究』三四四、一九六九年)、臼井勝美『日本と中国——大正時代』(原書房、一九七二年)、中村義『辛亥革命史研究』(未来社、一九七九年)、大畑篤四郎「辛亥革命と日本の対応——権益擁護を中心として」(『日本歴史』四一四、一九八二年)、兪辛焞『辛亥革命期の中日外交史研究』(東方書店、二〇〇二年)、櫻井良樹『辛亥革命と日本政治の変動』(岩波書店、二〇〇九年)。
(2) 前者については、北岡伸一『日本陸軍と大陸政策——一九〇六〜一九一八年』(東京大学出版会、一九七八年)、後者については、臼井勝美同右『日本と中国』が代表的な研究である。さらに、六国借款団を欧米や日本による中国政府の「財政管理」機関であったことを主張する研究として、副島圓照「善後借款の成立」(小野川秀美・島田虔次編『辛亥革命の研究』筑摩書房、一九七八年)がある。

（3）イギリス・フランス両資本家の相互関係など国際借款団内の国際関係に注目した研究が登場してきている（篠永宣孝「一九一四年前の対中国国際借款団の成立」上・下『経済論集』九二・九三、二〇〇九年）。また、旧四国借款団と六国借款団との断絶性を強調する研究もある（塚本英樹「満州特殊権益をめぐる日本外交――対中国借款問題を中心に」『法政史学』七七、二〇一二年）。

（4）臼井勝美前掲『日本と中国』。

（5）千葉功『旧外交の形成――日本外交　一九〇〇～一九一九』（勁草書房、二〇〇八年）二四七頁。

（6）『製鉄所対漢冶萍公司関係提要』（農商務省製鉄所東京出張所、一九一七年）二九三頁。以下『提要』とする。

（7）一九一一年二月七日付原敬宛桂太郎書簡（原敬文書研究会編『原敬関係文書』第一巻書翰編一、日本放送出版協会、一九八四年、四六九頁）。

（8）一九一〇年九月五日付井上馨宛高木陸郎書簡（国立国会図書館憲政資料室所蔵「井上馨関係文書」。以下「井上文書」とする）。この書簡で高木は、公司が現在拡張の必要に迫られていることに言及し、井上の支援を要請している。

（9）一九一〇年一一月七日付中村雄次郎致漢冶萍公司宛函（陳旭麓・顧廷龍・汪熙主編『漢冶萍公司』三〈盛宣懐檔案資料編輯之四〉上海人民出版社、二〇〇四年、一五五～一五六頁。以下『漢冶萍公司』三とする）、前掲『提要』三〇一頁。

（10）「製鉄所以外ヘ売渡ニ関スル往復文書（其ノ一）」（製鉄所総務部『漢冶萍公司関係本邦借款契約彙纂』六九頁）。銑鉄売買の前貸については、銑鉄の売買契約である「生鉄売買契約書」と「生鉄代価六百万円前借契約書」が存在している。

（11）一九一〇年一〇月七日付横浜正金銀行本店宛北京支店来簡写（外務省外交史料館所蔵「外務省記録」1.7.1.9「漢冶萍煤鉄公司借款関係雑件」第二巻）。以下の外務省記録はアジア歴史資料センター（http://www.jacar.go.jp/）で閲覧した。

（12）『漢冶萍公司』三、一二二～一三〇頁には、漢冶萍公司とシアトルのウエスタン・スチール会社との銑鉄売買契約書が収録されている。また、全漢昇もこの契約について、簡単に触れている（全漢昇『漢冶萍公司史略』香港中文大學出版、一九七二年、一三五頁）。一九〇九年三月に発足したタフト政権は、欧州諸国の後塵を拝していた中国利権に関して、「ドル外交」と呼ばれる経済的な進出を活発化させた（北岡伸一「国務省極東部の成立――ドル外交の背景」近代日本研究会編『年報近代日本研究11　協調政策の限界――日米関係史・1905-1960』山川出版社、一九八九年。後に、『門戸開放政策と日本』東京大学出版会、二〇一五年の第一章として再録、高原秀介『ウィルソン外交と日本――理想と現実の間　一九一三～一九二一』創文社、二〇〇六年）。

（13）一九一一年二月二八日付小村寿太郎外相宛山川勇木横浜正金銀行頭取代理電報（前掲1.7.1.9第二巻）。日本には、中国利権に表面上は欧米と同等に関与できるメリットがあった（原奎一郎編『原敬日記』第三巻、福村出版、一九六五年、一二〇頁、一九一一年五月一日条）。以下『原日記』三とする。

（14）一九一一年三月九日付小田切万寿之助取締役宛高橋是清正金銀行頭取電報（前掲1.7.1.9第二巻）。

(15)同右や『提要』三五六頁を参照。
(16)一九一一年四月二一日付本店宛北京支店小田切取締役電報（前掲1.7.1.9第二巻）。
(17)一九一一年五月四日付高橋頭取宛小田切取締役電報（「漢冶萍公司千二百万円借款」武田晴人監修「横濱正金銀行　マイクロフィルム版」第四期、丸善、二〇〇七年）。
(18)一九一一年四月二五日発小村外相宛伊集院彦吉駐清公使電報（前掲1.7.1.9第二巻）。
(19)于乃明は一連の交渉過程における小田切の手腕を高く評価し、小田切が無担保で多額の借款を行うことを李維格に働きかけた結果、李は「終ニ乗気」になったと指摘している（于乃明「小田切万寿之助研究——明治大正期中日関係史の一側面」筑波大学博士論文、一九九八年、第五章第三節）。
(20)一九一一年五月二八日付阪谷芳郎宛西澤公雄書簡（国立国会図書館憲政資料室所蔵「阪谷芳郎関係文書」）。
(21)夏東元編著『盛宣懐年譜長編』下（上海交通大学出版社、二〇〇四年）九二三頁。
(22)一九一一年五月一〇日発ロンドン支店来電写（前掲1.7.1.9第二巻）。
(23)一九一一年五月一三日発ロンドン支店支配人宛高橋頭取電報（同右）。
(24)交渉の経過と合意事項については、「漢口報告書」に詳しく記述されている（「漢口報告書」同右）。
(25)新工場の建設が上海周辺とされた理由について西澤は以下のように述べている。「武漢ノ土地ハ将来屢々兵乱ノ巷ト化スル恐有之、大工業ヲ拡張スヘキ所ニ無之、永遠ニ平穏ニシテ且交通ニ便益ナル土地ハ依然上海ヲ選定セサルヘカラス」（「一九一一年一一月一四日付中村雄次郎製鉄所長官宛西澤報告書」前掲1.7.1.9第三巻）。
(26)ただし、漢冶萍公司の経営改善は、経営黒字への転換の一方で巨額の外債に依存していたという意味で、「表面繁栄和潜在隐忧」（表面上では繁栄しているが、危険性が潜在していた）であったといわれている（李玉勤『晚清漢冶萍公司体制変遷研究』中国社会科学出版社、二〇〇九年、一八三頁）。
(27)李玉勤同右『晚清漢冶萍公司体制変遷研究』一九〇〜一九三頁。
(28)「四国銀行団規約」（「外務省記録」1.7.1.11-5-4「支那改革借款一件／幣制借款／参考書二　四国銀行規約（千九百十年十一月十日調印）」）。
(29)『日本外交文書』第四三巻第二冊（外務省、一九六二年）六二頁。以下『外文』とする。アメリカ銀行団の湖広鉄道借款への参加、四国借款団の成立などの経緯については、田村幸策『支那外債史論』（外交時報社、一九三五年）第七章第三節が比較的詳しく説明をしている。
(30)一九一〇年一一月一三日付在ロンドン小野英二郎宛高橋電報（『外文』四三—二、三九〜四〇頁）。

(31) 一九一〇年一二月二九日付小田切取締役宛高橋電報（同右書四三—二、六七〜六八頁）。
(32) 一九一〇年一一月三〇日付高橋宛倉知鉄吉政務局長公信（同右書四三—二、五三頁）。
(33) 明治（四三）年一一月一三日付若槻礼次郎宛桂書簡（千葉功編『桂太郎発書翰集』東京大学出版会、二〇一一年、四三八頁）。
(34) 飯島渉『ペストと近代中国——衛生の「制度化」と社会変容』（研文出版、二〇〇〇年）第四章、第五章。清朝はペスト対策を「国際化」させることによって、日本の勢力拡大を阻止しようとしていたとされている（同書一九四頁）。
(35) 一九一一年三月一日付小村外相宛本多熊太郎駐清臨時代理公使公信（『外文』四四—二、二七九〜二八〇頁）。
(36) 『原日記』三、九八頁、一九一一年三月六日条。原も疫病の蔓延に関し、「誠に厄介」と日記に書いている。
(37) 『外文』四四—二、三二八〜三三〇頁。
(38) 『原日記』三、一二〇頁、一九一一年五月一日条。
(39) 一九一一年五月二〇日付内田康哉駐米大使宛小村外相電報（『外文』四四—二、三一一頁）。
(40) 一九一一年二月二三日付小池張造奉天総領事宛小村外相公信（同右書一六七頁）。
(41) 同右書三二三頁。
(42) 一九一一年四月二一日付小村外相宛伊集院駐清公使公信（同右書三〇三頁）。
(43) 「幣制借款関係書類」（国立公文書館所蔵「目賀田家文書」一三号）。
(44) 一九一一年六月九日付正金銀行本店宛小田切書簡写（「外務省記録」1.7.1.11「支那改革借款一件」第二巻）。
(45) 同右。
(46) 一九一一年五月二〇日付本野一郎駐露大使宛小村外相電報（『外文』四四—二、三一二〜三一三頁）。
(47) 一九一一年九月一六日発林董外相宛伊集院駐清公使電報（「外務省記録」1.7.3-73「清国鉄道国有問題関係雑纂」第一巻）。
(48) 一九一一年五月二〇日付本野駐露大使宛小村外相電報（『外文』四四—二、三一三頁）。
(49) 外務省編『小村外交史』上（外務省、一九五三年）二五九頁。さらに、第一次日英同盟協約の締結過程で作成された小村意見書について、「英米と提携して露国の領土的な侵略主義を門戸開放の名のもとに排撃し、同時に金融財政的に貧弱な我が国の現状及び通商貿易上から」英米との提携を有利としたものと説明されている（同書二八〇〜二八一頁）。
(50) Ian H. Nish, *Alliance in Decline, a Study in Anglo-Japanese Relations 1908–23* (London : Athlone Press, 1972).
(51) 「第三回日英同盟協約　一九一一年七月一三日調印」（外務省編『日本外交年表竝主要文書』上、原書房、一九六五年、三五一頁）。
(52) 千葉功前掲『旧外交の形成』第III部第三章。

（53）Nish, *op. cit.*, p. 68 や G. P. Gooch and H. W. V. Temperley (eds.), *British Documents on the Origins of the War, 1898–1914*, vol. VI (London : H. M. S. O, 1930), pp. 518–519. 以下 *BD* とする。
（54）*BD*, pp. 527–528.
（55）一九一一年七月一三日付小村外相宛栗野慎一郎駐仏大使電報（『外文』四四―二、三八一頁）。
（56）同右書三八五～三八六頁、三八九頁。
（57）「四国借款契約第十六条問題ニ関スル日本政府ノ対英回答方針案」（同右三八八～三八九頁）。
（58）千葉正史『近代交通体系と清帝国の変貌――電信・鉄道ネットワークの形成と中国国家統合の変容』（日本経済評論社、二〇〇六年）第七章。
（59）清朝政府は海軍の拡張を図り、一九一〇年一〇月、載洵を日本へ派遣した。載洵は、日本の造船技術の視察と海軍関係者との意見交換を目的に、長崎三菱造船所、川崎造船所を巡視し、海軍省や軍令部の首脳と会見を行った（坂野潤治・広瀬順晧・増田知子・渡辺恭夫編『財部彪日記』海軍次官（上）、山川出版社、一九八三年、一三三頁、一九一〇年九月二日条）。自国をめぐる不安定な国際関係を背景に、日本は中国海軍内における勢力扶植を期待し、この視察団を歓迎したとの見解がある（馮青『中国海軍と近代日中関係』錦正社、二〇一一年、第三章）。
（60）馬陵合『清末民初鉄路外債観研究』（復旦大学出版社、二〇〇四年）を参照。
（61）一九一一年二月一五日付高橋宛小田切公信（「外務省記録」1.7.1.5–14–1「対支借款関係雑件　北京政府之部　郵伝部対正金銀行」第一巻）。この借款は、京漢鉄道の収入により償還されることが定められていたが、それで不足する場合には他の収入で補塡することや度支部が管理する江蘇省の年貢米収入を担保とすることが盛り込まれていた（一九一〇年七月二九日付小村外相宛伊集院駐清公使公信、同 1.7.1.5–14–1 第一巻）。
（62）一九一一年三月二五日付内田駐米大使宛小村外相電報（同右）。
（63）一九一一年三月三一日付小村外相宛本多駐清臨時代理公使公信（同右）。
（64）第二七帝国議会衆議院予算委員会での小村外相の発言（『帝国議会衆議院委員会議録』62、東京大学出版会、一九八九年、二六頁）。ここで小村は、「商業ノ発展ト云フコトニ、是ヨリ最モ力ヲ尽ス必要ガアルト考ヘテ居ル次第デアリマス」とも述べている。
（65）一九一一年四月二五日付小田切宛正金銀行本店電報（前掲 1.7.1.9 第二巻）。
（66）波多野善大『中国近代工業史の研究』（東洋史研究会、一九六一年）、李玉勤前掲『晩清漢冶萍公司体制変遷研究』。
（67）清朝は京漢鉄道や粤漢鉄道などの幹線鉄道の国有化には積極的であったが、その他の鉄道に関しては、消極的であった。鉄道国有化は清朝の立憲君主制国家化（＝国会の開設）と関係する重要な政策課題であった（千葉正史前掲『近代交通体系と清帝国の変貌』第七章を参照）。
(68) 一九一一年六月二七日付小川平吉宛白岩龍平書簡（小川平吉文書研究会編『小川平吉関係文書』2、みすず書房、一九七三年、三九三頁）。
(69) 一九一一年八月一日付李維格致盛宣懐函（『漢冶萍公司』三、一八九頁）。
(70) 一九一一年九月一五日付小村外相宛松村貞雄漢口総領事公信（「外務省記録」F.1.9.2-16「南潯鉄道関係一件」第五巻）。
(71) 一九一一年八月一八日付劉景熙致李維格・盧鴻滄函（『漢冶萍公司』三、一九一頁）。
(72) 一九一一年七月二四日付小村外相宛浮田郷次上海総領事公信（前掲F.1.9.2-16第五巻）。
(73) 小田切は、江西省に対し、日本が持つ債権の償還を求めていた（「宣統三年閏六月二八日付寄南昌馮星巌中丞」盛宣懐撰『愚齋存稿巻七十六至巻一百電報・補遺・東游日記』沈雲龍主編〈近代中国史料叢刊続編　第十三輯〉文海出版社、一九七五年、一六八七頁）。
(74) 一九一二年一月一六日付有吉明上海総領事宛内田外相電報（前掲F.1.9.2-16第五巻）。一九一二年八月には、江西省鉄道公司と東亜興業との間で五〇〇万円の借款契約が締結される。
(75) 「黎元洪ノ名ニテ革命軍政府ノ対外方針ヲ通告シ来リシ件」（『外文』清国事変（辛亥革命）、日本国際連合協会、一九六一年、一〇七頁）。
(76) 一九一一年一〇月一二日発林董外相宛伊集院駐清公使電報（前掲1.7.1.9第三巻）。
(77) 一九一一年一一月一〇日付倉知政務局長宛中村製鉄所長官書簡（同右）。
(78) 「伊集院彦吉日記　明治四四年一〇月二四日条」（社団法人尚友倶楽部・広瀬順晧・櫻井良樹編『伊集院彦吉関係文書　第一巻〈辛亥革命期〉』芙蓉書房、一九九六年、八五頁）。以下『伊集院文書』とする。
(79) 一九一二年一月一五日付川島令次郎第三艦隊司令官宛斎藤実海相電報（前掲1.7.1.9第三巻）。
(80) 一九一一年一〇月一四日付林董外相宛松村漢口総領事電報（同右）。
(81) 一九一一年一一月三〇日付財部彪海軍次官宛川島第三艦隊司令官電報（「漢陽鉄廠及九江鉄道ノ件」防衛省防衛研究所図書館所蔵「公文備考」）。
(82) 「満洲問題ノ解決ハ好機ノ到来スルヲ待チ目下ハ中国本部ヘノ勢力扶植ヲ努メタキ件」（『外文』清国事変（辛亥革命）、五一頁）。
(83) 一九一一年一一月一四日付本野駐露大使宛内田外相電報（同右書二三二頁）。
(84) 一九一一年一〇月二五日付正金銀行本店宛北京支店発電報（前掲1.7.1.9第三巻）。
(85) 一九一一年一〇月二四日発内田外相宛伊集院駐清公使電報（同右）。

(86)「千二百万円借款契約条件ニ関スル会議決定要項」（同右）。出席者は内田外相、牧野伸顕農商相、山本達雄蔵相、橋本圭三郎大蔵次官、石井菊次郎外務次官、中村製鉄所長官、倉知政務局長、高橋日銀総裁、井上準之助正金銀行副頭取、小田切取締役らであった。

(87) 一九一一年一二月一六日付在大連小田切取締役来簡写（前掲 1.7.1.9 第三巻）。

(88)「革命党員鉱務局ニ来リ、帳簿ヲ検閲シ、同局外交事務ハ一切軍政府ノ指揮ヲ受ケサルヘカラス旨申談シ、且盛宣懐ノ私有財産ハ一切軍政府ニ没収スルコトトナレル」という状況であった（一九一一年一二月三〇日付内田外相宛松村漢口領事電報、前掲 1.7.1.9 第三巻）。一一月以降、革命派が上海や南京を占領し、長江流域で支配を拡大させたことによって、盛宣懐は清朝との関係よりも革命派との関係を重要視せざるを得なくなっていったと推測される。

(89) なお、大連会議直後、落合謙太郎奉天総領事は、「米国側ニ於テ漢陽鉄廠所ニ五百万金ヲ貸与シタシト申込来リシカ、自分〔落合領事〕ヨリハ該鉄廠関係ニ於テ外国資金ヲ借ラントスル場合ニハ預メ横浜正金銀行ノ同意ヲ得サルベカラサルコトヽナリ居ル旨答ヘタルニ、米国領事モ左ニハ致方ナシトテ引下リタリ」と内田外相に報告をしている（一九一一年一二月三一日付内田外相宛落合奉天総領事公信、前掲 1.7.1.9 第三巻）。漢冶萍公司と正金銀行との借款契約が漢陽鉄廠へのアメリカの関与を防いだのであり、間接的にではあるが公司に対する日本の優越的地位をアメリカが認めていたことを示している。

(90) この後盛宣懐は日本に亡命し、一九一二年一月三日に神戸港に入港した。息子二名、従者一七名の二〇名ほどの団体であったという。彼は『神戸又新日報』の記者に向かって「革命思想瀰漫し大勢既に定まるの観あるを以て民軍の欲する共和政体成立すべし、然しながら共和政体を実施することは決して容易の事にあらず」と語っている（『神戸又新日報』一九一二年一月四日付）。

(91) Chan Lau Kit-ching, *Anglo-Chinese Diplomacy : 1906–1920, in the Careers of Sir John Jordan and Yuan Shih-kai* (Hong Kong : Hong Kong University Press, 1978), p. 34.

(92) Nish, *op. cit.*, Chan, *ibid.*, p. 36, Roberta Allbert Dayer, *Finance and Empire Sir Charles Addis, 1861–1945* (Basingstoke : Macmillan, 1988), pp. 64–65.

(93) 臼井勝美前掲『日本と中国』八〜九頁。

(94) 南北停戦交渉への日本の対応に関しては、臼井勝美前掲『日本と中国』、同「辛亥革命と日英関係」（「日英関係の史的展開」『国際政治』五八、一九七七年）、千葉功前掲『旧外交の形成』などを参照。

(95)『原日記』三、二〇七頁、一九一一年一二月二六日条。

(96) 山本条太郎「北伐完成の結実を見て思ひ起す第一革命」（『東京朝日新聞』一九二八年八月六日付）。

(97)『提要』四四七〜四四八頁。

(98) 一九一二年一月一四日付王勛致陳蔭明電（陳旭麓・顧廷龍・汪熙主編『辛亥革命前後』〈盛宣懐檔案資料編輯之一〉上海人民出版社、一九七九年、二三〇頁）。以下『辛亥革命前後』とする。

(99) 一九一二年一月二一日付何天烔致漢冶萍公司函（同右書二三三頁）。

(100) 一九一二年一月一〇日発上海加藤寛治電報（前掲 1.7.1.9 第三巻）。小林道彦は、蜂起後の大冶地方に対する海軍の方針について、居留民保護の範囲内であったことを指摘している（小林道彦『日本の大陸政策 一八九五〜一九一四――桂太郎と後藤新平』南窓社、一九九六年、二六六頁）。

(101) 一九一二年一月三日付三島弥太郎宛水町袈裟六書簡（社団法人尚友倶楽部・季武嘉也編『三島弥太郎関係文書』芙蓉書房、二〇〇三年、二四七頁）。

(102) 「伊集院彦吉日記　明治四五年二月九日条」（『伊集院文書』二二六頁）。

(103) 『原日記』三、二二〇頁、一九一二年一月九日条。

(104) 同右。

(105) 『原日記』三、二二二頁、一九一二年一月一二日条。

(106) 同右。

(107) この閣議決定の前に、中村長官は牧野農商相に意見書を提出した。この意見書で中村は、それまでの公司に対する借款が日本の鉄鉱石の欠乏を補うと同時に、「清国鉄鉱ノ豊富ナルヲ利用シ、外国ノ大資本ヲ入レテ揚子江沿岸ニ一大製鉄所ヲ起サルルニ至レバ、東洋ノ鉄貿易ハ其会社ノ独占ニ帰スルノミナラズ、我対清貿易ニ影響スル処少ナカラザルベキヲ以テ、勉メテ之ヲ防止スル」ことを目標としていたことを明かしている。大連や南京における三井物産と革命派（南京政府）との交渉において、長江沿岸での新工場建設、さらに新工場や漢冶萍公司そのものの日中合弁化が決定されたことは、中村がいうような公司に対する日本側の借款の意図が達成されようとしていたことを示している（『提要』四四九頁）。

(108) 〔公司の合弁化案が閣議決定に持ち込まれる過程を記述した史料〕（前掲 1.7.1.9 第三巻）。製鉄所の具体的な問題に関して、牧野はあまり関与していなかったようでもある（明治四五年五月一〇日付西園寺公望宛牧野書簡、山﨑有恒・西園寺公望関係文書研究会編『西園寺公望関係文書』松香堂書店、二〇一二年、五九頁。以下『西園寺文書』とする）。また、大蔵省預金部『支那漢冶萍公司借款ニ関スル沿革参照書類』（大蔵省預金部、一九二九年）、大蔵省預金部『支那漢冶萍公司借款ニ関スル沿革』（大蔵省預金部、一九二九年）も参考にした。

(109) 『提要』四五二頁。

(110) 「一九一二年一月二六日付第三回合弁化交渉報告書」（前掲 1.7.1.9 第三巻）。

(111)「漢冶萍公司日中合弁化案」(同右)。
(112) 全漢昇『漢冶萍公司史略』(香港中文大學出版、一九七二年)一五五頁。
(113) 安藤実『日本の対華財政投資——漢冶萍公司借款』(アジア経済研究所、一九六七年)六二頁。
(114)「漢冶萍鉄廠契約書」(三井文庫所蔵「三井物産史料　文書部保管重要書類」物産二三五四—三)。
(115)「鉱石代価前借ニ関スル契約特別契約」(前掲1.7.1.9第四巻)。製鉄所総務部『漢冶萍公司関係本邦借款契約彙纂』一一一頁。
(116) 一九一二年五月一八日付漢冶萍公司董事会常会議録(『漢冶萍公司』三、二六一頁)、一九一二年六月二二日付漢冶萍公司董事会常会議録(同書二八三頁)。
(117) 特殊銀行である正金銀行の対漢冶萍公司借款は大蔵省預金部資金を原資とする場合が多く、国家資本による資本輸出の性格を持つ。そのため、正金銀行が革命派に借款を行うことは中国情勢への干渉を意味する行為であると、欧米に受け止められる可能性を多分に持っていた。
(118) 坂本雅子『財閥と帝国主義——三井物産と中国』(ミネルヴァ書房、二〇〇三年)八三頁。
(119) 一九一二年二月八日付内田外相宛伊集院駐清公使電報(『外文』四五—二、二四六頁)。
(120) 南京政府と漢冶萍公司との関係については、狭間直樹「南京臨時政府について——辛亥革命におけるブルジョア革命派の役割」(小野川秀美・島田虔次編『辛亥革命の研究』筑摩書房、一九七八年)や塚瀬進「辛亥革命期における漢冶萍公司日中合弁化問題について」(『中央大学大学院論究　文学研究科編』一八—一、一九八六年)、李培德「漢冶萍公司与辛亥革命」(中華書局編輯部編『辛亥革命与近代中国——紀念辛亥革命八十周年国際学術討論会文集』下冊、中華書局、一九九四年)を参照されたい。
(121)「然ルニ右〔日中合弁化〕反対運動者ハ、三井物産会社ト南京革命政府間ニ於ケル契約ヲ知悉シ居ルノミニシテ、盛宣懐等漢冶萍公司首脳者ガ我邦ニ於テ正金銀行トノ間ニ訂結シタル合弁契約ヲ知ラザル者ノ如ク、専ラ反対ノ鋒鋩ヲ三井側ノ契約ノミニ集中セリ」(『提要』五〇六頁)と、三井物産と南京政府との契約に批判が集中する一方で、正金銀行と漢冶萍公司との借款契約については、中国側からの批判がほとんどないとの認識を日本側は持っていた。
(122) 一九一二年二月二四日付盛宣懐致楊学沂函(『辛亥革命前後』二五四〜二五五頁)。
(123) 明治(四五)年三月二〇日付西園寺宛西澤書簡(『西園寺文書』四八頁)。
(124)「小田切万寿之助　漢冶萍公司合同問題善後意見」(前掲1.7.1.9第四巻)。『外文』四五—二、一四一〜一四二頁にも収録。
(125)「三井契約並横濱正金銀行借款契約及其附帯特別契約ハ取消サルヘキモノニアラス」と見られていた(一九一二年三月一八日発内田外相宛鈴木栄作南京領事電報、前掲1.7.1.9第四巻)。
(126)「〔一九一二年〕七月十二日〔北京〕政府公報ヲ以テ「三井借款ハ既ニ契約アル趣ナルノミナラス前大総統孫逸仙ノ署名アリ、且本部ヨリ受領証ヲモ発給シアルコトナレハ期限ニ至リ契約ノ通リ償還シ以テ信用ニ昭スヘシ」」（「漢冶萍公司ヨリ民国政府ニ融通シタル二百五拾万円返却方ニ関スル件摘要」前掲 1.7.1.9 第五巻）とされ、実際に北京政府は七月に三井物産と南京政府との契約を継承した。また、正金銀行による三〇〇万円の借款も漢冶萍公司に破棄されることはなく、有効な契約として継続することになったのである。

(127) 武昌蜂起以降、四国借款団は、清朝政府と幣制改革借款や湖広鉄道借款などを締結していた経緯から、中国に多額の借款を早急に提供できる唯一の団体としての役割を担うことになる。一方で蜂起直後、清朝政府は幣制改革借款の残額を早期に交付するように、革命派は清朝政府に対する借款を中止するようにイギリスに申し入れていた（篠永宣孝前掲「一九一四年前の対中国国際借款団の成立」下、一九頁）。

(128)「中国改革借款ニ関スル各国資本家団体会議ニ際シ我代表者ニ与フベキ訓示事項大綱協議決定ノ件」（『外文』四五―二、三二六頁）。西園寺首相、内田外相、井上馨、高橋日銀総裁、水町日銀副総裁、添田寿一日本興業銀行総裁、三島正金銀行頭取、橋本大蔵次官、勝田主計理財局長、倉知政務局長が列席していた。

(129) 一九一二年四月二五日付正金銀行宛大蔵省通達（「第4集：諸官衙1　指令綴二」武田晴人監修「横濱正金銀行　マイクロフィルム版」丸善、二〇〇四年）。

(130) 一九一二年五月三〇日付内田外相宛伊集院駐華公使電報（前掲 1.7.1.9 第五巻）。

(131) Chan, *op. cit.*, p. 53.

(132) Annual Report on China for the Year 1912, in Ian Nish (ed.), *British Documents on Foreign Affairs Series E Asia, 1860–1914, vol. 14 Annual Reports on China, 1906–1913* (Bethesda : University Publications of America, 1993), p. 286.

(133) Peter Lowe, *Great Britain and Japan 1911–1915 : A Study of British Far Eastern Policy* (London : Macmillan, 1969), p. 84.

(134)「清国ニ於テ日本側ト交渉中ノ借款阻止方英国ノ申出ニ対スル我回答ノ件」（『外文』四五―二、二三五頁）。

(135) 同右。

(136) Annual Report on Japan for the Year 1911, Ian Nish (ed.), *British Documents on Foreign Affairs series E Asia, 1860–1914, vol. 9 Annual Reports on Japan,1906–1913* (Bethesda : University Publications of America, 1989), p. 254.

(137) Sir C. MacDonald to Sir Edward Grey - Tokyo, February 8, 1912 (FO371/1312).

(138) Sir C. MacDonald to Sir Edward Grey - Tokyo, February 8, 1912 (FO371/1313).

(139) Ian Nish (ed.), *British Documents on Foreign Affairs series E Asia, 1860–1914, vol. 14 Annual Reports on China,1906–1913*, p. 256, Annual Report on Japan for the Year 1912, in Nish (ed.), *op. cit.*, pp. 306–307.

(140) 袁世凱による中国統一はイギリスにとって満足のいく結末であった (Lowe, *op. cit.*, p. 85)。
(141) 一九〇一年五月二四日付加藤高明外相宛小田切上海総領事代理公信 (「外務省記録」1.7.1.6「支那招商局関係並借款交渉一件」第一巻)。
(142) 一九〇二年五月二八日付小村外相宛小田切上海総領事公信 (前掲 1.7.1.6 第一巻)。
(143) 一九〇七年七月二六日付阪谷蔵相・林董外相宛三島正金銀行総裁公信 (同右)。
(144) 一九〇七年九月四日付阪谷蔵相宛林董外相公信 (同右)。これに対し、大蔵省にもほとんど意見の違いはなかった (一九〇七年九月一八日付林董外相宛阪谷蔵相公信、同右)。
(145) 招商局をめぐる日本郵船と革命派の動向に関しては、加田宏一「輪船招商局と南京臨時政府」(『広島大学東洋史研究室報告』八、一九八六年)、兪辛焞前掲『辛亥革命期の中日外交史研究』第二章五も参照されたい。
(146) 一九一一年一一月一七日発内田外相宛有吉上海総領事電報 (前掲 1.7.1.6 第一巻)。有吉明は日清汽船関係者から、招商局総裁であった王子展 (一亭) の談話として伝え聞いていた。ただ、この資金貸付は、実行されなかったようである (胡政主編、張後銓著『招商局与漢冶萍』(社会科学文献出版社、二〇一一年) 二〇三～二〇四頁。
(147) 一九一一年一一月一八日発内田外相宛有吉上海総領事電報 (同右)。
(148) 胡政主編、張後銓著前掲『招商局与漢冶萍』二五六頁。
(149) 同右書二五八頁。
(150) 一九一一年一二月一六日付正金銀行上海支店来簡写 (前掲 1.7.1.6 第一巻)。
(151) 長江航路への日本資本の進出過程については、小風秀雅『帝国主義下の日本海運――国際競争と対外自立』(山川出版社、一九九五年) 第六章を参照されたい。
(152) 一九一二年一月二七日発有吉上海総領事宛内田外相電報 (前掲 1.7.1.6 第一巻)。
(153) 一九一二年一月一七日付内田外相宛有吉上海総領事公信 (同右)。
(154) 一九一二年二月七日発内田外相宛伊集院駐清公使電報 (同右)。
(155) 一九一二年二月七日発内田外相宛伊集院駐清公使電報 (同右)。
(156) 一九一二年二月一六日発参謀次長宛在上海柴五郎少将電報 (同右)。
(157) Sir J. Jordan to Sir Edward Grey - Peking, February 9, 1912 (FO371/1312).
(158) Sir Edward Grey to Sir J. Jordan - Foreign Office, February 12, 1912 (FO371/1312).
(159) 一九一二年二月二二日付倉知政務局長宛日本郵船会社書簡 (前掲 1.7.1.6 第一巻)。ちなみに、この場には桂も同席している

（一九一二年二月二二日付上海伊東米次郎宛電報、同右）。
(160)一九一二年二月二二日付上海伊東宛電報（同右）。
(161)一九一二年二月二八日発内田外相宛有吉上海総領事電報（同右）。
(162)一九一二年三月二日発伊集院駐華公使宛内田外相電報（同右）。
(163)「四五、五、廿三、起草」と書き込まれた文書（同右）。
(164)今回は十分に言及することができなかった大倉組と江蘇省鉄路公司との借款問題について、革命派への軍資援助につながり、政治的色彩が強い借款であることが述べられている（大倉財閥研究会編『大倉財閥の研究――大倉と大陸』近藤出版社、一九八二年）。
(165)有吉上海総領事は、「大倉組当地視支店ハ専ラ井戸川中佐〔井戸川辰三〕ヲ介シテ黄興一派ニ運動中ニシテ黄ハ漢陽ノ敗戦ノ外目立チタル功績アラサルニヨリ之カ一味ハ資金調達ニ成功シテ其声望ヲ増大セシ希望アル」（一九一一年一二月一八日付内田外相宛有吉上海総領事公信）と見ていた。井戸川は宇都宮太郎参謀本部第二部長の意を受けて、長江南清に派遣され（宇都宮太郎関係資料研究会編『日本陸軍とアジア政策・陸軍大将宇都宮太郎日記』1、岩波書店、二〇〇七年、四九一頁、一九一一年一一月二日条）、さらに宇都宮からは清朝と革命派との講和が成立しないように依頼をされている（同書五〇七頁、一九一一年一二月一二日条）。こうしたことからも、少なくとも江蘇省鉄路公司に対する当初の大倉組の動きは外務省とは別系統で進められており、南北講和の妨害、革命派への支援という目的が含まれていたことは否定できない。
(166)一九一一年一一月一四日付内田外相宛山座円次郎駐英臨時代理大使電報（『外文』四四―二、四二五頁）。
(167)岩井茂樹『中国近世財政史の研究』（京都大学学術出版会、二〇〇四年）五〇三頁。
(168)「明治四十四年十月以降　清国事変ニ関スル通達報告及記事摘要　台湾銀行」（国立公文書館所蔵「松方家文書」六二号）。
(169)男爵目賀田種太郎「清国の動乱は財政経済の統一成らずんば永久止息せず」（『実業之日本』一四―二六、一九一一年一二月）。目賀田は韓国政府財政顧問、韓国統監府財政監査長官を務めた経験があった。
(170)浜口吉右衛門「支那改造後の日清実業関係」（『実業倶楽部』二―三、一九一二年二月号）。
(171)イギリス政府は、安定的な貿易環境を維持し、中国債券の返済不履行の可能性を防止できる強力な中央政府の樹立を期待し、袁世凱による事態収拾に乗り出したとされている（Lowe, *op. cit.*, p. 67、P・J・ケイン／A・G・ホプキンズ著、竹内幸雄・秋田茂訳『ジェントルマン資本主義の帝国』I、名古屋大学出版会、一九九七年、二九六頁）。
(172)『原日記』三、一九七～一九八頁、一九一一年一二月一九日条。
(173)一九一一年一一月一四日付本野駐露大使宛内田外相電報（『外文』四四―二、四二三頁）。ただ、こうした内田の方針に対しては、牧野から「ドッチ附かず」との批判を浴びることになる（一九一二年二月二四日付伊集院宛牧野書簡『伊集院文書』三三〇頁）。

(174) 千葉功前掲『旧外交の形成』二三四～二三五頁。

(175) 日本国内では、「大小の借款談は支那全国到る処に行はれ各国資本家の暗闘も亦頗る激烈なる模様」と見られていた（「支那借款問題」『銀行通信録』五三—三一九）。

(176) Sir Edward Grey to Sir J. Jordan - Foreign Office, February 12, 1912 (FO371/1312). Lowe, *op. cit.*, 152.

(177) Sir J. Jordan to Sir Edward Grey - Peking, February 23, 1912 (FO371/1313).

(178) Mr. Addis to Herr Urbig - Hong Kong and Shanghai Banking Corporation, 31, Lombard Streets, London, February 28, 1912 (FO371/1314).

(179) Sir C. MacDonald to Sir Edward Grey - Tokyo, December 16, 1911 (FO371/1310).

(180) Sir Edward Grey to Mr. Bryce - Foreign Office, January 23, 1912 (FO371/1311).

(181) Lowe, *op. cit*, p. 127.

(182) 塚本英樹前掲「満州特殊権益をめぐる日本外交」。

(183) 一九一二年三月一五日付内田外相宛安達峰一郎駐仏臨時代理大使電報（『外文』四五—二、二七〇～二七一頁）など。

(184) 一九一二年六月一三日付本野駐露大使宛内田外相電報（同右書四〇七頁）。

(185) 一九一二年六月一六日付本野駐露大使宛内田外相電報（同右書四〇九頁）。

(186) 一九一二年六月一七日付安達駐仏臨時代理大使宛内田外相電報（同右書四一〇頁）。

(187) 一九一二年三月日付不明桂宛寺内正毅書簡（千葉功編『桂太郎関係文書』東京大学出版会、二〇一〇年、二七八頁）。

(188) 大蔵省編『明治大正財政史』第一二巻　国債（下）、五〇～三〇五頁。

(189) 一九一二年五月二二日付本野駐露大使宛内田外相電報（『外文』四五—二、三八四～三八五頁）。

(190) 六国借款団の結成は直ちに旧四国借款団に関する規約の統合や失効を意味しない。引き続き旧四国借款団は存続していた。

(191) 「六国団規約」（「外務省記録」1.7.1.11-5-4「支那改革借款一件／幣制借款／参考書四　六国団規約（千九百十二年六月十八日調印）」）。

(192) 明治（四五）年七月一六日付三島宛武内金平書簡（尚友倶楽部・季武嘉也編『三島弥太郎関係文書』芙蓉書房、二〇〇二年、一六二頁）。以下『三島文書』とする。

(193) 「其後の支那借款（再）」（『東京朝日新聞』一九一二年九月二一日付）。

(194) 副島圓照前掲「善後借款の成立」。

(195) 一九一二年一二月三〇日発加藤駐英大使宛桂兼任外相電報（『外文』二一—二、八〇頁）。

(196) 日仏銀行に関する参考文献して、波形昭一『日本植民地金融政策史の研究』（早稲田大学出版部、一九八五年）、平智之「第一次大戦以前の対中国借款と投資主体」（国家資本輸出研究会編『日本の資本輸出――対中国借款の研究』多賀出版、一九八六年）、原輝史「日仏銀行（一九一二～一九五四年）の経営史」（『早稲田商學』三八二、一九九九年）、同「日仏銀行（一九一二～一九五四年）の設立・経営をめぐる社会経済史的考察」上・下（『早稲田商學』三八八・三八九、二〇〇〇・二〇〇一年）がある。
(197) 「日仏銀行顛末概要」（国立公文書館所蔵「勝田家文書」第六一号）。
(198) 平智之前掲「第一次大戦以前の対中国借款と投資主体」三九頁。
(199) 津島寿一『芳塘随想』第十二集（芳塘刊行会、一九六四年）一二頁。
(200) 前掲「日仏銀行顛末概要」。
(201) 「添田副頭取の演説　日仏銀行と支那」（『東京朝日新聞』一九一二年一二月一九日付）。
(202) 同右。
(203) Addis to Stabb, 12th January, 1912, HSBCK 0001-0001 to 6a, HSBC Archives, London.
(204) 一九一三年三月八日付伊集院駐華公使宛牧野外相電報（『外文』二―二、一四三頁）。
(205) 〔一九一三年〕四月一六日付牧野宛高橋書簡（国立国会図書館憲政資料室所蔵「牧野伸顕関係文書」五二七―五）。以下「牧野文書」とする。
(206) 〔一九一三年〕四月二一日付牧野宛伊集院書簡（「牧野文書」一五四―一四）。
(207) 第一次山本権兵衛内閣における鉄道院の組織改正の目的は初代総裁であった後藤新平の影響力の排除であったとされている（『日本国有鉄道百年史』第五巻、日本国有鉄道、一九七二年、二五八頁）。
(208) 副島圓照前掲「善後借款の成立」。
(209) 一九一三年三月一四日伊集院駐華公使宛牧野外相電報（『外文』二―二、一四四頁）。
(210) 一九一三年二月一〇日付石井駐仏大使宛加藤外相電報（同右書一二〇頁）。
(211) 一九一三年三月五日付牧野外相宛伊集院駐華公使電報（同右書一三九頁）。
(212) 一九一三年三月二二日付牧野外相宛伊集院駐華公使公信（同右書一五一頁）。
(213) 一九一三年三月一四日付伊集院駐華公使宛牧野外相電報（同右書一四四頁）。
(214) 一九一三年一月二四日付水野幸吉駐華臨時代理公使宛桂兼任外相電報（同右書九八頁）。
(215) 「千九百十三年一月十日及ビ十一日ニ亘リ倫敦ロムバルド街三番地英支商会ニ於テ開催シタル六国団体会議々事録」（前掲1.7.1.11-5-4「支那改革借款一件／幣制借款／参考書八　実業借款ヲ六国団体規約ヨリ除外シタル銀行会議」）。

(216) アメリカが六国借款団から脱退した理由について、東三省への日露進出に対する不完全な制限、借款範囲の行政借款への限定、外国人顧問へのアメリカ人の傭聘の失敗などが挙げられている（副島圓照前掲「善後借款の成立」）。
(217) 一九一三年三月二二日付小池駐英臨時代理大使宛牧野外相電報（『外文』二―二、一五〇頁）。
(218) 中国政府負債の内訳は短期国債が約一三五万ポンド、革命関連の諸外国に対する賠償金が二〇〇万ポンドである（同右書一九一～一九二頁）。
(219) 一九一二年三月七日付本野駐露大使宛内田外相電報（同右書二五三頁）。
(220) 「勝田大蔵次官談　五国借款に就て」（『東京朝日新聞』一九一三年四月三〇日付）。
(221) 大正（二）年三月四日付三島宛小田切書簡（『三島文書』六八頁）。
(222) 「千九百十三年四月二十六日巴里、印度支那銀行ニ於テ開催シタル五国団体会議議事録」（前掲 1.7.1.11-5-4「支那改革借款一件／幣制借款／参考書九　支那政府改革公債発行手続ニ関スル銀行会議（千九百十三年四月二十六日）」）。
(223) 大正（二）年六月一四日付伊集院宛牧野書簡（『伊集院文書』三三一頁）。北岡伸一は、辛亥革命の結果、六国借款団に支えられた袁世凱政権を弱体化させることを求める主張が参謀本部内で高まったとする（北岡伸一前掲『日本陸軍と大陸政策』九九頁）。参謀本部や尾崎行雄らが中心となって、後の反袁・排袁政策を主張することを想起すると、「支那保全」や袁世凱政権の位置づけをめぐって、すでにこの時期、日本国内には深刻な意見の相違があったことには注意すべきである。
(224) 一九一三年五月三日付井上馨宛山県有朋書簡（『井上文書』五八七―三）。
(225) 一九一三年一一月二〇日付勝田大蔵次官口述筆記「支那借款ノ由来及実業借款除外問題」（『外文』二―二、三〇六頁）。
(226) 同右書二三六頁。
(227) 一九一三年七月一一日付伊集院駐華公使宛牧野外相電報（『外文』二―二、二三七頁）。
(228) 一九一三年七月一八日付牧野外相宛伊集院駐華公使電報（同右書二四一～二四二頁）。
(229) 一九一三年七月一〇日正金銀行ロンドン支店発電（武田晴人編「横濱正金銀行　マイクロフィルム版」第三期「二　対中国借款、三　善後借款」二〇〇五年、丸善）。
(230) 前掲一九一三年一一月二〇日付勝田大蔵次官口述筆記「支那借款ノ由来及実業借款除外問題」。
(231) 「支那の経済借款（英国の自由行動）」（『東京朝日新聞』一九一三年一〇月一日付）。
(232) 一九一三年一〇月二九日付山座駐華公使宛牧野外相電報（『外文』二―二、二七三頁）。
(233) 「倉知鉄吉氏談　腕次第金次第」（『東京朝日新聞』一九一三年一〇月一日付）。
(234) 社団法人尚友倶楽部・櫻井良樹編『田健治郎日記』二（芙蓉書房出版、二〇〇九年）三二九～三三〇頁。

(235)『原日記』三、三四〇頁、一九一三年一〇月二日条。
(236) 金子肇『近代中国の中央と地方――民国前期の国家統合と行財政』（汲古書院、二〇〇八年）第二章。
(237) 一九一四年三月五日付牧野外相宛山座駐華公使公信（「外務省記録」「支那改革借款一件」1.7.1.11 第二八巻）。政治会議の誕生経緯や地方行政との関係については、金子肇前掲『近代中国の中央と地方』第一章を参照されたい。
(238) 金子肇前掲『近代中国の中央と地方』第二章。
(239) 一九一四年三月一二日発在北京小田切取締役来電（前掲 1.7.1.11 第二八巻）。さらに、小田切は幣制の統一を進めるために、第一次政治改革借款において塩務改革費に充てられる予定であった資金を広東省の紙幣回収に充てることも構想していた（一九一四年五月一六日付井上準之助正金銀行頭取宛小田切電報（「勝田家文書」一〇九号）。
(240) 前掲一九一四年三月一二日発在北京小田切取締役来電。
(241) 一九一三年一二月一八日付田付七太駐露臨時代理大使宛牧野外相電報（『外文』二―二、二九六頁）。
(242) 一九一三年一二月七日付山座駐華公使宛牧野外相電報（同右書二九二頁）。
(243) 中国では各地の省政府や銭荘と呼ばれる金融機関が独自に紙幣や硬貨を発行していたため、中央政府の金融財政制度が一定しなかった。また、中国は銀決済であったが、比較的安定的な金本位制の導入が目指されていたこれらは、鋳貨の統一と本位的基礎の確立と整理することができる。
(244) 牧野外相自筆の文書（前掲 1.7.1.11 第二八巻）。
(245) 一九一四年七月一七日発加藤外相宛小幡酉吉駐華代理公使電報（前掲 1.7.1.11 第二九巻）。
(246) 一九一四年六月一二日発本野駐露大使宛加藤外相電報（前掲 1.7.1.11 第二八巻）。
(247) 一九一四年八月一〇日付加藤外相宛小幡駐華代理公使電報（前掲 1.7.1.11 第二九巻）。
(248) 交通銀行は中国銀行とともに袁世凱政権の紙幣発行を請け負い、交通部の財源確保ための銀行という役割も果たしていた。一九一四年三月の交通銀行条例によって、兌換券の発行を認められていた（日本銀行調査局編『中国近代貨幣概要』日本銀行調査局、一九六七年、二〇九～二一〇頁）。
(249) 第一次世界大戦の勃発によるヨーロッパ資本の財源枯渇により、中国政府が国内債を発行することは必要な方策であった。一九一四年六月に発行された一六〇〇万元公債は成功し、八〇〇万元の追加公債が発行された。この過程における梁士詒の中心的な役割も強調されている（ジェローム・チェン著、守川正道訳『袁世凱と近代中国』岩波書店、一九八〇年、二一〇頁）。
(250) 宓汝成『帝国主義与中国鉄道路 1847-1949』（経済管理出版社、二〇〇七年。初版は一九八〇年）一六七～一六八頁や李玉勤前掲『晩清漢冶萍公司体制変遷研究』を参照。

(251) 日本外交史研究のなかで、中国を主体として描くことに関しては、多くの議論がある。さしあたって、服部龍二「東アジア国際政治史研究の可能性」(『歴史学研究』七七九、二〇〇三年)を参照されたい。
(252) 坂本雅子は、「国家の一方的な利用と財閥の便乗とだけでは評価しきれぬ」と、漢冶萍公司への借款における民間資本の役割を強調している(坂本雅子前掲『財閥と帝国主義』六九~七〇頁)。ただ、武昌蜂起以降、大冶鉄山への多額の借款は、閣議による何らかの決定が必要とされており、南京政府の成立以後は、漢冶萍公司が南京政府により支配されるのではないかとの見通しのもと、政府への相談が必要であるとの認識が存在していた(『原日記』三、一九一一年一〇月三〇日条・一九一二年一月九日条)。
(253) 塚瀬進は、日中合弁化案の否決によって、「日本の漢冶萍公司日中合弁の願望は完全に瓦解」したとする(塚瀬進前掲「辛亥革命期における漢冶萍公司日中合弁化問題について」八九頁)。
(254) 臼井勝美前掲『日本と中国』。
(255) 第一次改革借款の供与は、列強が袁世凱の専制に賛成し、支援を与えたしるしであったとされている(Chan, *op. cit.*, p. 63)。
(256) 櫻井良樹前掲『辛亥革命と日本政治の変動』第六章。
(257) 『原日記』三、三三七頁、一九一三年九月二三日条。
(258) 『原日記』三、三四七頁、一九一三年一〇月一四日条。坂野潤治は、第二革命前後の時期、中国革命と憲政擁護運動を結びつけていた政治勢力が政府に対中国強硬外交を迫っていたことにすでに触れている(同『明治国家の終焉——一九〇〇年体制の崩壊』筑摩書房、二〇一〇年、一八一~一八二頁)。
(259) 大正(二)年四月二四日付伊集院宛阿部守太郎書簡(『伊集院文書』二七七~二七八頁)。

第3章

(1) 堀川武夫『極東国際政治史序説——二十一箇條要求の研究』(有斐閣、一九五八年)、北岡伸一「二十一カ条再考——日米外交の相互作用」(『年報・近代日本研究七』山川出版社、一九八五年。後に、『門戸開放政策と日本』東京大学出版会、二〇一五年、第一章として再録)、島田洋一「対華二一カ条要求——加藤高明の外交指導」一・二(『政治経済史学』二五九・二六〇、一九八七年)、千葉功『旧外交の形成 日本外交 一九〇〇—一九一九』(勁草書房、二〇〇八年)、笠原十九司『第一次世界大戦期の中国民族運動——東アジア国際関係に位置づけて』(汲古書院、二〇一四年)第一章、川島真「二十一箇条要求と日中関係・再考——中国側の対応を中心に」(同編『近代中国をめぐる国際政治』中央公論新社、二〇一四年)。また、対華二一カ条要求をめぐるアメリカ側の反応を詳細に明らかにしたものに、高原秀介『ウィルソン外交と日本——理想と現実の間 一九一三~一九二一』(創文社、二〇〇六年)がある。

（2）長岡新次郎「対華二十一ヶ条要求条項の決定とその背景」（『日本歴史』一四四号、一九六〇年）、山本四郎「参戦・二一カ条要求と陸軍」（『史林』五七―三、一九七四年）、北岡伸一『日本陸軍と大陸政策――一九〇六～一九一八年』（東京大学出版会、一九七八年）、小林道彦「世界大戦と大陸政策の変容――一九一四～一六年」（『歴史学研究』六五六、一九九四年）など。

（3）三谷太一郎『増補　日本政党政治の形成――原敬の政治指導の展開』（東京大学出版会、一九九五年）。

（4）奈良岡聰智『加藤高明と政党政治――二大政党制への道』（山川出版社、二〇〇六年）、同『対華二十一ヵ条要求とは何だったのか――第一次世界大戦と日中対立の原点』（名古屋大学出版会、二〇一五年）。

（5）一八九八年二月九日及び一一日、清朝とイギリスは長江沿岸不割譲に関する交換公文を交わした。この交換公文は、当該地域が不割譲宣言の相手国であるイギリスの勢力範囲であることを中国が認めさせられていたことを意味した（坂野正高『近代中国政治外交史』東京大学出版会、一九七三年、四二八頁）。また、清朝はこの宣言の中で長江流域を中国の全局に関する最も重要な地域と思考せざるを得ないと規定していた（齋藤良衛『支那国際関係概観』国際連盟協会、一九二四年、三六頁）。

（6）堀川武夫前掲『極東国際政治史序説』第三章第三節。

（7）安藤実『日本の対華財政投資――漢冶萍公司借款』（アジア経済研究所、一九六七年）六五頁。

（8）佐藤昌一郎『官営八幡製鉄所の研究』（八朔社、二〇〇三年）二六四頁。

（9）島田洋一前掲「対華二一カ条要求」一、六三頁。

（10）マリウス・B・ヂャンセン「八幡、漢冶萍と二十一ヶ条要求」（マリウス・ヂャンセン／アルバート・フォイヤーウァーカー著、中川敬一郎・楊天溢共訳『八幡と漢冶萍の関係にかんする資料』東京大学出版会、一九六七年）、井上馨侯伝記編纂会『世外井上侯伝』第五巻（原書房、一九六八年）。

（11）注10に関して、前者は近代日本における実業家の地位向上に注目するという視点に立っており、後者は井上馨の伝記であるため、このような問題点を抱えざるを得ないといえよう。

（12）臼井勝美『日本と中国――大正時代』（原書房、一九七二年）七三頁。

（13）堀川武夫前掲『極東国際政治史序説』、臼井勝美前掲『日本と中国』、北岡伸一前掲『日本陸軍と大陸政策』、同前掲「二十一カ条再考」、島田洋一前掲「対華二一カ条要求」一・二、奈良岡聰智前掲『加藤高明と政党政治』、同前掲『対華二十一ヵ条要求とは何だったのか』など。

（14）島田洋一前掲「対華二一カ条要求」二、二七頁。

（15）村上勝彦「長江流域における日本利権――南潯鉄路借款をめぐる政治経済史」（安藤彦太郎編『近代日本と中国　日中関係史論集』汲古書院、一九八九年）。

(16) 服部龍二『東アジア国際環境の変動と日本外交 一九一八～一九三一』(有斐閣、二〇〇一年)。

(17) 一九二〇年九月に外務省内で作成された書類によると、「勢力圏」は「一種ノ政治的意味」を持つものに過ぎないが、具体的には①租借地、②不割譲協定、③一般的投資優先権または鉄道・鉱山等に関する優先権、④鉄道借款、⑤勢力範囲を前提とする諸条約、⑥特殊利益または特殊関係を承認した条約、⑦不割譲協定または特殊条約等の理由のもと条約に明文のない排外的主張をなすものが挙げられている(政務局第一課「支那ニ於ケル勢力範囲撤廃問題ニ関スル研究」外務省記録官扱三一七、千葉功前掲『旧外交の形成』四九三～四九四頁)。

(18) Peter Lowe, *Great Britain and Japan 1911–1915 : A Study of British Far Eastern Policy* (London : Macmillan, 1969), p. 147.

(19) 入江昭『極東新秩序の模索』〈近代日本外交史叢書 第八巻〉(原書房、一九六八年)五頁。

(20) 中谷直司『強いアメリカと弱いアメリカの狭間で――第一次世界大戦後の東アジア秩序をめぐる日米英関係』(千倉書房、二〇一六年)第五章(初出は、「勢力圏外交秩序の溶解――新四国借款団設立交渉(一九一九～一九二〇)と中国をめぐる列強間関係の変容」『同志社法学』五九―四、二〇〇八年)、千葉功前掲『旧外交の形成』など。

(21) 「漢冶萍公司特別股東大会議案」(湖北省檔案館編『漢冶萍公司檔案史料選編』上、中国社会科学出版社、一九九二年、二六一～二六二頁。) 以下『漢冶萍公司档案』上とする。

(22) 一八八〇年～一九五九年。宮城県に元福井藩士の子として生まれる。東京の私立商工中学卒業後、「支那修業生」として三井物産に入社し、上海、漢口支店に勤務。一九〇九年高昌公司設立、一九一〇年五月漢冶萍公司の日本商務代表、一九一三年二月東亜通商株式会社社長、一九二二年一一月中日実業株式会社副総裁に就任。高木陸郎は、井上馨について、「自分の話した事は必要に応じ、総て外務大臣や大蔵大臣へ必らず責任を以て話して呉れることが明らか」であったと回想し、親しい関係にあった(高木陸郎『私と中国』高木翁喜寿祝賀会、一九五六年、一九〇頁)。また、辛亥革命期における高木と盛宣懐との関わりを描いた研究として、吉塚康一「高木陸郎と辛亥革命――盛宣懐の日本亡命を中心に」(『次世代アジア論集』八、二〇一五年)がある。

(23) 一九一二年八月一三日付中村雄次郎製鉄所長官宛高木書簡(外務省外交史料館所蔵「外務省記録」1.7.1.9「漢冶萍煤鉄公司借款関係雑件」第五巻)。以下の外務省記録はアジア歴史資料センター(http://www.jacar.go.jp/)で閲覧した。辛亥革命の発生・袁世凱政権の成立は、中国の政治状況や国際関係に大きな変化をもたらしただけでなく、盛宣懐のような人物を通じた利権の拡大という手法も変更を迫られたのではないか。漢冶萍公司をめぐる日中関係に関していえば、盛宣懐を中心とする人的経済的なネットワークが機能しなくなり、中国政府や省政府の関与がそれまで以上に重要となったことを、日本側も理解するようになっていったのではないかと思われる。

(24) 一九一二年八月一三日上海支店発横浜正金銀行本店着電信写(前掲1.7.1.9第五巻)。

（25）一九一二年八月一九日横浜発上海支店宛電信写（前掲1.7.1.9第六巻）。
（26）一九一二年八月一九日付伊集院彦吉駐華公使宛内田康哉外相電報（同右）。
（27）「一九一二年九月二〇日調　漢冶萍煤鉄公司借款ノ件」（国立公文書館所蔵「勝田家文書」）。この史料は、債権保護や国庫への悪影響を懸念する内容を持ち、当時大蔵次官であった勝田主計の関係文書に収められていることから、大蔵省がまとめたものであると考えてよい。安藤実はすでにこの史料を大蔵省の作成と見て、日本が大冶鉄山への独占志向を持ち、外国からの借款を極度に警戒していたことの現れであると指摘している（安藤実前掲『日本の対華財政投資』六五～七〇頁）。
（28）一九一三年三月付北洋政府財政部関于公司国有問題的説帖（武漢大学経済学系編『旧中国漢冶萍公司与日本関係史料選輯』上海人民出版社、一九八五年、三七四頁。）以下『漢冶萍公司与日本』とする。
（29）『漢冶萍公司檔案』上、二六三～二六五頁。
（30）一九一二年三月三日の株主総会で、盛宣懐は総理の職を追われていた。それを契機に実権は総理・協理から取締役会へ委譲され、その上で総理・経理の設置が決定された。総理・経理は取締役会より取締役以外の人物を任命することとされた（『製鉄所対漢冶萍公司関係提要』二、農商務省製鉄所東京出張所、一九一七年、四七九頁）。以下『提要』二とする。
（31）一九一三年四月五日付中村製鉄所長官宛西澤公雄電報（前掲1.7.1.9第七巻）。
（32）一九一二年一月から三月にかけて行われていた日中合弁化交渉と今回の合弁化案との大きな違いは、今回の合弁化案が中国政府による国有化を前提としている点である。
（33）一九一三年六月二一日付盛宣懐致井上準之助函（陳旭麓・顧廷龍・汪熙主編『漢冶萍公司』（三）〈盛宣懐檔案資料選輯之四〉上海人民出版社、二〇〇四年、五四九頁）。以下『漢冶萍公司』三とする。
（34）一九一三年七月一六日付盛宣懐致李維格函（『漢冶萍公司』三、五七〇頁）。
（35）井上準之助「漢冶萍公司整理ニ関スル卑見」（前掲1.7.1.9第八巻）。
（36）「支那漢冶萍公司ニ金円貸与ノ件」（国立公文書館所蔵「公文類聚」第三七編巻一四、類／一一六五）。
（37）一九一三年一一月一一日付井上準之助正金銀行頭取宛高木書簡（前掲1.7.1.9第九巻）。この書簡には、盛宣懐と楊廷棟との会談の様子が記述されている。
（38）後藤国彦『漢冶萍煤鉄廠公司　特ニ大冶鉄山ト吾ガ邦トノ関係』（一九一七年）二四～二五頁や「問題の漢冶萍公司」上・下（『大阪朝日新聞』一九一六年一月一六日・一七日付）など。
（39）一九一三年一〇月二九日付正金銀行上海支店宛本店電報（一九一三年一二月二七日付勝田宛井上準之助正金銀行頭取書簡「勝田家文書」）。

（40）前掲一九一三年一一月一一日付井上準之助正金銀行頭取宛高木書簡。

（41）一九一四年二月二〇日付正金銀行本店宛上海支店書簡（一九一四年二月二六日付松井慶四郎外務次官宛井上準之助正金銀行頭取公信、前掲 1. 7. 1. 9 第一〇巻）。

（42）小田切万寿之助「漢冶萍公司合弁案之議」（一九一四年九月二八日付小池張造政務局長宛小田切万寿之助公信、前掲 1. 7. 1. 9 第一二巻）。

（43）一九一五年三月一七日付正金銀行頭取宛大蔵省指令（「指令 H-004」武田晴人監修「横濱正金銀行　マイクロフィルム版」丸善、二〇〇三年）。

（44）一九一五年二月一八日付上山満之進農商務次官宛浜口雄幸大蔵次官公信（新日鐵住金㈱八幡製鐵所所蔵「製鐵所文書」I-700）。

（45）「一九一五年三月一五日施行　漢冶萍煤鉄廠鉱有限公司ニ関スル大蔵省ヘ報告方ノ義ニ付通知案」（同右）。

（46）Lowe, *op. cit.*, Ian H. Nish, *Alliance in Decline : A Study in Anglo-Japanese Relations, 1908–23* (London : University of London, 1972).

（47）Chan Lau Kit-ching, *Anglo-Chinese Diplomacy : 1906–1920, in the Careers of Sir John Jordan and Yuan Shih-kai* (Hong Kong : Hong Kong University Press, 1978), p. 78.

（48）Sir J. Jordan to Sir Edward Grey (Received March 21) Peking, March 7, 1914, in Ian Nish (ed.), *British Documents on Foreign Affairs, part 1 series E Asia, 1860–1914, vol. 15 China and the Approach of War in Europe, 1913–1914* (Bethesda : University Publications of America, 1989), p. 274.

（49）第一次世界大戦以前、長江流域の鉱山利権に対して、イギリスの関心が薄かった背景には、鉱山業に投資できるようなイギリス資本家が中国の鉱山利権への投資に積極的でなく、彼らとイギリス金融市場で中心的な立場にあった人々とのつながりが薄かったことや資本家内部で分裂があったことが挙げられる（P・J・ケイン／A・G・ホプキンズ著、竹内幸雄・秋田茂訳『ジェントルマン資本主義の帝国』I（名古屋大学出版会、一九九七年、二九七頁）。

（50）安藤実前掲『日本の対華財政投資』七二頁。

（51）大戦は公司にも大きな影響を与えた。欧州資本による中国の鉄道敷設事業が中断されたため、同公司の軌道製造が大幅な減産に追い込まれた（一九一四年一〇月三〇日付盛宣懐致詹天佑函『漢冶萍公司』三、八八三頁）。

（52）一九一四年八月二六日付加藤高明外相宛日置益駐華公使電報（『日本外交文書』大正三年第三冊、外務省、一九六六年、五四三～五四六頁。以下『日本外交文書』は『外文』とする）。この案について、奈良岡聰智は、「日置個人の考えというよりは、日本を出発する前に行った加藤や外務省幹部との協議、北京の現地情勢に詳しい小幡〔酉吉〕書記官の意見なども踏まえ、外務省のいわば総意を汲み取って作成した案」としている（奈良岡聰智前掲『対華二十一ヵ条要求とは何だったのか』一五三頁）。

（53）袁世凱の帝制運動に関しては以下の研究を参考にした。臼井勝美前掲『日本と中国』、久保田文次「袁世凱の帝制計画と二十一ヶ条要求」（『史艸』二〇、一九八〇年）、J・チェン著、守川正道訳『袁世凱と近代中国』（岩波書店、一九八〇年）、アーネスト・P・ヤング著、藤岡喜久男訳『袁世凱総統――「開発独裁」の先駆』（光風社出版、一九九四年）、山田辰雄「袁世凱の政治と帝制論」（宇野重昭・天児慧編『20世紀の中国政治変動と国際契機』東京大学出版会、一九九四年）、金子肇「袁世凱政権における国家統一の模索と諮詢機関の役割」（『東洋学報』七九―二、一九九七年）、来新夏他編『北洋軍閥史』上（南開大学出版社、二〇〇〇年）、兪辛焞『辛亥革命期の中日外交史研究』（東方書店、二〇〇二年）、臼井勝美「袁世凱の没落と日本」（『政治経済史学』四五四、二〇〇四年）、樋口秀実「袁世凱帝制運動をめぐる日中関係」（『國學院雑誌』一〇八―九、二〇〇七年）、楊海程『日中政治外交関係史の研究――第一次世界大戦期を中心に』（芙蓉書房出版、二〇一五年）など。

（54）農商部の鉄鉱国有に関する訓令（「外務省記録」1.7.5.2-10-3「支那鉱山関係雑件　鉱政ノ部　鉄鉱国有問題」）。

（55）袁世凱は、帝制運動を進めるなかで、資源開発に関心があった。特に、砂糖の生産、家畜の飼育、綿花の栽培、製茶、紡績、鉱業、及び植林等に注目していた（ヤング前掲『袁世凱総統』二五七頁）。

（56）一九一四年一二月二〇日付加藤外相宛日置駐華公使電報（前掲1.7.5.2-10-3）。この電報は「中国ノ鉄鉱国有方針ハ我方ニ重大ナル影響ヲ及ボスベキニ付措置振請訓ノ件」として『外文』三―二、四二八～四二九頁に収録されている。

（57）同右。また、農商部次長であった周自済も漢冶萍公司の除外を主張していた（一九一五年一月五日起草落合奉天総領事宛加藤外相電報、前掲1.7.5.2-10-3）。

（58）一九一四年一〇月七日に、中日実業株式会社は桃冲山の権利を持つ裕繁公司と鉄鉱石の売買契約を締結していた（『外文』三―二、四二三～四二八頁）。

（59）「一九一五年一月二五日付安渓鉄山ニ対スル三菱ノ希望及実査ニ着手ノ予定内談」（前掲1.7.5.2-10-3）。

（60）『外文』三―三、五六二頁。

（61）奈良岡聰智前掲『対華二十一ヵ条要求とは何だったのか』一八七～一九〇頁。

（62）第三号を挿入した理由について、加藤外相は「支那政府は動もすれば利権回収に熱中して漢冶萍公司の財産に手を付け、現に当然漢冶萍公司の山たるべき獅子山の向ひ山の象鼻山を取り上げ、更に公司をも没取せんとし日本に脅威を抱かしむるに至った」と日置駐華公使に訓令したとする記述もある（小幡西吉傳記刊行会『小幡西吉』小幡西吉傳記刊行会、一九五七年、一〇三頁）。

（63）一九一五年一月二五日加藤外相より駐日イギリス大使への手交書（「外務省記録」2.1.1「（松本記録）大正四年対支交渉一件（極秘）」第一巻）。

（64）外務省編『日本外交年表竝主要文書』上（外務省、一九六五年）三八三～三八四頁。

(65) 島田洋一前掲「対華二一カ条要求」二、二三〜二四頁。
(66) 一九一五年二月一〇日付加藤外相宛西澤公信（前掲 1. 7. 1. 9 第一四巻）。
(67) 一九一五年二月一七日付日置駐華公使宛加藤外相電報（『外文』四—三・上、一七一頁）。
(68) 一九一五年三月三〇日付加藤外相宛日置駐華公使電報（同右書二七二頁）。
(69) 一九一五年四月七日付加藤外相宛日置駐華公使電報（同右書二九七頁）。
(70) 北九州市立自然史・歴史博物館編『安川敬一郎日記』第三巻、大正四年四月一二日条（北九州市立自然史・歴史博物館、二〇一一年、一八頁）。
(71) 一九一五年四月一〇日付加藤外相宛日置駐華公使電報（『外文』四—三・上、三〇七頁）。
(72) 第二革命以降、南方には革命派勢力が潜在しており、袁世凱は有力な軍閥を長江流域に配置し、軍事力を増強していた（来新夏他編前掲『北洋軍閥史』上、三三一〜三三八頁）。
(73) 一九一五年三月六日付小田切致盛宣懐電（『漢冶萍公司檔案』上、三七〇頁）。
(74) 一九一五年三月二八日付盛宣懐致小田切電（同右書三七〇頁）。第一次世界大戦が勃発した直後、盛宣懐は、外債で漢冶萍公司の拡張を図り、鉄を売ることで日本からの債務を返済し、レールの売り上げを経費に充てるよう主張していた（夏東元編著『盛宣懐年譜長編』下冊、上海交通大学出版社、二〇〇四年、九七三頁）。
(75) Sir J. Jordan to Sir Edward Grey (Received January 29) Peking, January 29, 1915, in Ann Trotter (ed.), *British Documents on Foreign Affairs, part 2 series E Asia, 1914–1939 vol. 1 Japan*, August 1914–May 1915 (Bethesda : University Publications of America, 1991), p. 184.
(76) Sir J. Jordan to Sir Edward Grey, Peking, February 18, 1915, in *ibid.*, p. 213.
(77) China Association to Foreign Office (Received February 26), 99 Cannon Street, London, February 24, 1915, in *ibid.*, pp. 227–228.
(78) 一九一五年五月二七日付加藤外相宛日置駐華公使電報（『外文』四—三・上、五三〇頁）。
(79) 一九一五年五月六日付加藤外相宛日置駐華公使電報（同右書三七五頁）。
(80) 一九一五年四月二二日付日置駐華公使宛加藤外相電報（同右書三三九頁）。
(81) 一九一五年四月二六日付加藤外相宛日置駐華公使電報（同右書三四四頁）。
(82)『外文』四—三・上、七六八〜七七〇頁や千葉功前掲『旧外交の形成』三〇三〜三〇四頁を参照。
(83)「漢冶萍公司ニ関スル交換公文」（『外文』四—三・上、五二〇頁）。
(84) ここでいう「日本国資本家」とは、主に横浜正金銀行を指すと考えられる。一九一二年一月に合弁化の仮契約が締結された際にも「日本国資本家」という言葉が用いられたが、正金銀行が代表して契約を締結した。

(85) 一九一五年四月二七日付日置駐華公使宛加藤外相電報（『外文』四―三・上、三五二頁）。
(86) 井上馨侯伝記編纂会前掲『世外井上公伝』三〇三～三一四頁やヂャンセン前掲「八幡、漢冶萍と二十一ヶ条要求」一五～一六頁など。
(87) 「一九一四年九月二一日付井上馨大隈重信会見覚」（国立国会図書館憲政資料室所蔵「望月小太郎関係文書」書類の部六四）。
(88) 同右。
(89) 「一九一四年九月二〇日付井上・大浦会談」（山本四郎編『第二次大隈内閣関係史料』〈京都女子大学研究叢刊4〉京都女子大学、一九七九年、一三四頁）。
(90) 「一九一四年九月二一日井上・大隈会見記」（同右書一四〇～一四一頁）。
(91) 井上など元老らと袁世凱政権とのチャンネルについて、「日置公使ガ本国政府ノ訓令ニ従ッテ談判ヲ続ケテ居ル間ニ、袁世凱側カラ盛ンニ我ガ元老、主トシテ松方、井上両公方面ニ工作ヲ試ミタガ、其手先トナッタモノハ袁世凱ノ政治顧問タリシ有賀長雄デアッテ、有賀ガ其ノ得タル情報ヲ当時北京在勤中ノ正金銀行取締役小田切万寿之助ヲ通シ松方、井上方面ニ電報セシムルト共ニ、東京方面ノ情報ハ逆ニ同一ノ経路ニ依リ袁世凱ニ伝ハッテ居ッタ様子デアッタ」という、出淵勝次の回想がある（出淵勝次「二十一箇条問題」広瀬順晧監修・編集『近代外交回顧録』第四巻、二〇〇〇年、ゆまに書房、二一一頁）。
(92) 山本四郎編前掲『第二次大隈内閣関係史料』一四〇頁。
(93) 八幡製鉄所の日中合弁化について、西澤は以下のように述べている。「内閣は其八幡製鉄所を一緒に入れることは極力出来ぬと反対するのです。それは外のことは合弁と云ふことは良いことだ。それはするが日本の八幡製鉄所を又其中に入れると云ふことは軍器の独立と云ふやうなことがあるから一寸困ると云ふことでした」（三井文庫所蔵「昭和四年六月二十一日於西沢氏邸　西澤公雄氏談話速記原稿（漢冶萍に対する井上侯の尽力）」W4-700）。
(94) ただし大隈は、「国有ト何レカニ未定ナルモ日支合弁特使」に関する提案をしていた（「一九一四年九月二五日付井上侯使命大隈伯返事覚」山本四郎編前掲『第二次大隈内閣関係史料』一八五頁）。
(95) 北岡伸一前掲『日本陸軍と大陸政策』一七一～一七二頁。
(96) 一九一五年四月二九日付井上馨宛有賀長文書簡（三井文庫所蔵「井上侯爵家ヨリ交附書類」物産2354-3）、一九一五年五月三日付井上馨宛望月小太郎書簡（国立国会図書館憲政資料室所蔵「井上馨関係文書」四三五―二）でも同様の内容が述べられている。
(97) 大戦勃発後、参謀本部は南清鉄道敷設要求を放棄し、中国本土、特に山東・満蒙から華北方面の経済権益を獲得しようとしており、参謀本部の南清経営論はその政策的優先度を低下させつつあった（小林道彦前掲「世界大戦と大陸政策の変容」）。
(98) 通恵公司については不明な点が多い。設立時期や経緯についても定まった見解がないように思われる（「対通恵公司創弁的記述」

『漢冶萍公司与日本』五七六〜五七八頁)。
(99) 袁克定(袁世凱の長子)、楊士琦、周学熙、孫多森が中心となって設立された。発起人三〇名が各五万元を、中国政府財政部が三五〇万元を融通した合計五〇〇万元が資本金であった(『提要』二、三一八〜三一九頁)。
(100) 孫宝琦の三女は袁世凱の第七子克斎の妻となり、長女は盛宣懐の第四子恩頤に嫁いでいる(一九一五年四月二七日付小池政務局長宛高木公信、前掲 1.7.1.9 第一四巻)。
(101) 一九一五年五月七日付孫宝琦致盛宣懐函(『漢冶萍公司』三、九二六〜九二七頁)。
(102) 一九一五年四月二七日付高木到児玉謙次密函(『漢冶萍公司与日本』五七〇〜五七二頁)や『提要』二、四八九頁を参照。
(103) 湖北省冶金志編纂委員会編『漢冶萍公司誌』(華中理工大学出版社、一九九〇年)一五〇頁。
(104) 一九一五年一〇月一八日付小池政務局長宛高木公信(前掲 1.7.1.9 第一五巻)。
(105) 同右。一五〇〇万円借款契約で、漢冶萍公司は日本以外からの外国資本を導入することは制限されていたが、中国国内の資本を入れることは認められていた。
(106) 『漢冶萍公司与日本』五九一頁。
(107) 前掲一九一五年一〇月一八日付小池政務局長宛高木公信。
(108) 一九一二年の日中合弁化案には、申報、民声日報、湖南共和協会など各地の共和協会、湖北省方面の官僚や紳商で組織された共和促進会、黎元洪や政府首脳などが反対を表明していた(湖北省冶金志編纂委員会編前掲『漢冶萍公司誌』一四七頁)。
(109) 一九一五年一一月六日付正金銀行上海支店来電写(前掲 1.7.1.9 第一六巻)。
(110) 一九一五年一一月三日付正金銀行本店頭取宛児玉上海支店長公信(同右)。
(111) 一九一五年一一月一四日北京発正金銀行本店宛小田切電報(同右)。
(112) 前掲一九一五年一〇月一八日付小池政務局長宛高木公信。
(113) 『提要』二、三三六頁。
(114) 一九一五年一〇月六日付正金銀行上海支店宛〔正金銀行本店〕電報(前掲 1.7.1.9 第一五巻)。
(115) 一九一五年一〇月二九日付有吉明上海総領事宛石井菊次郎外相電報(同右)。
(116) 前掲一九一五年五月七日付孫宝琦致盛宣懐函。
(117) 一九一五年一〇月上中旬孫宝琦致楊士琦函(『漢冶萍公司』三、九六五頁)。
(118) 「袁世凱ノ権威失墜其他中国ノ時局ニ鑑ミ日本ノ執ルベキ方針ハ中国ノ優越勢力確立ニ在ルコト及之ガ政策決定ノ件」(『外文』五—二、四五〜四六頁)。第二次大隈内閣が帝制運動への反対や袁政権打倒の決定に及ぶなど、中国政府への強硬政策を展開した原因については、いまだ不明な点が多い。この点について、千葉功は以下のように述べている。第二次大隈内閣の改造が立憲同志会の党人派で補充する形で行われ、彼らが対外硬派や大陸浪人とのつながりが強かったため、内閣の対中国政策は強硬なものとなった。そして、欧州諸国の中国からの一時的な退場という第一次世界大戦下の特殊状況が、「アジア・モンロー主義」的外交を政府レベルにおいて実行させることを可能にした（千葉功前掲『旧外交の形成』三一六頁）。

(119) 一九一六年四月二八日付有吉上海総領事宛石井外相電報（前掲1.7.1.9第一八巻）。

(120) 一九一六年六月一九日付石井外相宛西澤公信（同右）。

(121) B&CCの設立経緯や香港上海銀行との関係については、Frank H. H. King with David J. S. King and Catherine E. King, *The Hongkong Bank in the Period of Imperialism and War, 1895–1918*, vol. II of the History of the Hongkong and Shanghai Banking Corporation (Cambridge : Cambridge University Press, 1988), pp. 295–303を参照。

(122) 鐵道部編『中國鐵路借款合同彙編』（沈雲龍主編『近代中國史料叢刊』三編二十九輯、文海出版社、一九八七年）三三三～三四五頁。この間のイギリス外務省の動向に関しては、Lowe, *op. cit.*, pp. 149–152を参照されたい。

(123) Sir J. Jordan to Sir Edward Grey - Peking, March 7, 1914, FO371/1938.

(124) 日高進『日本乎英国乎』（東方時論社、一九一八年）二八三頁。

(125) 一九一四年二月一八日付高橋是清蔵相宛牧野伸顕外相公信（「外務省記録」F. 1. 9. 2. 16「南潯鉄道関係一件」第第九巻）。

(126) 堀川武夫前掲『極東国際政治史序説』三五～三六頁、井上勇一『東アジア鉄道国際関係史——日英同盟の成立および変質過程の研究』（慶應通信、一九八九年）二六九～二七〇頁、二七六～二七七頁。

(127) 「寧湘鉄道問題ニ関シ大正三年二月十六日在本邦英国大使ニ送付セル覚書訳文」（前掲F. 1. 9. 2. 16第九巻）。

(128) Peter Lowe, *op., cit.*, 臼井勝美前掲『日本と中国』六一頁。

(129) 一九一四年五月三日付加藤外相宛山座円次郎駐華公使電報（『外文』三―二、四八四頁）。

(130) Sir J. Jordan to Sir Edward Grey - Peking, February 20, 1914, FO371/1941.

(131) 「対華借款についての意見」（国立国会図書館憲政資料室「牧野伸顕関係文書」二七三―三三）。牧野外相から加藤外相への引き継ぎ文書のなかにも存在が確認されている（「資料紹介　牧野外務大臣より加藤外務大臣への引継文書」『国際政治』六、一九五八年）。

(132) 『外文』三―二、四七九～四八〇頁。

(133) 「南潯鉄道問題ニ関シ閣議請求ノ件」（一九一四年四月六日付山本権兵衛首相宛牧野外相公信『外文』三―二、四八〇～四八一頁）、一九一二年に中華民国臨時政府が成立した影響で、江西鉄路公司の経営陣は相次いで辞職、江西都督李烈鈞の関与もあり、新たに江西南潯鉄路公司が設立されていた（江西鉄路百年図志編委会『江西鉄路百年図志』中国鉄道出版社、二〇〇四年、一四頁）。本書では、江西南潯鉄路公司を南潯鉄路公司と呼ぶ。一九一三（大正二）年一月には、東亜興業から南潯鉄路公司に対し、三〇〇万円の貸付が行われた。大蔵省預金部が三〇〇万円の興銀債券を引き受け、興銀はこれで得た資金を東亜興業に融通するという方法がとられた。

(134) 財政科学研究所・中国第二歴史檔案館編『民国外債檔案史料』第四巻（檔案出版社、一九九〇年）一六六～一六九頁。

(135) 一九一四年五月二二日付山座駐華公使宛加藤外相電報（『外文』三―二、四九二～四九三頁）。

(136) 一九一四年七月二四日付小幡駐華臨時代理公使宛加藤外相公信（『外文』三―二、五四〇～五四一頁）。

(137) 「杭州南昌間鉄道線路踏査報告書」（「外務省記録」1.7.3.9「支那鉄道関係雑件」第四巻4　杭州、南昌間鉄道　自大正五年四月）。

(138) 一九一四年九月二一日付加藤外相宛日置駐華公使公信（『外文』三―二、五四八頁）。

(139) 「九江武昌線ニ関スル白岩理事ノ意見要領（大正三年九月一七日）」（前掲 F.1.9.2.16 第九巻）。

(140) 一九一五年二月一六日付加藤外相宛瀬川浅之進漢口総領事電報（『外文』四―二、三六六頁）。

(141) 一九一四年一〇月一二日付加藤外相宛有吉上海総領事公信（前掲 F.1.9.2.16 第九巻）。

(142) 『外文』三―二、五六七頁。ただ、一九一四年一二月三日付日置駐華公使宛加藤外相電報（「大正四年日支交渉ニ関スル公文書」「外務省記録」2.1.1.32「大正四年対支交渉一件（極秘）」）では、この文言の前に「日本国資本家ト密接ノ関係ヲ有スル南昌九江鉄道ノ発展ニ資スル為且南支鉄道問題ニ関スル永年ノ交渉ニ顧ミ」とあり、南潯鉄道の経営発展や日清戦後以来の歴史的経緯が念頭に置かれている。

(143) 『外文』三―二、五六七頁。

(144) Sir C. Greene to Sir Edward Grey - Tokyo, June 12, 1914, FO371/1942. Lowe, *op. cit.*, p. 167.

(145) Sir J. Jordan to Sir Edward Grey - Peking, March 1, 1915, in Ann Trotter (ed.), *British Documents on Foreign Affairs, part 2 series E Asia, 1914–1939, vol. 1 Japan*, August 1914–May 1915 (Bethesda : University Publications of America, 1991), p. 239.

(146) Sir J. Jordan to Sir Edward Grey - Peking, July 2, 1914, FO371/1942.

(147) Lowe, *op. cit.*, p. 166.

(148) 一九一四年七月一六日発加藤外相宛井上勝之助駐英大使電報（前掲 1.7.3.9 第三巻14　南昌、広東間鉄道　自大正三年四月）。

(149) Sir C. Greene to Sir Edward Grey - Tokyo, June 13, 1914, FO371/1942.

(150) イギリス外務省は、江西省の鉄道利権そのものに対しては、さほど大きな関心を持っていなかったと考えられる。しかし、日本が参入しようとしている路線が、南京・上海、粤漢線、香港などと接続するような場合は、それを簡単に容認することができなかったのであろう。

(151) Sir J. Jordan to Sir Edward Grey - (Received May 13) Peking, May 13, 1915, in Trotter (ed.), *op. cit.*, p. 364.

(152)「対中国提案ニ関スル日置公使意見ニ対スル小池政務局長回答書（大正四年一月十五日小池局長ヨリ小幡書記官ニ手交）」（『外文』四―三・上、一一〇頁）。

(153) 潮州～汕頭間の鉄道敷設権は一九〇四（明治三七／光緒三〇）年一二月に設立された潮汕鉄路公司が所有しており、日本国籍を持つ林麗生、呉理卿、張煜南、謝栄光らがその重役に名を連ねていた。林麗生の後ろには台湾総督府が存在しており（一九〇四年三月四日付内田駐清公使宛小村寿太郎外相公信『外文』三七―二、七一～七二頁）、そのことは中国人株主の反発を惹起し、潮汕鉄路公司から謝栄光が脱退するという事態を招くと同時に、呉理郷も自らが所有する株式の売却を希望するようになる。その結果、林麗生は呉理卿の保有していた三〇万元分の株式を購入し、一〇〇万元分の株式を保有した。また、張煜南は謝栄光が保有していた五〇万元の株式を購入し、一〇〇万元分の株式を保有することになったのである。潮汕鉄路公司から反日的な大株主が退場し、親日的な人物が多数の株式を保有することになったのである。また、林麗生が株式を購入する代金は台湾総督からの要請に基づいて、台湾罹災救助基金によって引き受けられた（『外文』三七―二、一〇六～一〇八頁）。台湾罹災救助基金規則は一八九九年一二月律令第三一号として制定された。これに先立ち、同年三月に法律第七七号として制定された罹災救助基金法では、各府県で貯蓄すべき基金の最少額を定めた。これによって、備荒貯蓄法は廃止された。こうして、日本政府と台湾総督府は潮州～汕頭間の鉄道敷設に関与することになり、南清の鉄道利権に影響を及ぼすことに成功した。とはいえ、この成果は、他の鉄道敷設計画と統合されて華中・華南における壮大な鉄道敷設構想へと収斂されていくが、単体では経済的にも外交的にも莫大な利益をもたらすような性質を持つものではなかったのである。ちなみに、潮汕鉄道は順調に敷設が進み、一九〇六年一一月に全線が開通した。日清戦後の南進政策や潮汕鉄道への経済進出については、岩壁義光「日清戦後の南進経営に関する一考察――南清鉄道敷設要求を中心に」（『法政大学大学院紀要』一、一九七八年）、中村孝志「台湾総督府の華南鉄道工作――潮汕鉄道をめぐって」（『南方文化』一四、一九八七年）などを参照されたい。

(154) 一九一五年二月六日付加藤外相宛日置駐華公使電報（『外文』四―三・上、一三四頁）。日置公使と陸徴祥外交総長との会談の様子が記述されている。

(155) 一九一五年二月一六日付日置駐華公使宛加藤外相電報（同右書一六六頁）。

(156) 一九一五年二月二六日付加藤外相宛日置駐華公使電報（同右書一九二頁）。

(157) Chan Lau Kit-ching, *op. cit.*

(158) Sir J. Jordan to Sir Edward Grey - Peking, March 1, 1915, FO371/2322.

(159) T. G. Otte, "The Bagdad Railway of the Far East : The Tientsin-Yangtze Railway and Anglo-German Relations, 1898–1911", in T. G. Otte and Keith Neilson (ed), *Railways and International Politics : Paths and Empire, 1848–1945* (London : Routledge, 2012).
(160) 一九一五年四月一一日付加藤外相宛日置駐華公使電報（『外文』四—三・上、三一一頁）。
(161) 一九一五年四月一二日付日置駐華公使宛加藤外相電報（同右書三一五頁）。
(162) 小幡西吉傳記刊行会編前掲『小幡西吉』一五五頁。
(163) 一九一五年五月六日付加藤外相宛日置駐華公使電報（『外文』四—三・上、三七三頁）。
(164) 一九一五年五月六日付日置駐華公使宛加藤外相電報（同右書三八六頁）。
(165) 小幡西吉傳記刊行会編前掲『小幡西吉』一四七頁。華中・華南の鉄道利権に関しては、元老の間でほとんど議論されなかったようであるが、一九一四年九月の大隈首相と四元老（井上馨・山県有朋・松方正義・大山巌）との会談のなかで、話題となっていたことが確認できる（山本四郎編前掲『第二次大隈内閣関係史料』一八三頁）。
(166) 一九一六年三月二二日小池政務局長宛古市公威社長書簡（『外文』五—二、三六八頁）。
(167) 同右書三六八頁。
(168) 一九一六年六月三〇日付石井外相宛在漢口瀬川総領事公信（同右書三七一～三七二頁）。
(169) 「八月十日外務省決定　江西省広東省鉄道ニ関スル件」（一九一七年七月三一日本野一郎外相宛有吉上海総領事電報『外文』六—二、四六四～四六五頁）。
(170) 一九一六年一二月二八日付本野外相宛河西信九江領事代理公信（『外文』五—二、三八〇～三八一頁）。
(171) 「鉄道線路踏査ニ対スル民情ノ良否ニ関シ回報之件」（一九一六年五月三一日付）（國史館台湾文献館所蔵「台湾総督府文書」二四九一冊）。
(172) 一九一六年一二月二八日付斎藤良衛福州領事宛本野外相電報（「外務省記録」1. 7. 3. 9–2「支那鉄道関係雑件／台湾総督府報告書」）。
(173) 「照屋技師一行南支地方調査ニ関スル件」（一九一七年四月五日付）（前掲「台湾総督府文書」二四九一冊）。
(174) 「南昌潮州間鐵道豫定線路踏査報告書」（前掲 1. 7. 3. 9–2）。
(175) 一九一七年一〇月四日付本野外相宛林権助駐華公使電報（『外文』六—二、四七六頁）。
(176) 一九一七年九月八日付本野外相宛林駐華公使公信（同右書四七四～四七五頁）。
(177) 一九一七年一〇月六日付林駐華公使宛本野外相電報（同右書四七七頁）。
(178) 田中義一「支那ニ対シ帝国ノ希望スル利権鉄道網」（後藤新平記念館所蔵「後藤新平関係文書」R–79）。

（179）「対支政策ニ関スル私見」（国立国会図書館憲政資料室所蔵「宇垣一成関係文書」八八）。
（180）島田洋一は、第三号第二条の文言について、曖昧であり、「機会均等に反するとの批判に晒されることは、論ずるまでもなく明らかである」と指摘しているが、中国国内の事情にはほとんど触れていない（島田洋一前掲「対華二一カ条要求」二、二四頁）。
（181）袁世凱による帝制の試みは、辛亥革命以来の強い中国の創出という目標において、一つの到達点を示していたとされている（山田辰雄前掲「袁世凱の政治と帝制論」）。
（182）第三七帝国議会衆議院第一一回予算委員会での押川則吉製鉄所長官の発言（『帝国議会衆議院委員會議録』8、臨川書店、一七〇頁）。

第4章

（1）安藤実『日本の対華財政投資――漢冶萍公司借款』（アジア経済研究所、一九六四年）、小島精一・日本鐵鋼業史編纂會編『日本鐵鋼史』大正前期編（文生書院、一九八四年）、奈倉文二『日本鉄鋼業史の研究――一九一〇年代から三〇年代前半の構造的特徴』（近藤出版社、一九八四年）、長島修『戦前日本鉄鋼業の構造分析』（ミネルヴァ書房、一九八七年）、佐藤昌一郎『官営八幡製鉄所の研究』（八朔社、二〇〇三年）。八幡製鉄所の鋼片払下げをめぐる政治過程に注目した研究として、山本四郎「八幡製鉄所疑獄事件」（『神戸女子大学紀要　文学部編』二七―二、一九九四年）がある。
（2）佐藤昌一郎同右書『官営八幡製鉄所の研究』二三〇頁。
（3）「漢冶萍煤鉄廠鉱有限公司借款関係一覧」（外務省外交史料館所蔵「外務省記録」1.7.1.9「漢冶萍煤鉄公司借款関係雑件」一二巻）。以下の外務省記録はアジア歴史資料センター（http://www.jacar.go.jp/）で閲覧した。本書第3章では、漢冶萍公司の日中合弁化問題が中国への内政干渉や長江流域利権の拡大と深く関係していたことを外交史の視点から指摘した。よって、本章では、日本国内の諸政策が漢冶萍公司に対する方針にどのように影響を与えていたのかに注目する。
（4）三和良一・原朗編『近現代日本経済史要覧』（東京大学出版会、二〇〇七年）二～四頁。ただし、大戦景気が一段落した一九一九年には貿易は出超に転じ、二〇年には国際収支も赤字になっていく。
（5）伊藤正直『日本の対外金融と金融政策――一九一四～一九三六』（名古屋大学出版会、一九八九年）第一章第二節。
（6）ここで安川敬一郎の経歴について、簡単にまとめておく。安川は一八四九年に福岡藩士の四男として生まれる。一八七二年、慶應義塾に入学するが、兄が佐賀の乱で戦死したことによって帰郷。その後、兄の松本潜とともに石炭業の経営を始める。平岡浩太郎が所有する豊国炭坑などを買収し、一九〇八年明治鉱業株式合資会社を設立。一九一四年には、衆議院議員に当選した。麻生・貝島とともに「筑豊御三家」と呼ばれる。また、福岡出身のジャーナリスト・政治家である中野正剛のパトロンでもあった。

(7) 漢冶萍公司からの銑鉄輸入を設立の前提としていたことや最終的に八幡製鉄所に経営が委託されることなどから、「国家寄生型」企業であったと評価されている(奈倉文二前掲『日本鉄鋼業史の研究』三九三頁)。奈倉文二は、九州製鋼会社の設立過程を「順調」なものであったと評価し、設立が一時頓挫したことを看過している。また、九州製鋼会社の設立は、日本側の代表者であった安川・松本家の経営上の失敗であり、同家の財閥としての成長を制約したとの指摘もある(合力理可夫「安川・松本財閥における鉄鋼業経営について」『第一経大論集』二九―二、一九九九年)。このように製鉄業史や企業経営史の視点から九州製鋼会社の性格が定義された。

(8) 合力理可夫同右「安川・松本財閥における鉄鋼業経営について」、森川英正『地方財閥』(日本経済新聞社、一九八五年)二四一頁。

(9) 長島修『官営八幡製鐵所論――国家資本の経営史』(日本経済評論社、二〇一三年)第一五章。帝国主義的発展という見方から一定の距離を置き、八幡製鉄所の第三期拡張を経営史の視点から検討している。

(10) 研究代表者有馬学「地方都市の都市化と工業化に関する政治史的・行財政的研究」(課題番号[17520439]平成一七年度～一八年度、科学研究費補助金基盤研究(C)、二〇〇七年)、有馬学編『近代日本の企業家と政治――安川敬一郎とその時代』(吉川弘文館、二〇〇九年)、日比野利信「安川敬一郎日記」(山口輝臣編『日記に読む近代日本3　大正』吉川弘文館、二〇一二年)。安川に関するそれまでの研究の多くは、経済史・経営史的関心に基づいていた(佐藤正志「安川敬一郎の経営理念――労資協調思想の一端」『九共経済論集』一七、一九九三年、同「安川・松本財閥における労使協調経営――明治鉱業信和会の成立と機能」『広島大学経済論叢』一七―一、一九九三年、清水憲一「『安川敬一郎日記』と地域経済の興業化について(1)」『社会文化研究所紀要』三八、一九九六年など)。

(11) 有馬学「企業家の政治活動における〈国家〉と〈地方〉――安川敬一郎と大正前期の政界」(有馬学編同右書『近代日本の企業家と政治』)、同「辛亥革命後の「日支親善」論――第一次世界大戦期の中野正剛と安川敬一郎」(『市史研究ふくおか』七、二〇一二年)。

(12) 日比野利信前掲「安川敬一郎日記」。

(13) 製鉄所総務部『漢冶萍公司関係本邦借款契約彙纂』一五三頁。安藤実は、一五〇〇万円借款について、日本が漢冶萍公司に対する金融的支配を確立し、公司の銑鉄・鉄鉱石生産量の大部分を借款元利の償還という形で取得するようになった契機としている(安藤実前掲『日本の対華財政投資』)。

(14) 本書第3章を参照。

(15) 一方、盛宣懐は、従来と同様にレールの継続的な製造を主張していた(一九一四年一〇月三〇日付盛宣懐致詹天佑函、陳旭麓・

顧廷龍・汪熙主編『漢冶萍公司』三〈盛宣懐檔案資料選輯之四〉上海人民出版社、二〇〇四年、八八三頁。以下『漢冶萍公司』三とする)。
(16) 全漢昇『漢冶萍公司史略』(香港中文大學出版、一九七二年) 一八九～一九四頁。
(17) 一九一七年七月一〇日付小村欣一政務局第一課長宛高木陸郎公信(「外務省記録」1.7.10「本邦人ノ製鉄事業関係雑件二　日支合弁九州製鋼株式会社ノ件」)。
(18) 通商産業省編『商工政策史』第一七巻　鉄鋼業(商工政策史刊行会、一九七〇年) 一六七頁。以下『商工政策史』とする。
(19) 第三五帝国議会予算委員会第五分科会での上山満之進農商務次官の発言(『帝国議会衆議院委員会議録』6、臨川書店、一九八一年、四一三頁)。
(20) 第三六帝国議会予算委員会第五分科会での押川則吉製鉄所長官の発言(『帝国議会衆議院委員会議録』7、臨川書店、一九八一年、二三八頁)。
(21)「一九一五年五月製鉄所第三次拡張ノ要旨」(『商工政策史』一七〇～一七一頁)。
(22) 結局、第三号は交換公文として、五月二三日に日中間で交渉の妥結を見た。第一条で、中国政府が将来における日中合弁化を妨げないことを約束するにとどまり、第二条は削除された(本書第3章)。
(23) 一九一五年三月二三日付盛宣懐致楊士琦函(『漢冶萍公司』三、九一一～九一二頁)。日比野利信は、漢冶萍公司側の思惑について、「公司自体を日中合弁企業とする日本側の動きをかわしつつ、生産を拡大した銑鉄の販路として新設の製鋼所(製鉄所)に期待した」としている(日比野利信前掲「安川敬一郎日記」)。
(24) 一九一五年三月一七日付横浜正金銀行頭取宛大蔵省指令(「指令 H-004」武田晴人監修「横濱正金銀行　マイクロフィルム版」丸善、二〇〇三年)。
(25) 一九一五年五月下旬盛宣懐在漢冶萍公司董事会的報告(『漢冶萍公司』三、九三七頁)。
(26) 一九一六年一月六日付井上準之助致盛宣懐函(湖北省檔案館編『漢冶萍公司檔案史料選編』下、中国社会科学出版社、一九九四年、一三八頁)。
(27) 北九州市立自然史・歴史博物館編『安川敬一郎日記』第三巻(北九州市立自然史・歴史博物館、二〇〇七年) 三三頁、一九一五年七月一一日条。以下『安川日記』三とする。
(28) 松本健次郎述、清宮一郎編『松本健次郎懐旧談』(鱒書房、一九五二年) 一六三頁。
(29) 中村尚史『地方からの産業革命――日本における企業勃興の原動力』(名古屋大学出版会、二〇一〇年) 第六章。
(30)「一九二〇年六月一日財界変局に際し時の政府に陳情せる異見」(北九州市立自然史・歴史博物館所蔵「安川家文書」E-12)。

(31)「軍器独立」については、従来多くの研究蓄積があるが、奈倉文二は兵器の国産化のみならず、「資本的独立」や「技術的独立」といった点から「軍器独立」に注目している（奈倉文二・横井勝彦編著『日英兵器産業史――武器移転の経済史的研究』日本経済評論社、二〇〇五年、序章）。安川の「軍器独立」論については、陸軍の軍備拡張問題と関連させつつ、さらなる検討の余地があろう。
(32)一九一六年の年末に書かれた福岡日日新聞社阿部暢太郎宛安川書簡の下書き（「安川家文書」A-86-5-11-1）。
(33)一九一四年一一月一七日付古島一雄宛安川書簡（国立国会図書館憲政資料室所蔵「古島一雄関係文書」一三―一）。
(34)陸軍の拡張や「軍器独立」は、第二次大隈重信内閣が成立時に示した政綱に沿うものであった（奈良岡聰智『加藤高明と政党政治――二大政党制への道』山川出版社、二〇〇六年、一三五～一三六頁）。
(35)安川敬一郎「一九一八年三月二七日付　世界の変局と日支融合の急務」（「安川家文書」D-16）。この論文は『東方時論』の一九一八年五月号に掲載された。
(36)前掲「一九二〇年六月一日財界変局に際し時の政府に陳情せる異見」。
(37)安川撫松著、松本健次郎編『撫松余韻』（私家版、一九三五年）七八四～七八五頁。
(38)一九一七年二月六日付本山彦一宛（安川）書簡（「安川家文書」A-86-5-14）。
(39)中村尚史前掲『地方からの産業革命』二三四頁。
(40)安川敬一郎「時局と対支企業家の覚悟」（『東方時論』一九一七年一〇月号）。
(41)有馬学前掲「辛亥革命後の「日支親善」論」一五～一六頁。
(42)対華二十一ヵ条要求が新製鋼会社設立の背景の一つであったことに、安川は自覚的ではなかったと見ることも可能であろう。
(43)安川はこの視察を今後の方針を判断するうえで、重要なものと位置づけていたと推測される（大正〔四〕年九月一五日付都筑馨六宛安川書簡、国立国会図書館憲政資料室所蔵「都筑馨六関係文書」書翰の部二四四―四）。
(44)松本健次郎述前掲『松本健次郎懐旧談』一五八～一五九頁。
(45)同右書一六〇頁。
(46)『安川日記』三、六三頁、一九一六年一月五日条。
(47)大正〔四〕年一一月上旬頃松本健次郎宛安川書簡（写）（「安川家文書」A-86-3-3）。この史料は、安川による新たな製鋼会社の設立が大蔵省や外務省に知らされていたにもかかわらず、農商務参政官であった町田忠治には知らされておらず、それに対し、町田が「嫌味」を言ったという文脈のなかで書かれている。
(48)三菱鉱業セメント株式会社編『三菱鉱業社史』（三菱鉱業セメント株式会社、一九七六年）、畠山秀樹「三菱合資会社門司支店の経営発展」（『エネルギー史研究』二六、二〇一一年）を参考にした。
(49) 三菱鉱業セメント株式会社編同右書二三二〜二三三頁。
(50) 同右書二三七頁。
(51) 一九一六年二月一五日付日正金銀行北京分行副経理武内金平自上海致総経理井上函（武漢大学経済学系編『旧中国漢冶萍公司与日本関係史料選輯』上海人民出版社、一九八五年、六二八頁。以下『漢冶萍公司与日本』とする）。
(52) 前掲一九一五年三月二三日付盛宣懐致楊士琦函や一九一五年三月二八日付盛宣懐致小田切万寿之助函（『漢冶萍公司』三、一三一八〜一三一九頁）。
(53) 実際のところ、三菱が漢冶萍公司からの銑鉄輸入によって、製鋼事業を展開しようとしていたかは不明である。三菱の兼二浦製鉄所については、長島修「日本帝国主義下朝鮮における鉄鋼業と鉄鉱資源」上・下（『日本史研究』一八三・一八四、一九七七年）、奈倉文二前掲『日本鉄鋼業史の研究』、金承美「三菱の鉄鋼業への進出――三菱製鉄株式会社兼二浦製鉄所を中心に」（『三菱史料館論集』七、二〇〇六年）、同「三菱製鉄株式会社の経営――兼二浦製鉄所を中心に」（『三菱史料館論集』八、二〇〇七年）などがある。
(54) 一九一五年一二月二六日第三七回帝国議会衆議院本会議での鈴木梅四郎の発言（『帝国議会衆議院議事速記録』31、東京大学出版会、一九八一年、一五頁）。
(55) この他、八幡製鉄所の官民共同経営案や民営化案などについても、意見が交わされている。予算委員会における審議については、佐藤昌一郎前掲『官営八幡製鉄所の研究』第三章、長島修前掲『戦前日本鉄鋼業の構造分析』二章、同前掲『官営八幡製鐵所論』第一五章、山本四郎前掲「八幡製鉄所疑獄事件」などを参照されたい。
(56) 第一一回衆議院予算委員会での押川製鉄所長官の発言（『帝国議会衆議院委員会議録』8、臨川書店、一九八一年、一七〇頁）。
(57) 同右一七八頁。
(58) 長島修は、こうした議論を製鉄所＝鋼片・鋼塊払下機関論であると説明している（長島修前掲『戦前日本鉄鋼業の構造分析史』）。
(59) 第一一回衆議院予算委員会での押川製鉄所長官の発言（『帝国議会衆議院委員会議録』8、一七八頁）。
(60) 第一二回衆議院予算委員会での石井菊次郎外相の発言（同右書一八六頁）。
(61) 第一六回衆議院予算委員会での決定事項（同右書二二一頁）。
(62) この予算案は二月一二日の衆議院本会議を通過した。その後、政府は一九一六年五月五日製鉄業調査会官制を公布し、民業の育成を図っていくこととなる。（『商工政策史』一七六〜一九二頁）。
(63) 鈴木英雄の回想（上山君記念事業会『上山満之進』上、成武堂、一九四一年）。

(64) 町田忠治「我国将来の鐵政策」(『同志』一—一、一九一六年四月)。
(65) 長島修前掲『官営八幡製鐵所論』五九五~五九六頁。
(66) 日支銀行・満州銀行両法案は貴族院における審議で否決され、成立しなかった。
(67) 前大蔵大臣若槻礼次郎「日支満州両銀行」(『大陸』三六、一九一六年七月)、横田領事署名の文書(「外務省記録」3.3.3.54「日支満州両銀行法案関係一件」)。特に、後者の史料からは外務省が日仏銀行との関係を懸念していたことがうかがえる。
(68) 前大蔵参政官衆議院議員浜口雄幸「日支銀行と満蒙銀行」(『大陸』二九、一九一五年一二月)。
(69) 大蔵参政官加藤政之助「対支経済策確立の好機」(『大陸』三三、一九一六年四月)。
(70) 井上準之助演説「東洋に於ける日本の経済上及び金融上の地位　大正七年六月一九日於財政経済考究会」(井上準之助論叢編纂会編『井上準之助論叢』第二巻、井上準之助論叢編纂会、一九三五年、一八六頁)。
(71) 小島精一・日本鐵鋼史編纂会編前掲『日本鐵鋼史』大正前期編、九一~九五頁など。
(72) 「池田茂幸　大正三年一月ヨリ仝八月ニ至ル漢冶萍公司各廠鉱損益計算調書」(前掲1.7.1.9一四巻)。
(73) 「内外経済界ノ状勢ト営業上ノ概況　大正四年上半期」(「第一集B　総会B-001」武田晴人監修「横濱正金銀行　マイクロフィルム版」丸善、二〇〇三)。本史料は一九一五年九月一〇日の横浜正金銀行株主総会における井上の演説である。
(74) この資金貸付の影響については、本書第3章を参照されたい。
(75) 『安川日記』三、五三頁、一九一五年一一月六日条。
(76) 高木は松本に対し、通恵公司問題が一段落するまでは合弁会社の設立は困難であるとの考えを示していた(一九一五年一二月一四日付高木陸郎致盛宣懐函『漢冶萍公司』三、九八四頁)。
(77) 『安川日記』三、五六頁、一九一五年一二月二七日条。
(78) 同右書六三~六四頁、一九一六年一月一五日条。
(79) 同右書六六頁、一九一六年一月一六日条の欄外には、「漢冶萍合弁談の破棄」とある。井上は盛宣懐に対して、通恵公司が合弁会社の設立を妨害して遺憾であると伝えていた(前掲注26)。
(80) 「袁世凱ノ権威失墜其他中国ノ時局ニ鑑ミ日本ノ執ルベキ方針ハ優越勢力確立ニ在ルコト及之ガ実現ノ政策決定ノ件」(外務省編『日本外交文書』五—二、外務省、一九六七年、四六頁)。具体的には、大倉組、久原鉱業、藤田組などの民間資本が中国の利権を通じて、政府の樹立を目指していた革命派へ支援を行うことが想定されていた(一九一六年三月一六日付寺内正毅宛勝田主計書簡、国立国会図書館憲政資料室所蔵「寺内正毅関係文書」書翰の部A二九七—六)。
(81) 松本健次郎述前掲『松本健次郎懐旧談』二四八頁。当時野党であった政友会の総裁原敬などは、排袁政策を批判し、「支那に対しては大倉組、久原、安川敬一郎などをして革命党に資金を貸さしめて革命党を煽動し、又張勲を教唆して袁を没落せしめんと企て居れり」と安川の中国進出と革命派支援を結びつけて捉えていた（原奎一郎編『原敬日記』第四巻、福村出版、一九六五年、一六七頁、一九一六年四月四日条）。

(82) 有馬学「「改造運動」の対外観——大正期の中野正剛」（『九州史学』六〇、一九七六年）、日比野利信前掲「安川敬一郎日記」、有馬学前掲「辛亥革命後の「日支親善」論」。

(83)『安川日記』三、九六頁、一九一六年六月二五日条。

(84) 同右書九九頁、一九一六年七月五日条。

(85)「覚書」（前掲 1.7.1.9 第一九巻）。

(86)「銑鉄供給契約書」（同右）。

(87)『安川日記』三、一〇六頁、一九一六年八月三日条。

(88) 一九一六年八月八日付上海東亜通商株式会社宛高木電報（前掲 1.7.1.9 第一九巻）。

(89) 大蔵省預金部『支那漢冶萍公司借款ニ関スル沿革』（大蔵省預金部、一九二九年）一五七〜一六三頁。

(90) 一九一六年一一月一四日付寺内外相宛有吉明上海総領事公信（前掲 1.7.1.9 第一九巻）。

(91)『安川日記』三、一一八頁、一九一六年一〇月二一日条。

(92) 同右書一一九頁、一九一六年一〇月三〇日条。

(93) 一九一六年一〇月三一日公司股東大会記録（『漢冶萍公司与日本』六四四頁）。

(94) 一九一七年七月一〇日付小村政務局第一課長宛高木電報（前掲 1.7.10）。

(95) 一九一七年一月一〇日付安川宛孫宝琦書簡（前掲 1.7.1.9 第一九巻）。

(96)『安川日記』三、一二五頁、一九一六年一一月二八日条。さらに、一一月一日や一一月七日の日記からは、安川が製鉄所の動向を注視している様子がうかがえる。

(97) 同右書一三九〜一四〇頁、一九一七年二月一五日条。

(98) 同右。

(99) 同右。

(100)『安川日記』三、一四三頁、一九一七年二月二六日条。

(101) 前掲「覚書」。

(102) 製鉄所総務部前掲『漢冶萍公司関係本邦借款契約彙纂』一六九〜一七七頁。

(103) 一九一七年六月二八日付本野一郎外相宛鈴木嶋吉公信（前掲 1.7.1.9 第二〇巻）。
(104) 一九一七年七月一二日付本野外相宛武内副総支配人公信（前掲 1.7.1.9 第二〇巻）。
(105) 一九一七年一〇月一八日付勝田蔵相宛井上正金銀行頭取伺（「諸願伺届留　大正五年二月〜大正六年十月」武田晴人監修「横濱正金銀行　マイクロフィルム版」諸願伺 G–006、丸善、二〇〇三年）。
(106) こうした正金銀行からの金融的条件の提示は九州製鋼会社の設立にとって重要な要素であったと考えられるが、漢冶萍公司がどの程度これを重視していたかは、現状では詳らかではない。
(107) 「上山農商務次官談　民間製鉄と鉄鋼」（『東京朝日新聞』一九一六年三月二日付）。
(108) 「同志会と諸問題」（『東京朝日新聞』一九一六年三月二六日付）。
(109) 一九一七年四月一三日付寺内宛上山書簡附仲小路廉農商相宛押川製鉄所長官書簡（「寺内正毅関係文書」書翰の部A九六―一四）。
(110) こうした漢冶萍公司との新たな関係の構築には、第二次大隈内閣の対中国政策の刷新や「日中経済提携」の実現を目指し、鉄の自給を重要な政策として掲げていた寺内内閣へと内閣が交代していたことも関係していよう。寺内内閣の実質的な与党であった政友会のなかには、「日支親善の政策が両国に於て是認せらるゝ場合には此政策は日本に取つても利益であると共に、支那に於ても亦利益であるといふことでなければならぬ。若し一方が利益を得て一方が損するといふことであつたならば、其政策は到底言ふ可くして行はれないのである」との意見もあった（小坂順造「日支親善の意義」『政友』二二四、一九一八年一月）。
(111) 本書第3章を参照。
(112) 後年、安川は「亜細亜共同の防衛に必要なる支那の物資は日支両国人によりて開拓せられねばならぬ。而して元来其の物資が、支那の所有である以上は、日支両国の経済事業には利益を両国に均霑せしめねばならぬ、否な彼れを主にして、我れを従にせねばならぬ」と述べている（前掲「一九一八年三月二七日付　世界の変局と日支融合の急務」）。
(113) 本章では、九州製鋼会社の設立に対する外務省の動向を十分に明らかにできなかった。ただ、安川の日記からは林権助駐華公使や有吉上海総領事が新会社の設立を後押ししていたことが分かる（『安川日記』三、一四三頁、一九一七年二月二六日条や一四〇〜一四一頁、一九一七年二月一六日条など）。
(114) 奈倉文二前掲『日本鉄鋼業史の研究』三八八頁、合力理可夫前掲「安川・松本財閥における鉄鋼業経営について」、拙稿「大戦間期における九州製鋼株式会社の展開――近代日中合弁企業試論」（研究代表者日比野利信「近代日本における企業家の社会史――政治・経済・文化」課題番号［24520794］、平成二四年度〜二六年度、科学研究費補助金基盤研究（C）、二〇一五年）。
(115) 大蔵省編『明治大正財政史』第一三巻（財政経済学会、一九三九年）五七一〜五七二頁。
(116) 「日支親善ト日支経済的提携ニ関スル方策施設概要」（鈴木武雄監修『西原借款資料研究』東京大学出版会、一九七二年、一三四頁）。

第5章

（1）第一次交通銀行借款の元利は返済されたが、第二次交通銀行借款と参戦借款の合計四〇〇〇万円は元利とも未返済に終わった。また、一億円の日本興業債券の払込によって行われた残りの借款の整理は、政府による五分利公債の交付という形がとられたため、批判の的となった（鈴木武雄監修『西原借款資料研究』東京大学出版会、一九七二年、五五～五七頁）。以下『西原借款資料研究』とする）。

（2）西原借款の範囲や金額については諸説あるが、本章では一億四五〇〇万円説を踏襲する。西原亀三自身、第一次交通銀行借款、第二次交通銀行借款、有線電信借款、吉会鉄道借款前貸金、黒龍江及吉林両省森林並金鉱借款、満蒙四鉄道借款前貸、山東二鉄道借款前貸、参戦借款を「西原借款の全貌」としている（北村敬直編『夢の七十余年――西原亀三自伝』平凡社、一九六五年、二〇五～二〇六頁）。西原借款の範囲に関する先行研究については、『西原借款資料研究』の多田井喜生「解題」を参照されたい。

（3）大森とく子「西原借款について――鉄と金円を中心に」（『歴史学研究』四一九、一九七五年）。

（4）波形昭一『日本植民地金融政策史の研究』（早稲田大学出版部、一九八五年）第三章第三節。ちなみに、波形は「日支貨幣混一併用」＝金円ブロック化構想としている（同書四一三頁）。

（5）国家資本輸出研究会編『日本の資本輸出――対中国借款の研究』（多賀出版、一九八六年）。

（6）谷寿子「寺内内閣と西原借款」（『東京都立大学法学会雑誌』一〇―一、一九六九年）、山本四郎「大隈内閣末期の西原亀三」（『ヒストリア』八九、一九八〇年）、同「寺内内閣時代の日中関係の一面――西原亀三と坂西利八郎」（『史林』六四―一、一九八一年）、斎藤聖二「西原亀三の対中国構想――寺内内閣期対中国政策の前提」（『国際政治』七一、一九八二年）、同「寺内内閣と西原亀三――対中国政策の初期段階」（『国際政治』七五、一九八三年）、同「寺内内閣における援段政策確立の経緯」（『国際政治』八三、一九八六年）、森川正則「寺内内閣期における西原亀三の対中国「援助」政策構想」（『阪大法学』五〇―五、二〇〇一年）、同「実業家時代の西原亀三と大陸貿易――「日露経済提携」から「日中経済提携」へ」（『阪大法学』五四―二、二〇〇四年）。

（7）すでに先行研究において、金券条例をめぐる勝田主計と西原との微妙な意見のずれが指摘されているが、それが両者の対中国借款全体に関わる構想の違いと十分に関連づけられていないように思われる（大森とく子前掲「西原借款について」、波形昭一前掲『日本植民地金融政策史の研究』）。

（8）波形昭一前掲『日本植民地金融政策史の研究』、金子文夫『近代日本における対満州投資の研究』（近藤出版社、一九九一年）。波形は、金券条例の公布を「中国幣制の金円ブロック化の仕上げ段階」と述べている。

(9) 小林龍夫編『翠雨荘日記――臨時外交調査委員会会議筆記等』(原書房、一九六六年)九三頁。

(10) 寺内正毅内閣下における財政・金融政策の実態については、以下の文献を参照されたい。武田晴人「日本帝国主義の経済構造――第一次大戦ブームと一九二〇年恐慌の帰結」(『歴史学研究』別冊、一九七九年)、伊藤正直「財政・金融構造」(大石嘉一郎編『日本帝国主義史』1 第一次大戦期、東京大学出版会、一九八五年)、同『日本の対外金融と金融政策――一九一四～一九三六』(名古屋大学出版会、一九八九年)第一章第二節、齋藤壽彦『近代日本の金・外貨政策』(慶應義塾大学出版会、二〇一五年)第四編第八章。大戦の勃発による好況局面に遭遇し、勝田が金融政策と金融機関の再編成を行おうとしており、「将来にわたって財政経済政策の基礎を固めようという壮大な意図」を持っていたとの指摘もある(勝田龍夫『中国借款と勝田主計』ダイヤモンド社、一九七二年、四九頁)。また、日本興業銀行債券が議会を通過していたことや寺内閣期の借款契約の成立の多さから、勝田を再評価する見解もある(中津海知方『預金部秘史』東洋経済新報出版部、一九二八年、一二六～一二七頁及び一四四～一四五頁)。

(11) 奈良岡聰智『対華二十一ヵ条要求とは何だったのか――第一次世界大戦と日中対立の原点』(名古屋大学出版会、二〇一五年)。

(12) 平野健一郎「西原借款から新四国借款団へ」(細谷千博・斎藤真編『ワシントン体制と日米関係』東京大学出版会、一九七八年)、三谷太一郎『増補 日本政党政治の形成』(東京大学出版会、一九九五年)、同『ウォール・ストリートと極東――政治における国際金融資本』(東京大学出版会、二〇〇九年)。ただし近年では、第二次政治改革借款と幣制改革借款の合併問題を検討した研究が登場している(塚本英樹「日本の対中国借款政策と幣制改革――第二次改革借款と幣制改革借款合併問題」『日本歴史』七九七、二〇一四年)。

(13) 近年、塚本英樹は、第二次改革借款に関する外務省の政策構想を再検討した(同「寺内正毅内閣期の対中国財政援助政策――外務省と援段政策」『東アジア近代史』一八号、二〇一五年)。

(14) 後に勝田は、「阪谷男は、勝田が遊んでいるから適任であろう。自分よりも極力勧誘するとの事であったらしい」と語っている(勝田主計『ところてん』日本通信大学出版部、一九二七年、三八～三九頁)。また、勝田が阪谷芳郎に送った書簡のなかでは、朝鮮銀行就任の背景に阪谷への「相談」があったことが述べられている(一九一五年一二月二日付阪谷宛勝田書簡、国立国会図書館憲政資料室所蔵「阪谷芳郎関係文書」二六七―一〇)。以下「阪谷文書」とする。

(15) 朝鮮銀行史研究会編『朝鮮銀行史』(東洋経済新報社、一九八七年)一四五～一四六頁。

(16) 勝田主計「満州金融機関整備ニ関スル意見 大正五年五月」(国立国会図書館憲政資料室所蔵「寺内正毅関係文書」書類の部四三九―三二)。以下「寺内文書」とする。勝田は、すで清末において、満州地方における金融機関の新設に慎重な立場を表明するとともに、正金銀行券の流通拡大にも疑問を抱いていた(勝田主計「清韓財界近況」『経済評論』九―一三、一九〇九年八月)。とはいえ、日本人居留民や日満貿易の便宜のため、満州地方での金兌換券の流通、金建て取引の拡大に前向きな主張を展開していた（勝田主計「満洲幣制の統一」『経済評論』九―一二、一九〇九年一二月）。

(17) 山川勇木「支那に対する投資に就て」（『銀行通信録』六一―三六三、一九一六年一月号）。

(18) 中国の幣制に関しては、リヨウ・パオセイン著、勝谷在登訳『支那幣制の性格的研究――銀問題を通じて見た支那の貨幣事情』（白揚社、一九四〇年）、日本銀行調査局編『中国近代貨幣概要』（日本銀行調査局、一九六七年）などを参考にした。

(19) 日支銀行・満州銀行両法案に関する第三七議会や経済調査会での議論の内容に関しては、間宮国夫「日支銀行・満州銀行設立計画についての覚書」（『社会科学討究』一九―一、一九七三年）、原田敬一「日貨ボイコット運動と日支銀行設立構想――一九一〇年代大阪のブルジョアジーの立場」（『ヒストリア』九〇、一九八一年）、波形昭一前掲『日本植民地金融政策史の研究』三三六～三三八頁などを参照されたい。

(20) 一九一六年二月三日衆議院本会議における武富時敏蔵相の演説（『帝国議会衆議院議事速記録』31、東京大学出版会、一九八一年、四一四頁）。

(21) 一九一六年二月二日貴族院日支銀行法案外一件特別委員会における勝田の発言（『帝国議会貴族院委員会議事録』5、臨川書店、一九八二年、三七八頁）。

(22) 一九一六年二月一三日付寺内宛勝田書簡（「寺内文書」二九七―一二）。

(23) 勝田主計「菊の根分け」（『西原借款資料研究』三〇三～三〇四頁）。

(24) 朝鮮銀行総裁勝田主計「朝鮮所感」（『経済時報』一九一六年三月号）。

(25) 一九一六年一月二七日付寺内宛勝田書簡（「寺内文書」二九七―一）。

(26) 金子文夫前掲『近代日本における対満州投資の研究』。

(27) 一九一六年三月三日付寺内宛勝田書簡（「寺内文書」二九七―五）。こうした貴族院と大隈重信内閣との対立については、高橋秀直「寺内内閣成立期の政治状況」（『日本歴史』四三四、一九八四年）、同「山県閥貴族院支配の展開と崩壊――一九一一～一九一九」（『日本史研究』二六九、一九八五年）、波形昭一前掲『日本植民地金融政策史の研究』を参照されたい。

(28) 西原の日記には「日支・満洲銀行法案衆議院通過ニ対し貴族院に於て阻止すべく運動されたしと朝鮮銀行当局より嘱せられ東上せり」とある（山本四郎編『西原亀三日記』京都女子大学、一九八三年、一二〇頁、一九一六年二月一七日条）。第二次大隈内閣で蔵相を務めた若槻礼次郎（この時期は貴族院議員）は、日支銀行・満州銀行両法案をめぐる貴族院について、「とにかく貴族院の空気は非常に悪かった。そしてそれは、大隈内閣が絶対多数を占めて、衆議院に勢威を張ったのに対する、貴族院に根を張る官僚系の反感の現れに違いない」と主張している（若槻礼次郎『明治・大正・昭和政界秘史――古風庵回顧録』講談社、一九八三年、二二〇頁)。
(29)社団法人尚友倶楽部・内藤一成編『田健治郎日記』3(芙蓉書房出版、二〇一二年)一七三頁、一九一六年二月二八日条。
(30)経済調査会に関しては、原田三喜雄「解題」(原田三喜雄編『第一次大戦期通商・産業政策資料集』第一巻、柏書房、一九八七年)などを参照されたい。
(31)「経済調査会金融貿易産業連合部会議事速記録」(国立公文書館所蔵「各種調査会委員会文書」経済調査会書類・十一金融第一号及産業第五号提案ニ関スル決議及関係書類第七号、A05021023900)。
(32)一九一六年五月二五日金融第一号提案特別委員会での片岡直温特別委員の発言(同右)。
(33)片岡の反対論は日支銀行・満州銀行両法案が第三七議会で勝田らを中心として否決に追い込まれたことと無関係ではないだろう。片岡は高知県出身、京都府選出の代議士で、第三七議会当時、与党立憲同志会に所属していた。勝田は同志会内における「土佐派」の動きに批判的であった(「寺内文書」二九七—五)。
(34)一九一六年六月二四日金融一号提案及産業第五号提案特別委員会での井上準之助特別委員の発言(前掲「各種調査会委員会文書」)。
(35)一九一六年三月一六日付寺内宛勝田書簡(「寺内文書」二九七—六)。
(36)一九一六年四月二日付寺内宛勝田書簡(同右二九七—七)。
(37)本書第3章を参照。
(38)一九一六年六月八日発石井菊次郎外相宛日置益駐華公使電報(外務省外交史料館所蔵「外務省記録」1.7.1.11「支那改革借款一件」第三一巻)。以下の「外務省記録」はアジア歴史資料センター(http://www.jacar.go.jp)で閲覧した。
(39)一九一六年六月九日付本省着石井外相宛井上勝之助駐英大使電報(同右)、千葉功『旧外交の形成——日本外交 一九〇〇〜一九一九』(勁草書房、二〇〇六年)三二八〜三三一頁。
(40)一九一六年六月八日付日置駐華公使宛石井外相電報(『日本外交文書』大正五年第二冊、一九六七年、一五〇頁)。以下『外文』とする)。
(41)一九一六年六月一六日付石井外相宛日置駐華公使電報(同右書一七五頁)。
(42)一九一六年六月八日付石井外相宛日置駐華公使電報(同右書一四四頁)。
(43)一九一六年六月一一日付日置駐華公使宛石井外相電報(同右書一六三頁)。
(44)一九一六年六月一四日 W・C・グリーン駐日イギリス大使と石井外相との会談内容に関する文書(前掲1.7.1.11第三一巻)。
(45)一九一六年八月三一日付石井外相宛林権助駐華公使電報(同右)。

(46) 大浦兼武内相の失脚は貴族院と大隈内閣との提携関係に大きな打撃を与えた（北岡伸一『日本陸軍と大陸政策——一九〇六年～一九一八年』東京大学出版会、一九七八年、二九六頁、高橋秀直前掲「山県閥貴族院支配の展開と崩壊」）。

(47) 臼井勝美『日本と中国——大正時代』（原書房、一九七二年）一〇三～一〇四頁、千葉功前掲『旧外交の形成』三三四～三三八頁。

(48)「正貨政策ニ関スル件（一九一六年一一月）」（国立公文書館所蔵「勝田家文書」四八号）。

(49)「対支金融機関設備ニ関スル件　一九一六年一一月一七日閣議案」（国立公文書館所蔵「公文類聚」第四十一編・大正六年・第十五巻・財政七）。「大正五年十一月十七日閣議案ノ侭ニテ閣議決定シタルモノノ由」との付箋が付いている。

(50)「中華匯業銀行ニ関スル件」（「外務省記録」3.3.3.33「日支合弁銀行関係雑件」第一巻）。

(51) 勝田主計前掲「菊の根分け」（『西原借款資料研究』三〇三～三〇五頁）。

(52) 一九一七年六月二七日衆議院本会議における勝田蔵相の演説（『帝国議会衆議院議事速記録』33、東京大学出版会、一九八一年、一一三頁）。

(53) 一九一七年七月三日東洋拓殖株式会社法中改正法律案外一件委員会における勝田蔵相の発言（『帝国議会衆議院委員会議録』13、臨川書店、一九八二年、五四～五五頁）。

(54) 一九一六年一〇月二九日本省発林駐華公使宛寺内外相電報（前掲1.7.1.11第三二巻）。

(55) 一九一六年一一月二一日付本野一郎外相宛林駐華公使電報（『外文』五―二、三二四～三二五頁）。

(56) 一九一六年一一月二六日本省着本野外相宛林駐華公使電報（前掲1.7.1.11第三二巻）、一九一六年一一月二七日付井上準之助正金銀行頭取宛在北京小田切万寿之助取締役公信（前掲1.7.1.11第三三巻）。林駐華公使と小田切の協調関係は後に見る阪谷の中国派遣に関しても実現していたものと思われる（一九一八年一月二九日付阪谷宛林駐華公使書簡「阪谷文書」四一―五）。

(57)「対支借款ニ関スル金融機関系統」（『西原借款資料研究』一七一～一七二頁）。多くの研究がすでにこの史料に言及しているが、なかでも大森とく子は、①リスクの高い中国投資の危険負担を政府が引き受け、②民間資本を動員してこれを政府の統制下に投資できる方式であると評価した（大森とく子前掲「西原借款について」）。また、平野健一郎や伊藤正直は、対中国借款において外務省や正金銀行が排除されたと述べている（平野健一郎前掲「西原借款から新四国借款団へ」、伊藤正直前掲『日本の対外金融と金融政策』）。

(58) ただし、少額の地方借款や短期借款については、正金銀行の担当とされるなどいくつかの例外が存在していた（一九一七年一月二〇日付井上準之助横浜正金銀行頭取宛市来乙彦大蔵次官指令、武田晴人監修「横濱正金銀行　マイクロフィルム版」丸善、二〇〇三年、「指令」H-004）。

(59)大森とく子は、西原借款が政府の直接統制下で国策に沿って行われた投資であると評価している(大森とく子前掲「西原借款について」)。
(60)「日本興業銀行外ニ銀行ノ一億円対支借款ノ沿革ト同借款ニ関スル三銀行債務ノ整理顚末」(『西原借款資料研究』三五五～三五七頁)。
(61)伊藤正直は、こうしたことから対中国投資における財閥系銀行の一定のヘゲモニーが確立したと指摘する一方、国家機関・国家資金の媒介を前提としていたために、それでもなおそれが制約を受けていたとする(伊藤正直前掲「財政・金融構造」)。
(62)明石照男講述『大正銀行史概観』(東京銀行集会所、一九二三年)六三頁。
(63)「物価調節ニ関スル件」(「勝田家文書」第三二号)。
(64)銀行倶楽部晩餐会における勝田蔵相の演説(『銀行通信録』六三―三七五、一九一七年一月二〇日号)。
(65)大森とく子前掲「西原借款について」、国家資本輸出研究会編前掲『日本の資本輸出』。
(66)「大正五年十二月十四日附政府決定　支那新大借款ニ関スル件」(『外文』五―二、三四二～三四四頁)。
(67)一九一六年には、政府と日本銀行が所有する正貨は大戦前の二倍近くに達していた(大蔵省編『明治大正財政史』一三巻、財政経済学会、一九三九年、九二～九三頁及び一〇六～一〇七頁)。
(68)『外文』五―二、三二三～三二七頁。
(69)イギリス銀行団は、アメリカ側の借款を牽制するためにも日本単独での前貸を認める必要があったと思われる(一九一七年一月一六日付本野外相宛珍田捨巳駐英大使電報『外文』六―二、一三四頁)。
(70)「中国内政上ノ陰謀運動等ニ無関係ノ方針ニテ措置方ノ件」(同右書三～六頁)。
(71)臼井勝美前掲『日本と中国』。
(72)当時の総裁は国務院秘書長など政府の要職を歴任し、帝制運動を推進した梁士詒であった。交通系に関しては、平野和由「軍閥政権の経済基盤――交通系・交通銀行の動向」(野沢豊・田中正俊編集代表『講座中国近現代史』第四巻、東京大学出版会、一九七八年)、賈熟村『北洋軍閥時期的交通系』(河南人民出版社、一九九三年)を参考にした。
(73)国務院令の内容については、『銀行通信録』六一―三六九(一九一六年七月)を参照されたい。
(74)この兌換停止令は、中国全土の金融機関に多大な影響を与えたようである(三宅儀明編『民国五年度中国交通両銀行兌換停止騒動記』〈中通資料第四十六号〉中国通信社、一九三六年)。
(75)一九一六年五月一九日発大倉組本店宛北京河野久太郎電報(「外務省記録」1.7.1.5-22-1「対支借款関係雑件/銀行ノ部/交通銀行ノ部　交通銀行関係1　交通銀行対興業朝鮮台湾三銀行(五百万円)」)。袁世凱政権による中国・交通両銀行への兌換停止令に

ついては、味岡徹「袁世凱政府の財政破綻と兌換停止令」（増淵龍夫先生退官記念論集刊行会『中国史における社会と民衆　増淵龍夫先生退官記念論集』汲古書院、一九八三年）がある。

(76) 一九一六年五月二二日発石井外相宛日置駐華公使電報（前掲 1. 7. 1. 5-22-1）、臼井勝美前掲『日本と中国』。ただし、外務省内には「好意的援助」にとどめるべきとする意見も存在していた（千葉功前掲『旧外交の形成』三三七頁）。

(77)「日支銀行及満洲銀行設立ノ件」（「勝田家文書」第一一六号）。

(78) 曹汝霖『一生之回憶』（曹汝霖回想録刊行会、一九六七年）一一六頁、斎藤聖二前掲「寺内内閣と西原亀三」。

(79) 一九一七年九月二七日着本野外相宛林駐華公使電報（前掲 1. 7. 1. 5-22-1「対支借款関係雑件／銀行ノ部／交通銀行ノ部　交通銀行関係　同上（二千万円）」）。ただし、勝田は寺内内閣の閣内一致や総選挙を見据え、「寺内々閣アリテノ対支外交」と述べ、西原に自重するよう求めている（〔大正六年〕三月一三日付西原宛勝田書簡、国立国会図書館憲政資料室所蔵（寄託）「西原亀三関係文書」二〇冊）。

(80)「大正六年六月調　支那幣制改革問題ノ沿革　理財局国庫課」（「勝田家文書」第九九号）。この史料は「外務省記録」1. 7. 1. 11-5「支那改革借款一件（別冊）幣制改革」第一巻にも収録されている。

(81)「現内閣成立後一箇年間ニ於ケル財政経済方策並施設概要ノ件」（国立公文書館所蔵「公文雑纂」大正六年・一三巻・内務省・大蔵省）。

(82) こうした認識の一方で、勝田は交通銀行借款が中国側によって政費に流用されることを想定していた（一九一七年四月七日付本野外相宛勝田蔵相公信『外文』六―二、二六三頁）。

(83) 財政部陳報訂借合同経過請鑒核備案呈（財政科学研究所・中国第二歴史檔案館編『民国外債檔案史料』第六巻、檔案出版社、一九九一年、六八～六九頁）。

(84) 財政部関于第二次墊款弁理情形呈（同右書一四九～一五〇頁）。

(85) 一九一七年八月二三日付犬養毅宛梁啓超書簡（丁文江・趙豊田編、島田虔次編訳『梁啓超年譜長編』第四巻、岩波書店、二〇〇四年、二一二頁）。

(86) 一九一七年九月一三日に行われた林駐華公使と梁啓超財政総長との会談概要報告（一九一七年九月一五日付本野外相宛林駐華公使電報、前掲 1. 7. 1. 11-5）。

(87)〔一九一七年一一月中旬梁啓超が馮国璋大総統・段祺瑞総理に提出した文書〕（丁文江・趙豊田編前掲『梁啓超年譜長編』二二四～二二七頁）。

(88) 一九一七年七月二七日付本野外相宛林駐華公使電報（『外文』六―二、一八五～一八六頁）。

(89) 一九一七年九月一一日付勝田宛藤原正文公信「支那幣制改革ニ関スル件」(「勝田家文書」第一〇一号)。
(90) 「対支方針　大正六年七月二十日閣議決定」(『西原借款資料研究』一一九～一二〇頁)。
(91) 一九一七年一月八日勝田蔵相宛本野外相公信(『外文』六―二、一二六頁)。
(92) 「支那新大借款前貸問題ニ関スル件」(同右書一二七頁)。
(93) 勝田主計前掲「菊の根分け」(『西原借款資料研究』三三六頁)。
(94) 〔年未詳〕一二月三〇日付阪谷宛渋沢栄一書簡(「阪谷文書」二五五―二四)。
(95) 「北京林公使宛東京大蔵大臣　六年九月十一日永田町官邸ニテ勝田蔵相ト会見ス　九月十二日此電報案ヲ送付ス」(「阪谷文書」五四四)。
(96) 一九一七年一〇月一一日付本野外相宛林駐華公使電報(『外文』六―二、二二五～二二六頁)。
(97) 小林丑三郎駐華財務官は、公債の売れ行きが順調でないこと、それにともない中国・交通両銀行券の価格も上昇していないことを勝田蔵相に伝えていた(『西原借款資料研究』二二五頁)。
(98) 一九一八年三月二三日京都商業会議所における阪谷の演説摘要(「大正七年三月ヨリ六月ニ至ル支那出張中備忘録　公森秘書役筆記」「阪谷文書」五五四)。
(99) 平野健一郎前掲「西原借款から新四国借款団へ」、来新夏主編『北洋軍閥史』上(南開大学出版社、二〇〇〇年)、李新・李宗一主編『中華民国史』三(中華書局、二〇一一年)。
(100) 一九一八年五月一八日付後藤新平外相宛林駐華公使電報(『外文』七―二・上、一八五～一八六頁)。
(101) 当初、与党政友会内には慎重な意見も存在していたが、ブレスト=リトフスク条約の調印によりドイツ東漸の危機感が増幅されたことで賛成への流れが形成されていく(原奎一郎編『原敬日記』四、福村出版、一九六五年、三六三頁、一九一八年二月二二日条)。第四〇議会における政友会や勝田の動向については、季武嘉也『大正期の政治構造』(吉川弘文館、一九九八年)を参照されたい。
(102) 章宗祥「東京之三年」(『近代史資料』三八、七七頁)。
(103) 山本四郎編前掲『西原亀三日記』二二二頁、一九一七年九月一一日条。
(104) 中谷直司は、西原と林駐華公使との間の相互不信を強調している(中谷直司『強いアメリカと弱いアメリカの狭間で――第一次世界大戦後の東アジア秩序をめぐる日米英関係』千倉書房、二〇一六年、第一章3)。
(105) 山本四郎編前掲『西原亀三日記』二六五頁、一九一八年七月一一日条。平野健一郎前掲「西原借款から新四国借款団へ」。
(106) 大内兵衛『大内兵衛著作集』第三巻(岩波書店、一九七五年)五三五～五三六頁。

(107)「寺内文書」二九七―二。
(108) 勝田主計前掲「菊の根分け」（『西原借款資料研究』三三一頁）。
(109)〔一九一八年〕六月二日付田中義一宛勝田書簡（山口県立文書館所蔵「田中義一文書」）。
(110)「日記」一九一八年四月二〇日条（「阪谷文書」六九二）。
(111) 日本銀行臨時調査委員会『支那幣制改革ニ関スル資料』（日本銀行、一九一八年）九～一〇頁。
(112)「陸宗輿・西原亀三「覚書」――両国福祉増進のため諸般協約施行実行の件」一九一八年四月一三日（山本四郎編『寺内正毅内閣関係史料』下、京都女子大学、一九八五年、四四六～四四九頁）。
(113) 西原亀三「中国税制整理並に幣制改革論　一九一八年七月識」（国立公文書館所蔵「松方家文書」六二）。
(114) 作成者不明『支那幣制改革実行尚早論』〔大正七年七月二七日〕（『西原借款資料研究』一八九頁）。
(115) 一九一八年六月一三日付西原宛杉宜陳大蔵省秘書官電報（『外文』七―二・下、八三九頁）。
(116) 一九一八年六月二二日付在北京西原宛木村雄次朝鮮銀行理事電報（同右書八六二頁）。
(117) 一九一八年六月一五日付小林駐華財務官宛勝田蔵相電報（『西原借款資料研究』二二三～二二四頁）。
(118) 一九一八年六月一九日北京発勝田蔵相宛小林駐華財務官電報（同右書二二五～二二七頁）。
(119) 一九一八年七月三日発小林駐華財務官宛勝田蔵相電報（同右書二三二頁）。
(120) 一九一八年七月四日付西原宛勝田蔵相電報（『外文』七―二・下、八六九頁）。
(121) 勝田主計前掲「菊の根分け」（『西原借款資料研究』三二九頁）。
(122) 同右書三二八頁。
(123) 同右書三〇六～三〇七頁。
(124) 一九一八年七月一二日発小林駐華財務官宛勝田蔵相電報（同右書二三五～二三六頁）。
(125) 勝田は、戦後には流入が減少することを見込んだうえで、正貨準備の擁護のために鉄など生産原料の確保を主要な目的とした日中の経済関係の強化を希望し、「日支親善」政策の実現のためには経済提携の実現が不可欠であると主張していた（勝田主計「正貨の膨張と戦局の前途」『実業公論』四―二、一九一八年二月号）。
(126) 山本四郎編前掲『西原亀三日記』二六六～二六七頁、一九一八年七月一九日条。
(127) 勝田は鉄鉱石や銑鉄の確保を一義的な目的とし、低利かつ長期の借款となるとの理由から、三銀行団による引受が困難であると考えていた（一九一八年八月二日付小林駐華財務官宛勝田電報『外文』七―二・下、九〇三～九〇四頁）。
(128)『西原借款資料研究』二三一頁。

(129) 同右書二三八頁。
(130) 安川は、寺内首相に「支那鉄鉱を等閑に附するは国策にあらさるを極言」し、寺内はそれを肯定したという(北九州市立自然史・歴史博物館編『安川敬一郎日記』第三巻、北九州市立自然史・歴史博物館、二〇一一年、二三一頁、一九一八年五月二二日条)。また、安川は港、鉄道、炭鉱を所有する満州の通裕公司の合弁事業に関係していた。その鉱区にあったのが大窰溝炭鉱であった。通裕公司や大窰溝炭鉱については、さしあたって、松本健次郎述、清宮一郎編『松本健次郎懐旧談』(鱒書房、一九五二年)一六五〜一六七頁を参考にした。
(131) 『西原借款資料研究』二三四頁。
(132) 段祺瑞政権の誕生以後、寺内内閣は参戦への財政的支援を実行することで、中国政府への影響力の拡大に務めた。ロシア革命が勃発すると、シベリア出兵が俄に騒がれるようになり、日中両国政府の間で、陸海軍に関する共同防敵が締結されるのは周知の通りである。シベリア出兵には、田中参謀総長が積極的であったことはもちろんであるが、勝田もかなり意欲的であった可能性が高い。例えば、西原が日記に書き記しているところでは、陸海相や参謀総長・次長で寺内に早期出兵の決断を迫る動きが確認できるが、勝田はこれに賛成であったという(山本四郎編前掲『西原亀三日記』二四一頁、一九一八年二月三日条)。そうであるならば、勝田はどのような理由からシベリア出兵に賛成であったのかが問題となろう。それは、政党対策であった。議会の閉会後、勝田が小林駐華財務官に送った「帝国議会ハ前回申遣ハシタル外予算其ノ他法律案全部ヲ協賛シ総理演説ノ後極メテ円満ニ且ツ稀ニ見ル静粛ノ裡ニ本日散会セリ」という電信(『西原借款資料研究』二〇五頁)とは裏腹に、議会の開会中に勝田は、実質的な与党と見られていた政友会のなかに、憲政会と通じる動きがあるため、「対露関係ヲ利用シテ内患ヲ外ニ向ケシムル」方針の採用を主張していた(一九一八年一月三〇日付寺内宛勝田書簡「寺内文書」二九七—二〇)。
(133) 一九一八年九月二八日付寺内宛勝田書簡(同右二九七—三〇)。
(134) 一九一八年四月一九日付後藤外相宛瀬川浅之進漢口総領事電報(『外文』七—二・上、一一頁)。
(135) 同右。
(136) 一九一八年五月三〇日付寺内首相宛西原書簡(『外文』七—二・下、八〇九頁)。
(137) 一九一八年五月二日付高尾亨南京領事宛後藤外相電報(『外文』七—二・上、一五頁)。
(138) 交通系の有力者であった葉恭綽は、最新鋭の軍備を持つ参戦軍を指揮する段祺瑞(安徽派)、副総統に就任できなかった曹錕ら直隷派、南方派との停戦交渉を進めることで自らの政治基盤を固めようとする徐世昌との溝はかえって深まったと指摘している(葉恭綽「一九一九年南北議和之経過及其内幕」『北洋軍閥史料選輯』下、中国社会科学出版社、一九八一年)。
(139) 「十月十九日関係各大臣会議協定」(『外文』七—二・下、九三六頁)。

(140)「対中国借款問題ニ関スル外務大蔵及農商務三省会議ノ議事及決議ノ件附属書一」（同右書九五七頁）。

(141) 一九一八年一〇月二二日の外交調査会における内田康哉外相の発言（小林龍夫編前掲『翠雨荘日記』二七八～二七九頁）。

(142) 加えて、西原は、①団匪賠償金の還付、②関税の引き上げ、③中国の鉄道敷設を目的とした借款団結成を「日支親善」、「東洋平和」工作として位置づけている（北村敬直編前掲『夢の七十余年』二〇六～二〇七頁）。森川正則は「産業開発国家」の形成による緊密な「日中提携」関係を築き、地域的経済関係を強化したうえで、列国との経済競争に臨もうとするのが西原の構想であるとしている（森川正則前掲「寺内内閣期における西原亀三の対中国「援助」構想」）。勝田も、アウタルキー経済や「経済圏」を強調していないが、国内産業の発達と「経済自給」について言及している（勝田主計「金融機関の整備」『自由評論』六―二、一九一八年二月）。

(143) 寺内から山東問題の解決を迫られた西原は、「之は純然たる外交問題にして経済問題に非らす、本問題に関与することは外交官の領分を侵し所謂二重外交の著しき実体となる。故に本件は外交官に処決せしめらるゝを妥当と信するを以て除外されたしと述べたる」と日記に書いている（山本四郎編前掲『西原亀三日記』二五七頁、一九一八年五月二二日条）。寺内が対中国借款によって山東半島返還問題を解決しようとしていたのに対し、西原は借款の政治問題への利用には反対であった。

(144) 吉会鉄道借款予備契約について、「勿論この借款も勝田さんにいはしむれば、寺内内閣の新計画ではなく、前からの懸案を解決したのだ。イヤ解決の緒に著かしめたのだといふに違いない」との評価もある（中津海知方前掲『預金部秘史』一〇二頁）。

第6章

(1) 河村一夫「阪谷芳郎財政顧問の中国派遣問題をめぐって」（同『日本外交史の諸問題』南窓社、一九八六年）。

(2) 波形昭一『日本植民地金融政策史の研究』（早稲田大学出版部、一九八五年）第三章第三節。

(3) 明石岩雄『日中戦争についての歴史的考察』（思文閣出版、二〇〇七年）。

(4) 森川正則「寺内内閣期における西原亀三の対中国「援助」政策構想」（『阪大法学』五〇―五、二〇〇一年）。

(5) 江口圭一『都市小ブルジョア運動史の研究』（未来社、一九七六年）。

(6) 石井裕晶『中野武営と商業会議所――もうひとつの近代日本政治経済史』（ミュージアム図書、二〇〇四年）、同『戦前期日本における制度改革――営業税廃税運動の政治経済過程』（早稲田大学出版部、二〇一二年）。

(7) 李廷江『日本財界と近代中国――辛亥革命を中心に』（御茶の水書房、二〇〇三年）。

(8) 同右書。

(9) 日清戦後における阪谷と貨幣法との関わりについては、故阪谷子爵記念事業会編『阪谷芳郎傳』故阪谷子爵記念事業会、一九五一年、第六章に詳しい。

（10）後年になって、阪谷芳郎自身、辛亥革命時において孫文から幣制改革顧問就任に関する相談があったことを明らかにしている（日本銀行臨時調査委員会編『支那幣制改革ニ関スル資料』日本銀行、一九一八年、一七頁）。

（11）時期が特定されているわけではないが、清末頃に阪谷が執筆したとされている『清国貨幣制度改革論』では、一大特許銀行の設立、「株主ハ清国政府及ヒ加入ヲ申込タル列国政府トス」ること、「持株ハ清国政府及ヒ加入ノ列国政府間ニ平分ス」ことなどが主張されている（故阪谷子爵記念事業会編前掲『阪谷芳郎傳』四三一～四三三頁）。欧米各国間における持株の均分など、これらの構想の現実性には、若干の疑問を持たざるを得ない。しかし、中国の幣制改革に関して、列国間の協力、すなわち国際借款団のような組織の存在が前提とされていることは、後年にも続く、阪谷の改革構想の基本である。

（12）阪谷芳郎「支那幣制改革に就て」一（『東京経済雑誌』七七―一九四七、一九一八年三月）。

（13）「支那大借款ニ関スル件　一九一六年一二月一四日」（『日本外交文書』大正五年第二冊、外務省、一九六七年、三四二～三四四頁）。

（14）この会議には、阪谷の他、大蔵省から森賢吾財務官、矢部規矩治技師、田昌書記官、農商務相から鶴見左吉雄書記官、外務省から田付七太フランス大使館参事官、杉村陽太郎大使館三等書記官らが派遣委員に任命されている（故阪谷子爵記念事業会前掲『阪谷芳郎傳』三九九頁）。連合国経済会議に関しては、原田三喜雄編『第一次大戦期通商・産業政策資料集』（柏書房、一九八七年）第一巻「解題」、森川正則「一九一六年のイギリス輸出入禁止政策と日本外交――戦時経済協力と通商・産業利益擁護の狭間で」（『阪大法学』五五―三・四、二〇〇五年）、同「第一次世界大戦と日本の経済外交――イギリスの輸入禁止措置をめぐって」（『奈良史学』三〇、二〇一二年）を参照されたい。

（15）阪谷芳郎「欧米視察談」（『東京商業会議所月報』九―一二、一九一六年一二月二五日付）。

（16）阪谷芳郎「本年に於て考究すべき六大問題」（『銀行通信録』六三―三七六、一九一七年二月二〇日号）。

（17）渋沢栄一「支那・南洋貿易の将来と我が国民の心得」（渋沢青淵記念財団竜門社編『渋沢栄一伝記資料』別巻第七・談話（三）、渋沢青淵記念財団竜門社、一九六九年、二六七頁）。

（18）一九一六年九月一八日付阪谷宛渋沢栄一書簡（国立国会図書館憲政資料室「阪谷芳郎関係文書」二五五―一七）。以下「阪谷文書」とする。

（19）「汪大使談話ノ要領　大正六年三月」（国立国会図書館憲政資料室所蔵「寺内正毅関係文書」四四三―一五）。

（20）一九一七年八月二三日付犬養毅宛梁啓超書簡（丁文江・趙豊田編、島田虔次編訳『梁啓超年譜長編』第四巻、岩波書店、二〇〇四年、二一一二頁）。

(21) 同右。
(22) 第二次改革借款の第一回前貸（一九一七年九月）の実行後、阪谷に対する幣制改革顧問への就任が「急転直下進行」したとの指摘がすでにあるが（前掲故阪谷子爵記念事業会編前掲『阪谷芳郎傳』四三八頁）。本章は、第一回前貸の背景として、外債発行に積極的な梁啓超が財政総長に就任したことも重視したい。来日時、汪大燮大使は本野一郎外相に対し、中国議会の改選が夏、もしくは冬に行われることを「秘密」に伝えており、幣制改革や阪谷の招聘と中国国内の政治状況とが無縁ではなかったことがうかがえる（前掲「汪大使談話ノ要領　大正六年三月」）。
(23)「阪谷芳郎日記」一九一七年八月二七日条（「阪谷文書」六九一）。
(24)「北京林公使宛東京大蔵大臣　六年九月十一日永田町官邸ニテ勝田蔵相ト会見ス　九月十二日此電報案ヲ送付ス」（「阪谷文書」五四四）。この文書は国立公文書館所蔵「勝田家文書」一〇一号にも残されている。
(25) 添田寿一「金本位制実施顚末」（『銀行通信録』六四―三八五、一九一七年一一月二〇日号）。
(26) 一九一七年九月一二日付勝田主計蔵相宛阪谷書簡（「勝田家文書」一〇一号七）。
(27)「阪谷芳郎氏ヨリ勝田大蔵大臣宛幣制改革交渉ニ関シ適任者支那政府ニ派遣方ニ関スル件」（「勝田家文書」一〇九号）。
(28)「通貨制度（改革）と借款の必要性および理由の草稿」（丁文江・趙豊田編前掲『梁啓超年譜長編』二二〇〜二二一頁）。
(29)「一九一六年九月から一〇月にかけて書かれた段祺瑞宛梁啓超書簡」（同右書一四五〜一四六頁）。
(30) 一九一七年八月八日本省着本野一郎外相宛林権助駐華公使電報（外務省外交史料館所蔵「外務省記録」1. 7. 1. 11「支那改革借款一件」第三五巻）。以下の「外務省記録」、「公文類聚」はアジア歴史資料センター（http://www.jacar.go.jp/）で閲覧した。
(31) 同右。
(32) 明石岩雄がすでに指摘しているように、林駐華公使など外務省には阪谷の訪中を後押しする動きが存在していた（明石岩雄前掲『日中戦争についての歴史的考察』）。
(33) 第一次世界大戦の勃発直後の一九一四年八月八日、東京商業会議所議員談話会において臨時調査会規定が決定され、調査委員が選出された（『東京商業会議所月報』七―八、一九一四年八月二五日付）。調査委員は中野武営会頭を筆頭に、阪谷、添田寿一、加藤正義、大橋新太郎、志村源太郎、藤山雷太、根津嘉一郎、和田豊治、馬越恭平、杉原栄三郎が基本的な構成員であり、政府関係者の出席も見られる。
(34) 依田信太郎編『東京商工会議所八十五年史』上巻（東京商工会議所、一九六六年）八八二〜八八四頁。
(35)「東京金融市況」（三菱合資会社庶務部調査課『時局ニ関スル調査報告　第五回（大正四年八月乃至十月）』三菱史料館所蔵、M2-00113-005）。このことに関しては、第二次大隈重信内閣の武富時敏蔵相も「他面外国の資金が流入するに係わらず、内地では此の戦局が如何に成行くか、今後の経過が如何に変化するか、といふことに非常に警戒を加へ、自ら企業を差控へて居る事が、今日の金融緩慢を来して居る」、「全国の資金が、少し中央に集中し過ぎて居る」と発言している（高橋亀吉編『財政経済二十五年誌』第六巻、財界編（上）、実業之世界社、一九三二年、三八九頁）。
(36)『大蔵省年報』大正四年度〜大正八年度［復刻版］（日本図書センター、一九八四年）。
(37) 大蔵省編『明治大正財政史』一四巻（財政経済学会、一九三七年）七六六〜七六八頁。
(38) 依田信太郎編前掲『東京商工会議所八十五年史』八八五頁。
(39) 添田寿一「対支経済政策」（『東京商業会議所月報』一〇—七、一九一七年七月二五日付）。
(40)「支那幣制改革」（『東京商業会議所月報』一〇—一〇、一九一七年一〇月二五日付）。
(41) こうした東商内の論調に在華商業会議所の動向が影響を与えていたと考えられるが、東商と在華商業会議所との関係については、今後の課題としたい。
(42) 山科礼蔵『渡支印象記——千里鵬程』（私家版、一九一八年五月）。
(43) 山科礼蔵「支那一瞥所感」（『東京商業会議所月報』一〇—一二、一九一七年一二月二五日付）。
(44) 堀江帰一『堀江帰一全集』一〇巻（改造社、一九二九年）八六三頁。堀江は張嘉傲（公権）、張嘉樹、黄羣などと頻繁に会っている。
(45) 姚崧齡編『張公権先生年譜初稿』（傳記文學出版社、一九八二年）三五〜三七頁。
(46) 堀江帰一『支那経済小観』（新美書店、一九一八年）第一論。
(47) 大阪府内務部『大正五年大阪外国貿易概況』（大阪府内務部、一九一七年）一六〜二〇頁。
(48) 猪谷善一編『大阪商工会議所史』（大阪商工会議所、一九四一年）一五九頁。
(49) 同右書一七一頁。対支貿易調査委員会の委員長は藤野亀之助、以下委員は岩井勝次郎、稲畑勝太郎、柿崎欽吾、玉手弘行、高山圭三、國廣清右衛門、安住伊三郎、喜多又蔵、宮崎敬介であった（『大正四年大阪商業会議所事務報告』大阪商業会議所、一九一六年、二〇頁）。
(50)「支那の日貨排斥運動に関する請願書」（『大日本紡績連合会月報』二七四、一九一五年六月）。
(51) 甲南学園平生釟三郎日記編集委員会編『平生釟三郎日記』第一巻（甲南学園、二〇一〇年）三五五頁、一九一五年六月一八日条。大商が芝罘や青島での日貨排斥に対する取締を外務省に要請したことを受け、外務省本省は出先の芝罘領事館に大商の要請を伝達し、芝罘領事館が取締に乗り出したことが確認できる（大阪商工会議所図書館所蔵「大正四年起　重要書類　庶務課」古 No. 22 史料22☆）。

(52) 日本綿糸布満州輸出組合は、一九一四年の初頭、藤野亀之助三井物産大阪支店長、小室利吉同支店綿糸布主任、西原亀三朝鮮共益社代表らの発案で結成された組織のようである（木下鉄道院運輸局長談「日本綿糸布満州輸出組合の過去に於ける経過竝に将来に対する希望」『日本綿糸布満州輸出組合時報』一、一九一七年二月一一日）。

(53)「満州幣制整理ニ関スル件ヲ定ム」（国立公文書館所蔵「公文類聚」第四〇編・大正五年・第一四巻・財政五・税規附手数料専売・国債・貨幣・雑載、A01200130300）。

(54) 猪谷善一編前掲『大阪商工会議所史』一七〇頁。

(55)『貿易通報』一二一、一九一七年六月号。調査委員選出の直接的な契機は中国の関税改正問題であった（『大正六年大阪商業会議所事務報告』大阪商業会議所、一九一八年、一八四頁）。

(56)『京都商業会議所半年報　第二七回』一九一七年一一月八日付。関西商業会議所連合経済調査会は大阪、京都、神戸、名古屋、四日市の各商業会議所の代表者で構成されていた。

(57)「満蒙地方ニ於ケル金建取引普及ニ関スル建議書」（『京都商業会議所半年報　第二七回』一九一七年一一月八日付）。関西商業会議所連合経済調査会会長の名前で一九一七年六月一八日付で政府に提出されている。

(58)「満州における銀価の高騰」（『銀行通信録』六三―三七六、一九一七年二月二〇日号）。

(59) 商業会議所連合会については、依田信太郎編『東京商工会議所八十五年史』下巻（東京商工会議所、一九六六年）第一〇編を参照されたい。

(60)『貿易通報』一二二、一九一七年七月号。

(61)「議案第五号　中華民国幣制改革ニ関スル建議案」（「会議関係資料・役員会・役員会」全国商工会議所関係資料刊行委員会編「全国商工会議所関係資料　東京商工会議所（経済資料センター）所蔵」第一期、東京商工会議所、二〇一〇年）。

(62)「六商議協議会」（『東京朝日新聞』一九一八年一月一八日付）。

(63) 西原借款を取り上げた先行研究の多くがすでにこのことに言及している。大森とく子「西原借款について――鉄と金円を中心に」（『歴史学研究』四一九、一九七五年）、波形昭一前掲『日本植民地金融政策史の研究』、朝鮮銀行史研究会編『朝鮮銀行史』（東洋経済新報社、一九八七年）など。

(64)「支那幣制改革交渉摘要」（「阪谷文書」五四一）。

(65) 阪谷芳郎「支那の幣制改革の急務」（『拓殖新報』七三、一九一八年四月号）。

(66) 一九一八年五月一八日付後藤新平外相宛林駐華公使電報（『外文』七―二・上、一八五～一八六頁）。

(67) 一九一八年三月五日付阪谷宛本野外相訓示（「阪谷文書」五四一）。

(68) 阪谷は三月二二日に東京を出発し、二八日に北京に到着。四月二五日から南方を巡遊し、五月二九日北京へ戻る。六月二五日に東京に帰着した(故阪谷子爵記念事業会編前掲『阪谷芳郎傳』第一三章)。
(69) 「[一九一八年]六月八日財政金融学会に於ける講演」(「阪谷文書」五五二)。
(70) 「阪谷日記」一九一八年五月一二日条(「阪谷文書」六九一)。
(71) 「[大正七年]四月二九日付瀬川浅之進漢口総領事経由漢口発　阪谷男ヨリ山県元帥及寺内総理大臣へ」(「阪谷文書」五四二)。
(72) ただ、勝田蔵相は、西原の幣制改革構想そのものに賛同していたわけではなかった(本書第5章)。
(73) 「中華民国幣制改革ニ関スル案」(「支那幣制顧問招聘ニ関スル書類」「阪谷文書」五四二)。さらに、内藤久寛、串田万蔵らの発議で、この案を商業会議所の案として発表するなら実行されるものでなければならないということになった(一九一八年四月一二日付阪谷宛藤山雷太東京商業会議所会頭書簡、前掲「全国商工会議所関係資料」)。特に、内藤は貨幣制度が最も不便であったと訪中の感想を述べ、「日支親善」を目的とした中国の産業開発を望む立場から南北和平の必要性を説いていた(内藤久寛『訪鄰紀程』私家版、一九一八年、一七五〜一八二頁)。
(74) 西原亀三「中国税制整理並に幣制改革論　一九一八年七月識」(国立公文書館所蔵「松方家文書」六二号)。
(75) 一九一八年四月二五日付大阪・京都・横浜・名古屋・神戸各会頭宛藤山会頭書簡(前掲「全国商工会議所関係資料」)。
(76) 『民国五年度中国交通両銀行兌換停止騒動記』(中国通信社、一九三六年)六五頁。
(77) 一九一八年四月一二日付阪谷宛藤山会頭書簡(前掲「全国商工会議所関係資料」)。
(78) 一九一八年四月一八日付藤山会頭宛阪谷書簡(「阪谷文書」五四二)。
(79) 『京都商業会議所半年報　第二八回』一九一八年六月二五日付。
(80) 『貿易通報』一三五、一九一八年八月号。
(81) 『貿易通報』一三三、一九一八年六月号。
(82) 一九一八年五月二七日付藤山会頭宛山岡順太郎大阪商業会議所会頭書簡(「事業関係資料・往復書類・諸向往復書類」前掲「全国商工会議所関係資料」)。
(83) 「東商対支策挫折」(『東京朝日新聞』一九一八年五月二三日付)。
(84) 高村直助『近代日本綿業と中国』(東京大学出版会、一九八二年)九七〜一〇一頁。さらに、高村は中国における民族運動の勃興、中国ナショナリズムの高まりは在華紡よりも日本国内からの紡績輸出にとって大きな脅威になったとしている。
(85) 『東京商業会議所報』四、一九一八年八月一日付。
(86) 同右。

(87) 同右。
(88) 同右。
(89) 金券条例の公布に関する金の現送について、曹汝霖は「突然日本から、大量の金塊を幣制基金として貸そうという提議があった。しかし当時は銀塊相場が暴騰していたので、今金塊を借りれば、将来返還の際大変な損失を招くのみでなく、名目金本位には、大量の金塊準備は必要ないから、私はこれに反対し、幣制改革は議定するには至らなかった」と後年になって回顧している（曹汝霖著、曹汝霖回想録刊行会編訳『一生之回憶』曹汝霖回想録刊行会、一九六七年、一二二～一二三頁）。
(90)「阪谷日記」一九一八年七月八日条（「阪谷文書」六九二）。
(91) 勝田主計「菊の根分け」（鈴木武雄監修『西原借款資料研究』東京大学出版会、一九七二年、三三七頁）。
(92) 前掲「阪谷日記」一九一八年七月八日条。
(93) 明石岩雄前掲『日中戦争の歴史的考察』一八四頁。
(94)「阪谷日記」一九一八年八月二九日条（「阪谷文書」六九二）。
(95) 波形昭一前掲『日本植民地金融政策史の研究』四〇五～四〇六頁。森川は、阪谷が中国政府の財政を列国で管理することに否定的であったとする（森川正則前掲「寺内内閣期における西原亀三の対中国「援助」政策構想」）。
(96) 一九一九年一月一七日北京発内田康哉外相宛小幡酉吉駐華公使電報（前掲「外務省記録」1. 7. 1. 11-5-1「支那改革借款一件／幣制借款／阪谷男傭聘ノ件」）。この過程でランシング長官の発言の有無に関する日米間での認識の差異が問題化し、石井菊次郎大使の辞任問題にまで事態は発展することになる（河村一夫前掲「阪谷芳郎財政顧問の中国派遣問題をめぐって」、鹿島平和研究所編『石井菊次郎遺稿　外交随想』鹿島研究所出版会、一九六七年、七～八頁）。
(97) 一九一八年一二月一八日北京発内田康哉外相宛芳澤謙吉駐華代理公使電報（前掲「外務省記録」1. 7. 1. 11-5-1「支那改革借款一件／幣制借款／阪谷男傭聘ノ件」）。

終　章

(1) このような南進政策は、外務省など日本本国の視点が色濃く反映されたものであったが、台湾総督府などの動向を踏まえて、改めて検討する必要がある。
(2) 田村幸策『支那外債史論』（外交時報社、一九三五年）二四三頁。
(3) 一九一三年三月、アメリカ銀行団は六国借款団からの脱退を表明するが、それと同時に、六国借款団規約そのものには、同規約の消滅にいたるまで拘束を受ける旨をその他五国銀行家に伝えており（田村幸策前掲『支那外債史論』二五一頁）、同規約が規範として六国の銀行家の拘束していたことがうかがえる。
(4) 第一次世界大戦の勃発を契機として、西原借款に代表されるように、日本の対中国借款にまるでフリーハンドを与えてしまったとの危機感がイギリス側にはあった(Memorandum by Mr. W. G. Max Muller, February 21, 1919. FO371/3690)。
(5) この背景には、「勢力圏」と「特殊権益」に加え、「勢力圏」そのものの捉え方に関する相違も存在していた。例えば、日本政府は福建省を自国の、長江流域をイギリスの「勢力圏」としたが、外資の参入に対する両国の対応から見れば、日本の念頭にあった「勢力圏」の方が、イギリスのそれよりも排他的であったといえよう。
(6) 戸部良一『外務省革新派――世界新秩序の幻影』(中央公論新社、二〇一〇年)、熊本史雄『大戦間期の対中国文化外交――外務省記録にみる政策決定過程』(吉川弘文館、二〇一三年)、中谷直司『強いアメリカと弱いアメリカの狭間で――第一次世界大戦後の東アジア秩序をめぐる日米英関係』(千倉書房、二〇一六年)など。
(7) 佐藤昌一郎『官営八幡製鉄所の研究』(八朔社、二〇〇三年)二三〇頁。
(8) ただし、東亜興業に関しては、その設立経緯から、華中・華南利権を対象に経済活動を行っていた三井物産や大倉組の関与も見逃すことはできない(坂本雅子『財閥と帝国主義――三井物産と中国』ミネルヴァ書房、二〇〇三年、六三～六五頁)。
(9) 桂は高木陸郎に対し、「君が漢冶萍にあって揚子江方面で活動するなら大いにやって貰いたい。少なくとも日本は揚子江方面に対しても多大の関心を持って居るということを列国に判るようにやって貰いたい。そのためにはなるべく派手に大いに経費を惜しまず働いて欲しい」と述べたといわれ、この発言について、高木は、「日本の満蒙に対する列国の関心を牽制し列国の耳目を揚子江へ集中させようという公の遠大なる考えから出たものと察知される」と語っている(高木陸郎『私と中国』高木翁喜寿祝賀会、一九五六年、一九二頁)。さらに、桂は、「大冶鉄山に正金銀行等をして資本を貸出され、万一事のあるときは日本は同鉄山を占領して各国と共に支那問題を解決するの権利を得、之に因って以て南満地方の問題を解決せんとするの政策なり」とも発言していた(原奎一郎編『原敬日記』第三巻、福村出版、一九六五年、一二〇頁、一九一一年五月一日条)。
(10) 第二次西園寺内閣の辛亥革命の対応に関しては、同時代的には大きな批判の的になった。それは牧野伸顕の「どっち付かず」(明治(45)年(2)月(24)日付伊集院彦吉宛牧野伸顕書簡、財団法人尚友倶楽部・広瀬順晧・櫻井良樹編『伊集院彦吉関係文書』第一巻　辛亥革命期、芙蓉書房出版、一九九六年、三三〇頁)という評価に表れている。
(11) 長島隆二『政界秘話』(平凡社、一九二八年)五～六頁。
(12) 原敬は、中国問題をめぐる日本国内の騒動の状況について、大正天皇に数度奏上している。例えば、「今回東京に於ける騒動は未だ各政党の問題となりて騒動せしにあらず、故に日ならずして鎮静に帰すべし」(原奎一郎編前掲『原敬日記』第三巻、三三五頁、一九一三年九月一四日条)、「対支問題もはや消沈せり、是過日日光に於て言上せし通り政党之に加担せざるが為なり」(同書三四七頁、一九一五年一〇月一四日条）といった記述が原の日記にはある。
(13) 辛亥革命の発生によって、日本国内では「政界革新」を求める政治勢力が台頭したといわれている（櫻井良樹『大正政治史の出発——立憲同志会の成立とその周辺』山川出版社、一九九七年、同『辛亥革命と日本政治の変動』岩波書店、二〇〇九年）。また、満蒙権益が「特殊権益」化していくなかで、「帝国」意識とともに対中国論が変容し、中国における政治変動が日本国内の政治改革欲求を高めたとする指摘もある（有馬学「「改造運動」の対外観——大正期の中野正剛」『九州史学』六〇、一九七六年、同『「国際化」の中の帝国日本』〈日本の近代4〉中央公論新社、一九九九年）。
(14) 並木頼寿「近代の日本と「アジア主義」」（並木頼寿『東アジアに「近代」を問う』〈並木頼寿著作集Ⅰ〉研文出版、二〇一〇年）。
(15) 陸軍・参謀本部にとって、辛亥革命が第一次世界大戦期の中国に対する積極政策の思想的起源であったことは、坂野潤治『明治・思想の実像』（創文社、一九七七年）や北岡伸一『日本陸軍と大陸政策——一九〇六～一九一八年』（東京大学出版会、一九七八年）をはじめ、すでに多くの研究で言及されている。
(16) 平野健一郎「西原借款から新四国借款団へ」（細谷千博・斎藤真編『ワシントン体制と日米関係』東京大学出版会、一九七八年）、三谷太一郎『増補　日本政党政治の形成——原敬の政治指導の展開』（東京大学出版会、一九九五年）、三谷太一郎『ウォールストリートと極東——政治における国際金融資本』（東京大学出版会、二〇〇九年）。
(17) 服部龍二『東アジア国際環境の変動と日本外交　一九一八—一九三一』（有斐閣、二〇〇一年）。
(18) 小林龍夫編『翠雨荘日記——臨時外交調査委員会会議筆記等』（原書房、一九六六年）五二二～五二三頁。
(19) 安川撫松著、松本健次郎編『撫松余韻』（私家版、一九三五年）七八七頁。

あとがき

対中国借款というテーマを卒業論文で取り上げてから、はや一〇年以上が経つ。迷走した挙げ句のさんざんな卒業論文ではあったが、現在の研究テーマと全く無関係ではないという意味では、何かしらの意義はあったのかもしれない。しかし、こうして一書にまとめた後でも、多くの課題が残されていることをひしひしと感じている。

本書を読んでいただければ分かるように、対中国借款や資本輸出に関する研究史の蓄積は厚い。国家資本輸出研究会の手によるデータ整理の成果を見れば、研究に多大な時間を要することは明らかだし、諸外国にある関係史料の収集・読解を含めればなおさら時間がかかる。さらに、当初は研究の先行きに明確な見通しがあったわけでもなかった。今、振り返ってみれば、よくもこのようなテーマを選択したものだと思う。

しかし、幸運であったのは、「史料との出会い」が研究を後押ししてくれたことである。大学院の博士前期課程の頃、アジア歴史資料センター上で公開が進んでいた外務省記録のなかで、関係するものを片っ端から研究室で印刷し、がむしゃらに読んだ。日々、新たな知識を得ることは、楽しみ以外の何ものでもなかった。その代償として、私の部屋には、史料を綴じたファイルがうずたかく積み上がり、生活環境を脅かした。さらに、日本近代史を専門とする私が、中国近代史について深く知りたいと思うようになったきっかけも、「史料との出会い」である。最初の投稿論文を執筆していた時、行き詰まっていた私は、中国語の史料に目を通してみることにした。そこで出会った盛宣懐の書簡は、私の辛亥革命期の日中関係史像を覆すほど衝撃的なものであった。最初の頃に書き上げた論文は、彼と彼の残した史料に導かれて出来上がったといってもよい。

「人との出会い」も、私がこれまで研究を続けることができた大きな原動力であり、お世話になった皆様には感謝の言葉しか見つからない。そもそも、歴史に興味を持ったのは幼い頃で、周囲の人々から地元の歴史の話を聞いたり、娯楽のなかで親しんだことによる。高校時代には、恩師の斎藤正敏先生に、史跡に連れて行っていただいた。古地図を片手に旧城下町をめぐり、その痕跡が意外な形で残っていることに驚き、書かれたものだけでなく、そこに流れる空気が歴史には大事なのではないかとおぼろげに考えるようになった。歴史への好奇心は、故郷によって育てられたのだと、今では強く感じている。

大学入学後は、日本中世史か日本近代史か迷った挙げ句、近代史の中野目徹先生のゼミに所属することを決めた。先生は、学生のゼミ報告へのコメントや卒業論文の指導の際、手加減なく、「なぜ、そのテーマを選択したのか」という問いをたびたび発せられた、と記憶している。それに対する自分なりの答えを見つけようとするなかで、私は歴史研究の「おもしろさ」と「厳しさ」の両方を学んだと勝手に考えている。当時はもちろん、現在でもこの問いに答えるのは困難であるが、常に念頭に置いて、これからも研究を続けていきたい。

大学院進学後、見知らぬ土地に来て右往左往していた私を、公私にわたって教え導いてくださったのは、飯塚一幸先生である。飯塚先生は、学生の自主性を尊重されるので、強い口調で言われることはほとんどないが、しばしば迷走し、かつ、迷惑をかける不肖の弟子に対し、我慢強く指導をして下さった。特に、修士論文を書き上げ、それを投稿論文に仕上げようとしていた時には、長時間にわたる懇切丁寧なアドバイスをいただいた。今思えば、贅沢な時間であった。また、先生は、ゼミでの史料講読や古文書合宿などを通じ、史料を正確に、そして丁寧に読解するという歴史研究の基礎をたたき込んでくださった。現在でも、文書整理などの場でご一緒するたびに、先生の史料に向きあう姿勢から「史料との出会い」の大切さを学ばせていただいている。これからも、先生の教えを胸に研究に邁進していきたい。

なお、博士論文の審査にあたっては、村田路人先生、川合康先生に副査として加わっていただいた。ワクワクするような博士論文ではなく、さぞ苦痛を強いたことと思う。本書がその域に達しているかは甚だ心もとないが、読みやすい論文の書き方を考えるきっかけとなった。精進を続けていきたい。

博士後期課程に進学後は、京都大学の伊藤之雄先生のゼミに参加させていただくこととなった。学振特別研究員に採用された際も、受入教員となっていただいた。細かい事実ばかりにこだわっている私に対し、先生は、事実関係を明らかにしたうえで、それをどのように解釈し、歴史の大きな流れと結びつけてゆくかということをたびたび強調された。また、論文を著書としてまとめるにあたっては、話の筋を明確にすることの重要性を説かれた。本書を書き進めるなかで、これらの言葉が頭を離れることはなかった。本書は、先生の言葉に応えることができているであろうか。

奈良岡聰智先生には、出版社への紹介をはじめ、現在にいたるまで言い尽くせないほどお世話になっている。伊藤ゼミでお会いして以来、研究会ではもちろん、何度か仕事をご一緒させていただいているが、本の出版や論文の執筆はもちろん、国内外の数多くの史料整理や学会報告を次々と行われる先生のお姿には、常に圧倒され続けている。怠けがちな自分には、その仕事ぶりはとても真似できるものではないと痛感させられることしきりである。また、私がイギリス外交文書などを使用し、曲がりなりにも多言語史料を用いた研究をできるようになったのも、先生のご教授のおかげである。いつもお世話になりっぱなしであるが、今後の研究で少しずつ恩返しをできればと考えている。

今となっては恥ずかしいことであるが、本書でたびたび用いた「安川家文書（資料）」にこれほど多くの魅力的な史料があることを当初は知らなかった。何度か北九州で調査を行い、本書第４章のもととなる論文を書き進めるうちに、「安川家文書」に関する研究会に出入りさせていただくようになった。有馬学先生、中村尚史先生、日比野利信氏を中心とするこの研究会に参加して以来、史料の語る世界、報告会での自由な議論、色々な意味で魅力的なフィールドワークにとりつかれ、九州行きは病みつきになってしまった。この研究会に参加していなければ、本書が世に出ることはなかったであろう。本研究会に参加されている諸先生、諸氏に感謝申し上げたい。

大学院入学以来、吉田清成関係文書研究会にも参加させていただいている。初めて本格的に携わった史料整理作業として、とても思い出深く、今でも一次史料に触れる貴重な機会となっている。整理作業や昼休み中の雑談のなかで、吉田清成という個人を通して、専門外の幕末維新期の政治、経済、外交に関する理解を深めることができたと感じている。飯塚・伊藤両先生に加え、代表の山本四郎先生、鈴木栄樹先生、松下孝昭先生、田中智子先生、谷川穣先生に感謝申し上げたい。

瀧口剛先生には、先生の主催する研究会でたびたび報告の機会を与えていただき、その場で近い研究テーマをもった研究者と知り合うことができた。本書の校正段階でも貴重なコメントを頂戴した。また、小林道彦先生からは、お会いするたびに出版に関する励ましのお言葉をいただいた。

本書やそのもとになる論文の多くは、海外での調査や学会報告の成果に負うところが大きい。秋田茂先生には、グローバル・ヒストリーに関する研究会や国際学会にお誘いいただいた。ともすれば一国史的な日本近代史研究に陥りがちななか、自分の研究テーマを隣接する歴史学の分野とどのように関連づければよいのかについて、多くを学ぶことができた。アントニー・ベスト先生には、イギリスでの史料調査、学会報告で特にお世話になった。本書では、イギリス外交文書以外の史料を十分に活用することができなかったが、引き続きイギリスの史料を使った研究を進めていきたい。川島真先生、笹川日中友好基金のスタッフの皆様には、日本や中国でのセミナーでたいへんお世話になった。日本人研究者はもちろん、多くの中国人研究者と知り合いになれたことは、非常に大きな財産となっている。久保田文次先生、李培徳先生には、漢冶萍公司に関する国際学会にお誘いいただいた。この学会でお目にかかったご縁で、盛宣懐のご子孫の盛承懋先生には、蘇州の留園を案内していただくとともに、盛宣懐に関する貴重なお話を聞かせていただいた。忘れられない思い出である。また、台湾の中央研究院近代史研究所の張力先生には、現在、訪問学人としての受け入れ先になっていただいている。皆様にお礼申し上げる。

他にも、お世話になった方々は数知れない。ここですべての方のお名前を挙げることはできないが、特に、廣川和花、森靖夫、長尾宗典、下重直樹、後藤敦史、本井優太郎、久野洋の各氏とは、多くの時間を共有し、また、様々なことを議論してきたように思う。迷惑ばかりをかけているが、今後とも切磋琢磨をしてゆける関係でありたい。

大阪歴史科学協議会、史学会、社会経済史学会、鉄道史学会、「二〇世紀と日本」研究会、日本史研究会、British International History Group など様々な場で研究報告を行い、多くの有益なコメントを得ることができた。ご参加の皆様には感謝している。

史料調査にあたっては、大阪商工会議所図書館、北九州市立自然史・歴史博物館、九州国際大学、國史館台湾文献館、国立国会図書館憲政資料室、東洋文庫、渋沢史料館、市立米沢図書館、新日鐵住金㈱八幡製鐵所、東京大学経済学部資料室、土木学会附属土木図書館、三井文庫、三菱史料館、HSBC Archives, School of Oriental and African Studies, The National Archives の各機関にお世話になった。お礼申し上げたい。

索引作成や校正にあたっては、高岡萌、董悦明、濱田恭幸の各氏にご協力いただいた。

本書は、大阪大学大学院文学研究科・多言語多文化研究に向けた複合型プログラム（二〇一一〜一二年度）、「長江流域利権をめぐる近代日本外交に関する研究——南潯鉄道を中心に」（日本科学協会笹川科学研究助成、人文・社会、二〇一二年度）、「第一次世界大戦期における対中国借款の研究」（科学研究費補助金特別研究員奨励費、二〇一三〜一五年度）、「大戦間期の日本外交と新四国借款団——日中英関係と「勢力圏」認識の変容」（科学研究費補助金若手研究B、二〇一五～一七年度）による成果の一部である。また、本書の出版に際しては、平成二八年度独立行政法人日本学術振興会・科学研究費補助金（研究成果公開促進費「学術図書」）をいただくことができた。関係各位に厚くお礼を申し上げる。

名古屋大学出版会の三木信吾氏は、一書を著すという初めての体験に戸惑う私を、硬軟を織り交ぜた的確なアドバイスで導いて下さった。なんとかここまでたどりつけたのも、氏のおかげというほかない。校正作業にあたっては、長畑節子氏に多大なご苦労をおかけした。ご尽力に対し、記して感謝申し上げる次第である。

最後に、ここで家族へ謝辞を述べることをお許しいただきたい。一人息子の私を育ててくれた両親の喜裕、善子には、感謝の言葉が見つからない。わがままばかりを言い、果ては故郷から飛び出して、親不孝を続けている私を暖かく見守ってくれている。そして、私の研究に理解を示してくれている妻の菜々にも感謝したい。家事などより、研究を優先しがちな私を許容し、本書の執筆の際も、私以上の熱意で、完成まで協力をしてくれた。ありがとう。

二〇一六年九月二五日

暑さが一段落した台北にて　久保田 裕次

初出一覧

序　章　書き下ろし

第1章　「日露戦後における日本外交と清朝の鉄道政策」(『日本歴史』第七六四号、二〇一二年)と「華中・華南の鉄道利権と「勢力圏」外交――第一次世界大戦期を中心に」(『日本歴史』第七九四号、二〇一四年)の一部を再構成し、加筆。

第2章　「日露戦後における対中国借款政策の展開――漢冶萍公司を中心に」(『日本史研究』第五八九号、二〇一一年)、「六国借款団と日本――外交・金融関係者の「支那保全」論を中心に」(『歴史学研究』第九三〇号、二〇一五年)。

第3章　「漢冶萍公司の日中合弁化と対華二一カ条要求」(『史学雑誌』第一二一編第二号、二〇一二年)、前掲「華中・華南の鉄道利権と「勢力圏」外交」の一部。

第4章　「第一次世界大戦期における「日中経済提携」と漢冶萍公司――九州製鋼株式会社の設立をめぐって」(『九州史学』第一六五号、二〇一三年)。

第5章　「寺内内閣期の対中国借款政策と勝田主計」(『史学雑誌』第一二四編第三号、二〇一五年)。

第6章　「第一次世界大戦期の対中国経済外交と商業会議所――阪谷芳郎の幣制改革顧問就任問題を中心に」(『渋沢研究』第二七号、二〇一五年)。

終　章　書き下ろし

＊第1章から第3章までは、書き下ろしの部分を加え、いくつかの既出論文をひとつにまとめたため、構成が大きく変わっている。第4章から第6章は、もとの論文の形を基本的には維持しながら、加筆・修正をしている。

《著者紹介》

久保田《くぼた》 裕次《ゆうじ》

1984年　山梨県に生まれる
2014年　大阪大学大学院文学研究科博士課程修了
現　在　大阪大学大学院文学研究科招へい研究員，博士（文学）

対中借款の政治経済史

2016年12月10日　初版第1刷発行

定価はカバーに
表示しています

著　者　久保田　裕次
発行者　金　山　弥　平

発行所　一般財団法人　名古屋大学出版会
〒464-0814　名古屋市千種区不老町1 名古屋大学構内
電話(052)781-5027/FAX(052)781-0697

印刷・製本 ㈱太洋社　ISBN978-4-8158-0856-3
乱丁・落丁はお取替えいたします。

人名索引

あ 行

か 行

さ 行

た　行

な　行

は　行

ま　行

や　行

ら・わ行

事項索引

さ　行

た　行

な　行

は　行

ま　行

や　行

ら・わ行

図表一覧

写真 1　漢陽鉄廠と技師ウジェーナ・リュペール（湖北省冶金志編纂委員会編『漢冶萍公司誌』華中理工大学出版社，1990 年）……………………………… 55

写真 2　訪日時の盛宣懐（1908 年 11 月 1 日）（久保田文次監訳『中国近代化の開拓者・盛宣懐と日本』中央公論事業出版，2009 年）……………………… 56

写真 3　ジョン・ジョーダン（Peter Lowe, *Great Britain and Japan 1911-15 : A Study of British Far Eastern Policy*, London : Macmillan, 1969）………………………… 79

写真 4　辛亥革命期の招商局（上海）（胡政主編『招商局画史――一家百年民族企業的私家相簿』（上海社会科学院出版社，2007 年）……………………… 87

写真 5　チャールズ・アディス（Roberta Allbert Dayer, *Finance and Empire : Sir Charles Addis, 1861-1945*, Basingstoke : Macmillan, 1988）……………………… 94

写真 6　安川敬一郎（安川撫松著，松本健次郎編『撫松余韻』私家版，1935 年）… 158

写真 7　完成後の九州製鋼株式会社（北九州市立自然史・歴史博物館所蔵）……… 177

写真 8　寺内正毅（『近世名士写真』其 1，近世名士写真頒布会，1934 年）………… 180

写真 9　勝田主計（『犬養内閣』犬養内閣編纂所，1932 年）……………………… 180

写真 10　西原亀三（北村敬直編『夢の七十余年――西原亀三自伝』平凡社，1965 年）……………………………………………………………………… 180

写真 11　阪谷芳郎（阪谷芳郎著『余が母』私家版，1925 年）……………………… 212

写真 12　梁啓超（丁文江・趙豊田編，島田虔次編訳『梁啓超年譜長編』第 3 巻，岩波書店，2004 年）……………………………………………………… 216

図序-1　主な国際借款団の変遷………………………………………………… 9

図 1-1　1900 年 2 月の華中・華南の鉄道利権に関する閣議決定関連図……………… 31

図 1-2　長江流域利権関連図……………………………………………………… 44

図 2-1　第一次政治改革借款の使途予定………………………………………… 102

図 2-2　辛亥革命以前（商弁以降）の漢冶萍公司をめぐる諸関係……………… 111

図 3-1　寧湘鉄道の敷設に関する借款契約関連図……………………………… 142

図 3-2　対華二十一ヵ条要求第五号第五条関連図……………………………… 145

図 3-3　第一次世界大戦期の漢冶萍公司をめぐる諸関係……………………… 155

図 5-1　中国・交通両銀行券の価格の推移（1918 年 4〜7 月）………………… 196

表 1-1　辛亥革命以前における主な対中国借款契約……………………………… 19-20

表 1-2　漢陽鉄政局の初期資本構成……………………………………………… 26

表 2-1　1908〜12 年の漢冶萍公司損益額………………………………………… 66

表 2-2　四国銀行規約（1910 年 11 月 10 日調印）構成団体………………………… 68

文献一覧

日本語

【未公刊史料】

大阪商工会議所図書館所蔵「大正四年起　重要書類　庶務課」

外務省外交史料館所蔵

「外務省記録」1. 1. 2. 54「日清交際史提要」，1. 7. 1. 3「漢陽鉄政局及萍郷炭鉱局借款雑件」，1. 7. 1. 5-14-1「対支借款関係雑件　北京政府之部　郵伝部対正金銀行」，1. 7. 1. 5-22-1「対支借款関係雑件／銀行ノ部／交通銀行ノ部」，1. 7. 1. 6「支那招商局関係並借款交渉一件」，1. 7. 1. 7「対張之洞正金銀行借款雑件」，1. 7. 1. 8「正金銀行取締役小田切万寿之助北京駐在一件」，1. 7. 1. 9「漢冶萍煤鉄公司借款関係雑件」，1. 7. 1. 11「支那改革借款一件」，1. 7. 1. 11-5-1「支那改革借款一件／幣制借款／阪谷男傭聘ノ件」，1. 7. 1. 11-5-4「支那改革借款一件／幣制改革／参考書」，1. 7. 3-47「東亜鉄道研究会設立一件」，1. 7. 3-51「仏英資本家ノ起業ニ係ル清国鉄道敷設ニ関シ帝国資本家加入希望申込一件」，1. 7. 3. 9「支那鉄道関係雑件」，1. 7. 3. 9-2「支那鉄道関係雑件／台湾総督府報告書」，1. 7. 3. 73「清国鉄道国有問題関係雑纂」，1. 7. 3. 17「南支鉄道関係雑纂」，1. 7. 5. 2-10-3「支那鉱山関係雑件　鉱政ノ部　鉄鉱固有問題」，1. 7. 10「本邦人ノ製鉄事業関係雑件二．日支合弁九州製鋼株式会社ノ件」，1. 7. 10. 9「東亜興業株式会社関係雑纂」，2. 1. 1「(松本記録) 大正四年対支交渉一件 (極秘)」，2. 1. 1. 32「大正四年対支交渉一件 (極秘)」，3. 3. 3. 33「日支合弁銀行関係雑件」，3. 3. 3. 54「日支満州両銀行法案関係一件」，F. 1. 9. 2-3「粤漢，川漢両鉄道関係一件」，F. 1. 9. 2-16「南潯鉄道関係一件」

「外務省記録」調-0009

「外務省記録」官扱 317　政務局第一課「支那ニ於ケル勢力範囲撤廃問題ニ関スル研究」

北九州市立自然史・歴史博物館所蔵

「安川家文書」，「松本家資料」

國史館台湾文献館所蔵「台湾総督府文書」

国立公文書館所蔵

「各種調査会委員会文書」，「公文雑纂」，「公文類聚」，「勝田家文書」，「松方家文書」，「目賀田家文書」

国立国会図書館憲政資料室所蔵

「井上馨関係文書」，「宇垣一成関係文書」，「古島一雄関係文書」，「阪谷芳郎関係文書」，「都筑馨六関係文書」，「寺内正毅関係文書」，「西原亀三関係文書」(寄託)，「牧野伸顕関係文書」，「望月小太郎関係文書」

後藤新平記念館所蔵「後藤新平関係文書」

新日鐵住金㈱八幡製鐵所所蔵「製鐵所文書」
防衛省防衛研究所図書館所蔵「公文備考」
三井文庫所蔵
「昭和四年六月二十一日於西沢氏邸　西澤公雄氏談話速記原稿（漢冶萍に対する井上侯の尽力）」W4-700，「昭和五年二月三日於小田切邸　小田切万寿之助氏談話速記原稿」W4-700，「昭和七年七月十五日於中日実業株式会社　高木陸郎氏談話速記録」W4-716，「昭和七年九月二十日於西澤公雄氏談話速記録」W4-717，「三井物産史料文書部保管重要書類」，「井上侯爵家ヨリ交附書類」
三菱史料館所蔵「時局ニ関スル調査報告　第五回（大正四年八月乃至十日）」（三菱合資会社庶務部調査課）
山口県立文書館所蔵「田中義一文書」

【公刊史料】

明石照男講述『大正銀行史概観』東京銀行集会所，1923年
伊藤博文関係文書研究会編『伊藤博文関係文書』8，塙書房，1980年
井上準之助論叢編纂会編『井上準之助論叢』第二巻，井上準之助論叢編纂会，1935年
宇都宮太郎関係資料研究会編『日本陸軍とアジア政策・陸軍大将宇都宮太郎日記』1，岩波書店，2007年
梅謙次郎外『法典質疑問答　第八編刑法・国際公法・国際私法』信山社出版，1994年
大分県立先哲史料館編『矢野龍渓資料集』第八巻，大分県教育委員会，1998年
大内兵衛『大内兵衛著作集』第三巻，岩波書店，1975年
『大蔵省年報』大正四年度～大正八年度［復刻版］日本図書センター，1984年
大蔵省預金部『支那漢冶萍公司ニ関スル沿革』大蔵省預金部，1929年
———『支那漢冶萍公司ニ関スル沿革参照書類』大蔵省預金部，1929年
———『東亜興業株式会社融通金ニ関スル沿革』上，大蔵省預金部，1929年
大阪府内務部『大正五年大阪外国貿易概況』大阪府内務部，1917年
小川平吉文書研究会編『小川平吉関係文書』2，みすず書房，1973年
小幡酉吉伝記刊行会編『小幡酉吉』小幡酉吉伝記刊行会，1957年
外務省編『小村外交史』上，新聞月鑑社，1953年
———編『日本外交年表竝主要文書』上・下，外務省，1965～66年
———編『日本外交文書』第31巻第1冊，第33巻，第36巻第1・2冊，第38巻第2冊，第39巻第1冊，第40巻第1冊，第43巻第2冊，第44巻第2冊，第44巻・第45巻別冊清国事変（辛亥革命），第45巻第2冊，大正2年第2冊，大正3年第2冊，大正3年第3冊，大正4年第2冊，大正4年第3冊上巻，大正5年第2冊，大正6年第2冊，大正7年第2冊上・下，外務省，1954～69年
鹿島平和研究所編『石井菊次郎遺稿　外交随想』鹿島研究所出版会，1967年
上山君記念事業会編『上山満之進』上，成武堂，1941年
『漢冶萍公司関係本邦借款契約彙纂』製鉄所総務部，出版年不明
北九州市立自然史・歴史博物館編『安川敬一郎日記』第三巻，北九州市立自然史・歴史博

物館，2011 年
北村敬直編『夢の七十余年——西原亀三自伝』平凡社，1989 年
久保田文次監訳『中国近代化の開拓者・盛宣懐と日本』中央公論事業出版，2009 年
甲南学園平生釟三郎日記編集委員会編『平生釟三郎日記』第一巻，甲南学園，2010 年
後藤国彦『漢冶萍煤鉄廠公司　特ニ大冶鉄山ト吾ガ邦トノ関係』1917 年
小林龍夫編『翠雨荘日記——臨時外交調査委員会会議筆記等』原書房，1966 年
故古市男爵記念事業会編『古市公威』故古市男爵記念事業会，1937 年
———編『古市公威参考資料』巻之三，故古市男爵記念事業会，1937 年
渋沢青淵記念財団竜門社編『渋沢栄一伝記資料』第五十四巻，渋沢栄一伝記資料刊行会，1964 年
———編『渋沢栄一伝記資料』別巻第七・談話（三），同，1969 年
社団法人尚友倶楽部・櫻井良樹編『田健治郎日記』二，芙蓉書房出版，2009 年
社団法人尚友倶楽部・内藤一成編『田健治郎日記』三，芙蓉書房出版，2012 年
社団法人尚友倶楽部・季武嘉也編『三島弥太郎関係文書』芙蓉書房出版，2003 年
社団法人尚友倶楽部・広瀬順晧・櫻井良樹編『伊集院彦吉関係文書』第一巻　辛亥革命期，芙蓉書房出版，1996 年
勝田主計『ところてん』日本通信大学出版部，1927 年
鈴木武雄監修『西原借款資料研究』東京大学出版会，1972 年
『製鉄所対漢冶萍公司関係提要』一・二（農商務省製鉄所東京出張所，1917 年）
全国商工会議所関係資料刊行委員会編「全国商工会議所関係資料　東京商工会議所（経済資料センター）所蔵」第一期，東京商工会議所，2010 年
曹汝霖著，曹汝霖回想録刊行会編訳『一生之回憶』曹汝霖回想録刊行会，1967 年
『大正四年大阪商業会議所事務報告』大阪商業会議所，1916 年
『大正六年大阪商業会議所事務報告』大阪商業会議所，1918 年
高木陸郎『私と中国』高木翁喜寿祝賀会，1956 年
高橋亀吉編『財政経済二十五年誌』第六巻　財界編（上），実業之世界社，1932 年
高橋是清著，上塚司編『高橋是清自伝」上・下，中央公論社，1976 年
武田晴人監修「横濱正金銀行　マイクロフィルム版」丸善，2003 年
———監修「横濱正金銀行　マイクロフィルム版」第三期，丸善，2005 年
———監修「横濱正金銀行　マイクロフィルム版」第四期，丸善，2006 年
千葉功編『桂太郎関係文書』東京大学出版会，2010 年
———編『桂太郎発書翰集』東京大学出版会，2011 年
通商産業省編『商工政策史』第十七巻鉄鋼業，商工政策史刊行会，1970 年
津島寿一『芳塘随想』第十二集，芳塘刊行会，1964 年
『帝国議会貴族院委員会議録』5，臨川書店，1982 年
『帝国議会衆議院委員会議録』6，臨川書店，1981 年
『帝国議会衆議院委員会議録』7，東京大学出版会，1986 年
『帝国議会衆議院委員会議録』8，臨川書店，1981 年
『帝国議会衆議院委員会議録』13，臨川書店，1982 年

『帝国議会衆議院委員会議録』15，東京大学出版会，1982 年
『帝国議会衆議院委員会議録』24，東京大学出版会，1987 年
『帝国議会衆議院委員会議録』25，東京大学出版会，1987 年
『帝国議会衆議院委員会議録』33，東京大学出版会，1988 年
『帝国議会衆議院委員会議録』62，東京大学出版会，1989 年
『帝国議会衆議院議事速記録』31，東京大学出版会，1981 年
『帝国議会衆議院議事速記録』33，東京大学出版会，1981 年
丁文江・趙豊田編，島田虔次編訳『梁啓超年譜長編』第四巻，岩波書店，2004 年
内藤久寛『訪鄰紀程』私家版，1918 年
長島隆二『政界秘話』平凡社，1928 年
原奎一郎編『原敬日記』第二巻，福村出版，1965 年
———編『原敬日記』第三巻，福村出版，1965 年
———編『原敬日記』第四巻，福村出版，1965 年
原敬文書研究会編『原敬関係文書』第一巻　書翰編一，日本放送出版協会，1984 年
原田三喜雄編『第一次大戦期通商・産業政策資料集』第一巻，柏書房，1987 年
坂野潤治・広瀬順晧・増田知子・渡辺恭夫編『財部彪日記』海軍次官（上），山川出版社，1983 年
日高進『日本乎英国乎』東方時論社，1918 年
広瀬順晧監修・編集『近代外交回顧録』第四巻，ゆまに書房，2000 年
堀江帰一『支那経済小観』新美書店，1918 年
———『堀江帰一全集』一〇巻，改造社，1929 年
松本健次郎述，清宮一郎編『松本健次郎懐旧談』鱒書房，1952 年
三宅儀明編『民国五年度中国交通両銀行兌換停止騒動記』中国通信社，1936 年
安川撫松著，松本健次郎編『撫松余韻』私家版，1935 年
山﨑有恒・西園寺公望関係文書研究会編『西園寺公望関係文書』松香堂書店，2012 年
山科禮蔵『渡支印象記――千里鵬程』私家版，1918 年
山本四郎編『第二次大隈内閣関係史料』京都女子大学，1979 年
———編『西原亀三日記』京都女子大学，1983 年
———編『寺内正毅内閣関係史料』下，京都女子大学，1985 年
依田信太郎編『東京商工会議所八十五年史』上，東京商工会議所，1966 年
若槻礼次郎『明治・大正・昭和政界秘史――古風庵回顧録』講談社，1983 年
早稲田大学大学史資料センター編『大隈重信関係文書』10，みすず書房，2014 年

【新聞・雑誌】

『大阪朝日新聞』，『京都商業会議所半年報』，『銀行通信録』，『経済時報』，『経済評論』，『神戸又新日報』，『実業倶楽部』，『実業公論』，『実業之日本』，『自由評論』，『政友』，『大日本紡績連合会月報』，『大陸』，『拓殖新報』，『帝国鉄道協会会報』，『鐵と鋼』，『東京朝日新聞』，『東京経済雑誌』，『東京商業会議所月報』，『東京商業会議所報』，『同志』，『東方時論』，『日本綿糸布満州輸出組合時報』，『貿易通報』

【単行書】

明石岩雄『日中戦争についての歴史的考察』思文閣出版，2007 年
有馬学『「国際化」の中の帝国日本——1905～1924』〈日本の近代 4〉，中央公論新社，1999 年
———編『近代日本の企業家と政治——安川敬一郎とその時代』吉川弘文館，2009 年
安藤実『日本の対華財政投資——漢冶萍公司借款』アジア経済研究所，1967 年
飯島渉『ペストと近代中国——衛生の「制度化」と社会変容』研文出版，2000 年
五百旗頭薫『大隈重信と政党政治——複数政党制の起源　明治十四年～大正三年』東京大学出版会，2003 年
石井裕晶『中野武営と商業会議所——もうひとつの近代日本政治経済史』ミュージアム図書，2004 年
———『戦前期日本における制度改革——営業税廃税運動の政治経済過程』早稲田大学出版部，2012 年
伊藤正直『日本の対外金融と金融政策——1914-1936』名古屋大学出版会，1989 年
伊藤之雄『立憲国家の確立と伊藤博文——内政と外交 1889-1898』吉川弘文館，1999 年
———『立憲国家と日露戦——外交と内政 1898-1905』木鐸社，2000 年
岩井茂樹『中国近世財政史の研究』京都大学学術出版会，2004 年
井上馨侯伝記編纂会編『世外井上侯伝』第五巻，原書房，1968 年
井上勇一『東アジア鉄道国際関係史——日英同盟の成立および変質過程の研究』慶應通信，1989 年
猪谷善一編『大阪商工会議所史』大阪商工会議所，1941 年
入江昭『極東新秩序の模索』原書房，1968 年
臼井勝美『日本と中国——大正時代』原書房，1972 年
江口圭一『都市小ブルジョア運動史の研究』未来社，1976 年
大石嘉一郎編『日本帝国主義史』一～三，東京大学出版会，1985～94 年
大倉財閥研究会編『大倉財閥の研究——大倉と大陸』近藤出版社，1982 年
大蔵省編『明治大正財政史』12 巻，経済往来社，1956 年
———編『明治大正財政史』13 巻，財政経済学会，1939 年
———編『明治大正財政史』14 巻，財政経済学会，1937 年
外務省外交史料館日本外交史辞典編纂委員会編『日本外交史辞典』山川出版社，1992 年
掛谷宰平『日本帝国主義と社会運動——日本ファシズム形成の前提』文理閣，2005 年
笠原十九司『第一次世界大戦期の中国民族運動——東アジア国際関係に位置づけて』汲古書院，2014 年
加藤隆幹『日本対中国借款——明治期日本対清国借款の実証的考察』創英社／三省堂書店，2011 年
河村一夫『日本外交史の諸問題』南窓社，1986 年
金子肇『近代中国の中央と地方——民国前期の国家統合と行財政』汲古書院，2008 年
金子文夫『近代日本における対満州投資の研究』近藤出版社，1991 年
神山恒雄『明治経済政策史の研究』塙書房，1995 年

北岡伸一『日本陸軍と大陸政策――1906～1918 年』東京大学出版会，1978 年
――『門戸開放政策と日本』東京大学出版会，2015 年
熊本史雄『大戦間期の対中国文化外交――外務省記録にみる政策決定過程』吉川弘文館，2013 年
黒田明伸『中華帝国の構造と世界経済』名古屋大学出版会，1994 年
経済学辞典編集委員会編『大月経済学辞典』文月書店，1979 年
ケイン，P・J／A・G・ホプキンズ著，竹内幸雄・秋田茂訳『ジェントルマン資本主義の帝国』Ⅰ，名古屋大学出版会，1997 年
小風秀雅『帝国主義下の日本海運――国際競争と対外自立』山川出版社，1995 年
故阪谷子爵記念事業会編『阪谷芳郎傳』故阪谷芳郎子爵記念事業会，1951 年
小島精一・日本鉄鋼業史編纂会編『日本鉄鋼史』大正前期編，文生書院，1984 年
国家資本輸出研究会編『日本の資本輸出――対中国借款の研究』多賀出版，1986 年
小林道彦『日本の大陸政策 1895-1914――桂太郎と後藤新平』南窓社，1996 年
小堀聡『日本のエネルギー革命――資源小国の近現代』名古屋大学出版会，2010 年
三枝博音・飯田賢一編『近代日本製鉄技術発達史――八幡製鉄所の確立過程』東洋経済新報社，1957 年
齊藤壽彦『近代日本の金・外貨政策』慶應義塾大学出版会，2015 年
齋藤良衛『支那国際関係概観』国際連盟協会，1924 年
酒井一臣『近代日本外交とアジア太平洋秩序』昭和堂，2009 年
坂本雅子『財閥と帝国主義――三井物産と中国』ミネルヴァ書房，2003 年
櫻井良樹『大正政治史の出発――立憲同志会の成立とその周辺』山川出版社，1997 年
――『辛亥革命と日本政治の変動』岩波書店，2009 年
佐藤昌一郎『官営八幡製鉄所の研究』八朔社，2003 年
芝原拓自『日本近代化の世界史的位置』岩波書店，1981 年
清水唯一朗『政党と官僚の近代――日本における立憲統治構造の相克』藤原書店，2007 年
勝田龍夫『中国借款と勝田主計』ダイヤモンド社，1972 年
季武嘉也『大正期の政治構造』吉川弘文館，1998 年
菅野正『清末日中関係史の研究』汲古書院，2002 年
高原秀介『ウィルソン外交と日本――理想と現実の間 1913-1921』創文社，2006 年
高村直助『日本資本主義史論――産業資本・帝国主義・独占資本』ミネルヴァ書房，1980 年
――『近代日本綿業と中国』東京大学出版会，1982 年
瀧井一博『伊藤博文――知の政治家』中央公論新社，2010 年
田村幸策『支那外債史論』外交時報社，1935 年
チェン，ジェローム著，守川正道訳『袁世凱と近代中国』岩波書店，1980 年
千葉功『旧外交の形成――日本外交 1900-1919』勁草書房，2008 年
千葉正史『近代交通体系と清帝国の変貌――電信・鉄道ネットワークの形成と中国国家統合の変容』日本経済評論社，2006 年

朝鮮銀行史研究会編『朝鮮銀行史』東洋経済新報社，1987 年
通商産業省編『商工政策史』第十七巻　鉄鋼業，商工政策史刊行会，1970 年
寺本康俊『日露戦争以後の日本外交——パワー・ポリティクスの中の満韓問題』信山社，1999 年
戸部良一『外務省革新派——世界新秩序の幻影』中央公論新社，2010 年
長島修『戦前日本鉄鋼業の構造分析』ミネルヴァ書房，1987 年
———『官営八幡製鐵所論——国家資本の経営史』日本経済評論社，2012 年
中谷直司『強いアメリカと弱いアメリカの狭間で——第一次世界大戦後の東アジア秩序をめぐる日米英関係』千倉書房，2016 年
中津海知方『預金部秘史』東洋経済新報出版部，1928 年
中野目徹『明治の青年とナショナリズム——政教社・日本新聞社の群像』吉川弘文館，2014 年
中村義『辛亥革命史研究』未来社，1979 年
中村尚史『地方からの産業革命——日本における企業勃興の原動力』名古屋大学出版会，2010 年
———『海をわたる機関車——近代日本の鉄道発展とグローバル化』吉川弘文館，2016 年
奈倉文二『日本鉄鋼業史の研究——一九一〇年代から三〇年代前半の構造的特徴』近藤出版社，1984 年
奈倉文二・横井勝彦編『日英兵器産業史——武器移転の経済史的研究』日本経済評論社，2005 年
波形昭一『日本植民地金融政策史の研究』早稲田大学出版部，1985 年
奈良岡聰智『加藤高明と政党政治——二大政党制への道』山川出版社，2006 年
———『対華二十一ヵ条要求とは何だったのか——第一次世界大戦と日中対立の原点』名古屋大学出版会，2015 年
日本銀行調査局編『中国近代貨幣概要』日本銀行調査局，1967 年
日本銀行臨時調査委員会『支那幣制改革ニ関スル資料』日本銀行，1918 年
日本興業銀行臨時史料室編『日本興業銀行五十年史』日本興業銀行臨時史料室，1957 年
日本国有鉄道編『日本国有鉄道百年史』第五巻，日本国有鉄道，1972 年
日本鉄鋼史編纂会編『日本鉄鋼史』明治編，千倉書房，1945 年
野呂栄太郎『日本資本主義発達史』岩波書店，1954 年
萩原充『中国の経済建設と日中関係——対日抗戦への序曲 1927～1937 年』ミネルヴァ書房，2000 年
波多野善大『中国近代工業史の研究』東洋史研究会，1961 年
服部龍二『東アジア国際環境の変動と日本外交——1918-1931』有斐閣，2001 年
坂野潤治『明治・思想の実像』創文社，1977 年
———『明治国家の終焉——一九〇〇年体制の崩壊』筑摩書房，2010 年
坂野正高『近代中国政治外交史——ヴァスコ・ダ・ガマから五四運動まで』東京大学出版会，1973 年

ファイス，ハーバート著，柴田匡平訳『帝国主義外交と国際金融——一八七〇～一九一四』筑摩書房，1992 年
ヒルファディング著，林要訳『金融資本論』大月書店，1952 年
馮青『中国海軍と近代日中関係』錦正社，2011 年
ホブズン著，矢内原忠雄訳『帝国主義論』上・下，岩波書店，1951 年
堀川武夫『極東国際政治史序説——二十一箇條要求の研究』有斐閣，1958 年
水野幸吉『漢口——中央支那事情』冨山房，1907 年
三谷太一郎『増補　日本政党政治の形成——原敬の政治指導の展開』東京大学出版会，1995 年
———『ウォール・ストリートと極東——政治における国際金融資本』東京大学出版会，2009 年
三谷博『明治維新とナショナリズム——幕末の外交と政治変動』山川出版社，1997 年
三菱鉱業セメント株式会社総務部社史編纂室編『三菱鉱業社史』三菱鉱業セメント株式会社，1976 年
三和良一・原朗編『近現代日本経済史要覧』東京大学出版会，2007 年
室山義正『近代日本の軍事と財政——海軍拡張をめぐる政策形成過程』東京大学出版会，1984 年
森川英正『地方財閥』日本経済新聞社，1985 年
ヤング，アーネスト・P 著，藤岡喜久男訳『袁世凱総統——「開発独裁」の先駆』光風社出版，1994 年
兪辛焞『辛亥革命期の中日外交史研究』東方書店，2002 年
楊海程『日中政治外交関係史の研究——第一次世界大戦期を中心に』芙蓉書房出版，2015 年
李廷江『日本財界と近代中国——辛亥革命を中心に』御茶の水書房，2003 年
リヨウ，パオセイン著，勝谷在登訳『支那幣制の性格的研究——銀問題を通じて見た支那の貨幣事情』白揚社，1940 年
レーニン著，宇高基輔訳『帝国主義——資本主義の最高段階としての』岩波書店，1956 年

【論文その他】

明石岩雄「新四国借款団に関する一考察——ワシントン会議における列強と中国民族運動の対抗」『日本史研究』203，1979 年
浅井良夫「成立期の日本興業銀行——銀行制度の移入とその機能転化に関する一考察」『土地制度史学』17-4，1975 年
味岡徹「袁世凱政府の財政破綻と兌換停止令」増淵龍夫先生退官記念論集刊行会『中国史における社会と民衆——増淵龍夫先生退官記念論集』汲古書院，1983 年
有馬学「改造運動の対外観——大正期の中野正剛」『九州史学』60，1976 年
———「地方都市の都市化と工業化に関する政治史的・行財政史的研究」科学研究費補助金研究成果報告書，2007 年

———「企業家の政治活動における〈国家〉と〈地方〉——安川敬一郎と大正前期の政界」有馬学編『近代日本の企業家と政治』吉川弘文館，2009 年
———「辛亥革命後の「日支親善」論——第一次世界大戦期の中野正剛と安川敬一郎」『市史研究ふくおか』7，2012 年
伊藤正直「財政・金融構造」大石嘉一郎編『日本帝国主義』1　第一次大戦期，東京大学出版会，1985 年
岩壁義光「日清戦後の南進経営に関する一考察——南清鉄道敷設要求を中心に」『法政大学大学院紀要』1，1978 年
臼井勝美「日本と辛亥革命——その一面」『歴史学研究』207，1957 年
———「辛亥革命——日本の対応」『国際政治』6，1958 年
———「中国革命と対中国政策」『岩波講座日本歴史』19，岩波書店，1976 年
———「辛亥革命と日英関係」『国際政治』58，1977 年
———「袁世凱の没落と日本」『政治経済史学』454，2004 年
于乃明「小田切万寿之助研究——明治大正期中日関係史の一側面」（筑波大学博士論文）1998 年
———「小田切万寿之助の伝記的研究——幼年時代から外交官になるまで」『東洋學報』80-1，1998 年
———「新四国借款団と中国——小田切万寿之助を中心に（1918-1921）」『筑波大学地域研究』22，2004 年
大畑篤四郎「外交一元化と外務省」『国際法外交雑誌』71-5・6，1973 年
———「辛亥革命と日本の対応——権益擁護を中心として」『日本歴史』414，1982 年
大森とく子「西原借款について——鉄と金円を中心に」『歴史学研究』419，1975 年
岡義武「国民的独立と国家理性」『近代日本思想史講座Ⅷ　世界の中の日本』筑摩書房，1961 年
加田宏一「輪船招商局と南京臨時政府」『広島大学東洋史研究室報告』8，1986 年
加藤幸三郎「近代中国における漢冶萍公司と盛宣懐」1『社会科学年報』46，2012 年
———「近代中国における漢冶萍公司と盛宣懐」2『専修大学社会科学研究所月報』586，2012 年
川島真「二十一箇条要求と日中関係・再考——中国側の対応を中心に」川島真編『近代中国をめぐる国際政治』中央公論新社，2014 年
河村一夫「厦門事件の真相について」『日本歴史』309，1974 年
金承美「三菱の鉄鋼業への進出——三菱製鉄株式会社兼二浦製鉄所を中心に」『三菱史料館論集』7，2006 年
———「三菱製鉄株式会社の経営——兼二浦製鉄所を中心に」『三菱史料館論集』8，2007 年
久保田文次「袁世凱の帝制計画と二十一ヶ条要求」『史艸』20，1980 年
久保田裕次「辛亥革命一〇〇年と日本近代史研究の現状と課題——政治史・外交史を中心に」『歴史科学』212，2013 年
———「大戦間期における九州製鋼株式会社の展開——近代日中合弁企業試論」日比野

利信「近代日本における企業家の社会史――政治・経済・文化」科学研究費補助金研究成果報告書，2015 年
黒瀬郁二「第一次世界大戦期・大戦後の植民地金融」加藤俊彦編『日本金融論の史的研究』東京大学出版会，1983 年
小風秀雅「アジアの帝国国家」小風秀雅編『アジアの帝国国家』〈日本の時代史 23〉，吉川弘文館，2004 年
小林道彦「世界大戦と大陸政策の変容――一九一四～一六年」『歴史学研究』656，1994 年
――「日露戦争から大正政変へ」『近代日本研究』29，2012 年
合力理可夫「安川・松本財閥における鉄鋼業経営について」『第一経大論集』29-2，1999 年
斎藤聖二「西原亀三の対中国構想――寺内内閣期対中国政策の前提」『国際政治』71，1982 年
――「寺内内閣と西原亀三――対中国政策の初期段階」『国際政治』75，1983 年
――「寺内内閣における援段政策確立の経緯」『国際政治』83，1986 年
――「厦門事件再考」『日本史研究』305，1988 年
佐藤三郎「明治三三年の厦門事件に関する考察――近代日中交渉史上の一齣として」『山形大学紀要・人文科学』5-2，1963 年
佐藤宏「書評『日本の資本輸出――対中国借款の研究』」『中国研究月報』479，1988 年
佐藤正志「安川敬一郎の経営理念――労資協調思想の一端」『九共経済論集』17，1993 年
――「安川・松本財閥における労使協調経営――明治鉱業信和会の成立と機能」『広島大学経済論集』17-1，1993 年
佐野実「光緒新政期鉄道政策における借款の再評価とその経緯――滬杭甬鉄道の建設方針を巡る官民の対立」『史潮』64，2008 年
――「滬杭甬鉄道借款契約の実効性を巡るイギリスと地方の関係――地方有力者層の対立・協力が中英間外交に及ぼした一事例について」『史学』78-4，2009 年
――「利権回収運動と辛亥革命」辛亥革命百周年記念論集編集委員会編『総合研究　辛亥革命』岩波書店，2012 年
篠永宣孝「一九一四年前の対中国国際借款団の成立」上・下『経済論集』92・93，2009 年
信夫清三郎「厦門事件と恵州起義」『政治経済史学』167，1980 年
島田洋一「対華二一カ条要求――加藤高明の外交指導」一・二『政治経済史学』259・260，1987 年
清水憲一「『安川敬一郎日記』と地域経済の興業化について」(1)『社会文化研究所紀要』38，1996 年
須永徳武「中国への資本輸出と借款投資会社の活動――中日実業株式会社を中心として」『経済集志』60-2，1990 年
――「台湾銀行の中国資本輸出活動――自己資金単独借款を中心として」『土地制度史学』35-2，1993 年

———「第一次世界大戦期における台湾銀行の中国資本輸出」『立教経済学研究』59-1, 2005 年
副島圓照「善後借款の成立」小野川秀美・島田虔次編『辛亥革命の研究』筑摩書房, 1978 年
孫安石「漢口の都市発展と日本租界」神奈川大学人文学研究所編『中国における日本租界――重慶・漢口・杭州・上海』御茶の水書房, 2006 年
平智之「第一次大戦以前の対中国借款と投資主体」国家資本輸出研究会編『日本の資本輸出――対中国借款の研究』多賀出版, 1986 年
高橋茂夫「明治三三年厦門事件の一考察――山本海軍大臣の態度を中心として」『軍事史学』8-4, 1973 年
———「厦門事件をめぐる問題」『日本歴史』321, 1975 年
高橋秀直「寺内内閣期の政治状況」『日本歴史』434, 1984 年
———「山県閥貴族院支配の展開と崩壊――一九一一～一九一九」『日本史研究』269, 1985 年
高村直助「転換期としての第一次世界大戦と日本」歴史学研究会・日本史研究会編『講座日本歴史』9　近代 3, 東京大学出版会, 1985 年
———「書評『日本の資本輸出――対中国借款の研究』」『土地制度史学』29-1, 1986 年
瀧口剛「日英通商航海条約改定交渉と第一次大戦後の通商政策――自由通商と保護関税・特恵関税・満州問題の交錯」『阪大法学』63-3・4, 2013 年
武田晴人「日本帝国主義の経済構造――第一次ブームと一九二〇年恐慌の帰結」『歴史学研究』別冊, 1979 年
谷寿子「寺内内閣と西原借款」『東京都立大学法学会雑誌』10-1, 1969 年
ヂャンセン, マリウス・B「八幡, 漢冶萍と二十一ヶ条要求」マリウス・ヂャンセン／アルバート・フォイヤーウァーカー著, 中川敬一郎・楊天溢共訳『八幡と漢冶萍の関係にかんする資料』東京大学出版会, 1967 年
塚瀬進「辛亥革命期における漢冶萍公司日中合弁化問題について」『中央大学大学院論究文学研究科編』18-1, 1986 年
塚本英樹「満州特殊権益をめぐる日本外交――対中国借款問題を中心に」『法政史学』77, 2012 年
———「日本の対中国借款政策と幣制改革――第二次改革借款と幣制改革借款合併問題」『日本歴史』797, 2014 年
———「寺内正毅内閣期の対中国財政援助政策――外務省と援段政策」『東アジア近代史』18, 2015 年
長岡新吉「書評『日本の資本輸出――対中国借款の研究』」『社会経済史学』52-6, 1987 年
長島修「日本帝国主義下朝鮮における鉄鋼業と鉄鋼資源」上・下『日本史研究』183・184, 1977 年
中塚明「義和団鎮圧戦争と日本帝国主義」『日本史研究』75, 1964 年
中村孝志「台湾総督府の華南鉄道工作――潮汕鉄道をめぐって」『南方文化』14, 1987 年

波形昭一「日露戦後における日本興業銀行の性格変化」『獨協大学経済学研究』9，1971年
並木頼寿「近代の日本と「アジア主義」」並木頼寿『東アジアに「近代」を問う』〈並木頼寿著作集Ⅰ〉，研文出版，2010年
新鞍拓生「八幡製鉄所における筑豊地方からの原材料調達と筑豊鉱業主——石炭，石灰石の供給における麻生太吉」長野暹編『八幡製鐵所史の研究』日本経済評論社，2003年
根岸佶「支那に於ける国際財団」望月支那研究会基金編『支那研究』岩波書店，1930年
野沢豊「辛亥革命と大正政変」東京教育大学文学部東洋史研究室アジア史研究会・中国近代史部会編『中国近代化の社会構造——辛亥革命の史的位置』〈東洋史学論集第六〉，汲古書院，1960年
狭間直樹「南京臨時政府について——辛亥革命におけるブルジョア革命派の役割」小野川秀美・島田虔次編『辛亥革命の研究』筑摩書房，1978年
畠山秀樹「三菱合資会社門司支店の経営発展」『エネルギー史研究』26，2011年
服部龍二「東アジア国際政治史研究の可能性」『歴史学研究』779，2003年
原輝史「日仏銀行（一九一二〜一九五四年）の経営史」『早稲田商學』382，1999年
———「日仏銀行（一九一二〜一九五四年）の設立・経営をめぐる社会経済史的考察」上・下『早稲田商學』388・389，2000・2001年
原田敬一「日貨ボイコット運動と日支銀行設立構想——一九一〇年代大阪のブルジョアジーの立場」『ヒストリア』90，1981年
樋口秀実「袁世凱帝制運動をめぐる日中関係」『國學院雑誌』108-9，2007年
日比野利信「安川敬一郎日記」山口輝臣編『日記に読む近代日本3　大正』吉川弘文館，2012年
平野和由「軍閥政権の経済基盤——交通系・交通銀行の動向」野沢豊・田中正俊編集代表『講座中国近現代史』第四巻，東京大学出版会，1978年
平野健一郎「西原借款から新四国借款団へ」細谷千博・斎藤真編『ワシントン体制と日米関係』東京大学出版会，1978年
藤村道生「官営製鉄所の設立と原料問題——日本の帝国主義の一視点」『日本歴史』292，1972年
間宮国夫「日支銀行・満州銀行設立計画についての覚書」『社会科学討究』19-1，1973年
迎由理男「漢冶萍公司と日本市場」『官営八幡製鐵所創立期の再検討』平成一六年〜一九年度科学研究費補助金基盤研究(B)研究成果報告書，2008年
———「漢冶萍公司と日本市場」『商経論集』46-3・4，2011年
向山寛夫「厦門事件と恵州事件」『中央経済』23-3・4，1974年
村上勝彦「長江流域における日本利権——南潯鉄路借款をめぐる政治経済史」安藤彦太郎編『近代日本と中国——日中関係史論集』汲古書院，1989年
森川正則「寺内内閣期における西原亀三の対中国「援助」政策構想」『阪大法学』50-5，2001年
———「実業家時代の西原亀三と大陸貿易——「日露経済提携」から「日中経済提携」

へ」『阪大法学』54-2，2004 年
——「一九一六年のイギリス輸出入禁止政策と日本外交——戦時経済協力と通商・産業利益擁護の狭間で」『阪大法学』55-3・4，2005 年
——「第一次世界大戦と日本の経済外交——イギリスの輸入禁止措置をめぐって」『奈良史学』30，2012 年
安場保吉「資源」西川俊作・尾高煌之助・斎藤修編著『日本経済の二〇〇年』日本評論社，1996 年
山田辰雄「袁世凱の政治と帝制論」宇野重昭・天児慧編『20 世紀の中国政治変動と国際契機』東京大学出版会，1994 年
山本四郎「辛亥革命と日本の動向」『史林』49-1，1966 年
——「厦門事件について」『国史論集——赤松俊秀教授退官記念』赤松俊秀教授退官記念事業会，1972 年
——「参戦・二一カ条要求と陸軍」『史林』57-3，1974 年
——「大隈内閣末期の西原亀三」『ヒストリア』89，1980 年
——「寺内内閣時代の日中関係の一面——西原亀三と坂西利八郎」『史林』64-1，1981 年
——「八幡製鉄所疑獄事件」『神戸女子大学紀要　文学部編』27-2，1994 年
山本義彦「書評『日本の資本輸出——対中国借款の研究』」『史学雑誌』96-6，1987 年
由井正臣「辛亥革命と日本の対応」『歴史学研究』344，1969 年
吉塚康一「高木陸郎と辛亥革命——盛宣懐の日本亡命を中心に」『次世代アジア論集』8，2015 年
李廷江「日本軍事顧問と張之洞——1898-1907」『アジア研究所紀要』29，2002 年

中国語

【史料】

財政科学研究所・中国第二歴史檔案館編『民国外債檔案史料』第四巻，檔案出版社，1990 年
——編『民国外債檔案史料』第六巻，檔案出版社，1991 年
陳旭麓・顧廷龍・汪熙主編『辛亥革命前後』〈盛宣懐檔案資料選輯之一〉，上海人民出版社，1979 年
——編『漢冶萍公司』二〈盛宣懐檔案資料選輯之四〉，上海人民出版社，1986 年
——編『漢冶萍公司』三〈盛宣懐檔案資料選輯之四〉，上海人民出版社，2004 年
杜春和・林斌生・丘権政編『北洋軍閥史料選輯』下，中国社会科学出版社，1981 年
湖北省檔案館編『漢冶萍公司檔案史料選輯』上・下，中国社会科学出版社，1992・94 年
『近代史資料』三八
盛宣懐撰『愚齋存稿巻七十六至巻一百電報・補遺・東游日記』沈雲龍主編〈近代中国史料叢刊続編第十三輯〉，文海出版社，1975 年
鐵道部編『中國鐵路借款合同彙纂』沈雲龍主編〈近代中國史料叢刊三編第二十九輯〉，文

海出版社，1987 年
武漢大学経済学系編『旧中国漢冶萍公司与日本関係史料選輯』上海人民出版社，1985 年
姚崧齢編『張公権先生年譜初稿』伝記文学出版社，1982 年
苑書義・孫華峰・李秉新主編『張之洞全集』第一〇冊　電牘，河北人民出版社，1998 年

【単行書・論文】

代魯『漢冶萍公司研究』武漢大学出版社，2013 年
賈熟村『北洋軍閥時期的交通系』河南人民出版社，1993 年
湖北省冶金志編纂委員会編『漢冶萍公司誌』華中理工大学出版社，1990 年
胡政主編，張後銓著『招商局与漢冶萍』社会科学文献出版社，2011 年
江西鉄路百年図志編委会編『江西鉄路百年図志』中国鉄道出版社，2004 年
来新夏主編『北洋軍閥史』上，南開大学出版社，2000 年
李培徳「漢冶萍公司与辛亥革命」中華書局編輯部編『辛亥革命与近代中国――紀念辛亥革命八十周年国際学術討論会文集』下冊，中華書局，1994 年
李新・李宗一主編『中華民国史』三，中華書局，2011 年
李玉勤『晩清漢冶萍公司体制変遷研究』中国社会科学出版社，2009 年
馬金華『外債与晩清政局』社会科学文献出版社，2011 年
馬陵合『清末民初鉄路外債観研究』復旦大学出版社，2004 年
宓汝成『帝国主義与中国鉄路 1847-1949』経済管理出版社，2007 年（初版は 1980 年）
全漢昇『漢冶萍公司史略』香港中文大學，1972 年
夏東元編著『盛宣懐年譜長編』上・下，上海交通大学出版社，2004 年
張後銓主編『招商局史』（近代部分），中国社会科学出版社，2007 年

英　語

【史料】

FO (British Foreign Office) 371, The National Archives, London.
Gooch, G. P. and H. W. V. Temperley (eds.), *British Documents on the Origins of the War, 1898-1914, vol. VI*, London : H. M. S. O, 1930.
HSBCK 0001-0001 to 6a, HSBC Archives, London.
Nish, Ian (ed.), *British Documents on Foreign Affairs series E Asia, 1860-1914, vol. 9 Annual Reports on Japan, 1906-1913*, Bethesda : University Publications of America, 1989.
——— (ed.), *British Documents on Foreign Affairs series E Asia, 1860-1914, vol. 14 Annual Reports on China, 1906-1913*, Bethesda : University Publications of America, 1993.
——— (ed.), *British Documents on Foreign Affairs part1 series E Asia, 1860-1914, vol. 15 China and the Approach of War in Europe, 1913-1914*, Bethesda : University Publications of America, 1989.
Trotter, Ann (ed.), *British Documents on Foreign Affairs, part 2 series E Asia, 1914-1939, vol. 1 Japan, August 1914-May 1915*, Bethesda : University Publications of America, 1991.

【単行書・論文】

Chan Lau Kit-ching, *Anglo-Chinese Diplomacy : 1906–1920, in the Careers of Sir John Jordan and Yuan Shih-kai*, Hong Kong : Hong Kong University Press, 1978.

Dayer, Roberta Allbert, *Finance and Empire Sir Charles Addis, 1861–1945*, Basingstoke : Macmillan, 1988.

Edwards, E. W., *British Diplomacy and Finance in China : 1895–1914*, Oxford : Clarendon Press, 1987.

Feuerwerker, Albert, *China' s Early Industrialization, Sheng Hsuan-huai (1844–1916) and Mandarin Enterprise*, Cambridge : Harvard University Press, 1968.

King, Frank H. H. with David J. S. King and Catherine E. King, *The Hongkong Bank in the Period of Imperialism and War, 1895–1918 : Wayfoong, the Focus of Wealth*, Cambridge : Cambridge University Press, 1988.

Lowe, Peter, *Great Britain and Japan 1911–1915 : A Study of British Far Eastern Policy*, London : Macmillan, 1969.

Munn, Glenn G., *Encyclopedia of Banking and Finance*, Boston : Bankers Publishing Company, 1983.

Nish, Ian H., *Anglo-Japanese Alliance, The Diplomacy of Two Island Empires 1894–1907*, London : Athlone Press, 1966.

———, *Alliance in Decline, a Study in Anglo-Japanese Relations 1908–23*, London : Athlone Press, 1972.

Otte, T. G., "The Boxer Uprising and British Foreign Policy : The End of Isolation," in Robert Bickers and R. G. Tiedemann (eds.), *The Boxers, China, and the World*, Maryland : Rowman & Littlefield Publishers, 2007.

———, "The Bagdad Railway of the Far East : The Tientsin-Yangtze Railway and Anglo-German relations, 1898–1911," in T. G. Otte and Keith Neilson (ed.), *Railways and International Politics : Paths and Empire, 1848-1945*, London : Routledge, 2012.